社会・人口・介護からみた世界と日本

――清水浩昭先生古稀記念論文集――

時潮社

まえがき

高橋重郷

　清水浩昭先生は，2013年6月に古稀を迎えられ，日本大学文理学部教授の職を退かれました．引き続き学界や大学でのご指導に携われることに変わりはありませんが，先生の多年に亘る学界での功績ならびに日本大学，厚生省人口問題研究所（現国立社会保障・人口問題研究所）での先生の研究・教育・指導でのご貢献，そして明治大学，東洋大学ならびに日本大学において学ばれた先輩諸兄，後輩，教え子達への公私にわたる暖かいご指導・ご厚誼に対し，多くの方々から感謝のお言葉が寄せられました．

　有志の方々からご提案により，この機会に先生にご縁のある方々による清水浩昭先生への感謝を表すために，このたび古稀記念論集を謹呈する運びとなりました．

　清水浩昭先生は，明治大学において蒲生正男先生のご指導のもと文化人類学を学ばれ，日本社会の文化的基層に立脚した地域性に基づく家族研究を研鑽され，東洋大学大学院においては小山隆先生ならびに高橋統一先生のもとで家族・世帯の実証研究の手法と理論のご指導を受けられました．厚生省人口問題研究所では，黒田俊夫博士のもと人口学と老年学という更なる研究の広がりと深化がなされました．先生の研究領域は人類学・家族社会学・人口学を基礎として複合的に融合された学問として体系化されており，そのような先生のご研究と真摯な研究姿勢と学風から，多様な研究領域を持つ研究者達に多くの学問的影響と多くの示唆に富むご助言を与えていただきました．

　本書は，先生の幅広い学問的土壌に触れた多くの学究の徒が先生への感謝を込めて寄稿された21編の論文をもとに3部構成で編纂されました．

　第1部は「社会と文化」をテーマとする論文が収録されています．個々の論文は，それぞれの執筆者が清水先生に敬意を表し，執筆者の研究関心に即したものとなっています．

第2部は「人口と家族」をテーマとして，清水先生のご研究から示唆を受け深化・発展を試みてきた領域の論文が収録されています．そして第3部は，「高齢者と介護」をテーマとする論文で，清水先生の長年にわたって研究課題の一つとされた「老親扶養」や「高齢化問題」を継承発展させた論文を中心に収録されています．

　なお，本論集の編集が短期間であったため，多くの方々に執筆の機会が行きわたらず，執筆を断念された方々も多数おられますことを付言させていただきます．

　本書に収録された各論文の概要は以下の通りです．

第1部　社会と文化

　堀論文（**堀嵩樹「福祉コミュニティの諸類型と統合的視座に関する試論」**）は，福祉コミュニティに関する先行研究に依拠して，福祉コミュニティを実態的な観点から類型化し，多様な地域福祉の重層的な関係について分析を行った研究で,福祉コミュニティ概念の構成化を探ったものである．

　村山論文（**村山陽「地域における世代間交流事業の現状と課題」**）は，地域における世代間交流事業の抱える多様な課題について，地域高齢者の事業への参加過程やその意味づけをインタビュー調査から明らかにし，世代間交流事業のあり方を検証したものである．

　田中論文（**田中豊治「まちづくりキーパーソンの組織化と地域社会の活性化」**）は，地方の地域社会の生存戦略について論考した研究である．この研究では，地域社会の成長・発展要因として「総合的地域力」が提示され，それが発揮される要件について，地方都市である佐賀の事例から検証されている．

　牛論文（**牛黎濤「日中間の文化差異についての試論」**）は，比較文化人類学的観点から，異文化受容の姿勢，伝統文化，思惟形式および行為方式，宗教観念，風俗習慣について，日中両国の文化間の差異を論考した論文で，日中両国の文化差異の理解と今後の交流の意義について提言している．

　穴田論文（**穴田義孝「『〈郷土ことわざ〉にみる地域の生活文化』の発掘と構築——ことわざ心理学の視点から」**）は，地域の生活文化に根差した「郷

土のことわざ」を「隠れた地域生活文化遺産」として位置づけ，著者の切り拓いた「ことわざ社会心理学」に基づいて，各地の「郷土のことわざ」を発掘・収集し，それを『小さな地域の風土記』として構築・構想し，そのモデルを提示した研究である．

坪井論文（坪井健「ヒューマンライブラリーの可能性を探る――『読者』『本』『司書』効果を中心に」）は，「ココロのバリアを溶かし，身近な異文化への気づきと文化的多様性の受容を拡大する」社会実践の科学として「ヒューマンライブラリー（Human Library）」の概念，その発展過程と実践的枠組みを論じたものである．

新田論文（新田功「1800〜1870年の日本の生活水準」）は，経済史や歴史人口学的研究の観点から19世紀初頭から，日本の近代統計制度が確立する明治初期までの日本の生活水準について実証的に分析し，同時期に生活水準が停滞ないし低下した可能性があることを明らかにしたものである．

泉田論文（泉田渡「近代自然法とスコットランド啓蒙――自然法から自然史へ」）は，社会学の起源・成立問題の再検討を課題として論考したものである．著者は，社会学の成立起源として「近代自然法起源説」と「経験的社会論起源説」の両理論の関連性について，近代自然法とスコットランド道徳哲学において考察された主題と社会科学ならびに社会学の生成過程について学史的な観点にたって論述したものである．

第2部　人口と家族

工藤論文（工藤豪「結婚と家族の地域性――岩手県遠野市を事例として」）は，現代社会の課題である少子化問題に接近するため，結婚の地域性に着目した実証的研究である．研究から「適齢期男女人口のアンバランス」や農家の男子や親と同居志向の強い男子にとって結婚機会に困難性があること，また，人口性比の高い要因として，地元志向の強さの男女差や長男の跡取り規範が強いことなどを明らかにしている．

佐藤論文（佐藤宏子「茶生産農家の世帯変動と高齢者による『新たな結びつき』の模索――静岡県藤枝市岡部町青羽根地区の事例」）は，1982年から

2013年までの31年間の青羽根地区の世帯変動と農業就業状況，それに伴う高齢期ライフスタイルの変化，ならびに茶生産の継続と発展とその戦略を，事例研究から検証し「高齢期の新たなライフスタイル」の創出過程と今後の課題が明らかにされている．

中尾論文（**中尾暢見「直系家族制と夫婦家族制の文脈からみた近居家族」**）は，直系家族制から夫婦家族制へと変化したとする説に対する清水の批判的論考を継承し，「同居・別居」の二分法的な区分概念に修正を唱え，「近居」の概念を投入して家族の考察を試みた研究である．

杉本論文（**杉本貴代栄「戦後家族の行方とジェンダー――社会保障・社会福祉を中心として」**）は，戦後日本の社会保障・社会福祉政策が前提とした家族モデルの変容過程をジェンダーの視点から政策・制度と働く女性の変化に着目し，従来の社会保障・福祉における専業主婦優遇政策の持つ税制・年金や家族政策・制度等が内包する課題と問題を論じた研究である．

安論文（**安勝熙「韓国における高齢者の居住形態の地域差」**）は，韓国の高齢者扶養である老親扶養慣行について，人口都市化と農村地域世帯の世代間分離現象の分析から，韓国高齢者の居住形態の「1人・1世代化」，「別居化」の進展を明らかにし，全羅南道における若年層を中核とする他地域への人口流出，「遠居」が多いという居住形態の地域差を明らかにした．

石丸論文（**石丸純一「イブン・ハルドゥーンにおける人口思想」**）は，「アラブの社会学の父」であるイブン・ハルドゥーンの著書『ムカディマ』において論述された「社会理論」に着目し，同社会理論に人口という観点から彼の人口思想「ウムラーン」について論じ，マルサス的な古典派経済学に先行するアラブの人口と富の循環過程の思想を明らかにし，イブン・ハルドゥーンの学問的意義を論考したものである．

高橋論文（**高橋重郷「人口高齢化と高齢化問題への人口学的接近」**）は，日本の人口高齢化過程について，人口学的方法を用い定量的に検証したものである．人口高齢化は，人口転換の帰結として生じてきたが，人口転換には，第一の人口転換と1970年代から生じた第二の人口転換という二つの転換があり，それが，日本の人口高齢化に二重構造を生み出している構造変化を明ら

かにした．

　鈴木論文（鈴木透「国立社会保障・人口問題研究所における家族・世帯調査の展開」）は，清水先生が深く関わった国立社会保障・人口問題研究所の家族・世帯調査の研究展開の概要を要約したものである．旧厚生省人口問題研究所は1991年に家庭動向研究室を新設し，家庭機能に関する研究や国立研究所では初めてとなる全国家庭動向調査として大規模標本調査が実施され，現在の研究所の主要研究活動として継承されている．

第3部　高齢者と介護

　菊池論文（菊池真弓「認知症高齢者の安心・安全をさせる地域社会」）は，高齢化問題のうち，認知症高齢者を取り巻く社会の現状と課題を明らかにした研究で，多様な地域住民がふれあえるような交流の場の提供，地域住民の連携・協力による見守りマップの作成や介護のネットワーク化など，フォーマルとインフォーマルの両面からの支援の必要性が明らかにされている．

　高尾論文（高尾公矢「介護人材不足と外国人労働者」）は，「介護は家族が担うべき」や「介護は女性が担うものである」という伝統的な価値観と日本社会の介護の実態の変化を論考し，外国人介護職受入れの事例研究からEPA制度の課題と外国人介護職の日本への定着可能性を検証し，日本の介護問題への対応策について論考した研究である．

　張論文（張燕妹「中国における高齢者扶養――「社区」からの接近」）は，中国社会の高齢者扶養について，「社区（しゃく）」と呼ばれる半官民自治組織が高齢者のケアに果たす役割について論考した研究である．この「社区」サービスによる基本的な在宅介護の政策展開の過程を分析し，「社区」が地域の高齢者活動，衛生，住民サービス，障がい者福祉などを担う単位として整備されてきた過程とその課題が論じられている．

　酒井論文（酒井出「タイ国における伝統的家族扶養と高齢者福祉」）は，タイ国の経済開発に伴う家族や地域社会の福祉機能の変化と高齢者福祉について，①タイ国の家族の特徴と家族介護，②タイ国における高齢者福祉政策の現状，③タイ国東北部ルーイ県における高齢者の生活と介護に関する意識

調査に基づいて，高齢者福祉サービス構築の可能性について論考したものである．

上之園論文（上之園佳子「**法令にみる介護概念と社会保障の史的研究**」）は，社会保障のなかで介護政策のあり方と変遷について研究したものである．「介護」は、明治期の軍人の介護を必要とする人やその家族への所得保障である援護策としてはじまり，その後の医療専門職の「看護」と「介護」の分化や「介護」の家族機能の補完的役割の位置づけ等，介護概念の時代的変遷について法学的観点から論考した研究である．

本記念論文集に収録された個々の論文の簡単な概要は以上の通りです．この論文集が清水浩昭先生のこれまでの研究の成果や学術的意義を検証・発展し引き継ぐことを主たる目的として編纂されたものではありません．したがって，この論集に通底するものがあるとすれば先生が歩まれた研究領域である人類学・家族社会学・人口学から複合的に融合された諸研究の一端が執筆者各位の論文の端々に内包されていると言えるのではないだろうかと思います．この古稀記念論文集に掲載された論文によって，清水浩昭先生がこれまで研鑽され多くの指導や先輩諸兄との共同研究を通じて，わたしたち学究の徒に与えられた学問的な貢献を十分反映されたものになっているかと問われれば，まだまだ不十分なものです．

本論文集に寄せられた人類学・家族社会学・人口学等の広い分野にわたる個性的な論文が提示した研究課題や研究手法，ならびに研究から得られた知見は，私達の今後の研究発展を通じて将来にわたる課題とさせていただきたいと思います．

最後になりましたが，清水浩昭先生が切り拓いてこられた研究の継承・発展をお誓いし，清水浩昭先生ならびに奥様、ご家族様の末永いご健勝を祈念いたしますとともに，今後も親しくご厚誼を賜りますれば幸甚に存じ上げます．

目　次

まえがき（高橋重郷） …………………………………………… 3

第1部　社会と文化

福祉コミュニティの諸類型と統合的視座に関する試論（堀崇樹） ……13
地域における世代間交流事業の現状と課題（村山陽） ……………37
まちづくりキーパーソンの組織化と地域社会の活性化（田中豊治）…57
日中間の文化差異についての試論（牛黎濤） ………………………73
「〈郷土のことわざ〉にみる地域の生活文化」の発掘と構築
　　――ことわざ社会心理学の視点から――（穴田義孝） …………92
ヒューマンライブラリーの可能性を探る
　　――「読者」「本」「司書」効果を中心に――（坪井健） …………116
1800～1870年代の日本の生活水準（新田功） ……………………136
近代自然法論とスコットランド啓蒙
　　――自然法から自然史へ――（泉田渡） …………………………156

第2部　人口と家族

結婚と家族の地域性――岩手県遠野市を事例として――（工藤豪）……181
茶生産農家の世帯変動と高齢者による"新たな結びつき"の模索
　　――静岡県藤枝市岡部町青羽根地区を事例として――（佐藤宏子）……203
直系家族制と夫婦家族制の文脈からみた近居家族（中尾暢見）………227
戦後家族の行方とジェンダー――社会保障・社会福祉を中心として――
　　（杉本貴代栄） ………………………………………………………253
韓国における高齢者の居住形態の地域差（安勝熙） ………………264
イブン・ハルドゥーンにおける人口思想（石丸純一） ……………276
人口高齢化と高齢化問題への人口学的接近（高橋重郷） …………290
国立社会保障・人口問題研究所における家族・世帯調査の展開
　　（鈴木透） ……………………………………………………………306

第3部　高齢者と介護

認知症高齢者の安心・安全を支える地域社会環境についての一考察
　（菊池真弓）……………………………………………………………325
介護人材不足と外国人労働者（高尾公矢）……………………………340
中国における高齢者扶養──「社区」からの接近──（張燕妹）………362
タイ国における伝統的家族介護と高齢者福祉（酒井出）………………382
法令にみる介護概念と社会保障の史的研究（上之園佳子）……………400

清水浩昭先生年譜・研究業績……………………………………………417

あとがき（松本誠一）……………………………………………………443

第1部　社会と文化

福祉コミュニティの諸類型と
統合的視座に関する試論

堀　崇樹

1．はじめに

　地域社会あるいは地域生活の諸相は，おおきな変化を遂げつつある現代社会の一側面である．高度経済成長機を通じて形成された商店街や鉄道駅，市街地の様子，街行く人々の姿は，その原型を形作った40年前とは大きく異なっている．

　今日，福祉政策においては，「支えあい」や「お互い様」といった標語とともに住民の参加が欠かせない論点となっているが，地域社会における共同のあり方もまた，大きな変化の只中にある．

　本稿は，人口の少子高齢化や，世帯構成，産業及び就業構造，伝統的な地域集団の急速な変化のなかにある地域社会において，これからの地域福祉における共同がどのように構想されうるかをめぐる一試論である．その展望を，これまでの地域福祉論において繰り返し論じられてきた福祉コミュニティ論の再検討を通じて試みることにしたい．

2．問題の所在

　2000年，社会福祉事業や社会福祉法人など「社会福祉の全分野における共通的基本事項」を定めた社会福祉事業法（昭和26年3月29日法律第45号）が改正・改名され，社会福祉法（平成12年6月7日法律第111号）が成立した．改正された社会福祉法は，法の目的の一つに「地域における社会福祉（地域福祉）」の推進を定め（第1条），その推進主体を「地域住民，社会福祉を目的とする事業を経営する者及び社会福祉に関する活動を行う者」と定めた（第4条）．

　旧法である社会福祉事業法には「地域福祉」の文言はなく，推進主体とし

ての「住民」に言及することもなかったが，この改正により，日本の社会福祉は「住民」をも含めた諸行為主体が「相互に協力」（第4条）して「地域福祉」の推進を図るものとして位置付けられることになった．それまでの「住民」が法的には社会福祉事業を経営する者にとって「理解と協力」を得るべき対象でしかなかったことを考えると，きわめて大きな転回であったといえる．このような社会福祉の基底面の変化とともに，生活上の支援を要する人々を支える諸制度も，当事者の地域における居住を焦点として，市町村レヴェルにおける問題解決を強く志向するようになっている．

　こうした変化を「地域福祉の主流化」としてとらえた武川正吾によれば，その社会的背景には，1970年代に始まる「ポスト工業化」があり，これに伴う社会構造の変化として，①人口高齢化，②人口定住化，③介護の問題が表出し，その結果「日本の地域は，地域医療や地域福祉なしには，そもそも地域が成り立たないという地点に立たされた」（武川 2005：20）という．一方，1970年代初期は「コミュニティの崩壊，弱化が住民生活に大きな影響を与え，コミュニティ再建の必要性が高まった時期」（和田 2006a：318）であり，1970年の中央社会福祉審議会の答申「コミュニティ形成と社会福祉」は，「国民が真に健康で文化的な生活を営むことのできるコミュニティの存在が国民の生活福祉の向上に欠くべからざるものであること」を指摘していた．今日，社会福祉とりわけ地域福祉の課題として社会的孤立が取り上げられることが多くなっているが，こうした問題は世帯規模の縮小や小地域における住民相互の関係性の変質，サービス供給体制の充実による都市的生活様式の深化といった地域社会構造の変化を背景としており，高度経済成長期以降，40年以上の時間をかけて露出してきた問題と理解される（堀 2012a；2012b）．

　福祉コミュニティ論はこうした1970年代に始まる日本の地域社会の構造変化に対応する形で登場し，特に1980年代以降，在宅福祉サービスの推進とともにその形成が強調されてきた（牧里 1997）．地域福祉の推進に向けて構想された，当事者及びその関係者の組織化における目標概念である．

　しかし，福祉コミュニティ論は実践，研究の両面において大きな課題を抱えている．その一つは福祉コミュニティ論が形成された1970年代における社

会福祉の諸状況が，今日大きく変化していることに関する現実適合性の問題であり（中野 2003；大橋 1997・2006a），もう一つは，プロセスや実践方法の不明確さである（大橋 1997・2006a；岡本 2008）[1]．こうした問題点が一因となり，「巷に流布している福祉コミュニティ論は拡散の極に達している」（平川 2004：196）．

　阿部志郎は「地域福祉」の議論が活発化してきた1980年代に，当時の状況を批判的に論じて「現業にある者としては，理論を生かせぬ実践，いや応用すべき理論が見つからぬ苦しみ，あるいは実践経験が理論に反映できぬ悩みを持っている」（阿部 1986=2011：53）と述べていた．少なくとも福祉コミュニティ論についてはこの批判は今日においてもかなりの程度当てはまるのではないだろうか．理論的な枠組みがある程度定まらないことには研究の発展はありえないし，福祉コミュニティの形成という目標を掲げてみても，具体的に何に取り組めばよいのかが不明確であれば，実践上の益も少なかろう．

　そこで，本稿では「拡散」した福祉コミュニティに関する議論を整理し，統合的な理解の糸口を探ることで，今後の研究及び実践上の基礎を見出すことを目的としたい．以下では，まず福祉コミュニティ論の概念構成を岡村重夫の所論において確認したうえで，その後の展開を概括する（3章）．次に，福祉コミュニティの現実的なあり方をめぐる代表的な類型論を検討し，共通する要素とその分岐点を探る（4章）．その後，類型論の検討から得られた分岐点をもとに，福祉コミュニティの可能的な現実態のバリエーションの構成を試みる（5章）．最後に，福祉コミュニティを4章において構成した諸形態としてとらえる理由の考察をとおして，今日の福祉コミュニティ論に求められる視点について論じることにする．

3．福祉コミュニティの概念構成と展開

1）岡村説

　まずは，福祉コミュニティという概念がどのような位置づけと内容を持つものであるかを確認しよう．福祉コミュニティは岡村重夫『地域福祉論』（1974）において構築された概念である．

岡村によれば，地域福祉の構成要素は，①もっとも直接的具体的援助活動としてのコミュニティ・ケア，②コミュニティ・ケアを可能にするための前提条件づくりとしての地域組織化活動，③予防的社会福祉の3つである．
(岡村 1974：62)．このうち，②の地域組織化活動は「一般的な地域組織化活動」と「福祉組織化活動」の「2本の柱」(岡村 1974：68) をもって位置づけられている．一般的な地域組織化活動の目的は「コミュニティづくり」であり，福祉コミュニティは，これとは別に，福祉組織化活動の「目標」として位置づけられる (岡村 1974：71)．
　福祉コミュニティは「生活上の不利条件をもち，日常生活上の困難を現に持ち，または持つおそれのある個人や家族，さらにはこれらのひとびとの利益に同調し，代弁する個人や機関・団体が，共通の福祉関心を中心」として形成される「特別なコミュニティ集団」(岡村 1974：69) ないし「地域社会の下位集団」(岡村 1974：86) である．岡村は，これらの構成主体のうち，「生活上の不利条件をもち，日常生活上の困難を現に持ち，または持つおそれのある個人や家族」を第一の構成員として中核に位置付けている (岡村 1974：70)．
　「地域社会の下位集団」ということの意味は，現代の地域社会は「かつての農村共同体にみられたように住民の生活関心は単一ではなく，多様化しているために，その多数の関心に応じて，自由に多数の地域集団が成立」(岡村 1974：86) し，したがって地域社会は「多数のコミュニティ型の住民組織を下位集団として含むインターグループ」(岡村 1974：72) としてとらえられなければならないとする基本的な認識のもとに成立する．すなわち，福祉コミュニティはある地域社会の包括的な状態を指すのではなく，関心に応じて形成される「多数の地域集団」の一つである．
　また，一般的なコミュニティ形成とは別の柱として，特に福祉コミュニティ形成が必要な理由は，次のように説明される．地域社会の住民は，それぞれの「関心を中心として共通のニードを発見し，その解決のために活動する」が，「住民のこれらの関心は，しばしば多数の住民の平均的な生活条件を前提とした一般的要求にもとづくものであるところから，特殊な生活条件をも

つひとびとの生活要求に一致しないことが往々にして起こる．これを逆に言えば，住民の一般的要求にもとづいて成立した各集団の活動は，多数の住民の要求を充足することはできても，特定少数の不利条件をもつひとびとの生活要求を充足することはできない」(岡村 1974：86-87) ためである．

　福祉コミュニティの機能は，①対象者参加（社会福祉政策に対する住民参加ないしは対象者参加を進めること），②情報活動（社会福祉サービスの対象者の生活実態や社会福祉サービスの欠陥等に関する情報の収集，整理及び提供），③地域福祉計画の立案，④コミュニケーション（集団の内外において共通の理解を図ること），⑤社会福祉サービスの新設・運営であるとされた（岡村 1974：88-101）．

　以上の岡村説を要約すれば，福祉コミュニティとは，①地域社会において少数者となるような特定の不利条件を持つ人々の福祉の充足を第一の目的とし，②（その過程は当事者の参加を欠くことができないゆえに）「福祉サービスを必要とする地域住民[3]」を中核として形成される地域社会の下位集団であり，③コミュニティ・ケアを成立させるために，関連する地域集団や自治体等と各種のコミュニケーションを行うものである，と言えるだろう[4]．

2）展開

　その後，福祉コミュニティ論は実践，研究，政府文書などさまざまなレヴェルで用いられてきた．稲葉一洋は，その広がりを，①全国社会福祉協議会による使用（『在宅福祉サービスの戦略』(1979)，『在宅福祉サービス組織化の手引き』(1980)，『社協基盤強化指針：解説・社協モデル』(1982)），②社会学的アプローチによる議論（越智 1982；奥田 1993），③政策概念としての使用（「国民の社会福祉に関する活動への参加の促進を図るための措置に関する基本的な指針」（平成5年4月14日号外厚生省告示第117号）(1993)，中央社会福祉審議会・地域福祉専門分化会「ボランティア活動の中長期的な振興方策について（意見具申）」(1993)）の3点にまとめている（稲葉 2003）．このほか，加古川市福祉コミュニティ条例（1982）のように，自治体の福祉のまちづくりの条例に使用した例もあげられるであろうし，『月刊福祉』のような専門誌で言及されるものまで含めれば，使用例は膨大な数にのぼる．

しかし，こうした言葉の受け入れと反比例するように，その語義は不明瞭になっていった．岡村説は地域福祉における住民の参加を不可欠の要素とした点で，本稿の冒頭でふれた社会福祉法における転回を大幅に先取りした議論であったといえるが[5]，現実を先回りした分だけ理論的抽象度も高く，したがって「観念的な先取り的見解」（大橋 2006b：165）と言われるように，現実的な姿のつかみにくさをあわせもっていたからである．

　研究の成果も十分であったとはいえない．多様な文脈での使用により，言葉が指し示す意味内容が多様化している状況にも拘わらず，表題に「福祉コミュニティ」と掲げておきながら，「無定義での使用を明言するもの，さらにはその内容についての暗示さえない研究すら存在している」（平川 2004：196）からである．岡本榮一は，こうした現状について「（福祉コミュニティ概念の）抽象化・拡散化は，地域福祉研究者の実態化の努力不足の結果である」（岡本 2008：202）と述べている．

　岡本が指摘する「実態」について，岡村は明示的に述べることが少なかった．言ってみれば，その実践方法と学術的な理論の彫琢は後世に委ねられた，ともいえるだろう．

　それでは，福祉コミュニティの「実態」とは何か．このようにして問題の焦点は，岡村以後，福祉コミュニティがどのような現実的集団として論じられてきたかに移ることになる．

4．先行研究における類型論

　牧里毎治は，「福祉コミュニティを実態としてとらえるのに，どのような地域組織を想定するか」について定まった見解はないとしながらも，①福祉機能をもった自治会・町内会とするもの，②社会福祉協議会（以下，社協）の下部組織である地区社協[6]とするもの，③在宅福祉サービスのネットワークなどを想定するもの，に分類している（牧里 1997）．①の自治会・町内会は「都市化と高齢化の急激な進行のもとで，これまで周辺的な課題であった福祉問題を組織自体の主要課題として取り上げざるを得なくなった地域」（牧里 1997：69）にみられるもので，ふれあい協議会の設置などを例としてあげ

ている．②の地区社協は市町村の単位よりも小さな区域で任意に設置される地域集団であり，市町村単位で設置されている市町村社協と連携して地域住民の見守り活動やサロン活動などを行うものである．③の在宅福祉サービスのネットワークは，福祉施設，病院・診療所，保健所などなんらかの専門機関がベースとなって展開される，地域住民を巻き込んだ活動である．

一方，上野谷加代子は，活動の実態をより具体的に描きながら，①住民組織型，②サービス提供・ネットワーク型，③住民自治型の3つに分類している（上野谷 1999）．①の住民組織型とは「小地域におけるひとり暮らし高齢者自身の不安の訴えから始まった日常生活見守りネットワークに，ホームヘルパー，保健師などの専門職が支え，同地区の高齢者の仲間作り，地域づくりへと発展した」もの，②のサービス提供・ネットワーク型とは「老親介護を終えた女性が，住民参加型の在宅福祉サービスの必要性を感じ，仲間を募り組織化をはじめ，地域ケア作りをめざす」もの，③の住民自治型とは「自立生活を求めている身体障害者のニーズと住民が相容れず孤立状態であったが，社会福祉協議会のコミュニティワーカーの専門的援助で，地域懇談会や学習会をすすめるなかでノーマライゼイションのまちづくりの必要性を認識し，ともに行政施策の改善へ取り組みを始めた」（上野谷 1999：857）ものと解説している．

上記の福祉コミュニティの「実態」に関する解説から，次のことを確認しておきたい．第一に，福祉コミュニティの実態となる集団についての説明が，「組織」という言葉に加えて，「ネットワーク」という言葉をもってなされていることである．このことは，福祉コミュニティが社会的に凝固した形で形成される「組織体」として存在するだけでなく，複数の集団ないし個人を構成要素とする「つながり」として実践され得ることを示している．したがって，福祉コミュニティの「実態」は，「集団（または組織）ないしネットワーク」と理解されるべきだろう（ただし，本稿では表記の煩雑さを避けるため，特にネットワークについて注意を喚起する必要がある場合を除き，「集団」とする）．

第二に，上記の諸類型のすべてが，ある地域社会のなかで，目的的に形成される集団として描かれていることである．このことは，そもそも福祉コミ

ュニティという概念が，内実としてはアソシエーションとしての特性をもった集団であることによっている．マッキーヴァーによれば，コミュニティとは「村とか町，あるいは地方や国とかもっと広い範囲の共同生活のいずれかの領域」を指し，アソシエーションとは「社会的存在がある共同の関心〔利害〕または諸関心を追及するための組織体（あるいは＜組織される＞社会的存在の一団）」である（MacIver 1917=1975：46）．福祉コミュニティは特定の関心——地域社会において少数者となるような特定の不利条件を持つ人々の福祉の充足——に基づいて形成される部分的な集団であるから，マッキーヴァーの定義にしたがえば，優れてアソシエーショナルであるということが可能だろう．

第三に，牧里，上野谷の両論が，集団形成の契機にかかる2つの要素，すなわち，「住民の自発性」と「専門的な援助」を含んでいることである．むろん，当事者の主体性を中核にすえる福祉コミュニティにとって当事者ないし住民の主体性という要素を欠く姿はありえないだろうが，専門的な援助の関わりは福祉コミュニティの構成要件でもあるから，福祉コミュニティの「実態」の多くは，両者が交わるところに出現することになるだろう[7]．

さて，第三の点につき，「住民の自発性」と「専門的な援助」という2つの契機から，福祉コミュニティはそれぞれ異なる形態として「実態」を形成し得ることが示唆される．ここでは，住民の自発性の視点を展開したものを「ボランタリーな契機」，専門的な援助の関わりの視点を展開したものを「制度的な契機」と呼んでおこう．

そこで，以下では，これら2つの契機を導きとして，主に研究領域における議論の整理を通じて，福祉コミュニティの現実態に迫ってみたい．われわれは，福祉コミュニティとして実際にどのような集団ないし地域におけるつながりの形を想定することができるだろうか．

5．福祉コミュニティの可能的な現実態

1）テーマ型コミュニティモデル

第一に，ボランタリーな契機に属する形態として，マイノリティが抱える

生活課題の解決に焦点をあてた構成でとらえる立場があり得る．ここではこれを「テーマ型コミュニティモデル」と呼んでおきたい．その典型には一定の地理的範囲において活動する当事者団体を基礎とした構成が考えられる．当事者団体を軸として，特定のイシューについて地域住民や関係機関が協力・支援していくようなネットワークが形成されていくとき，それを一つのモデルとしてとらえる，ということである．当事者を中核に据える福祉コミュニティの構成上の定義，及び自発性という観点において最も適合的な形態ということになる．

　テーマ型コミュニティモデルの現実的な例としては，介護者家族や障害者家族の会を想定できるだろう．平野隆之は，社協や保健所が事務局となって展開された大阪府下における介護者家族の当事者組織づくりについて，その組織化と展開パターンを論じている（平野 2010）．そのなかで社協のコミュニティワークの援助について，①役員組織の整備や会則，会費徴収，会報の発行などの集団の形式を整えること，②会員自身が励まし合い，社会的な支援を受けながら介護問題を解決していこうとする価値の転換を図るための「集い」の開催，③当事者組織自らサービスを提供しようとする活動の展開,[8] ④当事者組織を支えるボランティアや専門職の組織化によるサポート・システムの形成，をあげている．これらは，福祉コミュニティの地域社会における具体的な展開として，そのイメージを現実に示す例であろう．

　平野が論じた介護者家族の活動は1980年代に発するものであり，今日では，介護保険制度の導入もあり，制度化される方向性を持っている．しかし，テーマ型コミュニティモデルにおいてとらえられる集団のうちには，より小さな課題，例えば，ろう重複障害者であったり，発達障害者の支援に取り組むような集団があるし，さらにはひきこもりやホームレス，エイズ患者など，地域社会における理解を得ることがより難しい課題も存在する．

　したがって，このモデルにおいて福祉コミュニティがその機能を果たすためには，地域社会の多数者及び多数者集団の理解と参加をいかにして図っていくかが課題となるだろう．

2）自治型コミュニティモデル

　ボランタリーな契機に属する形態の第二として，地区社協等を想定する考え方をここでは「自治型コミュニティモデル」と呼んでおきたい．自治会や婦人会，老人クラブや民生委員児童委員協議会，PTA，青少年育成協議会などの地域集団を中心とした集団ないしネットワークが該当する．

　これには，自治会・町内会を基盤として地域福祉の課題に取り組もうとするまちづくり協議会なども含めて考えられるだろう．というのは，前述の牧里説では，自治会・町内会と地区社協は別の類型としてとらえられているが，自治会・町内会の文脈で言及される「協議会」は，多くは自治会・町内会に民生委員やその他の地域集団を加えた協議体であり，他方，地区社協も同じく複数の地域集団の協議体として組織されるもので，地域社会における最大の地域集団である自治会・町内会を欠いた構成は考えにくい．つまり，両者は名称や関連組織の関わりの比重が異なるとはいえ，構成や機能においては共通点が多いからである．

　この立場をとる牧里は，その論拠として，地区社協が「小地域の住民の福祉を高めるための組織であり，当該小地域を網羅的・包括的に組織化したネットワーク組織」（牧里 2012：123）であることをあげる．岡村の地域福祉論における「住民の自治・自律」（岡村 1974：67）ないし「住民の自己決定」（岡村 1974：76）といった価値要素や，「自治型地域福祉」（右田 1993）のような理論構成との親和性の高いモデルである．岡村説の場合，住民自治の要素は一般的な地域組織化活動におけるコミュニティ形成が，より主要な場面であったが，福祉コミュニティの概念構成においても，当事者自治と呼べるような指向性を強く持っていたことは疑いない．

　自治型コミュニティモデルの大きな特徴は，「小地域を網羅的・包括的に組織化」していることにある．地区社協は「概して既存の町内会や自治会などの住民組織をモデル地区に指定して，それを契機に組織化する例が多」く，「全戸加入制の町内会，自治会を組織母体としている例が多」い（牧里 2012：124）．この点につき，平野隆之は自治会・町内会は「福祉課題に対して主体的に係わるという条件に乏しい」ため，「自治会を基盤に組織された地区社

第1部　社会と文化

協をどのようにして『福祉コミュニティ』型活動に取り組むように刺激するか」（平野 2008：107）が課題となると述べている．すなわち，自治型コミュニティモデルは，地域社会におけるマジョリティを基盤とするモデルであるともいえる．この点において，同じくボランタリーな契機に位置づけられるテーマ型コミュニティモデルとは対照的な位置づけとなる．したがって，このモデルにおいて福祉コミュニティがその機能を果たすためには，「特定少数の不利条件をもつひとびとの生活要求」（岡村 1974：87）をいかに主題化するかが課題となるだろう．

3）在宅ケアネットワークモデル

他方，前二者とは異なり，専門的な援助の関わりの視点を展開した軸（制度的な契機）に属する形態として，在宅福祉に関わるネットワーク活動を想定することができる．ここではこれを，「在宅ケアネットワークモデル」と呼んでおきたい．典型としては，自治体や社協が住民に働きかけ，住民が協力者として登録して行う地域福祉活動を組織化する形態や，特定の福祉課題領域における地域生活の支援体制の充実を目的として設置・運営される協議体などが該当しよう．

前者は，地区社協の一部として位置付けられるなど，自治型コミュニティモデルと密接な関係において設置される場合（山形県社協や宇都宮市社協「福祉協力員制度」など）や，社会的孤立などの福祉課題を中核として設置される場合（足立区「絆のあんしん協力員」など）などがあり得るが，いずれにしても集団——その多くはネットワークを称するようであるが——の存立が，自治体や社協といった制度的な機関によって明確に担われている点において，1）2）に示したモデルと相違する．

後者は，福祉コミュニティの必要条件として，三浦文夫が「要援護者を地域にとどめ，居宅での生活が継続できる体制，すなわち一定の地域に在宅福祉サービスの施設のネットワークが作られ，このサービスの推進に関わりを持つ，行政，民間，住民の協働が成立する体制が作られること」（三浦 1993：54）をあげているように，当事者の在宅生活の継続にかかるシステムづくり

を志向する形態であり，近年，高齢者福祉の分野における「地域ケア会議」の推進や，障害者福祉の分野における地域自立支援協議会など，こうした考え方を具体化する制度的な仕組みが整備されつつある[9]．

　岡村は「『福祉コミュニティ』は，福祉サービスを必要とする対象者とサービス提供機関，施設，団体との協働討議の場であり，そこから地域社会における社会福祉サービスの欠陥を指摘することができるし，また社会福祉以外の専門家集団とも協力して社会福祉以外の専門分化的制度の改善の必要を指摘し，要求する場でもある」（岡村 1974：70-71）と述べていた．こうした機能からすると，上記の地域ケア会議や地域自立支援協議会は，福祉コミュニティを制度化したものの一つとする見方が可能であろう．

　このような集団は制度的に整備されるものであることに特徴があり，したがって，政策担当者の視点の影響を強く受けることになる．こうした特性については，自治型コミュニティモデルの観点からは批判的な見解が寄せられるだろう．例えば，牧里は三浦の所論について「どちらかといえば目的においては，在宅福祉の推進に限定され，福祉コミュニティの機能も在宅福祉サービスの管理・運営に重点がおかれている」「狭義の在宅福祉にのみ関心と機能を有するものが福祉コミュニティであるとすると，隣接する領域と密接な連携のもとに効果的に展開する芽を摘んでしまうのではないか」（牧里 1992：355）と述べている．

　また，平川は障害者のまちづくり運動に関するケーススタディを通じて，「『福祉』がフォーマルな色彩を強めることは，福祉コミュニティ形成の『阻害要因』になっていることを見落とすことはできない．つまり，障害者やボランティアといったメンバーの範囲や活動が，各種の行政的手続きによって制限され，また排除されるという問題が生じるからである」（平川 2004：112-113）と述べている．

　したがって，在宅ケアネットワークモデルにおいては，地域の福祉課題の解決に当たって「行政主導の下に民間および住民が相対的に補完するものという観念」（牧里 1992：357）と隣り合わせとなる原理的な課題を抱えることになるため，住民の主体性がいかに実現されるかという視点から，制度の運

営者と当事者・住民との関係性が強く問われることになるだろう．

4）なぎさモデル

なぎさモデルは，岡本榮一らが提示している福祉コミュニティの考え方で，居住・入所型福祉施設の地域支援機能によって作り出される「社会的・対人的な地域社会関係」(岡本 2008：197) であり，「利用者の社会関係の維持・発展を中心に据えながら，しかも施設という限定された空間的拠点を用いて，地域とともに展開されるプログラム」(岡本 2008：211) である．3）の在宅ケアネットワークモデル同様，専門的な援助の関わりの視点を展開した軸（制度的な契機）に属する形態であるが，施設の地域化機能を軸にしている点が異なる．

岡本の記述をもとに，そのプログラムを筆者なりに要約すれば，①入浴設備などのサービスや相談サービス，②喫茶や食堂，図書館などの交流施設，③バザーや祭事などを地域に開放し，またはともに企画・実施するなどである[10]．

原田正樹は，「障害者運動と地域福祉の展開：90年代」と題したテキストで，施設サービスと在宅サービスの交差について，近年「逆デイサービス」（入所施設の利用者が，施設の近くにある民家を利用したデイサービスなどで日中過ごす）といった実践がみられるようになっていることをあげて「今後，こうした地域のなかでのさまざまなサービスが組み合わさっていくと，施設サービスと在宅サービスという境目がボーダーレスになっていくだろう」(原田 2010：142) と展望している．

今日，社会福祉法人のあり方が問われるなかで，入所施設においても入所者に対するサービスにとどまらない活動や事業に取り組む事例が報告されるようになっているが[11]，介護保険制度や障害者福祉における制度的な事業・組織を基礎として福祉コミュニティ形成にアプローチする，という岡本らの視座は，コミュニティケアを在宅サービスと施設サービスの総合として進めようとする動きを後押しするものといえるだろう．

5）地域社会モデル

　すでにみたように，岡村論は福祉コミュニティを「地域社会の下位集団」（岡村 1974：86）としていたが，福祉コミュニティの形成について，これを地域社会レヴェルにおいて展開することを提案しているのが大橋謙策である．このような構成を地域社会モデルと呼んでおこう．[12] 大橋は地域社会そのものを福祉コミュニティ化する必然性について，次のように述べている．

　「今日では，社会福祉ニーズを必要としている人は特殊な条件の下にあるのではなく，ひとり暮らし老人や介護を要する高齢者の在宅福祉サービスのニーズであれ，共働きの核家族での出産，育児に伴い必要とされる在宅福祉サービスであれ，それは一部の特殊な人々に対するものと考えるわけにはいかない．しかも，それらのニーズに対応する社会福祉サービスが市町村において基本的に提供されるシステムに転換された以上，市町村の経営における在宅福祉サービスの位置は，そのサービスにかかる費用を中心として根幹的政策事項になったといわざるを得ない．さらには在宅福祉サービスは行政によって機能的に提供されれば解決できるものではなく，近隣住民のインフォーマルなケアと結び付いてこそ有効であることを考えると，福祉コミュニティづくりは社会福祉を内在化させた一般コミュニティづくりそのものの課題になったということができる．このような状況の変化を踏まえると，岡村がいう一般コミュニティと福祉コミュニティの使い分けはあまり意味をもたず，一般コミュニティ自体を岡村のいう福祉コミュニティの視点において構築することが必要である」（大橋 1997：231）

　「社会福祉ニーズの普遍化」（大橋 2006：164）の傾向をとらえて，福祉コミュニティをとらえなおそうとする大橋の指摘にはうなずける点が多い．実際，実務の立場からみても，自治会，町内会等の地域集団と接するときに出会う課題は，担い手不足，役員の高齢化，住環境の維持や外国人住民等のモラルの相違など，福祉の課題と重なりつつも，地域全体に関わる課題である．こうした点からも大橋の所論は当を得ているといえる．

しかし，他方では自治型コミュニティモデル同様,「特定少数の不利条件をもつひとびとの生活要求」(岡村 1974：87) を主題化し，その参加をいかに進めていくことができるかという問題を抱えることになる点も否定できない．この点について，例えば草野武志は，精神障害者，エイズ患者，認知症高齢者，ニートや「閉じこもり」とされる人々の存在をあげ,「地域社会におけるマイノリティとされる人々については，すべての地域住民がそれらマイノリティとされる人々の地域自立生活について正しく理解をしているとは言えないのが実情である」（草野 2007：1132) ため，やはり「一般的コミュニティの下位集団としての『福祉コミュニティ』の形成を図る必要性がある」（草野 2007：1133) という．原田もまた,「福祉コミュニティの一般化」について「地域コミュニティに対して，福祉コミュニティがつねに問題提起を繰り返し，その緊張関係のなかで権力構造を変革していくことが必要になる」（原田 2004：67) と述べている．

他方，岩田正美は,「普遍型福祉」への「パラダイム転換」論を批判的に論じ,「だれでも，いつでも，どこでも」をキャッチコピーとする「普遍型福祉」と折り合いの悪いホームレスや貧困といった問題が今日「再発見された」と受け止められているが,「社会福祉の少数へのまなざしと，多数へのまなざしは，……歴史を貫く福祉の異なった2つの役割として把握することができる」(岩田 2007=2011：437) としている．地域福祉の実践空間においては，福祉コミュニティ論が「少数へのまなざし」を担保し，その積極的な参加を図るための理論的な足がかりであることを考えると，地域社会モデルにおいては，この「少数へのまなざし」に基く実践面における対応の支柱をどこに設定するかという課題があるだろう．

さて，ここまでに述べた各モデルを集団ないしネットワーク形成の契機に基づいて図式的に表現すると，次頁の図1のようになるだろう．横軸は地縁性の影響の程度（地縁性／非地縁性）を示しており，テーマ型コミュニティモデル及び自治型コミュニティモデルが位置づけられよう．縦軸は制度的な区別（在宅サービス／施設サービス）を示しており，在宅ケアネットワークモデ

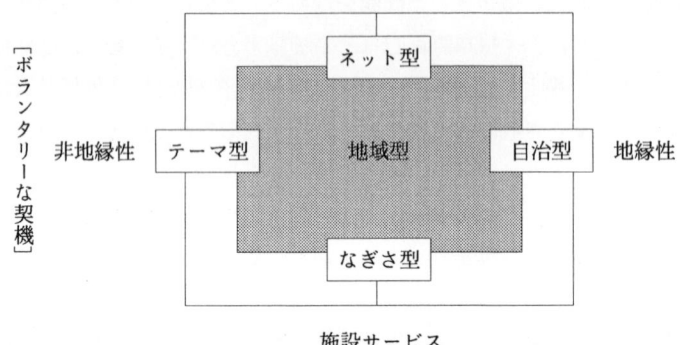

図1．地域コミュニティモデルの図式

びなぎさモデルが位置づけられる．さらに，すべての領域にわたるものとして，地域社会モデルがある．

しかし，個別の文脈に立つこうした形態を論理的に組み上げようとすると，その途端に多くの矛盾を孕むことになるだろうとも思われる．例えば，ボランタリーな契機にかかる軸においてとらえた2つのモデルは，大橋が「従来のような町内会，自治会に代表される地域型コミュニティ組織（本論の形態論でいえば「自治型コミュニティ」：[筆者注]）と，ボランティア精神に基づいた共通関心事で結ばれ，結成されたアソシエーション型組織（本論の形態論でいえば「テーマ型コミュニティ」：[筆者注]）とが，市町村という地域を基盤にして，相互のよさを生かした活動を推進していくことが欠かせなくなる」（大橋 2006b：167）と述べるように統合的な構想と実践が要求される領域である．

制度的な契機の軸についても，「施設サービスと在宅サービスという境目がボーダーレスになっていく」（原田 2010：142）趨勢のなかで，地域における居住という視点からの再編が進むことにより，いずれ統合的な実態が実現される可能性を含んでいる．岡村もすでに1970年の時点で「Community careとInstitutional careは相互補完的な関係をもつものとして，地域福祉

概念のなかで統合されるべきものである」(岡村 1970：15) と述べていたが，地域福祉論が保持してきたこうした考え方は，近年少しずつ現実味を帯びるに至っている．

このように，各モデルは相互に浸透し合うものであり，固定的なものではなく，したがって，各モデルは福祉コミュニティが目指す「特定少数の不利条件をもつひとびと」の福祉の充足と参加や，関連する地域集団や自治体等との各種のコミュニケーションの軸足となる「場」のバリエーションと理解しておきたい．

6．拡散状況から統合構成へ

さて，福祉コミュニティ論を実践及び研究の発展的な枠組みに結びつけていくため，5つの形態について述べてきたが，最後に本稿がこのような広がりにおいて福祉コミュニティをとらえようと試みた理由について述べておきたい．

それは，福祉コミュニティ論には，地域福祉の現実的なあり方に対応した理論的な枠組みが必要になると考えたからである．その一つは大橋が指摘するように，機関委任事務の整理合理化──すなわち社会福祉においても市町村の団体委任事務化──が進められてきたことと，在宅福祉サービスが整備されてきている現代的状況 (大橋 2006b：171) にある．岡村説が提示された1970年代と比べると，フォーマル・セクターではコラボレーションやパートナーシップの考え方が導入されるとともに[14]，在宅福祉サービスの基盤整備が図られ，地域福祉の考え方は分野別の社会福祉制度や施策においても欠かせない要素となってきている．また，特定非営利活動促進法 (平成10年3月25日法律第7号) 以後，ボランタリー・セクターの内実も大きく変化し，地域福祉において果たす役割も増大している．今日，地域福祉のフィールド上には，テーマ型の活動をベースにした事業やネットワーク活動──その今日的な組織類型の一つは福祉NPOである──に加えて，行政，施設などを基点にした新しい動きが存在する．他方で，少子高齢化による人口構成等の変化は「劇的」という言葉を添えても過言ではない状況にあり，自治会・町内会を

はじめとする地域集団ないし活動のありようも大きく様変わりしているのが現実である．

こうした制度的及び構造的な変化のなかで展開される個々の取り組みやその全体に関連させて，「福祉コミュニティ」が単に通りの良い言葉として何の理論的基礎も無いままに都度利用され続けるならば，語義の「拡散」（平川 2004：196）は一層深刻なものとなる．研究者は自らによって「努力不足」（岡本 2008：202）の批判を受けることになろう．

したがって，いま福祉コミュニティに関する実践と研究に求められているのは，これらの変化を福祉コミュニティ形成の現実的な契機としてとらえて，地域福祉の推進に結びつけていくための統合的な理解にあるというべきだろう．それは上述の状況を，福祉コミュニティの理念が達成され得る機会が多様な領域において芽吹いている状況と捉えることによって可能になる．

1）のテーマ型コミュニティモデルにおいてみたように，福祉コミュニティ論が原点としている「特定少数の不利条件をもつひとびと」（岡村 1974：87）については，高齢者や障害者といった施策分野の枠組みよりも，さらに小さな課題群が想定されるはずであるが，事が個別的であるだけに，現実にはその「場」に自発的に関わる主体だけで課題を解決していけるものではない．他方で，3）の在宅ケアネットワークモデルのように制度的に整備される「場」が政策担当者の意向を強く受け，分野別の境界を有するとはいえ，ただちに福祉コミュニティの範疇から除外するのは有益とはいえないだろう[15]．とすれば、必要なのは，当事者や住民の自発的な活動の組織的な弱さを補い，制度的な「場」を当事者・住民の主体性のもとに変革していくためのアイデアであり、地域において展開される諸集団・諸セクターの取り組みの連携のあり方の検討にあるのではないだろうか．

このように考えると、これからの福祉コミュニティ論には本稿でみてきたような多様な実践を複眼的にとらえる視座が必要になるといえる．福祉コミュニティ論は，地域における諸集団や専門機関が重層的に活動を展開し，ある場面では情報を交換し，ある場面ではネットワークを作り，協同して事業を起こすなどの相互作用や創発こそを展望すべきだろう[16]．それは今日の地域

福祉の現実的なあり方を反映し，自ずと自助，互助ないし共助，公助が相互に関わり合う姿となるはずである．

7．おわりに——福祉コミュニティ論の到達点と今後の課題——

　岡村の福祉コミュニティ論は、地域福祉にかかる集団ないしネットワークのあり方を根拠づけ，方向づける優れた説明力を持っていたと考えられる．ただしその後、多様な場面で様々に用いられるなかで、意味内容が不明瞭になっていったことは否めない事実である．しかしながら，そうしたなかでも本稿において参照したような議論が積み重ねられ，抽象度の高い岡村の理論的構成から，その現実的なあり方が少しづつ描き出されてきたことは一つの到達点といえるだろう．

　本稿では，そうした議論を手引きにしながら，その可能的な形態として5つのモデルを整理した．本稿の形態論は一つの試論にとどまるが，重要なことは，福祉コミュニティという言葉にいくつかの異なる用法があることを押さえておくべきこと，そして，これらのモデルは単に並立し，相互に関わり合いを持たない個別の取り組みであってはならないということである．これからの実践に求められるのは，地域における多様な主体の連携の機会を創出し，より力強い運動に結びつけていくことであり、福祉コミュニティ形成の研究には、ケーススタディを通して，その条件と方法を考究していくことが求められるといえるのでないだろうか．

注
1）白澤政和は，「岡村先生を偲んで」と題された対談のなかで「岡村理論は個人と社会がどういう関係でやっていくのかということで生活を捉えるソーシャルワーク原論だと思うんです．ただ，岡村理論による実践というようなことが出てこないのですね．そういう意味では岡村理論はプロセス論が欠けているのではないか」（上野谷加代子ほか 2002：8）と述べている．
2）岡村によれば，予防的社会福祉は「積極的に個人をこれらの普遍的サービスや基本的社会制度に結びつけ，利用をつづけさせるための個別的対策を準備することが必要なのである．それが普遍的サービスや基本的社会制度に関連して

実施される予防的社会福祉である」とされる（岡村 1974：52）．
3）「福祉サービスを必要とする地域住民」とは，草野（2007：1131）の表現である．
4）その他，岡村福祉コミュニティ論については，牧里（1997, 2012）が特徴として論じた次の3点が良く要約されている．①「一定の地域社会（多くの場合，市町村行政区）の内部に存在する「機能的コミュニティ」であること，②「生活上の不利益，生活困難を最も強く受けやすい，福祉サービスの顕在的・潜在的利用者（当事者）を中心に据えた組織体」であること，③「福祉サービスの充実・開発にかかわって，顕在的・潜在的利用者（当事者）の真のニーズを明らかにし充足すること」をねらいとしていること，の3点である．
5）大橋謙策によれば，社会福祉法の規定は「実質的に『福祉コミュニティ』の形成を理念として掲げたもの」であり，「『福祉コミュニティ』の考え方を法律上明記した」ものである（大橋 2006b：162）．
6）地区社協の名称は学区社協，校下社協，地区福祉委員会などさまざまである．
7）岡本榮一は，福祉コミュニティ形成に関する社会福祉法人やNPOなどの支援機能について「障害者問題などの実態の重さを知る者は，今のまま放っておいて，地域が主体的に『福祉コミュニティ』を生み出すとは誰も思うまい」と述べている（岡本 2008：203）．
8）平野は，実際に実施された当事者組織の事業を整理して，①紙おむつの共同購入，②介護用具の貸出事業，③相談事業，介護講習会・介護講座，④訪問介護事業，ミニデイサービスをあげている（平野 2010：133-134）．
9）地域ケア会議とは，厚生労働省の資料によれば「高齢者個人に対する支援の充実と，それを支える社会基盤の整備とを同時に進めていく，地域包括ケアシステムの実現に向けた手法」である．主な構成員は，自治体職員，地域包括支援センター職員，ケアマネジャー，介護事業者，民生委員等であり，「地域に共通した課題を明確化」し，「必要な資源開発や地域づくり」を行い，「介護保険事業計画への反映などの政策形成」へつなげるとされている（地域ケア会議推進に係る全国担当者会議資料1「地域ケア会議について」http://www.mhlw.go.jp/stf/shingi/0000023796.html）．また，地域自立支援協議会とは，障害者総合支援法（平成24年6月27日法律第51号）において「障害者等への支援の体制の整備を図るため，関係機関，関係団体並びに障害者等及びその家族並びに障害者等の福祉，医療，教育又は雇用に関連する職務に従事する者その他の関係者により構成される協議会を置くように努めなければならない」（89条の3）と規定されるもので，2項においてその機能を，関係機関等の相互の

連絡や支援体制の課題について情報を共有し，連携の緊密化等を図るための協議を行うものと定めている．なお，自立支援法からの改正点として，障害者総合支援法における「協議会」は構成員に「障害者等及びその家族」を加え，「設置することができる」としていた条文が「努めなければならない」と努力義務に引き上げられている．

10) 岡本によれば，なぎさ型福祉コミュニティの実践として，近江学園等があげられている．近江学園については糸賀一雄『復刊　この子らを世の光に：近江学園二十年の願い』(1965＝2003) を参照．

11) 平成25年から，厚生労働省社会・援護局において，社会福祉法人の在り方等に関する検討会が開催されており，社会福祉法人による地域貢献等が議論されている．一例として，社会福祉法人青山里会の地域福祉事業など．http://www.mhlw.go.jp/stf/shingi/2r9852000000almx.html#shingi159469

12) 同じように，福祉コミュニティを地域社会のあり方としてとらえる立場に越智昇 (1982)，奥田道大 (1993) がある．越智は「障害児をもつ親たちが呼びかけあい，近隣のボランティアが参加して自主訓練をはじめる例」をあげて，「これは立派にアソシエーションである」(越智 1982：159) とする．そのうえで「このようなアソシエーションをうけとめるコミュニティとは何か」と問いかけ，「それが福祉コミュニティとして問われているといえる．したがって，福祉コミュニティとは，コミュニティの特殊な側面における型を意味するのではない．コミュニティの本質課題が福祉コミュニティである」(越智 1982：162) という．同様に奥田は「福祉コミュニティのあり方は，コミュニティ自体のあり方でもある」(奥田 1993：はじめに)，また「やや単純化して言えば，コミュニティ (the Community) の定義と福祉コミュニティのそれとは，相互交替的である．それが福祉コミュニティであれ，コミュニティであれ，福祉コミュニティの発想の前提には，(1)『ひと』と『ひと』とのより自覚的，人格的な結びつき，(2) 地域生活の新しい『質』の構築，再構築を含んでいる」(奥田 1993：3) と述べる．このような意味での福祉コミュニティは，コミュニティの定義を広くとらえて，分析の関心を地域社会ないし地域コミュニティの形成に還元して理解しようとする立場といえる．

13) 地方自治法（昭和22年4月17日法律第67号）260条の2では，「町又は字の区域その他市町村内の一定の区域に住所を有する者の地縁に基づいて形成された団体」が「地縁による団体」とされ，この場合，その典型は自治会・町内会であり，青年団や婦人会のような地域団体は含まれない．ここでは「地縁による団体」を基盤として形成される集団やネットワークを地域自治型モデルとし，

これに対して「地縁による団体」との関わりがあったとしても，特定課題の解決等を形成の主たる契機としている集団やネットワークをテーマ型コミュニティモデルとしておく．「非地縁性」といってもテーマ型コミュニティモデルに地域性が無いということではない．

14)「フォーマル・セクター」という言葉は，家族・親族，友人，隣人等（インフォーマル・セクター）と対置される形で，国及び地方公共団体，民間非営利団体，民間営利団体を総称して用いられる（中野 2005：64-65）ことがあるが，ここでは地域福祉における狭い意味での「公」，すなわち市町村行政という程度で用いている．公共空間におけるコラボレーションやパートナーシップについては，さしあたり第27回地方制度調査会の「今後の地方自治制度のあり方についての中間報告」（2003年4月30日）を参照．

15) 例えば，内発的発展論の議論において「どんな地域にも外発的な力と内発的な力が存在するのであり，外発的な力と内発的な力の相互作用を求めるべきではないか」（後藤 2008：240）と言われるように，住民の主体性という価値を重視することと，主体性を実現させる契機を広くとらえることは両立し得ると考えたい．

16) 本稿が論じている範囲とは異なるが，和田（2006b）も，福祉コミュニティを重層的に形成していくイメージを次のように記述している．和田は，おもちゃ図書館活動が「障害児をもつ親と地域の住民，それに教師らの専門家」に支えられて「障害児の生活のよりどころ」となっている例をあげて，ここに「福祉コミュニティが成立しているといえる」とする．さらに「このように考えれば，食事サービス事業の福祉コミュニティ，デイサービスの福祉コミュニティ，さらには一人ひとりの要援護者へのケアグループ，高齢者サロン・子育てサロンというように，一つひとつの福祉コミュニティをつくっていくことが可能になる」（和田 2006b：22-23）と述べている．

文献

阿部志郎，1986，「セツルメントからコミュニティ・ケアへ」，阿部志郎編『地域福祉の思想と実践』海声社（野口定久・平野隆之編，2011，『リーディングス日本の社会福祉6　地域福祉』，日本図書センター，40-69）．

後藤春彦，2008，「地域の再生と景観デザイン」，大森彌・山下茂・後藤春彦・小田切徳美・内海麻利・大杉覚『実践　まちづくり読本——自立の心・協働の仕掛け』，公職研，184-253．

原田正樹，2004，「地域福祉計画と地域住民の主体性に関する一考察——岡村理論を

手がかりにして」, 東京市政調査会『都市問題』95-7, 63-75.
―――, 2010, 「障害者運動と地域福祉の展開――90年代」, 平野隆之・原田正樹『地域福祉の展開』, 放送大学教育振興会, 137-149.
平川毅彦, 2004, 『「福祉コミュニティ」と地域社会』, 世界思想社.
平野隆之, 2008, 『地域福祉推進の理論と方法』, 有斐閣.
―――, 2010, 「当事者組織活動と地域福祉の推進――80年代」, 平野隆之・原田正樹『地域福祉の展開』, 放送大学教育振興会, 124-136.
堀崇樹, 2012a, 「新聞報道にみる孤独死の動向と問題の所在」, 日本大学社会学会『社会学論叢』173, 41-60.
―――, 2012b, 「孤独死の時代と問題の地平」, 穴田義孝・川島洋・中尾暢見・堀崇樹・伊藤壽美編『幸福列車――しあわせを問いなおす旅』人間の科学新社, 209-224.
稲葉一洋, 2003, 『福祉コミュニティ形成の技術』, 学文社.
岩田正美, 2007, 「『パラダイム転換』と社会福祉の本質――社会福祉の2つの路線と『制約』をめぐって」, 『社会福祉研究』, 鉄道弘済会, 19-25（岩崎晋也編, 2011, 『リーディングス日本の社会福祉1　社会福祉とは何か　理論と展開』, 日本図書センター, 430-440.
草野武志, 2007, 「福祉コミュニティ」, 岡本民夫・中村優一編『エンサイクロペディア社会福祉学』, 中央法規, 440-443.
牧里毎治, 1992, 「福祉コミュニティの形成と小学校区」, 鈴木広編『現代都市を解読する』, 1992, 350-369.
―――, 1997, 「福祉コミュニティと地域福祉」, 日本地域福祉学会編『地域福祉事典』, 中央法規, 68-69.
―――, 2012, 「住民参加で読み解く岡村地域福祉論」, 牧里恒治・岡本榮一・高森敬久編『自発的社会福祉と地域福祉』, ミネルヴァ書房, 118-144.
三浦文夫, 1993, 「コミュニティと社会福祉」, 三浦文夫編『社会福祉の現代的課題：地域・高齢化・福祉』, サイエンス社, 29-57.
中野いく子, 2003. 「福祉コミュニティの考え方と形成」, 福祉士養成講座編集委員会『地域福祉論』中央法規, 136-144.
―――, 2005, 「社会福祉と公私関係」, 三重野卓・平岡公一編『福祉政策の理論と実際――福祉社会学入門（改訂版）』, 東信堂, 63-90.
岡本榮一, 2008, 「なぎさ型福祉コミュニティ論：居住型福祉施設と地域社会の新しい関係の構築に向けて」, 大正大学社会福祉学会記念誌編集委員会編『しなやかに, 凛として――今,「福祉の専門職」に伝えたいこと』, 中央法規, 196-219.

岡村重夫，1970，『地域福祉研究』，柴田書店．
―――，1974，『地域福祉論』，光生館．
越智昇，1982，「福祉コミュニティの可能性」，奥田道大・大森彌・越智昇・金子勇・梶田孝道編『コミュニティの社会設計――新しい「まちづくり」の思想』，有斐閣，159-177．
奥田道大編，1993，『福祉コミュニティ論』学文社．
大橋謙策，1997，「福祉コミュニティづくりと地域福祉活動」，日本地域福祉学会編『地域福祉事典』，中央法規，230-231．
―――，2006a，「福祉コミュニティづくり」，日本地域福祉学会編『新版　地域福祉事典』，中央法規，24-25．
―――，2006b，「福祉コミュニティの考え方と地域福祉の主体形成」，新版・社会福祉学習双書編集委員会編『地域福祉論』，全国社会福祉協議会，162-174．
MacIver, R., 1917, *Community*, Macmillan.（中久郎・松本通晴訳，1975，『コミュニティ――社会学的研究　社会生活の性質と基本法則に関する一試論』，ミネルヴァ書房）
武川正吾，2005，『地域福祉計画――ガバナンス時代の社会福祉計画』，有斐閣．
上野谷加代子，1999，「福祉コミュニティ」，庄司洋子・木下康仁・武川正吾・藤村正之編『福祉社会事典』，弘文堂，856-857．
上野谷加代子・大橋健策・白澤政和・髙田真治・牧里毎治，2002，「岡村先生を偲んで」，日本生命済生会『地域福祉研究』No.30，2002，4-10．
右田紀久惠編，1993，『自治型地域福祉の展開』，法律文化社．
和田敏明，2006a，「市区町村社会福祉協議会と福祉コミュニティづくり」，日本地域福祉学会編『新版　地域福祉事典』，中央法規，318-319．
―――，2006b，「社会福祉協議会の基本理解とこれからの社会福祉協議会」，新版・社会福祉学習双書編集委員会編『地域福祉論』，全国社会福祉協議会，2-24．

第1部 社会と文化

地域における世代間交流事業の現状と課題

村山　陽

1．問題の背景

　家族や地域の世代間のつながりの希薄化を背景にして，福祉や教育など様々な分野で地域高齢者と子どもの「世代間交流」に注目が集まっている（草野 2011）．世代間交流とは，「異世代の人々が相互に協力し合って働き，助け合うこと，高齢者が習得した知恵や英知，ものの考え方や解釈を若い世代に言い伝えること」と定義されている．世代間交流を目的として実施されるプログラムは「世代間交流事業」（もしくは，「世代間交流活動」や「世代間交流プログラム」）と称され，全国各地で実施されている（草野 2007）．

　世代間交流事業の始まりは，1960年代から1970年代の米国における世代間交流プログラム（intergenerational program）にまで遡る．当時米国では，核家族化の進展や高齢者の退職者コミュニティへの移住にみられる家族内部の世代断絶を背景に，子育て放棄や虐待，高齢者の孤立といった様々な社会問題が指摘されるようになっており，こうした事態に対処するために，地域の高齢者と子どもをつなげる試みとして世代間交流プログラムが生まれ，全米各地に広まっていった（Larkin & Newman 1997）．

　日本において，全国的に世代間交流事業が広まりを見せたのは，少子高齢化対策や高齢者の生きがい対策とされた1990年代に入ってからである．大手新聞社における「世代間交流」をキーワードとした掲載記事の推移をみると，90年代以降に急増し最近では年間40〜50件まで増加していることが示されており，「世代間交流事業」に対する社会的な関心の高まりが認められている（村山ほか 2013）．

　また，様々な学問分野においても，「世代間交流」に関心が集まり，各領

域の理論をもとにその効果が検証されている.生涯発達心理学の分野では,子どもと高齢者をつなぐ概念として,Erikson (1950) の中高年期の発達課題である「世代継承性」が取り沙汰されてきた.「世代継承性」とは,次世代を育成することで,自らが属する社会の将来像を形成するとともに,自らも社会的存在として世代継承的なサイクルに含まれることを示す概念である (吉田 1995).老年期における世代継承性の発達は,若者世代との交流により促進すると考えられており,世代間の知識や経験の伝授がなされる世代間交流事業は,世代継承性の発達に有用な場であるとされている (Erikson et al. 1986; 田渕 2009; Fujiwara et al. 2009).

　社会学,老年学等の分野では,ネットワーク理論をもとに,地域の子どもと高齢者の世代間交流が地域全体のネットワークの構築に及ぼす効果が検討されている (Pain 2005; 広井 2006; Yarrow 2009; 藤原ほか 2008).近年では,ソーシャル・キャピタル (social capital) の視点から,世代間交流を介した住民同士のつながりによるコミュニティ再生を期待する指摘も見られる (Bostrom 2003; Raynes & Rawlings 2004; 草野 2007; 草野・瀧口 2009; Murayama 2010).

　このように「世代間交流事業」に対する社会的関心および学術的関心の高まりが見られる一方で,世代間交流事業を実施している全国各地の事業運営者を対象に行った調査では,ほとんどの世代間交流事業は定期的な交流事業には至らず,単発的なイベントのまま終わっている現状にあることが示されている.さらに,多くの現場では世代間交流事業の実施にあたり多様な課題を抱えており,世間一般に期待されているほどうまくいっていない様子が明らかにされている (村山ほか 2013).すなわち,人々が抱いている「世代間交流事業」に対する期待と現実の間に,大きなギャップがあることが示唆されている.

　世代間交流事業の進展には,「世代間交流事業」に対する期待と現実のギャップを埋めることが重要であり,そのためには地域において世代間交流事業がどのように成立し機能しているのか捉えることが求められる.しかしながら,従来の世代間交流研究では,世代間交流事業の評価に焦点があてられており,その背景にある地域特性や地域高齢者の参加過程についてはほとんど明らかにされていない.そこで本研究では,今後の地域における「世代間

交流事業」のあり方を検討することを目的に，群馬県A市で実施されている寺子屋事業および千葉県B市で実施されている学校支援ボランティア事業を事例にして，地域高齢者が世代間交流事業に参加する過程およびその意味づけを明らかにする．

2．方法

1）調査対象地域

本研究では，「世代間交流事業」の事例として，群馬県A市で実施されている寺子屋事業および千葉県B市で実施されている学校支援ボランティア事業を取りあげ，それぞれの都市を調査対象地域とした．フィールドの選定にあたっては，歴史的発展，産業構造，人口構成が似かよった2都市を取りあげた．本研究でとりあげる2市の活動を検討するにあたり注意すべきことは，活動の所管が，A市は生涯学習課，B市は学校教育課と異なることである（表1）．つまり，2市ともに，活動内容自体は類似しているが，その目的に違いが見られる．生涯学習課では，「高齢者の生きがい」に重点があてられ，学校教育課では，「児童の育成」に重点がおかれている．所管に応じて，政策の目的もまた違ったものになる．

表1．2市の事業の概要

		A市事業	B市事業
実施年		2005年	1998年
所　管		生涯学習課	学校教育課
予　算		各学校に4万円支給	各学校に1万円の商品券配布
ボランティア	立場	地域住民	地域住民
	人数	502名	1954名
実施校		43校中41校	全31校
活動内容		社会教育活動支援（ドリル学習，読み聞かせ，昔あそびなど）	環境整備支援，教育活動支援，安全支援の3領域

(1) 群馬県A市の概要

　群馬県A市は，県北西に位置する人口320,197人の中核都市である（2010年現在）．A市は古代より上野国の政治的中心地として栄え，律令体制時には国府が設置された．また国分寺も建設され仏教文化も繁栄した．中世には城が築かれ，江戸時代には城下町として発展した．江戸中期より養蚕，製紙工業が盛んで，明治以降には横浜港の開港にともない輸出が伸び活況を呈する．明治中期には県庁が置かれ，県の行政および経済の中心地となる．昭和初期には鉄道が開通し道路網が整備され交通が発達した．太平洋戦争では戦災を受けて中心市街地の8割を焼失するが，戦後には復興事業により市域を拡大し，都市開発区域に指定され工業団地が造成される．2005年には1町2村と合併して県内初の中核市となった．現在の世帯数は122,840世帯であり1世帯あたりの人数は2.6人となっている．国勢調査（平成17年）によると，核家族世帯の割合59.6%，単独世帯の割合26.8%となっており，ほぼ全国平均並みである（核家族世帯の割合57.9%，単独世帯の割合29.5%）．

　年齢別割合を見ると，年少人口（0～14歳）13.8%，生産年齢人口（15～64歳）64.1%，老年人口（65歳以上）22.1%，となっており，ほぼ全国平均並みであることが分かる（全国平均：年少人口13.7%，生産年齢人口65.8%，老年人口，20.1%）．産業構造についてみると，A市内の全事業所の内訳は，卸売・小売業，飲食店41%，サービス業29%，建設業12%，製造業8%であり第三次産業が主体である．

(2) 千葉県B市の概要

　対象地区とした千葉県B市は，県南西に位置する人口127,904人（2010年現在）ほどの中核都市である．世帯数は53,668世帯であり，1世帯あたりの人数は2.38人となっている．国勢調査（平成17年）によると，核家族世帯の割合63.0%，単独世帯の割合23.0%となっており，全国平均（核家族世帯の割合57.9%，単独世帯の割合29.5%）と比べると，核家族世帯の割合が高いことがわかる．年齢別割合を見ると，年少人口（0～14歳）13.7%，生産年齢人口（15～64歳）66.3%，老年人口（65歳以上）20.0%，となっており，ほぼ全国平均並みであ

るとわかる（全国平均：年少人口13.7%，生産年齢人口65.8%，老年人口20.1%）．

　B市では，1998年よりB市教育委員会のもとに「家庭，地域社会，学校・行政によるトライアングル子育て運動を推進する事業」として学校支援ボランティア事業が行われている．学校と家庭・地域の連携の強化，地域内での連携の強化，子ども達の規範意識の向上が目的とされ，「環境整備支援」「教育活動支援」「安全支援」が行われている．平成20年現在，1,954名が登録しており，実数は明らかではないが，その中には地域高齢者も多く含まれている．

2）調査対象者

　群馬県A市で実施されている寺子屋事業および千葉県B市で実施されている学校支援ボランティア事業に参加している高齢者ボランティア17名を調査対象者とした．対象者の属性は表2に示した通りである．対象者の選定においては，地域在住で世代間交流事業に参加している65歳以上高齢者を基準とし，行政職員または学校の教職員に協力者を紹介してもらう機縁法を採用した．高齢者ボランティアに対するインタビュー調査終了後に，同地域の学校職員2名および市職員3名に対するインタビュー調査を行った．

3）インタビュー調査の概要

　高齢者ボランティアに対するインタビュー調査は，2008年10月から2009年3月にかけて，著者自身がボランティアに対する1回のグループインタビューと3名の個人インタビューを実施した．①世代間交流事業に参加したきっかけ，②世代間交流事業の思い出，③世代間交流事業に参加する意義，等の調査項目について，半構造化インタビューを行った．調査場所は，対象者の希望に応じて，小学校の空き教室または自治会館の一室とした．

4）分析方法

　データの分析にあたっては，修正版グランデッド・セオリー法（以下M-GTA）を用いた．M-GTAの方法論にしたがい，録音されたデータは全て逐語文字化してカテゴリーを抽出し，さらにカテゴリー間の関係性を見いだし

表2．対象者の属性

	性別	年齢	地域	簡単なプロフィール
A	女性	70代	A市	ボランティアの責任者．婦人会会長．地域活動や趣味活動（詩吟など）に積極的に参加している．
B	女性	70代	A市	息子夫婦と同居している．着付け教室の先生をしている．
C	女性	70代	A市	息子夫婦と近居している．孫育てに積極的に参加している．
D	女性	50代	A市	夫と死別後一人暮らしをしている．書道教室を開いている．
E	女性	50代	A市	主任児童員の経験がある．現在でも様々なボランティアに参加している．
F	女性	60代	A市	次期の婦人会会長．地域活動やボランティア活動に積極的に参加している．
G	女性	70代	A市	息子夫婦と同居している．孫育てに積極的に参加している．
H	女性	60代	A市	ボランティアの前責任者（現在は病気療養中）．読み聞かせ活動を積極的に展開している．
I	女性	70代	B市	自宅で生け花教室を開いている．現在では，小学校で生け花を教える活動を展開している．
J	女性	60代	B市	息子夫婦と同居している．掃除婦をしている．洋裁や和裁が得意で，孫育てにも参加している．
K	女性	70代	B市	元教員．地元の伝統料理の伝承活動に積極的に参加している．地域活動にも参加している．
L	男性	70代	B市	元大工．長男夫婦と同居している．近所の炭焼き倶楽部にも所属し，地域活動にも参加している．
M	男性	60代	B市	元製鉄所職員．ボランティアコーディネーター．長年積極的にボランティア活動にたずさわる．
N	男性	60代	B市	元サラリーマン，退職後に友人に誘われボランティアに参加．友人とお酒を飲むことが楽しみ．
O	男性	60代	B市	元製鉄所職員．退職後移り住む．料理教室やボランティアなどの地域活動に積極的に参加．
P	男性	70代	B市	元下請け会社職員．60代半ばで病気のためやむをえず退職する．以後，妻と地域活動に参加．
Q	男性	70代	B市	元製鉄所職員．会社OBで作るボランティアサークルに参加し，幅広い活動を行っている．

て構造化をした．

3．結果

1）高齢者ボランティアの世代間交流参加過程

　地域高齢者が，世代間交流事業に参加したきっかけとして3つの過程（①

地域の子どもとのつながり，②孫とのつながり，③同世代の仲間からの誘い）が見いだされた．

(1) 地域の子どもとのつながり
　地域の子どもとの親密な関係から世代間交流事業の参加に至る過程が，子どもに強い興味や関心を抱いている地域高齢者に特徴的に述べられた．代表的な例として，D（女性）とE（女性）をとりあげる．Dは，B市内で書道教室を開いており，その生徒から小学校での活動を勧められた．Eは，主任児童員をしていた経験から子育てに関心を抱いており，世代間交流事業もこれまでの活動の一環として捉えていた．

《会話1》
D：○さんのお孫さん，さっき言った小学生3年生なんですが，2年生の秋に，私お習字教えているので，そしたら，先生なんで寺子屋やんないのって（笑）（…）それがきっかけで私も入ったんですけど，婦人会でみなさんが協力してるっていうのがあったんですけど…昔学童ですか，やらせていただいたんで，

《会話2》
E：もともと子どものことに興味があって，…（中略）…で関わっていたので，そういうことで○○（事業名）もその一つかなって，一つのことがよく見えなきゃ，子どもを通してとか，今の子どもとか，その先のお母さんってどうなのかなとか

(2) 孫とのつながり
　孫との親密な関係から世代間交流事業の参加にいたる過程が，孫と同居または近居している女性高齢者に特徴的に述べられた．典型的な例として，B（女性），C（女性），J（女性）を取り上げる．3人とも普段から息子夫婦の孫の面倒を見ており，孫の養育にも積極的に関わっている．Bはお彼岸に孫におはぎ作りを教えて喜んでもらった出来事，Cは，孫にマッサージを教えて

尊敬された出来事，Jは孫が小学校に入学した出来事をそれぞれ語っており，3人ともに孫育ての一環としてボランティア活動を捉えていた．

《会話3》
B：ちょうどお彼岸だったので，おはぎを作るので…（中略）…「ご飯のせて」って作り方を3人にやったら（3人の孫に教えたら），喜んでね，自分が作ったものがおいしいっていうんで，喜んで，また作るときに呼ぶからお手伝いしてねって言ったら，「はい」なんて言ってましたけどね，うん（満面の笑みを浮かべながら）

《会話4》
C：本なんか何でも何回も読んできなさいって（宿題が）あるんですよ．…（中略）…（孫の音読を）聞いているうちに，「ああ，これいい作文だなあ，これ世界の名作でいいなあ」（と言うと），「何で（本のタイトルを）知ってるんか，ばばあ」って（笑）．「それくらい知ってるだねえ，何十年も生きてきたんだよ」ってねえ，…（中略）…「ばあ，足もみして，肩もみして」とか，そんで，10分くらい，肩，背中押したり，そんなん一晩やったらすぐ寝ちゃう，「なんでえ，ばあの手は魔法の手だねえ，すごいもんだねえばあちゃんは」って言うから．

《会話5》
J：それで，孫なんで，はい，孫が1年生のときからやりましたけど，あまり回数は出ていられないんです．あと，剣玉とか遊びの方もやりましたし，料理と洋裁の方もちょっと出させてもらってやりましたけど，今上の子が中学1年生になりまして，下の孫が6年生なんですよ．

(3) 同世代の仲間からの誘い

退職後の同世代の友人や知人との親密な関係から世代間交流事業への参加に至る過程が，男性高齢者に特徴的に述べられた．典型的な例として，N（男性），O（男性）を取り上げる．彼らは，退職前にはボランティア活動に興味や関心はなく，参加したこともなかったと語っていた．Nは退職後に飲み

仲間から誘われたこと，Oは退職後に参加するようになったボーリングの仲間に「Oが孫を毎日送り迎えしているなら」とボランティアに勧誘されたことを，それぞれきっかけとして述べていた．

《会話6》
N：ここに来て6年になります．この活動に参加させていただいて3年になるのかな．これもおもしろいきっかけで，こっちに来てからのお酒のお友だちができまして，それで，「おいNさん，何かやってるか」って言うから，「別にやってないよ」って言ったら，「こういうことがあるんだけど，人がいなくて困ってると，助けてくれないか」，「ああいいよ」って始めたんですよ．

《会話7》
O：働いていたときは，それこそ会社の方針で，会社の言われるがままにしてたんで，退職したらどうなるんだろう，行く所ないで，何したらいいか分からんちゅうことになるんじゃないかと思ってたんですけど．それである公民館の男の料理教室というものやった，それでどんどん他のサークルにも入って，友だちができて，それでそんなんしとったら，昔私ボーリングやってたん，そのボーリングした仲間で，今もこの支援グループにおるんですけど，その人から「やってくれない」って感じで言われて．

2）世代間交流事業の意味づけ

世代間交流事業に参加する意味として，①次世代への継承，②ネットワークの広がり，③社会・地域貢献意識の充足，がそれぞれ認められた．

(1) 次世代への継承

自身の経験や思いを地域の子どもに伝えることに意味を見いだす高齢者ボランティアがおり，具体的に2つの継承のあり方（伝統文化を子どもに伝えたい，自分の思いを子どもに伝えたい）が見いだされた．

伝統文化を子どもに伝えたい，と語った高齢者ボランティアの典型例として，I（女性）とK（女性）をとりあげる．Iは，子ども達に生け花を教えてお

り，生け花を子ども達に伝承することが自分の使命として強く感じていた．同じように小学校の元教員のKは，退職後に，地元の伝統料理である太巻き寿司作りに積極的に関わっており，その一環として地域の子どもに太巻き寿司づくりを伝える活動に従事している．「子どもたちに千葉県の伝統の食文化を広めていってもらいたいっていうのが願いなの，そしたら親も目が向くだろうって．」と語り，太巻き作りという「伝統料理」を次世代に継承するとともに，子どもの親も食に関心を持ってくれることを期待した．

《会話8》
I：私が実際に伝統教室っていうことに，私の先生からぜひね，これ始める前に新聞とかいろいろアンケート取ったりいろんなことやって，あの，現在若い人達が日本の伝統文化に関心があるかっていうアンケートを採ったんですね．でその時にRさん何%だと思うっておっしゃったときに，これ少ないなあと思って，10%って言ったらね，1.5%しかなかったんですね．でこんなに低いね，せっかく日本にはこれだけいい文化，いろんな文化があるのにね，…（中略）… 今なんか世の中考えると，とても不安なんですね．子どもが平和でいてほしいって，一番こう，子どもの孫のことまで考えることないわよって，言われるんですけど，そうじゃないと思うんですね．やっぱり地域が明るくてやってれば．

《会話9》
K：きっかけはねえ，実家のお母さんが，太巻きやってたんですよ．B市だけど，で嫁ぎ先の母は，早く亡くなちゃったの，なんだから，前はお祭りや何かの時には，こういうもの作ってお出ししたんですよ，だもんでね，実家から持ってきてくれたの，こっちのお祭りに，行った先のお祭りに持ってきてくれて，それを10年くらいやってくれたかな，すると実家のおかあさんが年取ってきて，よそのうちまでねえ，できないでしょ，それを私がやらなきゃいけないと思って，

　次いで世代間交流を通して，自分の思いを子どもに伝えたいと述べた高齢

者ボランティアの例としてM（男性），H（女性）をとりあげる．Mは，交流を通して子ども達に「ボランティアをする心」が育つことを強く期待して，地域のボランティア活動に長い間従事している老夫婦のエピソードを語り，自分自身もこの老夫婦のボランティアに対する思いを見習いたいと述べている．Hは，地域の子どもとの交流を通して，子どもの「大人を信頼できる思い」が育ってくれることを期待していた．

《会話10》
M：彼ら（子ども達）が，ボランティアなね，心を育んで，中学校に，あるいは高校に行って，あるいは大学に行っても，ボランティア活動というものに理解を深めていってくれればいいなあと思ってます，僕自身も1995年の兵庫県南部地震の時に，あの時は70日間あそこにいたんですけど

《会話11》
H：だけどやっぱりその時期時期を，大人が誠実に付き合っていることが，次のステップにねえ，だから，親とか，その血縁があるかないかじゃなくって，やっぱり大人って信頼できるんだなあっていう思いを子どもたちが持って育ってくれたら，だってねえ，6年生になって，6年生，中学生になる

(2) ネットワークの広がり

世代を超えてネットワークが広がったことに，世代間交流事業の意味を見いだす高齢者ボランティアが見受けられた．典型例として，C（女性），G（女性），J（女性）を以下にあげる．

Cは，世代間交流事業に参加したことにより，「孫」との関わりから「孫の友人」「孫の先生」との関わりへと世代を超えてネットワークが広がっていった．同じように，GとJは，世代間交流を通して学校で知り合った子ども達から，地域で出会ったときにも声をかけられるようになったことを語っている．C，G，Jともに，地域の子ども達から「○○先生」と呼ばれるようになった経緯を語っていた．

《会話12》
C:「あれ，C先生○○ちゃん（Cさんの孫）の○○ちゃん（Cさんの孫）のおばあちゃんですか」って校長先生が言ったの，○（Cさんの名字）さんって名字は2人しかきてないんだよね．ウチのせがれの，ウチが2軒だけで，後は○（Cさんの名字）なんて名字はないんですよ．だから覚えているみたい．で校長先生が，「ああ○○ちゃん一人で一生懸命頑張りましたね，まあいろいろ頑張ってますよね」とかって言うから，「えー」なんてびっくりしてねえ，だからそういうなんか，子どもが，おばあちゃん，あんまり知らなかったけど，校長先生がこの間言ったよって言うからね，「おばあちゃんが寺子屋来て一生懸命やっているよ」って言ったんだって，だから「一生懸命やってるって，本当なんて，名前が同じだから覚えてたんだねえ」って言ってね．

《会話13》
G：今まで5人も男の子ばっかしでねえ，外で遊びたがらなくも，ウチの中で遊びたがるんですね，知らなかったみたいなんですよ，でもね私が今度私が寺子屋に入って，おばあさん先生っていうふうに言われるようになったら，やっぱり友達も寄ってくるようになって，仲良くできてね，私もまたね，孫がねえ，おばあちゃん先生ってみんなが言うようなグループで来るようですから，

《会話14》
J：けん玉をやった時に，2時間くらいを2回くらい出席された時なんですけども，買い物に行った時なんか「けん玉の先生だよ」って言ってくれたりね，あいさつもちゃんとね，ああ○○ちゃん（Jさんの孫）のおばあちゃんだよって言ってくれたりしてね，結構みんなよりついてくれて，自分もああうれしいと思ったことは何回かあります．短い時間なんですけど，そういう感じで，子ども達が来てくれるんですね，そばに，うん，で学校のそばですので，すぐ下なもんで，学校の帰りに挨拶もちゃんとしてくれて，うん，中学生なんかもね，こんにちわって，あいさつしてくれるんですよね．

(3) 社会・地域貢献意識の充足
　社会・地域貢献に強い関心を持つ高齢者ボランティアは，世代間交流事業

に参加することでその思いを充足させることに意味を見いだしていた．その典型例として，A（女性），I（女性），M（男性）をとりあげる．

　Aは，若い頃から婦人会を中心に様々な地域活動に従事している．現在では「生活学校」という地域活動にも参加しており，活動の一環として地域に畑を作り，近所の子どもから大人まで集めて，小豆，ヘチマ，サツマイモなどの農作物を育てている．Iは，若い頃から子どもの人権擁護活動に携わっており，現在では自宅に絵本文庫を作り，地域の子ども達に開放する活動を行っている．Mは，小学生の頃から学校のボランティア活動に関心をもち，社会人となってからは，災害ボランティアや介護ボランティアなど様々な活動に従事してきた．定年退職後には小学校でボランティア活動をはじめ，現在では，ほぼ毎日学校に来て，環境整備や畑作業を手伝っている．

《**会話15**》
A：それっていうのはやっぱり，ほら，学校と地域と家庭というのを目的として，私たちが今まで，生活学校の活動のあれをしてたわけ．どうしたら，学校と地域がうまくいくかねって話し合ってた，それがちょうど当てはまったわけ．

《**会話16**》
I：やっぱり地域が明るくてやってれば．私どもの所は，本当にもう，○○（地元企業名）の分譲地を買って家建てたから，みんな老人ばっかり，そのうち過疎地になるんじゃないかって主人と笑ってるんですが，若い人が少ないですね，だから，なおね，子どもさん，小さいお子さんを大事にしたいなあって，少ないですしねえ．

《**会話17**》
M：そうですね，やっぱり子どもはねえ，答えがすぐに返ってくるんですよ，やっぱりかわいいですよ，だから子どものためにはねえ，もう身体は全然いとわないですね，だから，そんなんでやっぱり，2つ下の娘もいるんですけど，それもずーとこの学校に通っているんですね，この学校に来る前は，○○（地名）の小学校に長男が通ってたんですね，でこっちにきて，でここの

1期生だったので，やっぱりあのいろんなPTAとかね，そういう活動の場で，お手伝いができる範囲のことはやっていこうみたいなことを，ずーっとやっていましたし，

3）行政側から見た世代間交流事業

2市ともに，行政の役割は予算の確保と配分，研修会の開催，活動実施の総体的な把握に止まる．行政が交流内容に直接介入することはなく，実際の活動やボランティアとの対応は，学校側に一任されている．そのため，両市とも行政職員は研修会以外で積極的に学校当局およびボランティアと接触することはほとんどない．

A市の事業担当職員は，世代間交流事業を社会教育活動の一環として捉えており，子どもの学習サポートというよりは人間性を育成することを期待していた．学校職員・地域ボランティアとの関わりについて，研修会以外で交流する機会はほとんどない．

地区によっては，事業がうまくいっている地区とそうでない地区があると語っており，ボランティア同士のまとまりが強い地区ほどうまくいっているケースが多いと指摘した．その理由として，婦人会や老人会のような団体は，事業開始前からすでにネットワークが形成されていたことをあげている．

B市の事業担当の職員は，学校教育活動の一環として事業を捉えており，学校の環境整備や子どもの学習支援に焦点をあてていた．インタビューをした学校教育課の職員自身はB市の元小学校教員であり，学校側との意思疎通は比較的とりやすい関係にあることを強調していた．

A市同様に事業がうまくいっている地区とそうでない地区があることを指摘しており，ボランティアの多様化に応じて，学校側とボランティア側との意思疎通や学校と地域ボランティアをつなげるコーディネーター的役割をはたす人物の存在が重要であることが示唆された．

《会話18》A市事業担当職員

最初の方は，ドリルやれやれっていうこともやったんですけど．学習面が一

番じゃないもんで，生涯学習課で社会教育という意味で，ふれあいの方が大切にして，触れあいのなかで，子どもの豊かな人間性を育む，そんなふうになっていけばとね…（中略）… やっぱりボランティアさんのまとまりがあるところがうまくいっているのかねえ．〇〇（地区名）だったら，婦人会っていうんでね，その婦人会の中で当番決めてますからね．ボランティアのまとまりっていうのが一番大きいんじゃないでしょうか．

《会話19》B市事業担当職員
子どもが中心なんですけど，担当の職員はボランティアさまの気持ちをボランティアできるように考えて受け入れてくれる学校と，来られると迷惑だなってある程度そういう空気をかもし出してしまう担当だと違いますよね．たぶんそれがまあ，職員が一番かなと思います．だから，その一番窓口になっている，そのボランティア担当の職員と，学校ではやっぱり外部の渉外が教頭になるので，ボランティアさんがおっしゃるのはここです．まあ校長先生はもちろんなんですけど，校長先生が変わると学校の雰囲気が変わるというのもあるんだけど，一番ボランティアさんがおっしゃるのは，教頭先生と担当の先生の人柄とやる気．結局人なんですよ，つながりは，そこです違いは，一番．

4）学校側から見た世代間交流事業

　2市ともに，学校側の役割としてボランティアの確保やボランティア活動の日程調整といった地域ボランティアとの対応が挙げられた．年に数回程度，学校とボランティア間で集会が開かれ，ボランティアの日程や活動の報告・課題などが話し合われる．

　A市A地区小学校職員からは，地域のボランティアが児童の教育支援に参加することに対して，教師とは違う立場からの関わり，技能を生かした子どもとの関わりへの期待が聞かれた．その一方で，学校の変化に伴う活動の時間調整等の難しさを感じていた．

　同様に，B市B地区小学校の職員は，「安全からいうと，それをフォローするっていう意味でやっているということです．」と語り，雑務で忙しい教師に代わり子どもを見てくれるサポーターとしての役割を期待していた．そ

の一方で，指導要領の改正にともない授業時間が増えて時間の確保が難しくなっていることや，教師がボランティアに「甘え」すぎてしまうことに対する懸念が聞かれた．

《会話20》 A市A地区小学校職員
やっぱり，こういう地域をあげての関わりあいって言うのは，やっぱり子ども達の成長だとか安全というところを考えても，すごくもっと注目していかなければならないとこだと思うんです，これを実現して行くっていうのがすごく難しいと思うけど，この辺で，うまく関わり合いをもてればいいかなあと思っています …（中略）…そうですね，調整するところっていうか，時間をしっかりとって申し合わせをしたりとか，そこらへんはやっぱり大変だし，逆に今年もやったから来年もという継続性の中で，学校ってやっぱり変わっていくところもあるので，

《会話21》 B市B地区小学校職員
教員一人ができることって言うのは限りがあって，あるいは時間的に制約もある．それ以外の部分，特技ですよね，あのみなさんの，それが子ども達に必ずいい形で反映している．うん，で逆に教員だけで，こういったこと全てができるか，またはなかったときの子ども達の動きあるいは感性ののばし方，っていうことを考えたとき，とてもとても教員だけではできない

4．考察

　本稿では，今後の地域における「世代間交流事業」のあり方を検討することを目的に，地域高齢者が世代間交流事業に参加する過程およびその意味づけを検討した．その結果，地域の多世代間のつながりを背景にした地域高齢者の世代間交流事業への参加過程と，その意味づけが見いだされた（図1）．

　地域高齢者が世代間交流事業に参加する過程として，①地域の子どもとのつながり，②孫とのつながり，③同世代の仲間からの誘い，が挙げられた．①地域の子どもとのつながりは，子どもに対する関心（子どもが好き，子どもとふれ合いたい等）から，世代間交流事業への参加に至る過程であり，子ども

第1部　社会と文化

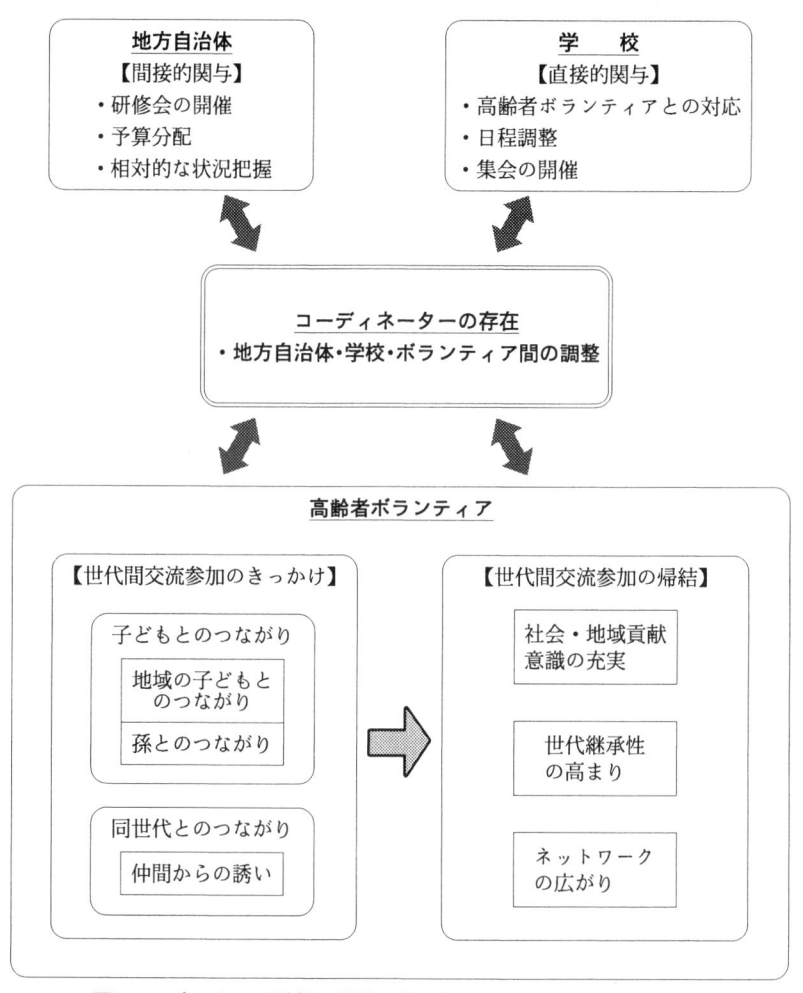

図1. 2市における地域・学校・高齢者ボランティア間のつながり

に関心がある高齢者に特徴的に認められた．②孫とのつながりは，同居または近居している孫が小学校に入学する機会に，孫のために世代間交流事業に参加する過程を示しており，女性高齢者に特徴的に認められた．③同世代の仲間からの誘いは，退職後の仕事仲間や友人とのつきあいから世代間交流事

業への参加に至った過程を示しており，男性高齢者に特徴的に認められた．
　こうした家族や地域の多世代間のつながりを背景に，世代間交流事業に参加した地域高齢者は，世代間交流事業に①次世代への継承，②多世代ネットワークの広がり，③社会・地域貢献意識の充足，といった意味を見いだしていた．すなわち，高齢者ボランティアは，地域の子どもとの交流を通して，「知識や経験の伝承者」としての「社会的な役割」を認識しており，それによりさらなる世代を超えたネットワークの広がりを感じていると思われる．
　学校の教職員は，世代間交流事業に対して直接的に関与をしており，その中で高齢者ボランティアとの連携の難しさが見いだされた．行政職員は，世代間交流事業に対する間接的な関与の中で，世代間交流事業の進展に地域差があることを把握しており，世代間交流事業が比較的うまくいっている地区では，学校と地域を結びつけるコーディネーター役が存在していることが示された．
　以上から，今後の世代間交流事業を考える上で重要な3つの課題が導き出される．第1に，どのように高齢者ボランティアの多様な参加動機を捉えるかということである．ボランティアに登録しても，学校側の要望と合わずに活動できない高齢者が多く見受けられる．また，婦人会や老人会のような既存のグループがボランティアの中心となっている場合，退職した男性高齢者や新住民の勧誘に苦慮している様子も報告されている．
　第2に，いかに行政・学校・高齢者ボランティア間をつなげるのかである．3者間をつなげる人物や集団がいない地区では，学校ボランティアが機能しにくいことが報告されている．この課題に対して，本事例地域では，定期的な研修会や集会の開催，コーディネーターの設置を通して3者間のコミュニケーションを促進する施策がとられている．しかし，行政職員や学校の教員の人事異動のために，長年かけて構築されてきた関係性が途絶えてしまった事例も多く見られる．
　第3に，地域，学校，地域高齢者間のボランティアに対する認識の違いを考慮したシステム作りを，どのように進めるかということである．例えば，都心への通勤者が多い住宅地区では，日中に時間が取れるボランティアがな

かなか集まらない事例,企業城下町では企業を退職した男性が積極的に学校ボランティアに関与している事例がそれぞれ認められた.また,子どもの事件や事故が起きた地区では,地域高齢者の学校ボランティアに対する意識の高まりが見られた.

これらの課題について,多角的な視点から検討する必要があろう.例えば,地域高齢者の多様な参加動機に考慮して,NPO団体主体の学校ボランティア,地域のボランティアセンター,企業OB会等との連携により,広いネットワークから参加を促すことが期待される.また,地域と高齢者ボランティアをつなぐ「コーディネーター」を設置することで,地域性や学校の要望を考慮した多様な世代間交流事業の展開が期待される.例えば,学校以外の場所での世代間交流事業を考えることも必要であろう.学校は子どもの教育が主体であり,高齢者ボランティアによる活動内容が限られざるをえないこともある.学校指導要領の改訂に見られるように,学校の教育以外のための時間の確保が難しくなっている.こうした状況に際し,学校以外の環境で,平日以外の時間を利用した世代間交流事業のあり方を検討することも必要になってくるであろう.例えば,NPO団体等の諸団体が企画した交流や地域の祭りなども,交流の場として活用できる.今後,各地域における世代間交流事業を総合的にとらえることで,地域に根ざした持続可能な世代間交流事業を創造することが求められよう.

文 献

Bostrom, A, 2003, "Lifelong Learning, Intergenerational Learning and Social Capital : From Theory to Practice", *Institute of International Education*, Stochholm University.

Erikson, E. H, 1950, *Childhood and Society*, NY: W. W. Norton.(仁科弥生(訳)1977.『幼児期と社会1』みすず書房)

Erikson, E. H., Erikson, J. M., & Kivinick, H. Q, 1986, *Vital involvement in old age.* NY:W.W.Norton.(朝長正徳・朝長梨枝子(訳)1990『老年期——生き生きしたかかわりあい』みすず書房)

藤原佳典・西真理子・渡辺直紀・李 相侖・井上かず子・吉田裕人・佐久間尚子・呉田陽一・石井賢二・内田勇人・角野文彦・新開省二,2008,「都市部高齢者による

世代間交流型ヘルスプロモーションプログラム——"REPRINTS"の1年間の歩みと短期的効果」『日本公衆衛生雑誌』53 (9): 702-714.

Fujiwara, Y., Sakuma, N., Ohba, H., Nishi, M., Lee, S., Watanbe, N., et al, 2009, "Effects of an intergenerational health promotion program for older adults in Japan," *Journal of Intergenerational Relationship,* 7: 17-39.

広井良典, 2006,『持続可能な福祉社会——「もうひとつの日本」の構想』ちくま新書.

草野篤子, 2007,「世代間理論構築のための序説とその歴史」, 草野篤子他編『世代間交流効果』三学出版, 1-17.

草野篤子・瀧口眞央, 2009,「人間への信頼とソーシャルキャピタル」『白梅学園大学・短期大学紀要』45:13-30.

Larkin, E and Newman, S., 1997, "Intergenerational studies: A multi-disciplinary field," *Journal of Gerontology Social Work,* 28: 5-16.

Murayama, Y, 2010, "Adult gernerativity and the meaning: Exchanges between aged persons and children in Japanese local communities," *Journal of Political Scienceaand Sociology,* 12: 85-102.

村山　陽・竹内瑠美・大場宏美・安永正史・倉岡正高・野中久美子・藤原佳典, 2013,「世代間交流事業に対する社会的関心とその現状——新聞記事の内容分析および実施主体者を対象とした質問紙調査から」『日本公衆衛生雑誌』60; 138-145.

Pain, R, 2005, *Intergenerational relations and practice in the development of sustainable communities.* London: ODPM.

Raynes, N. V. and Rawlings, B. R, 2004, "Recreating social capital: Intergenerational programs and bridging networks: An English Model-Phase," *Intergenerational Relationships,* 2 (1): 7-28.

田渕　恵, 2009,「中高年者による若者世代支援プログラムにおける関心とその年齢差——世代間交流とジェネラティビティの視点から」『生老病死の行動科学』14: 3-12.

Yarrow, A. L, 2009, "Sustainability and intergenerational solidarity," *Generations,* 33 (3): 103-104.

まちづくりキーパーソンの組織化と地域社会の活性化

田中豊治

1. はじめに

　地域社会を取りまく環境状況は，今，ダイナミックにかつドラスティックに変化・変動している．超高齢や少子化による人口減少や都市機能の衰退化現象に直面し，さらにグローバル化，多様化・複雑化，不確実性の時代を迎えている．この極めて困難な状況の中で，ローカルな地方都市と地域社会が生き残る可能性と確率は極めて低くしかも厳しい．それでも地方都市は，そこに住み・憩い・生きる住民や学ぶ学生や働く労働者や営業する企業経営者がいる限り，最大・最善の戦略戦術と有効な方策を講じ続けなければならない．その取り組みは明らかに難しいが，しかしまた解決法がないともいえない．

　本論では，その生き残りを賭けた政策として，次の3つの命題を仮説設定し検証する．つまり，地域社会が成長・発展するためには，①「総合的地域力」が必要であり，その「総合的地域力」は，市民一人ひとりの「市民力」と，地域住民や市民団体をつなぐ「組織力」との相乗効果によって発揮される．そのため地方都市は，②そのまちづくりキーパーソンとしての「シチズンシップ」（市民性・市民力・市民の個人力）を醸成・確立し，市民分権や市民自治を大胆に断行し，市民を信頼し仕事を任せること，さらに③従前のように中央省庁や大都市に過度に期待・依存せず，自分たちのゴールビジョンを制定・宣言し，自主的・自律的に行動を起こし，「まちづくり市民協議会」（仮称）をつくり，さらに周囲の市民団体や近隣都市に連携・協働に向け組織拡大していくこと，である．ここでは，地方都市のケーススタディとして佐賀を事例に，その方向性と現実的取り組み状況について検討する．

2．市町村合併後の地域コミュニティの検討課題

　1993年，日本は，衆参両院で地方分権の推進に関する決議により，「中央集権型国家体制から地方分権型社会体制へ」とパワーシフトすることになった．この地方分権改革は，日本にとって初めての画期的な出来事であった．1995年に地方分権推進法が成立し，第1次分権改革（合併特例法）が実施された．1999年には，この第1次分権改革を実現する地方分権一括法が成立し，翌年から実施された．さらに2006年には，第2次分権改革（「三位一体改革」）が行われた．これら一連の改革は，政府主導で行われた市町村合併であるが，自治体を広域化することによって行財政基盤を強化し，地方分権の推進などを目的としていた．

　2014年現在，「平成の大合併」後，現在の都道府県別市区町村数は1,742団体（指定都市20，市770，特別区23，町746，村183）で，人口規模は最大369万人の横浜市から最小187人の青ヶ島村（東京都）まで広がっている．1999年まで3,232団体（市670，町1,994，村568）であったから54％の減少率で，自治体数はほぼ半減している．

　この結果として，とりわけ人口減少，高齢化，少子化，過疎化など極めて深刻な問題をもたらし，地方自治体としての存亡の危機（"村がなくなる"）に直面する地域が急増している．人口減少の市町村数は，2000年の地方分権一括法の施行から増え続け，高齢者比率が5割を超えたいわゆる"限界自治体"となる市町村が激増している（例えば，南牧村（群馬）高齢化率日本一—62.5歳など[1]）．

　そもそも市町村合併を国策として断行した背景には，もちろん国・自治体の「財政的理由」がその最大原因としてあった．その他，「行政改革」（行政サービスの多様化・複雑化・専門化，行政の効率化）や「地方分権」（官僚主導の限界，中央一極集中化の弊害克服＝基礎自治体の体力強化＝自治体の自由度拡大）などへの時代的・社会的ニーズもあった．市町村合併の目的としてよくいわれた「メリット」は，例えば，①スケールアップ（面積・財源・人口規模の総合的地域力の向上），②パワーアップ（優秀・専門的な人的資源の有効活用），③ス

ピードアップ（IT自治体化への脱皮），④スキルアップ（高度化・専門化への対応），⑤イメージアップ（制度疲労の変革），などであった．さらに政治行政の理念としていえば，「中央集権から地方分権へ」，「国から地方へ」，「官から民へ」，さらに「国家主権から地方・地域主権へ，さらには市民・住民主権へ」，「住民が主役の社会づくり」，あるいは「国と地方自治体の関係は上下・主従の関係から対等・協力の関係へ」といったスローガンが謳われていた．その理念実現のために，国に過度に集中している"三ゲン"（権限・財源・人間）を積極的に地方移譲するのだというものであった．

では今日，これらの改革目標は一体どこまで達成されたのであろうか．果たして何が変わり，何が変わらず，またなぜ状況が悪化してしまったのか，なお変革への持続的意志力はあるのか，こうした問いへの真摯な姿勢と努力が今こそ問われているのだ．国がいうように住民発議制度の創設，財政支援策，中核市や特例市など権限を拡充した都市制度の創設など，果たして「地方分権改革」はどこまで進んだのであろうか．この問いをさらに地域コミュニティに当てていえば，「合併後，地域社会は本当に活性化したのか」，地域

表1．合併後の問題点と地域政策課題

メリット（効果）	・スケールメリット（人口・面積・事業・財政規模など）の追求 ・行財政の効率化（経費節減）と行政サービスの高度化 ・イメージ・チェンジ，イメージ・アップ（制度疲労，地域活力） ・広域的・総合的・重点的視点に立ったまちづくり
デメリット（問題点）	・過疎化抑制　→　歯止めが効かない ・中心部と周辺部（郡部）との格差拡大 ・行政と市民の乖離 　（空間的・心理的距離の拡大，「役所が，行政が遠くなった」など） ・少子化・高齢化・人口減少の加速化
解決すべき課題	・大都市と地方都市との地域間格差是正 ・地域社会の衰退に対応する活性化サバイバル戦略 ・住民負担と行政サービスの提供 ・住民ニーズの多様化・専門化・高度化・国際化などへの対応 ・合併特例債による財政圧迫（維持管理費の膨大化）

経済は本当に回復，繁栄し，地域住民は本当に幸福感と満足感を享受しているのかどうかという課題である．しかし現実態を見ると，地域コミュニティの状況は，混乱と疲弊，崩壊と解体の淵に立たされ，なお生き残りとしての再編過程にあるといえよう．一時期，全国自治体から合併の成功例として「篠山詣で」ともてはやされた篠山市でさえ，「合併ですべてが良くなるなんてうそばかり．国は夢を与えすぎた」と，酒井市長も語っている通りである．

　地方分権改革から20余年後の現在，地方都市や地域社会はさらに新しい厳しい環境状況にさらされている．例えば，低成長時代の到来（当時はまだ財政的余裕があった），少子化・高齢化による人口減少，東京一極集中化の加速度的進行，グローバル化による世界的競争環境の激化，地域経済や中心商店街の衰退化，大都市と農山村間の格差拡大（不等価交換）などである．また歳出の増加と税収の減少による行政サービスの低下・削減，自主財源の縮小（合併特例債の期限切れと借金返済），健康・医療・福祉・貧困対策の不平等化，都市間・自治体間競争（政策立案，税収，医療施設），ナショナルミニマム（義務教育，生活保護）の低下なども，厳しい要因として挙げられよう．あえて明るい要因としていえば，それぞれの地域社会が持っている自然や歴史，伝統や文化などに固有の価値付与と再評価をし，地域ブランドとして地域活性化に繋げていこうという関心や機運が盛り上がりつつあるという点であろう．「拡大・成長」の時代から「ゆとり・成熟」の時代を迎え，「ローカルの再発見」へと結びついているのである．

　こうした状況の中で，自治体は，地方分権化によるコストとメリットのトレードオフの見直しが迫られている．なお分権化を進めた方がいいもの，集権化した方がいいものの整理と再検討である．評価の結果，分権化の成果を実感すれば，さらなる分権化を推進すればいい．逆にデメリット（歳出の増加，住民の負担増など）が多く，再集権化が必要なものもあろう．ここで確認しなければならないことは，分権化の本来の目的として改革当時の国会決議では，確かに「ゆとりと豊かさを実感できる社会づくり」が目指されていた．ローカルの本来の個性と価値を見直すことによって，「ポスト工業化の成熟社会にふさわしい地域主権」，「地方の元気が国の元気をつくる」，「自分たち

のまちは自分たちでつくる」,「強い自治権をもつ地域をつくる」などを共通理念としていたはずである．さらに今日の地域社会では，住民のライフスタイルの変化や価値観やニーズの多様化・複雑化により，福祉，環境，QOL，まちづくり，コミュニティなどに対して，より高度でより専門的でより快適な問題解決が期待されている．住民自治や地域分権の必要性は変わっていないばかりか，むしろ自己決定権の確保などへ声はますます高まる一方なのである．

　地方分権化は，制度論としては，確かに一定程度進んだかに見える．しかしこれまでの分権化の焦点は，国から都道府県・市町村への権限・財源の委譲論が中心で，いわゆる「団体自治」が主であった．ところが肝心の「住民自治」や「地域分権」についてはあまり議論されてこなかった．住民との合意形成や意思決定過程への参加参画権なども十分に保障されていない．行政と住民との役割やリスクの分担，住民の意思や責任の反映システムやルートなどもまだ確立されていない．こういう現実態からいえば，権限も財源も人間も責任もあまり移譲されていないのではないかということになり，地方分権の限界論が強調されることになる．

　ここで強調したいことは，新しい制度を導入・実施しても，それを支え運営していくアクター（主体＝担い手＝キーパーソン）の意識と態度と行動がどれだけ変わったのかという課題である．制度は変わっても人が変わっていなければ，やがてその制度も形骸化・無効化するだけである．「自分たちが住む地域のことは自分たちで決定し実行していくのだ」という決意と覚悟をもって，地方分権を担う人財を本当に育ててきたのであろうか．

　そこで次に，この「まちづくりアクターの中のキーパーソン」を中心に考察していく．なぜなら，今回の地方分権改革は，「ここ20年来の節目」ではあるが，「昭和の大合併」以降60数年という大転換期であり，よりマクロな視点から問題視していかねばならないからである．「地方分権化の流れ」を決して逆行させてはならない．確かに何をどういうレベルで分権化すればいいのかという議論は進んだが，次の段階でその「担い手であるキーパーソン」の内実が議論されねばならないのである．つまり分権化を担いうる人財育成

という課題である．

3．まちづくりキーパーソンの変化

　地域社会の活性化はどうやって再生していくことができるのだろうか．再生の条件は，例えば，制度づくり，箱物づくり，資金づくり，組織づくり，仕組みづくり，資源づくり，あるいは交流の場づくりなど，解決すべき喫緊な課題は無限にある．この中でも，とくに2つ，とりわけ（1）「人財（ひと）の活性化」（＝アクター・キーパーソン・リーダー・プロフェッショナルなど）と，（2）「住民の組織化」（＝仕組みづくり・制度づくり・組織づくり）こそが，必要不可欠な最大優先課題であるように思われる．まず（1）の「人財（ひと）づくり＝キーパーソンづくり」とは，「市民のシチズンシップ・アップ」である．どんなに優れたまちづくりビジョンや企画立案や政策形成があっても，それを中心的に推進する「まちづくりキーパーソン」が存在しなければ，何一つ実現できない．まちづくり・むらおこしの要諦はまさに「キーパンソンづくり＝人材発見と人財育成」にあるといえる．

　そのキーパーソンは，地域社会に多種多様存在している．フィールドワークの鉄則が，「現地に着いたら，まずまちづくりキーパーソンに会え」である．その中心的キーパーソンは時代状況によって少しずつ変化している．つまりこれまでの1）政治家（首長，議会議員）から，2）市民公務員（自治体職員）へ，3）市民活動団体リーダー（NPOリーダーなど）へ，さらに4）プロフェッショナル市民へ，これからは5）グローカル（グローバル＋ローカル）市民へ，と変化しつつあるように思われる．以下もう少し詳細に検討していこう．

1）政治家（首長・議会議員）

　政治家は，一般的に一流大学や名門家族や高級官僚出身で，選挙という洗礼により選出されるパワーエリートである．当選すれば最高の権力と権威を寡占し，一般住民の尊敬と名望を集め，かつ人々に多大な影響力を与えることができる職業である．もしさらに素晴らしい奇跡的な政治的・軍事的・革命的大成功を成し遂げれば，カリスマ的存在にもなれる．

これまで住民は，民主的選挙によって選ばれた政治家にまちづくりを一任してきた．首長はまず中央政府や上級官庁の政策・財政・法制度などに依存し依拠し判断し行動してきた．また議会議員も，主として首長との良好な関係を持ち相互依存的関係にあった．首長の独断専行や財政が破綻しない限り，あるいは住民から激烈な反対運動でも起きない限り，地方政治家は安泰であった．今でもなおまちづくりの第一人者が政治家であることに変わりはない．
　しかしながら，長い間の政財官癒着構造や議会制民主主義の形骸化や議会議員の代理・代表機能の低下などが指摘され，必ずしも「民意が十分に反映されていない」という不平不満の声が高まってきた．

2）市民公務員（自治体職員）

　公務員は，学歴社会のエリート養成コースに順調に乗り，難関の一流校に合格・卒業し，さらに競争率の激しい公務員試験に合格したキャリア組で，住民から羨望される職業である．彼らは，行政組織の中で，基本的に特定の専門分野で知識・情報・経験を積み重ねながら，ピラミッド組織社会の管理職層を一段ずつ登って行きキャリアパスを形成する．しかし一方，タテ社会の中で，どうしてもセクショナリズムが強く，閉鎖的になりやすく，あるいは官僚主義的パーソナリティに陥りやすいという構造的欠陥も持っている．
　市民公務員とは，こうした官僚主義的公務員からの脱皮をめざし，「一人の市民」としての視点や立場から判断し行動することを志向している．例えば，1986年に設立された自治体学会に参加している自治体職員などがその代表であろう．彼らは各地域に相応しい個性的まちづくりを進めるため，自主的な「政策主体」をめざした公務員像である．彼らは実務と理論を結びつけ，新しい実践的学問の構築を追求し，「地域・自治体間のひとと情報のネットワークづくり」に意欲的に取り組んでいる．「自治の原点は，自治体職員の行動にある．職員が変わり，行政が輝くとき，地方自治の姿が見えてくる」[3]と語っている．地方自治と市民自治を志向した「市民公務員」として，職員の主体的行動，職場風土，組織の仕組み，政策立案などを徐々に自己変革してきた．「地域力」とは，「住民力＋職員力＋市民協働力のエンパワーメント＝

自治力」という方程式であり，地域活性化のポイントは「元気印の市民公務員」（まちづくりプロフェッショナル）をその地域社会や組織集団が何人抱えているかによるであろう[4]．

しかしながら同時に，公務員は，入学・就職偏差値と学歴重視社会のエリートでもある．とくにキャリア官僚は過当な競争社会に勝ち残り，立身出世した少数の勝利者である．彼らは地域社会においてまぶしい威光と威信を持つ名望家であり，名刺と肩書の効果は絶大である．しかし学歴と実力とは必ずしも一致しない．しかもその乖離が大きければ，住民の不信と不平等感は募り，ますます離反していくことになる．そこに在野や民間において資格取得と実力重視の市民活動団体から，「ニューキーパーソンとしてのNPOリーダー」が登場してくる余地がある．

3）市民活動団体リーダー（NPOリーダーなど）

市民活動の組織団体リーダーとしての象徴的団体がNPOであろう．その市民活動団体（NPO法人と任意団体）は，現在，全国に約8万8千団体あるといわれる．このNPOリーダーによる地域社会の活性化とは，何よりも「人」の活性化が先決である．「10年後に，最高のまちを創ろうよ」というビジョンを持つ一人の有志を中心に人と人とが出会い，活動し，よりよい人間関係づくりからグループ活動へ，さらにNPO組織づくりへ，まちづくりへと展開していく．人づくりと事業活動づくりと仕組みづくりとは密接にリンクしている．元気な人と人が出会って，感動を共有し，元気なエネルギーを与え合い，交換しつつ，やがてまち全体が元気になる．市民が主体となって個人が動けば，周囲の人間が動き，行政や企業を動かし，さらにまち全体が活性化していくという構図である．まさにNPOリーダーは，市民が新しく公益活動を担う時代になってきたという市民意識の変革を促すと同時に，社会システム変革の実践運動家なのである．

NPOリーダーは，企業人としての経営感覚や利潤追求，組織人としての組織目的達成や社会的使命実現が求められている．NPO活動は，個人的ボランティア活動ではなく，組織団体としての組織目標達成に向けて取り組ん

でいる．そのための団体法人の安定性・継続性・組織性（目的・目標の明確化と共有化）などが図られている．NPOリーダーは代表者ではあるが，それは「ネットワークづくりのためのコーディネーター的役割分担者」に過ぎない．リーダーは決して集権型トップリーダー（政治家のように"上に立つ偉い人"）ではないのである．

　NPO活動の活性化も結局のところ，アクターとして「努力する人」，「中心になる人」，「頑張る人」いかんによる．NPOの論理は何よりも「まず人ありき」といえよう．そのリーダーが掲げるビジョンを共有して，フォロワー（＝メンバーやスタッフ）の能力を引き出し，組織学習を促進することによって，地域社会全体の変革を創造し実現する[5]．その「自律したリーダー個人の市民組織」こそNPOである．「自分は何をしたいのか」，「自分の満足とは何か」，「自分がしたいこと，出来ることは何か」を自問し，「何かをやりたい人間」がいて，それから何かが起き，活動への動きが始まる．このような「NPOリーダーの存在」こそがすべての原点であろう．とりわけリーダーは「組織の顔」「NPOの顔」になる．その中心的キーパーソンに共通する資質をあげると，少なくとも4つの要素，①パッション（「最初に志ありき」，「何よりも好きだ」という熱情，），②ミッション（社会的使命，社会正義への転化），③ビジョン（想像力と創造力，夢とロマン，マスタープランとアクションプランづくり），④アクション（実践力と行動力，「まず自分から変わる」「自分が変われば，まちが世界が変わる」）が必要不可欠であろう．

　筆者が調査した分析結果から見えてくる現在のNPOリーダーの行動原理として，次の2つの事実発見があった[6]．1つは，リーダーの価値観と行動原理は，年代と共に自己変容していくという原則である．まず「1年以下」のNPOを立ち上げたばかりのリーダーは，強く情熱的な「パッション」に基づき活動するが，やがて「11年以上」になると気高く高貴な「ミッション」を掲げるようになり，さらに「60歳以上」になるとボランティア活動としての「奉仕型」に意識変容しているということである．2つは，「都市型リーダー」（東京都内）と「地方型リーダー」（九州圏内）との地域間比較考察において，どんな違いが見られるかといえば，「リーダーとして特に大切だと思

うもの」は，「都市型リーダー」は「ミッション（社会的使命）志向」と「ビジョン（夢・ロマン）追求型」が極めて高く，逆に「地方型リーダー」は「アクション（行動力）」が何よりも大事だと考えているということであった．

4）プロフェッショナル市民

　「地域力」は，住民一人ひとりの力を「シチズンシップ（市民力）」に昇華し，市民力としての能力開発と自己研鑽と自己成長を図っていく「市民」をどれだけその地域がたくさん持っているかということである．ここにいう市民とは，これまでのようにカリスマやエリートや高級官僚らを「信じてお任せします」という態度をとらない．「専門家」でさえも信じなくなった．とくに原発事故を契機に，科学者や政治家を信じたばかりに，ふるさとも家もすべてを棄てる結果になった．エキスパート・ジャッジメント（専門家の判断）を一方的に信じなくなったのだ．

　プロフェッショナル市民は，知識，情報，科学技術など"モダン"が作り出してきた幻想を一切信じられなくなった．信じられるのは，自分たちの目と感と体験と知恵だけである．あるいは複数の専門家が，中立的立場に立って発言する中から，さらにセカンドオピニオンも含めて，より妥当な政策決定として総合的に判断するかである．「もうお上頼みをしない」「お任せしません」と，すべてを信じなくなった時，残ったのが市民自身であった．そこで「市民のエンパワーメントとしてのシチズンシップ」が求められるようになってきた．「自分たちはこんなまちづくりをやりたい」「市民が自ら動くしかない」「市民の力を信じるしかない」という意識と行動に繋がったのである．そしていかなる分野でも優れた仕事さえできれば，ノンキャリアコースであっても，「誰でもがプロフェッショナルになれるプロフェッショナル市民」が誕生したのである．

　プロフェッショナル市民は，単に生活者としての住民エゴや地域エゴを最大限に優先・重視するのではなく，むしろ他者性・公共性・全体性・相互性・共存共生などにもっと配慮する人びとのことである．こうした市民は，さらに「市民の権利」としての市民主権＝市民自治を志向し，市民主体形成と

しての自己決定権の確立と保障を探求するようになる．この市民力を最高度に達成・発展した段階を「シビック・ガバナンス」(市民統治(共治)力)ということができる．さらにこれらの多様な主体間の「シビック・ガバナンス」が集合・集積した地域社会を「コミュニティ・ガバナンス」(Community Governance＝水平・対等・協力・協働・交流的な共同管理システム)と名付けることができる[7]．そしてそのあるべき市民力をシンボリックに体現した人物像が，「プロフェッショナル市民」であるといえよう．

ではさらにプロフェッショナル市民の資質とは何か．どういう資質を備えた市民を，私たちはいわゆるプロフェッショナル市民と呼べばいいのか．筆者はこれまで「佐賀のプロフェッショナルたち[8]」に共通する原理を追求してきたが，「プロフェッショナル・アイデンティティ」としてまとめてみると，次のような説明に集約されるであろう．

まずプロフェッショナルとは，「他人を喜ばせることによって自分が輝く」人びとである．つまり「結果的に，自分自身が輝く，自分自身が楽しむ，自分が幸せだと思うこと，輝いている自分自身を思い浮かべるということ」が非常に大事である．それは言い換えると，「自分自身を信じる力」が卓越していること，つまり自分の可能性と潜在的能力，つまりポシビリティとポテンシャリティが極めて高く，「まずは自分自身を信じる力を持っている人」ということである．何よりも「誰か他人を喜ばせることに生きがい，やりがい，働きがいを感じること」である．つまり「住民，お客様，顧客など，誰かのために」という，「決して自分のためだけではなく，他者とか周囲とか市民とか従業員とか，何かに対する，誰かに対するやりがい」というものを持っている．そしてさらに「24時間，どうすれば，市民が喜んでくれるか」をいつでもどこでも考えているのが，「プロフェッショナル市民」といえるのではないだろうか．

プロフェッショナル市民は，自分自身を信じ，誰か他者(地域社会や地域住民)のために働き，住民を喜ばせることによって，自分も一緒に輝くこと，抱えている事業や仕事をもう一歩乗り越え，自分自身を乗り越えること，そういった努力を諦めず続けること，さらにできる他のプロフェッショナルを

育てられること，あるいは自分らしさにこだわること，という市民像である．プロフェッショナル市民は，政治行政の在り方に対し，常に冷静沈着に対応し，疑問や不満や意見を自己表現し，政治家や官僚に対しても間違いや問題点をきちんと指摘し，かつ改善提案も建設的・創造的に行なう人びとである．

総合的にいえば，プロフェッショナル市民とは，「市民力」（自由・平等・独立した人格者，自己決定権など），「国際力」（国際感覚，交際交流，国際貢献，異文化コミュニケーション能力など），「組織力」（ネットワークづくり，システムづくり，ネットワーキング，連携協力など），さらに「地域力」（地域資源の総合力・複合力，付加価値力など）など，「総合力」を持った人びとであるといえる．

5) グローカル（グローバル＋ローカル）市民

これからの地域社会は，ますますグローバル化する経済，文化，教育，交流，交通などの流れを，海外からどう地域社会に引き入れるか，さらに取り込んだものをどうやってまちづくりに生かし切れるかである．その柔軟性と創造力と適応力がキーパーソンとしての「グローカル市民」にかかっている．ローカルに生きるグローカル市民は，トーマス・フリードマンのいう「フラット化する世界」[9]で，フラットな世界のプラットフォームにおいて「ローカルのグローバル化」をめざさなければならない．その地域資源の多様なローカルコンテンツ（文化，芸術，料理，文学，映像など）が世界市場に出ていくことができると説明し行動するのである．

「グローカル市民」とは，グローバル社会におけるグローバルリーダーといった人財像に繋がる．国際的視野を持って世界や人類の繁栄や幸福や福祉を考えながら，しかし両足はしっかり地域社会と地域住民の大地に根を下ろし，国境を越えて自由自在に活動している人びとである．彼らはパーソナル・アイデンティティを持ってグローバル・アイデンティティとローカル・アイデンティティの間隙を越えて行き来する[10]．彼らはまず海外での生活体験を持ち，多言語を話す．その人がどこの何者であるかよりも，むしろどんな理念や思想をもち，「何をしたいのか」「何ができるか」を問う．アジア・世界戦略的なビジョンと企画力と行動力を持っている．彼らは，敷衍的にいえば，

自分のことより他者のことにより多くの関心を持ち，ひとを愛し，仕事を愛し，家族・会社・地域社会・国家・世界を愛するのである．

グローカル市民の資質をまとめると，より高度な「仕事力」（課題発見能力，課題解決能力，現状変革力，ビジョン力，部下を信頼して仕事を任せるなど），「人間力」（信頼感，魅力，タフネス，自己表現力，環境状況適応能力など），「コミュニケーション力」（対人関係力，受容・共感力，リレーションづくり，リーダーシップ，組織力など），「国際力」（異文化理解，世界的歴史認識，鳥・虫・魚の眼，語学力，宇宙船地球号など）などを，総合的・複合的に体現しているといえる．

4．まちづくりアクターの組織化（＝「まちづくり市民協議会」（仮称））

住民組織の再編の方向性は，端的にいえば，これまでの「町内会方式」から「まちづくり市民協議会」（仮称，以下，協議会と略す）へと変移しつつある．「町内会方式」は，地縁（住縁）を契機に各種住民団体のトップに町内会が君臨し，主導的・特権的にあらゆる地域問題に対応するシステムであった．しかし「協議会」は，町内会を含む多種多様な活動団体が横断的に組織され合意形成されていくシステムである．さらにヴォランタリー・アソシエーション（自発的結社）としての個人や市民活動団体が，ある特定の目的やテーマの下に集まり，自主的・自発的・個人的・民主的・開放的に結合していくシステムのことである．

先述してきた政治家，市民公務員，市民活動団体リーダー，プロフェッショナル市民，あるいはグローカル市民などをつなぐ「市民自治組織」としての新しい仕組みづくりが必要となってきたのだ．それが市民協働＝交流の場である「まちづくり市民協議会」（仮称）である．この協議会は，これまでの「地縁・血縁」共同体から「志縁・知縁」共同体へと変容している．「自分たちが大好きなこのまち」を，もっと住みやすいまちにするために協働する自主的活動団体である．本来，共同体は自助努力と相互扶助・互助・互恵・互譲の精神で，自由選択と自発的参加することが原則である．

協議会はいわばオーケストラに似ている．オーケストラはいろいろ多様な個性が集合する組織体である．パートの役割はそれぞれが「主人公」であり，

一人ひとりの個性と技量が発揮されている．協議会もまた市民の違う同士が集合し，共感し，共鳴し合う．「自分たちがどんなまちを創りたいのか」という価値理念を共有し，共通した目標を持ち，まちづくりを通して刺激を受け，感動し，喜び，満足するプロセスである．「自分が何をすべきか」「何ができるか」をよりよく知って参加参画するのが「シチズンシップ」である．彼らは，それぞれが自分の専門性を持って集合し，緩やかなチームワークを形成し，専門家として限定された領域で確かな事実だけを語り，そして「総合知」をつくる．まちづくりプロフェッショナル集団としての最高の都市創造の場が，この協議会なのである．

　その協議会が成立する前提条件は，分権型組織として戦略的意思決定，権限と責任，自己完結性・自律性の確保，意思決定の迅速化，現場主義によるボトムアップ方式などの機能を持っていることである．協議会組織は，P・F・ドラッカーのいう「情報型」組織で，柔軟性と多様性が内包されている．つまり情報型組織の中の人間は，「みなあらかじめ明確にされ，合意された目標をもって，楽譜を知る手がかりとしなければならない」[11]のである．つまり組織の目標と自己管理によるマネジメントが合致した目標管理だといえる．

　また自主財源と会費制である．行政の補助金に安易に甘えない・依存しない・期待しないことを堅持する．行政の下請機関ではなく，また行政から頼まれたからやるのでもない．行政の予算削減だけでなく，補助が出ない場合も考えて対応し，「予算ゼロ」や「廃止」も想定内に入れている．

　例えば，「街灯をもっと設置してほしい」，「図書館を建設してほしい」，「旧町村の交流場所を確保してほしい」など，これまでの陳情的・一方的な「要求型民主主義」から脱皮し，「自主・自律・自活・自己責任型民主主義」への成長を図る．そして住民同士がテーブルに着き，わくわくする将来について徹底的に語り合う場をつくる．住民同士がまちづくりに積極的に参加参画できる共通の場を設ける．もちろん報酬は出ない，あくまでも地域・住民のための自発的ボランティア活動なのである．

　協議会として，こういう祭りやイベントをやりたいという場合，「自分たちがやりたいことをやる．ここまではうまくいった．だから支援してもらい

たい」といった実績づくりが大切である．「市民参加ではなく，むしろ行政参加の時代になったのだ」という発想転換が必要である．また行政側も，「後押しか，押し付けか，慎重に考慮すること」である．

協議会は，市民の多種多様な人財のコラボレーションと交流が大切である．自治体と地域住民が連携・協働して自律的な地域自治の仕組みを構築・運用していく．地域自治資源（組織，制度，ストック，ソーシャル・キャピタルなど）の評価とその新しい組み合わせを考えるのである．

ここでひとつの事例を取り上げよう．嬉野市は，2008年に合併し，「みんなで創る自立都市づくり」をめざし，「住民と行政がそれぞれの役割と責任を持って協働」してまちづくりを推進してきた．市民団体代表，公募市民，市役所幹部職員らによって「嬉野市地域コミュニティ審議会」が設立され，地域コミュニティの基本方針策定，地域コミュニティ推進計画，さらに地域コミュニティモデル地区づくりなどに取り組んできた．こうした制度変革過程を通じていえることは，どんな制度もそれをつくる人間の英知と体験と理念以上のものは出ないということである．それを変えようとする変革者たちのある思いや理想こそがすべてである．変革への無関心と抵抗力に抗って一歩を変えるために，どれほどの時間と予算とエネルギーを傾注しなればならないか，狂気のようなパッションとミッションをもつまちづくりキーパーソンがいなければとても変革は継続できない．キーパーソンの持続する変革意志に期待するばかりである．

5．おわりに

地域社会の活性化にとって大切なことは，変革主体としてのキーパーソンが「住民から市民へ」と自己変革し，どれだけ「シチズンシップ」を達成したかにかかっている．さらにそのシチズンシップを身につけたキーパーソンを地域社会や時代状況の中で発見し，能力開発し人財育成していくことである．

さらに新しい時代の新しい地域社会におけるキーパーソンをどれだけ組織化し，「まちづくり市民協議会」（仮称）として設立，運営できるかである．

それぞれの分野からキーパーソンを選出し，協議の場に参加させることである．この協議会がうまく機能すれば，「意思決定過程のボトムアップ方式」という市民参加型組織モデルとして，地方分権改革もさらに一歩前進することになるであろう．全国まちづくりキーパーソンのさらなる試行錯誤と創意工夫に期待したい．

注
1）田中豊治「人口減少社会の計画行政とコミュニティ――市町村合併後の地域コミュニティの検討課題―」日本計画行政学会九州支部，2009.3，『JAPA九州』第32号，pp.3-4.
2）朝日新聞，2014年3月1日
3）木村光男「自治体職員が変わるとき」自治体学会編『自治の原点』年報自治体学第2号，良書普及会，p.201.
4）田中豊治「第24回自治体学会佐賀武雄大会を迎えるにあたって」NEWS-LETTER・自治体学会，p.3.
5）金井壽宏，2005，『リーダーシップ入門』日経文庫，p.60.
6）田中豊治，平成20～22年度文部省科学研究費補助金研究（基盤研究（C）課題番号：20530441）研究成果報告書『地方分権型社会におけるコミュニティ・ガバナンス・システムの社会学的研究』p.8.
7）小滝敏之，2007，『市民社会と近隣自治』公人社，pp.60-65.
8）プロフェッショナルになるための異業種交流講座編，2014,『佐賀のプロフェッショナルたち』平成20～25年度佐賀県における産学官が協力して実施する事業計画・合併号，p.326.
9）トーマス・フリードマン著・伏見威蕃訳，2006,『フラット化する世界』下，日本経済新聞出版社，p.318.
10）野村亨・山本純一編著，2006,『グローバル・ナショナル・ローカルの現在』慶応義塾大学出版会，pp.4-5.
11）P・F・ドラッカー著・上田惇生訳，2000,『プロフェッショナルの条件』ダイヤモンド社，p.180.

第1部　社会と文化

日中間の文化差異についての試論

牛　黎濤

1．はじめに

　文化は人類誕生と同時にあらわれたと言える．人類の変容にあわせ文化も創造されたことから，その形態は多種多様であり，人類と文化創造の歴史的時間は等しい．

　さて，日中両国の関係は一衣帯水と表現されるが，これは地理的な近接のみならず千年にわたる文化交流の歴史にもよる．もちろん日中の文化には異同があり，日本の民族文化に敵意や偏見をもつ中国人がいることも否定できない．日中関係を「政治」「民族」「愛国」という視点から眺めた時，一部の中国人は非理性的な情緒から日本の全てに反発し，その民族文化を否定している．だが，世界中すべての国に独自の民族文化があり，その中には称賛されるべきものもあれば，唾棄されるべきものもある．敵意と偏見のみによって他国の民族文化すべてを否定するのは過激，中庸を欠くと言わざるを得ない．また，日本民族のもつ文化形式の多くが中国伝来であること，言い換えれば，日本における中国起源の文化について一部の中国人は軽視している．だが，文化の伝播や受容をみれば，中国の文化形態は日本での時を経ることにより日本化し，その一部は改良によって内実と表現形式がオリジナルを超越したとさえ言える．

　日中文化には相似もあれば相異もある．本稿では，異文化受容の姿勢，伝統文化，思惟形式および行為方式，宗教観念，風俗習慣といった観点から，日中両国の文化間の差異を述べる．そして，こうした差異が生じる根元の理解が現在および将来における日中交流を裨益し，その活発化を促すことを期す．

2．日中両国の異文化受容の姿勢

　日中交流を振り返ると，紀元前二，三世紀，大陸から列島への渡航が非常に困難な状況下でも既に中国文化は日本に伝わり始めている．中国文化の日本への伝播，そのピークは二回あった．一回目は平安時代であり[1]，二回目は江戸時代である[2]．

　日中両国の歴史起源と社会発展を縦覧した時，中国と日本との文化差異は十九世紀中葉に生じたと考えられる．十九世紀中葉は社会発展の段階や歴史選択という観点からすれば日中両国にとって重要な時期であったと言える．当時の日中両国は長い鎖国を経て，ほぼ同じ時期にやむを得ず開国しており，また，同様の時代課題——西方文化の衝撃——にも直面している．同じような状況下におかれていたにも関わらず日中に文化差異が生じるのは，日中両国の統治階級と知識人の西方社会と西方文化に対する認識と態度に求められる．

　中国には「中西方[3]」という言葉があり，中華と西方を対立概念として捉えがちである．一方，日本は外来の先進文化を積極的に導入し，文化輸入と文化輸出，文化訴求と文化満足の間に存在する摩擦や矛盾にうまく対処してきたと言える．

　このように，日本が発展をとげた要因のひとつは，外来文化を固有の文化と国情に適合させるという異文化受容の姿勢を堅持してきたことに求められる．日本の例からすれば，先進文化は後発の文化に影響を与えることはできるが取って代わることはできない．つまり，先進文化は後進文化の発展速度と育成効果を引き上げることしかできないのである．

　こうした異同を踏まえ，まず，中国の民族文化について確認しよう．中国の民族文化は，異文化を積極的に受容する日本の民族文化と異なり，常に先人の示した道を踏襲することによって自身を発展させてきた．よって，中国文化は同質性と持続性を備えている．中国は黄河流域を中心に発展してきた多民族国家であり，漢武帝の時期に提唱された儒家思想を主軸とし，その他の思想を補助として発展してきた封建王朝でもある．その特質は徳政にあり，

理治と人治を唱え，道徳感化を強調することにある．こうした背景をもつ中国文化の特質を一言であらわすのが「和合文化」であろう．

和合文化では人と人，人と自然の調和共存が強調される．中国の歴史は五千年にわたるが，和合文化が変化することはなかった．いまでも中国人は「和気生財[4]」，「家和万事興[5]」という言葉をよく口にする．現代中国が提唱する社会経済持続発展可能という観念もまた和合文化によって説明される．

中国の国土は広大で自然資源も豊富であり，封建統治体制も整い，経験も豊かである．こうした特典から，古代中国の封建統治者は，中国は「天朝上国」であり，外国に学ぶ必要はないとする認識をもっていた．事実，中国の文化思想は唐朝において世界の先頭に立った．しかし，それゆえに外国の布教士に中国文化の精髄を本国にもち帰られたと言える．また，「天朝上国」といった見方が支配的であったがゆえに，中国は外敵侵犯の緊迫感や物質不足の困窮感などを体験しないまま，清朝末に「閉関鎖国，落後挨打[6]」という被動的な局面に陥った．これが中国の近代化における救国や強国を困難にしたひとつの要因である．

次に，日本の民族文化について確認する．日本は国土が狭く山も多い典型的な臨海国家である上，地震や津波といった自然災害の被害に遭いやすい地帯に位置している．常に自然災害が国の生存を脅かすため，これに立ち向かう強い闘志が民族の血と霊魂に刻み込まれたと言える．ここから外向，勇猛，好戦的な民族的性格が形成され，集団主義精神も養成されたのである．こうした日本民族の「血」が新たな文物を希求させると言える．

明治維新以前，日本社会を前進させた「血」のほとんどは中国から輸入されたものであった．日本は中国の新技術・新文化を吸収し，政治改革と社会発展を積極的に推進した．同時に，中国に限らず他諸国の優秀な文化も吸収していった．特に江戸期において，日本は中国の儒家思想を吸収・消化し，これを基盤として「西学東漸」文化を摂取した．これは江戸期の日本文化に空前の繁栄をもたらしたと言える．こうした日本文化の多元性が明治維新期につよく表面化し，独自の社会発展を遂げたと考えられる．

日本文化の多元性についていま少し触れておきたい．現在，日本国内に保

存されている古建築の風格は中国唐代の建築によく似通っている．その大部分は宮殿や寺院などのモニュメントである．他方，日本民族特有の伝統住宅建築に目を向けると，これは一階もしくは二階建ての木造家屋であり，湿気防止において独特な特徴をもっている．中国において木材が塗装されないことはめったにないが，日本では未塗装の木材が使用される．これは室内の湿度調整の役割を果たしている．また，石灰が用いられた土壁や畳も良好な湿気吸収あるいは防止の役割を担っている．こうしたことから，日本式の建築は気候風土と密接に関連していることが分かる．

　文物古跡保護と現代都市の発展という矛盾は日中両国が直面する課題のひとつであろう．日本の古都，京都では古建築の保護を行っているが，現代建築の規制はできないので，一部の高層建築物は陽光と空間を遮り，伝統的日本式建築を脅かしている．これは中国の古都，北京における胡同や四合院が直面している状況と同様である．日中両国において伝統的建造物の保存・保護と都市における住宅問題という背反する課題は解決をみていない．

　ただし，日本では伝統文化の伝承と保護において，外来文化がマイナスに働くわけではない．例えば，起源を他国にもつ茶道や生花といった文化遺産は，現在でも依然として日本人の日常生活の中に溶け込んでいる．日本民族は外来文化に対する吸収力が強く，これを自国文化の一部分に転化させることに長けている．こうした同化能力によって，日本文化は多様な発展を遂げたと同時にその独自性も保たれたと言えよう．

　中国ではこの点が異なる．中国では，多種多様な外来文化と接触したがゆえに，多くの伝統文化が忘れさられ，遺失されている．中国の文化もまた世界のいかなる文化にも劣らない宝物である．この絢爛たる宝物が中国人自身によって見捨てられたのである．こうした点が日中両国における異文化受容の姿勢の違いと言える．

3．日中伝統文化の比較

　日本古代は長期にわたって未発達の状態にあったと言える．国土の狭小，四面環海・火山帯という地理的特徴など，厳しい自然条件に加え，発展空間

が制限されていたことによる．こうした自然条件は日本民族に強い危機意識をもたらした．「生存」のために他人の長所に学び，有益な舶来品を研究した．そして，これらを踏襲するのみならず，絶えず変形・融合させ，日本化を図ったのである．こうした文化的特質によって日本民族は近代アジアにおいて西方による植民地化という危機を最初に回避したのである．

日本が最終的に富国強兵という現代化の道を撰択したことは周知のとおりであるが，ここに伝統文化とみなされる「国粋」が影響を及ぼしていることもまた事実である．「国粋」を形づくる「忠」について述べたい．中国文化の特質である同質性・持続性は儒家思想，特に「孝」によっている．これと異なり，日本民族は儒学の核心を「忠」とみなしている．これが前述した集団主義精神と結びつけば，いわゆる「滅私奉公」が完成する．これは戦前の忠君愛国教育や戦後の企業文化などでも目にすることができる．

こうした文化心理は，日本人の桜好きという傾向に体現されている．一株の桜をみても大した感慨はないが，あたり一面が桜でうめつくされた時，その美しさには目をみはるものがある．ひとつの桜が突出して美しいわけではない．さらに言えば，桜の本当の魅力は開花ではなく落花であろう．清風によって散る桜花，これが日本人にとってどんなに詩意に富んだモチーフであるかは様々な芸術作品にあらわれている．また，ここに悲壮感を読込み，これを美しいと思う心理からすれば，桜は日本人の感傷的で集団主義的な民族性格の最高の写実であると言える．

いかなる文化であろうとも，その発展過程において外部からの影響を蒙らないものはない．日本の民族文化もまた仏教，儒教，キリスト教の影響を受けてきた．ただし，これらの影響を受けて変化した文化であっても日本の基層文化から大きく外れるものではない．日本古代において，朝廷がいくら外来文化の摂取を強力に推進しても，依然多くの民間文化が保存されてきた（戴季陶 九州出版社 2005）．例えば，日本の平安時代，上層社会においては中国の大唐文化がもてはやされ，文人（男性）は漢字で文や詩をしたためたが，その一方で女性は平仮名で「日記」などの文芸作品を著し，日本文学の先駆けとなった．

中国文化は大陸の農耕生活状態から起源したが，日本文化は島嶼の漁猟採取状態から起源した．こうした日中文化の別をいうならば，共通点よりも相違点のほうが多いと考えられる．なぜなら，中国人は往々にして，日本が中国文化を摂取した事実のみに着目し，熟慮せずに日本文化を中華文化圏に帰した．しかし，日本人が中国文化を吸収・消化した時間が，遣隋使・遣唐使によって中国文化を学ぶ時間よりも遥かに長かった事実を知らなかったのである．些細な行き違いかも知れないが，「うわべだけ親しそうで真心はこもっていない」「表面は親しそうだが腹の中は違う」という現在の日中関係の状態に至る遠因はここに求められる．

　さらに日中文化の相異について述べよう．日本人は間違いなく武を尊ぶ．これは日本の民族文化の成立経緯，あるいは社会風俗や組織制度にもあらわれている．「生存のために競争し，競争のために助けあう」という精神は，日本の国民心理ではないだろうか．俚諺の「一个日本人是条虫，三个日本人是一条龍」[7]は，日本人の高度な組織性と互助性を正しくあらわしている．逆に「一个中国人是条龍，三个中国人是一条虫」[8]という俚諺もある．これらは，中国人は一人で対応することを好むが，日本人は団体で対応することを好むといった日中文化の相異をあらわしている．また，繰り返しになるが，両国の生存環境にこうした俚諺の由来が求められる．

　中国人からすれば，大陸に生まれ，世世代代農耕生活に従事し，中国は「天朝で物産豊富」という考えをもっている．生存環境のみで日本と比較すれば中国はまさに天国であろう．こうした土地で暮らす中国人だからこそ「唯我独尊－我に及ぶもの無し」という気概が培われたのである．中国古代の君主が異域文明・文化を蛮夷とみなすのも肯ける．こうした条件から中国人には日本式の憂患意識・集団意識が形づくられなかったのである．

　一方，日本人は，過酷な生存環境から生命は儚いものであると達観している．また，いつ島国が沈没するか分からないという根源的な恐怖をもつ．それゆえ，ここにひとつの観念が醸成される．つまり，民族の命脈を保つための組織化である．組織には厳しい規律と絶対服従が求められ，こうすることにより個人利益が自然の猛威からも守られると信じている．厳しい自然環境

を相手に孤軍奮闘しても結果はみえている．日本人が与える団結あるいは規律の重視という印象は世界共通といってよい．そして，個としては微々たる存在であるからこそ，一度でも組織から落伍してしまうと，もう生きていけないという悲壮感を漂わせてしまう．この点が理解できれば，日本文化特有の自決や高い自殺率にも肯けるのではないだろうか．

　続いて，人間関係という観点から中国文化を眺めてみる．中国の伝統文化は，中華文明の発展・進化に即して集合された民族の特徴と風貌を反映する民族文化である．これは中華民族の歴史上にあらわれた各種の思想文化・観念形態の総体的表象であり，鮮明な民族色をもっている．また，先に述べた儒家文化のみならず道家文化や仏教文化も含まれている．さらに四大文明中，中国文化のみが文化主体として今日まで保存されている．

　こうした中国伝統文化の特徴を挙げていこう．まず，「人間関係の重視」である．これは学術研究領域にもあらわれ，倫理道徳・歴史学などといった人文学科に対する研究には力が注がれているのに比べ，自然科学に対する研究はこれに及ばない．人間関係を重視するということは，人間を倫理規範において捉えることである．つまり，個人の価値をただちに認めるわけではなく，個人の価値は他人にとっての存在価値によって計られることを示している．このポジティブな一面は，人の歴史使命の重視，つまり，関係を重んじ他人や社会に対して果たした貢献を強調するところにある．これは「為人民服務」というスローガンにあらわれている．ネガティブな一面は，逆に個人自身の権利が無視され，人間としての価値を自分自身にではなく，過分に他人との関係においたことであろう．

　次に，儒家の「中庸」が挙げられる．中庸という概念は，いかなる物事にも矛盾と統一があることを認め，この矛盾を緩和・調和させ，より統一性を強調することである．言い換えれば，矛盾を極端化させないことである．

　続いて，「礼」が挙げられる．礼とは人間関係を調整する規則でもあり，その道具でもある．人口に膾炙した「克己復礼」とは，要するに欲望・感情・利益をコントロールしなければ衝突をおこすという格言である．人は必ず礼に基づき物事を処理し，礼に則った人間関係の中に自らをおかねばならな

い．さらに，礼儀は個人だけの制約ではなく，国家や家庭の制約でもある．よって，中国には「礼儀の国」や「礼儀の家」等といった言葉がある．中国人は昔から「礼儀の国」を自称するが，法律を軽視する傾向がある．これは礼儀と法律が相対的なものであることを示している．礼には自覚性や教育の要素が多く含まれている．よって「礼教」，礼を説くという気風が生じた．一方，法律には規範や強制という要素が強くあらわれている．中国の歴史に鑑みても「礼制」は強調されるが「法制」が強調されることは少ない．現在の中国は法治国家であるが，こうした礼の伝統からか「暗示規則」が多いように感じられる．

　以上のように日中の伝統文化，その差異をみてきた．東アジア文化に属することから日中文化にも一定の共通点はある．ただ，歴史発展の仕様や地理的環境によって両国人民に異なる心理状態が形づくられたと言える．これに留まらず，文化認識の差異や戦争などによって誤解が生じ，これは両国の国交にも影響を及ぼしてきた．しかし，日中両国間に文化差異があるからこそ，我々はその比較を通じて相手の長所をみつけることができるのである．互いが広い心をもち，相手の立場にたって，相手の文化思想を理解するならば，わだかまりや誤解は解消され，真の友好的関係を築くことができると確信している．

4．日中間にある思惟方式の差異

　十九世紀中葉は日中両国にとって「多事の秋」であった．ここでの日中民衆の困惑は同じ問いに根ざしていたのではないだろうか．即ち東方の「儒学文明」がなぜ西方の「砲艦文明」に勝てなかったのかという問題である．だが，「西器」によって突きつけられた現実は厳しく，結果，両国の民衆は西方を仰ぎみるようになった．

　中国人にとっては「夜郎自大」という麗しい夢が徹底的に打ち砕かれたわけであるが日本はどうであったか．中国の例を参考にしながらも自国の国情と結びつけねばらず，常に「維持継続」と「新規撰択」という矛盾を抱え，「取捨」という試練に耐えていたのである．ただ，その後の発展からも分か

るとおり，アジア大陸の辺縁にある島国の思考や行為は世界中を驚かせたのである．

「日本の謎」を明確に解き明かすため，大勢の学者が多大な努力をはらい，多くの研究書を著した．これにならい本稿でも日本文化および思想の独自性を解釈してみよう．特徴的であるのは「人によって問題の見方さえも異なる」という点である．日本人は総じて現実を容認する現実主義的な思惟方式をもつ．これは日本人の思惟特徴が反映されているが，一方において，こうした思惟形式はかえって日本人の行為方式を制約しているとみることもできる．また，人と人との関係を基礎にした思惟方式をもつが，人間関係に存在する普遍的な社会規範を軽視する傾向がある．[12]

こうした日本人の心理や思惟には常に「憂患意識」と「危機意識」がついてまわる．日本の歴史を縦覧すれば明らかなとおり，日本人はいかなる状況，滅亡に直面した際でも発展の機会を逃さなかったので奇跡的に再生できたのである．「隣国の事はわが国の手本」「外国の事はわが国の戒め」「先人の失敗をみて己の戒めとする」といった考えが脳裏をよぎり，日本人の思想・感情，心理・行為を制約していると考えられる．

一例を挙げよう．十九世紀，イギリスは中国に麻薬（アヘン）を大量にもち込み，幾千万人の中国人を「中毒君子」に転落させ，中国は世界から「東アジアの病人」と称された．これにより中英は戦争状態に入った．この時，日本人はあらゆる手段を尽くして情報，特に中国人が著したアヘン戦争の経験および教訓をまとめたものを収集した．また，戦争と同時におこった農民武装革命である太平天国の乱の真相を探り，これが中国封建統治社会にもたらした影響に注視していた．情報は商人・船員・文人・画家・僧侶・医者などによってもたらされるものに依拠していた．そのような日本にとって，近代日中文化交流の先駆者となる羅森との出会いは僥倖であったと言える．特に，羅が著した『南京記事』は太平天国の乱の真相に迫るものであり，日本は噂など真偽不明の情報に拠った事実認識を改め，ほぼ正確に中国近代第一次革命運動を理解したのである．[13]

こうした事例から，日本人が国家関係・民族関係と思想文化関係を処理す

る際,「思惟経済性原則」と「利益最大化原則」という思惟方法を有効的に結びつけ,いかに効率よく運用していたかが窺える.

日本人の思惟方法は主客合一に属する.これは東方,日本の伝統思想とも密接な関係をもっており,日本人の民族性のみならず独特な思惟ロジックも体現している.即ち日本人は主客合一の思惟方式を用いて,民族文化と外来文化,先進文化と後進文化,宗教文化と世俗文化,東方文化と西方文化といった二項対立をめぐる問題を解決したのである.

日本民族は独自の伝統文化をもっているが,その歴史を客観的に眺めるならば,明治維新前の日本の思想文化領域において,これを主導したのは常に外来思想文化であった.ただし,この外来思想文化は「統括」という役割は果たしたが「取締」としては機能しなかった.これは日本における主客合一という思惟方式によってもたらされるものであり,これがあるからこそ,外来思想文化が主流を占める中で日本独自の思想文化遺産の伝承もなされたのである.

一方で,中国人は系統的な思惟形式をもち,日本人と比べるならばロマンティックな傾向をもつ.これは「白髪三千丈」といった誇大表現にもあらわれる.また,人間関係を基礎とすることは日本人と同様であるが,社会規範[14]を重視する点は日本人と対照的である.

盛邦和の説を紹介しよう.「内核文化」は,「古老性」「単純性」「純粋性」をもつ.典型的な「自生根」文化であり,時間の経過とともに「発育完備」という特性をもつに至る.ゆえに高度な文化遺伝の伝播能力をもつが,一定の条件下では文化更新の障碍となり,文化発展の困難,緩慢,曲折といった状態をもたらす原因ともなる.「外縁文化」は,「複合交雑性」「発育不十分性」「非自生根性」などの特性から,内核文化がもつ文化遺産の伝播能力に欠けるが,こうしたマイナス要因は文化更新に際してプラス要因に転じる.

盛の説を日中文化にあてはめると,中国文化の思惟形式は「内核文化」に属し,比較的つよく自我遺伝繁殖能力を有している.日本文化は「外縁文化」に属し,外来の思想文化との親和性が高い.要するに,中国文化は伝統にこだわり,日本文化は伝統の重責から免れることができる.ここに日中の思惟

5. 日中両国の宗教観の差異

　孔子が儒学の創始者であり，中国人が何千年にもわたって儒教を崇めてきたことは周知のとおりである．柳詒徴は「孔子が中国文化の中心だ．孔子がいなければ中国文化もない．孔子以前にあった数千年の文化が孔子によって伝わり，孔子以後にある数千年の文化が孔子によって開かれた」と，孔子を中国文化の媒介者として捉えている．こうした見解は，中国において儒学が占めた主導的地位をよくあらわしている．この儒学について，何茲全は儒家思想の「中庸」こそが中国文化の精華であるという認識をもっている．ふつう孔子学説の核心概念は「仁」とされることが多い．ただし，儒家には極端な思想がない上，思想全体に偏りや過失がない．ここには「忠」「孝」「仁」「愛」「信」「義」「礼」等の概念が含まれるが，これらすべてが「中庸」の道に帰せられる．「中庸」の精髄は過激も偏執もないことである．「修身」「斉家」「治国」「平天下」であるには，何れも「中庸」であることが肝心となる．これは中国の伝統的な民族文化であり，中国民族の「魂」と実質である．一例を挙げよう．古来より中国が主動的に侵略戦争を起こさない原因もまた「中庸」に求められる．より卑近な例を挙げれば，中国人は英語を学ぶ際，aggressive[15]という単語をみると無意識にこれを悪い意味をもつ言葉として理解してしまうのである．

　さて，日中両国の宗教文化とその発展をみるならば，両国のもつ固有の民族宗教文化を重視するのは言うまでもないが，自身に対する外来の宗教文化の影響を軽視してはならないだろう．日中の宗教文化発展史を一度でも繙いたことがあれば，日本において儒教が仏教から独立したと同時に神道思想が発展したことがわかるはずである．

　徳川時代初期，仏教の伝統勢力が政治権力により庇護を得た途端に山王神道・両部神道が流行し始めた．寛永寺を創建した天海は，山王神道によって徳川家康を「東照大権現」として祀りあげることに成功した．また，儒学的気質をもつ理学神道は吉田神道の吉田惟足を嚆矢とするが，林羅山と徳川義

直の神儒調和の理論をはじめ，儒教的な神道解釈が多く行われた．その代表ともいえるのが山崎闇斎の垂加神道である．

つまり，仏教から分離独立した神道思想は日本で次第に勢力を獲得したが，この分離独立は儒教の理論によっているのである．ただし，林羅山以後の儒学と調和してきた神道思想は，後に「外来」という観点から批判をうける[16]．すると，仏教のみならず儒教からも分離独立し，自らを日本独自の宗教だと自任する神道，復古神道があらわれたのである．「あらゆる神道は，何れも神話に様々なこじつけを加えたものであり，こうしたこじつけは，殆ど仏教と儒教の観念を借用したもので，哲学思想上においては価値のない神学なのである」(永田広志 1978年) といった見解もあるが，日本文化の特徴のひとつである複合性を鑑みれば，宗教文化が世俗文化を伴い，相互依存・相互混入しながら共同発展を実現したと言うことができる．

人ならぬ神霊への信奉をいうならば，日本民族は自然信奉，自然を神として信仰している．自然が対象であることから，従えば栄え，逆らえば滅ぶ．日本民族の神霊に対する信仰は敬虔・畏敬と評しても過言ではない．日本各地には数え切れない神社や寺院が存在することもそのひとつの証左であろう．これに比すれば，中国人の信仰は現実的であり，歴史上いかなる時期の信仰であっても社会発展形態と緊密に合致している．中国の神霊が比較的「友好善良」であるのは，神話に政治思想の基礎が含まれていることからもわかる．

中国の神霊の描写は西方キリスト教と類似しており，全ての神霊が「眞善堅忍」の注入につとめようとしている．日本人もまた「堅忍」であるが，そもそもこの理解に日中の相違があらわれる．日本人にとっての「堅忍」とは強靭性を意味するが，中国人にとっての「堅忍」とは奴隷性を意味する．中国の神霊は西方キリスト教の神のように人間に「絶対」を突きつけはするが，先に述べた「中庸」を反映してか，西方キリスト教の神のように白黒明白で性格勇猛ではない．当然ではあるが，中国人の描く中国の神霊は中国文化の特色を備えているのである．

中国文化は閉鎖環境の中で成長してきたと思われがちだが，外来文化との大規模な接触交流が少なくとも三回はあった．一回目は仏教の伝来期である．

ただし，これは東漢時代より数百年をかけた長期間におよぶ接触であり，広く浅い仏教教義の伝播であったと言える．長期にわたる消化と整合を経て，唐代になってから中国式の佛学（禅宗）を生み，続く宋代では佛学の影響を強く受けた儒学もあらわれた．仏教の伝播・消化・整合に数百年の時を要したのは，これが中華文明とインド文明の一大交流であったことによる．

　二回目は明清時代であり，西方布教士が中国に入ってきた時期である．利瑪竇[17]，湯若望[18]，南懐仁[19]まで，明末から康熙年間まで，百年以上にわたって中国に来た布教士は数百人に上る．彼らは宗教のみではなく，西方の文化，天文・暦法・数学・武器・地図・建築・絵画等，自然科学の結実を中国にもたらした．しかし，雍正・乾隆年間はこうした文化交流が中断している．原因は非常に複雑であるが，当時の中国は西方に対しての認識が浅く，西方の先進文化を吸収・融和させる潮流をつくりだせなかったのである．

　三回目はアヘン戦争後である．外国の砲艦によって中国の門戸が強制的に開かれたことにより被動的な西方文化の受容が行われ，これにより中西文化の衝突が生じたのである．ある意味，こうした形での吸収・交流・衝突は現在でも続いていると言える．

　中国の伝統宗教文化の歴史は長く，儒家は世に親しみ，佛・道家は世を離れるという局面が形づくられたが，清朝になってから道教が衰微し，儒教と仏教が抗するという状態になった．儒教は中国封建王朝の統治思想として最重要視されてきたが，中国民衆にとって儒・釈・道の三教を同時に信仰するのは一般的であるため，日本と異なり寺院と信徒の間に特殊な従属関係は形成されなかった．また，中国における皇帝を頂点とする封建専制は強大であり，寺院も各地の官吏が管轄していることから，日本でいう「僧兵」[20]等の特殊な武装集団は形成されるべくもなかったと言える．

　蛇足ではあるが，日本が中国の政治体制や経済制度，あるいは文化思想を導入する過程で僧侶が果たした役割は大きい．かつて仏教は中国先進文化の象徴であり，それゆえに僧侶は政治・教育の指導的地位におかれた．中国文化が日本の宗教文化，ひいては日本社会にも影響を与えていることの一例である．

日中両国の宗教観の考察に際しては，宗教の歴史的側面——「縦」の発展史をみると同時に，宗教文化——「横」の交流と会通，融合についてもみなければならない．そして，日中の異同を比較し，それぞれの社会背景からもたらされる制約によって形成された民族的特色を明らかにしなければならない．

中国は基本的に単一文化で，これを形成する主動的地位を儒学が占めたと言うことができるのに対し，日本文化は，儒学思想に大きく影響されたと言っても，その文化はやはり複合型である．日本固有の宗教とされる神道をみてみよう．『古事記』と『日本書紀』は712年と720年に編集されており，日本における最古の史書と称されている．記紀は神と人間を巧みに結合させている．これは立国の基礎となり，後に神道観にいたった開国史として演繹される．また，「尊皇」思想の基礎ともなっている．さらに中国から伝来した仏教と道教思想も時の政治権力者によって改造され，日本自身の発展需要に適応させられた．儒家思想は「忠」が強調され，道家思想も神国観念を強化するための補助とされ，天皇崇拝の神道思想に変容されている．

明治維新前の思想文化は堅固な体系として構築されている．これは神道・仏教・儒学・道教・キリスト教・蘭学等の多くの文化形態から構成されている．神道のみ日本の民族文化・民族宗教に属するが，その他は全て外来思想・文化に属する．儒仏道は東方文化の主体であり，キリスト教・蘭学は西方文化の基礎である．こうした複合性から豊かな精神文化が培われたと言える．つまり，日本は，東西双方の思想文化のもつ世界観と方法論，概念規定，原理究明および体系構築等から益を受け，常に発達した外来の思想文化を摂取し，その影響・薫陶のもとで迅速な成長を遂げてきた．オリジナル文化を築き上げる時間やコストを支払うことなく，他の民族によって創造された思想文化の最新成果を絶えず利用・吸収する．これが近代において日本が成功した要因であり，かつ，日本文化の根源である．

6．日中習俗文化の差異

日中の習俗文化の差異を明確にあらわすのが「挨拶」である．中国人が人

と出会った場合，特に男性は通常「握手」で挨拶する．これに対し，日本人は「お辞儀」を挨拶としている．

中国で握手は一般的な対面礼儀・送別礼儀である．また，特殊な場合として，例えば，感謝と慰問をあらわす時，双方に満足のいく共通点がみいだせた時，抱えていた問題に良好な転機あるいは和解のチャンスが訪れた時等，中国人は習慣的に握手を礼儀の印として使う．つまり，握手は社交の基本礼儀のみならず矛盾解消・平和共存のあらわれでもある．

日本ではお辞儀がいちばん基本的な礼節である．日本人はお辞儀，腰をかがめることにも深い哲学をもっている．まず，角度である．一般には15度・45度・90度の別があるとされる．次に長さである．角度が深ければ深いほど，時間が長ければ長いほど，尊敬・感謝・誠意・敬意・謙虚・悔悟等々の切実さがあらわせるとされている．これに付随して日本人が重視する「名刺交換」を眺めるならば，まず腰をかがめて両手で名刺を差し出す．また，地位と年齢が低い者が先に名刺を差し上げなくてはならない．初対面時に名刺がなければ失礼にあたるのみならず付き合いにくいとみなされる．

広義の「接待」にも日中の習俗文化の差異をみることができる．まず，「贈り物」についてみてみよう．日本人は贈り物を相手に対する気持ちの物質的な体現だとみなしている．高額や多量でなくとも当意を得ていれば相手に深い印象が残ると考えている．これは「気は心」といったことわざにもあらわれている．中国人が贈り物をする場合，ペアを好み，2，6，8，9等の数字がよく使われる．これに対し，日本人は1，3，5，7等の奇数が使われ，「4」は「死」に，「9」は「苦」に音がつながることからタブー視される．また，日本の風習では個人に贈り物をする場合，人前でおおげさにではなく，さりげなく渡すのが礼儀とされる．次に客の「応対」．日本企業において，通常応対の場所はオフィスではなく会議室等であり，簡単に社外の人間を重役の執務室に連れていくことはないだろう．中国ではオフィスや会議室での応対のみならず，歓迎の意を表するために宴席を設けてもてなす．中国人は総じて熱情で客好きであり，熱心に友達や親戚の家をまわって主人と親しく家族のように歓談する．中国人と比べれば，日本人は過分に礼節を

重んじる民族であると言えよう.

　最後に，こうした「接待」に関する国の管理体制を比較してみよう．日本の法人税で規定される中小企業の「接待交際費」[21]，その定額控除限度額は年800万円[22]と定められており，これを超過する場合はすべて課税対象となる．また，「国家公務員倫理法」「国家公務員倫理規定」では，国家公務員が担当する仕事の相手方を「利害関係者」と定め，利害関係者からの「飲食等の接待」を受けることを禁止している．利害関係者でなくとも第三者が負担する飲食費が1万円を超える場合は，倫理監督官への事前届け出が必要とされる．さらに，国家公務員は利害関係者から「お歳暮」「お中元」「祝儀」「香典」の受け取りが禁止されているばかりか，一緒にゴルフや旅行へ行くことも禁じられている．これらは，たとえ伝統的な社会儀礼であっても収賄といった疑惑を招くような行為は慎むという発想によっている．

　中国では，改革開放以来，政務・商務などの社交中に一席を設け，相手に贈り物をするということは既にひとつの習俗となっているようである．この習俗は多くの政府官員にも適用され，「権銭交易」「贈収賄」等のスキャンダルもよくみられる．中国「財経」という雑誌（2013年2月24日）の報道によると，官界内では「官職の売り買い」が普遍的に存在し，省・市・県の三級政府のみならず中央も含まれるそうである．雑誌は，「官職売買」が既にシステム化されていると伝えている．

　これらの問題に対して中国共産党中央政治局は2013年6月22〜25日に専門会議「作風改善は中央政治局から」を招集した．会議は，形式主義・官僚主義・享楽主義・贅沢な風潮という『四風』を腐敗の温床とみなし，学風・文章の作風・会議のやり方の改善，『三公経費』[23]の抑制，人事選考・任用上の不正行為の取締り，職務上の不正行為問題の解決，会員カード・プリペイドカード受け取り問題の解決，『イメージのための事業』『政治的業績のための事業』および各種祝典・フォーラム・企業誘致会・国際的会議の氾濫という問題の解決，箱物乱造という問題の解決に力を入れなければならないと指摘した．同時に，指導幹部の勤務室・住宅・車・秘書・公務接待・警備・福利・休暇など，業務・生活待遇の統一的基準を定め，贈物授受の禁止規定を実

行に移し，規定に違反する，または基準を超えた待遇の各種問題をしっかりと解決しなければならないと指摘した．また，単なる指摘のみならず，制度や規定を採択し，中央からこれらの制度・規定を遵守実行し，実際の行動によって制度の権威を保つよう要求している．

中国の現状を現代日本の管理体制と比べるならば，上記のように細部を改進しつつ，多くの領域においても改革が深化されねばならない．そうしてこそ予期の効果が得られる．こうした改革も民主的な文明社会が発展するのに避けては通れない道であると考えている．

7．おわりに

中国の思想文化が長期にわたり日本社会および思想文化を養育したという事実は，日本が輸入した漢籍に如実にあらわれている．中国のいかなる時代，流派，学説，人物の著作であっても様々なルートで日本に上陸している．実際，中国では失われた漢籍が日本に存在するという事例もある．また，漢籍の日本国内での伝播も見過ごしてはならないだろう．写本，翻刻，訓点，和刻等，多様な形式によって広められた．これらの漢籍は日本の書庫を物質的に埋めたばかりでなく，日本人の精神世界も充実させたのである．

近代の歴史を振り返るならば，日本社会はいつでも必要な時期に必要な文化内容を導入している．この措置は社会発展と思想文化の構築に重要な役割を果たしたと思われる．日中両国の西方の「堅船利砲」[24]に対する思惑は，一致する点もあれば不一致もあるだろう．だが，これにより門戸が開かれたのみならず，世界に目を向け，世界と平等に対話できるという道理を知ったのである．十九世紀中葉だけではなく二十世紀の社会変動期でも日本人はチャンスをつかみ，その刷新活力と創造能力は世界を驚かせた．思惟方式も平面から立体へと変化し，ただ中国の思想文化に学ぶという「単一主導型」から中国文化と西方文化の「共同主導型」に転じたのである．最終的には「東方に師事」するという伝統が超越され，「西方に師事」するという近代的現実が選択された．繰り返しになるが，日本人の思惟方式と行為方式は，変化をもって変化に対応することに精通している．

これまで異文化受容の姿勢，伝統文化，思惟形式および行為方式，宗教観念，風俗習慣といった観点から，日中両国の文化間の差異を述べてきた．一部の中国人には日本を賞揚し中国を低く評価したと思われるかも知れないが，中華民族のもつ博大な文化思想や不撓不屈の精神が損なわれたわけではない．いまは客観的で冷静な態度で中国に内在する問題に臨む必要があると考えている．いかなる国の民族文化であっても「伝統文化の活用」「外来文化の利用」は必須である．中華民族の復権を期待すると同時に日中両国の文化差異が根源的に理解され，両国の交流が活発化することを望んでいる．

注
 1）九世紀から十一世紀まで
 2）十七世紀から十九世紀中期まで
 3）中華と西洋の文化的差異
 4）和気は財をもたらす
 5）家族の調和
 6）鎖国により落伍しダメージを受ける
 7）日本人一人は虫だが三人が集まれば龍になる
 8）中国人一人は龍だが三人が集まれば虫になる
 9）切腹など
10）ただ人のために尽くす
11）私情・私欲に打ち克ち社会規範に準じる
12）例えば，礼
13）太平天国の乱
14）礼
15）強力，自説固持，開拓精神旺盛
16）仏教排斥の儒学
17）マテオ・リッチ
18）アダム・シャール
19）フェルビースト
20）中央集権
21）資本金1億円以下の企業
22）平成25年度現在

23) 海外出張費，公用車経費，接待費
24) 西方の精神文化と物質文明の発達基準

文　献

陳　　潔，2007，「試論中日文化差異的根源」，『四川教育学院学報』，第23巻
戴　季陶，2005，『日本論』，九州出版社
管　秀蘭，2004，「生活習俗から中日文化の差異を観察」，『山東省青年管理幹部学院学報』，第3刊
郭　　莉，2002，「諺の中にある中日文化差異についての分析」，『日本語知識』，第3期
井仁　清，1957，『日本歴史』，三聯書店
李　学梅，2005，『日本，日本人，日本文化』，浙江大学出版社
李　　卓，2006，『日本家訓研究』，天津人民出版社
劉　　芳，2008，「文化差異の調節によって多文化交渉を実現」，『商場現代化』，1月刊
牛　黎濤，2008，『透視日本現代家庭問題』，中国広播電視出版社
秦　明吾，2004，『中日習俗文化の比較』，中国建材工業出版社
森島通夫，2001，『日本透視―興と衰の悪循環』，中国則政経済出版社
盛　邦和，1988，『内核と外縁――中日文化論』，学林出版社
王　曉秋，2000，『近代中日文化交流史』，中華書局
永田広志，1978，『日本哲学思想史』，商務印書館

「〈郷土のことわざ〉にみる地域の生活文化」の発掘と構築
―ことわざ社会心理学の視点から―

穴田義孝

1. はじめに

　現代日本社会においては、衣食住、保健・健康などをはじめとするあらゆる生活文化（生活様式/way of life・way of living）が、例えばマス＝コミや学校教育の影響、インターネットなどの急速な高度化、さらに流通の発達などにより、全国どこに行っても似たり寄ったりの均一化が進み、物質のみならずものの見方や考え方までが日本は一つというようになってしまった観がある。しかし、長年のフィールド・ワークの経験によれば、市町村などの行政単位から、例えば〈ムラ・地区・ブラク・集落・シマ（於沖縄）〉などと称される〈生活圏〉や〈生活共同体〉といった単位（範囲）において、その小さな地域独特の〈地域性〉を持つ生活文化が存在することに気づいてきた。
　現在、「ことわざ社会心理学」（A Socio-Phychological Study of Proverbs）という新たな研究分野の構築を志向しているが、この分野における研究対象であり、データでもある〈ことわざ〉にも、『ことわざ辞典』類に載っている特定の（正解とされる）意味を解説して、全国単位で了解、共有、使用、共感、伝承されている、あるいはされてきたいわゆる「全国区のことわざ/National Proverbs」と比喩できる成句がある。
　これに対して、先に述べた〈生活圏〉や〈生活共同体〉といった小さな地域における「地域の人々の価値観、人間関係の結び方、日常の生活様式、習慣・慣行」などを総称した〈地域の生活文化〉の実態を内包して「要にして簡」・「言い得て妙」な「郷土（故郷・地方区）のことわざ/Hometown (Home village

・Regional・Local) Proverbs」(以下〈郷土のことわざ〉とする)が存在する。

ところで、全国ほぼすべての『都道府県誌(史)』、『市町村誌(史)』、あるいは『郷土誌(史)』などの最終章「民俗編」には、「口頭伝承、民間伝承、言い伝え、ことば・ことわざ、俗信、迷信」などと項目分類されて、〈郷土のことわざ〉が編纂されている。こうした現状を単純に解釈すれば、すでに膨大な〈郷土のことわざ〉文献資料が存在していることになる。

しかし、これらの編纂において民俗学調査の項目には〈ことわざ〉の項が省略されているか、少なくとも重視されてこなかったところが多かったと推察される。これらの『郷土誌(史)』類の「民俗編」には、〈郷土のことわざ〉が全く載せられていないか、載せられていても地域で蒐集された成句を列挙するだけで、説明・解説がないものも少なくなく、さらに用例のないものが多くみられる。これでは、〈郷土のことわざ〉をかろうじて記録していることになるが、これらを他地域の人々のみならず当該地域の若者が読み返しても、地域性を示す生活文化は伝承されないし、世代間の交流もできず、まして現代社会に活用もされずに〈郷土のことわざ〉は消滅してしまう恐れがある。

ところが、こうした『郷土誌(史)』類とは別に、小さな地域在住の郷土史家や民俗学研究者、有識者、地域の関連組織の代表の方などが編集・執筆した『小さな地域のことわざ風土記』『郷土のことわざ民俗誌』と比喩できる文献を各地で見出すことができる。これらは〈郷土のことわざ〉を単に列挙・意味の解説をしただけのものとは異なり、生き生きとした用例を示した「生活の知恵の宝庫」、あるいは地域に根差した〈地域の生活文化〉を内包する「隠れた地域生活文化遺産」とさえ言える。

これらを個人で蒐集、整理・分析、情報公開していくには限界があるので、2014年4月、東京都に「NPO法人　郷土のことわざネットワーク・ことネット」の書類申請をした。現代の情報社会におけるツールを活用して、各地の図書館や郷土資料館などに埋もれている自費出版の文献(出版物)などを発掘し、さらに各地の〈郷土のことわざ〉そのものを「蒐集、文字化、記録」するだけにとどまらず、〈郷土のことわざ〉を活用して地域の生活文化を彷彿とさせる(用例を示した)『小さな地域のことわざ風土記』を新たに構築す

るためのサポートをしていきたいと考えている。

2．『小さな地域のことわざ風土記』の事例と〈郷土のことわざ〉

1）「〈郷土のことわざ〉にみる地域の生活文化」を内包する『小さな地域のことわざ風土記』の事例

「百聞は一見に如かず」である．〈郷土のことわざ〉を単に列挙，解説した事例と，〈郷土のことわざ〉の用例やエピソードなどを加えて「地域の人々の価値観，人間関係の結び方，日常の生活様式，習慣・慣行」などを総称した〈地域の生活文化〉の実態を彷彿とさせる『小さな地域のことわざ風土記』と比喩できる「民俗誌」の事例を紹介する．

事例1：小野将美1976「俚諺百話」，『富士北麓の耳学問　横行自在』
　　　　　発行所，山梨県富士吉田市下吉田2675（非売品）
※「俚諺百話」は101句から成り，すべてに解説がある．ここではその内の20句を列挙し，方言や地域特有の固有名詞などの使用により，いわゆる「全国区」の『ことわざ辞典』類にある成句とは異なる「地方区」のことわざと言える1．の成句の解説を例示する．

1．かかあ天下とこんだいち
2．△当ってくだけろ（以下△印のつく成句は「全国区」のことわざと考える）．
3．あてことと，モッコふんどしは，向うから外れる
4．あんころもちより心もち
5．頭はった小僧にも用あり
6．一匹の狂いが千匹の狂い
7．△一枚の紙にもウラオモテ
8．家柄は芋柄にも劣る
9．いっかくのべっかく
10．うっちゃあらば拾うべえ
11．△氏より育ち

12. ウチの米の飯より隣のお半めし
13. うぬぼれとカサケのない者はいない
14. おじょうろうまむし
15. △女の一生は亭主次第
16. 落ちれば同じ谷川の水
17. おお木は風が当る
18. △恩を忘れりゃ犬畜生
19. △親孝行はマネでもしろ
20. 大鍋のケツ

（21～101省略）

◎1.「かかあ天下とこんだいち」の解説

　郡内地方はハタ場であるから，織物の取引が，きまった市日に行なわれて，ハタ屋に限らず，商店，日傭取りに至るまでの市の日が勘定日になっていたので，普段の日に掛け取りに行っても「勘定はこんだいちだョ」と言って撃退されるにきまっていた．上州の「かかあ天下と空っ風」は有名であるが，郡内では「かかあ天下とこんだ市」つまり「かかあ天下と次の市」という意味である．何れも本旨は「かかあ天下一」という意味も含まれていて，家庭の主権が妻にある程の働きものの上に，しっかり者の妻が多いと言う，天下一品の女達のお国柄を示したものである．郡内地方の女達は，はた織，育児，炊事，はては野良仕事までも，手を出して家計を助け，時には亭主代弁で，寄り合いにも出たりして来た程である．借金取りなどに行っても，亭主には家計のやり繰りは分らないから「悪いけんど，おかあが居なくて分らない」と誠に頼り無い返事が返って来る．細君の居る様な時を見計らって掛け取りに行けば，「今日は都合が悪いから，こんだいち」に集金に来いという，次の市日に行くと，又「こんだいち」「こんだいち」といって，だんだん引き延されて仕舞うことも珍しくなかったから，こんなことばが生れて来たのである．それにしても郡内の女達は今も伝統的に男まさりの人ばかりである，亭主達は感謝すべきではないだろうか．

この地方では，細君のことを「おかた」や「おかっさま」即ち「おかた様」と呼んでいて，武家の様な感じであるが，下世話では「かかあ」と「宿六」がコンビであり，宿六の方からは「山の神」と細君を卑称する．諸説はあろうが，私見としては，霊顕あらたかな神様は「山の神様」で，ヤマと女とは共通同義でもあり，お気に召さないと，直ぐ御機嫌を損ねて，罰をあてる荒神（あらがみ）様であろうか，山の神様がいつも御機嫌麗わしい様ならば，家庭も平和であるし，商売も繁昌するわけである．宿六たる者は努力して，良き御守護を得て，御利益にありつけます様にと，心掛くべきである．
　兎もあれ郡内の細君達は，愛情こまやかで亭主をかばい，よく働く女達であるから，この「かかあ天下とこんだいち」が代表的に，郡内の女性気質を表わしているのだとも言えよう．「日の本は　大和かぐらの　昔より　女ならでは　夜の明けぬ国」

事例2：白鳥町文化財保護協会編1985『郷土白鳥』（第三十九号）香川県大川郡白鳥町教育委員会事務局
　―前略―　先日民俗学者の武田明先生にお目にかかった折，先生が「白鳥には面白い諺もありますね，しかし意味のわからぬものもだいぶあります．あの『鎌ふんどし』あれは意味がわかっていますか」とにこにこしながら尋ねられた．これは時々，男の人が使っているのをきくこともあったが，わたしは「さあー」と困ってしまった．
　「それは，そういう話にのっては危いですよ，とか，そんなに思うとったら危いとか，そんな意味かと思いますが」
　わたしは自分の考えをお答えしてしまった．後日，ある方がそれは切れ味の悪い鎌のことであって，人に例えたなら，煮え切らぬ人，という意味だという．これにはわたしは異論があった．もめていると，M先生が「当てにならぬ，というとき使うのですよ」とおっしゃる．どうやら，この当てにならぬ，が的を得ているようである．
　ところが武田先生は，わたしがお答えした意味を「ああそうでしたか，面白いですね」と納得なさったようであったから，困ったなあーと思っ

ている．

　ともあれ，わたしは毎日の暮しの中に，諺を役立てたいと思っている．わたしが口にしていると，幼い孫たちもいつしか覚えるだろうことを願いながら—．

事例3：「村落に残る俚諺」，和歌山市伝承文化調査委員会編1985『和歌山市民俗歳時記』和歌山市教育委員会文化振興課
　「餅喰て，寿司喰て，牛見て，井戸のぞく」
　俚諺というより農家の生活の一断面を語る言葉である．農山村は，戦後，生活様式は全く変わってしまったが，その以前の生活は，年中行事として営まれる正月，盂蘭盆，村祭，大休み，小休みなど幾日かの休業日はあっても，村をあげての娯楽やレクリェーション的な催しはなかった．農閑期に田舎まわりの芸能人が村を訪れて，浄瑠璃，でこ芝居，ちょんがれ節（浪花節）などの上演があって，いくらかの入場料を払って楽しんだ．これが村での唯一の楽しみであった．ところで，村の行事などで親戚が農家に招かれても，馳走が出ても何の風情もないことを，来客者の立場で言ったのがこの言葉の意味するところである．「餅喰て寿司喰て」は字義通り，「牛見て」とは，農家にとって牛は大きな資産であり，農作業の主役であった．そこで農家では牛の飼育に力を入れ，立派にすることが誇りであった．来客として招かれた者は，その牛を見ることは礼儀であり，それをほめそやすことは，相手に敬意を表すことにもなった．「井戸のぞく」も，上水道のなかったころ，井戸の良し悪しもまた大切なことであった．水質検査をしたわけではないが，自家の井戸水は，すべて良しと考えていたから，前述の牛見てと同様，来客は儀礼として井戸をのぞき，それをほめそやした．要するに「餅喰て寿司喰て……」は，客として招かれていっても，主人側として馳走すすめる以外もてなしようがなく，客として招かれた者の飽き足らなさを逆説的な表現として，この言葉が残されたのでなかろうか．（河野洋純）

事例1では,「俚諺百話」の冒頭に記載したように成句の列挙だけでは,地域独特の句が多いとは言えても,地元の方以外は方言や地名などが分からず,〈地域の生活文化〉の意味が伝わってこないと言えよう．しかし,1.の解説のように,〈郷土のことわざ〉が当該地域で如何に使用され,共感されているかの用例の記述は,生活文化の日常性,庶民性,そして地域性を内在する『小さな地域のことわざ風土記』と比喩できよう．

　事例2では,「鎌ふんどし」がことわざであるか否かの問題を考えさせられるのと同時に,意味の多様性や成句の役割・機能の流動性,伝承の困難さなど,この文章の解説がないと地域の生活文化が正に消えてしまう危機感を感じざるを得ない．

　事例3では,「俚諺というより農家の生活の一断面を語る言葉」として,その「言葉」を通して地域の生活文化を正に生き生きと叙述し,しかも含みのある解釈がなされている．

2)〈郷土のことわざ〉とは何か

　「NPO法人　郷土のことわざネットワーク・ことネット」のキー概念である〈郷土のことわざ〉とは何かを明らかにしたい．

(1)「狭義のことわざ」定義と「広義のことわざ」定義

　〈ことわざ〉という用語・概念は,『広辞苑』(第6版)に「古くから人々に言い習わされたことば,教訓・風刺などに意を寓した短句や秀句」と定義されている．権威ある辞典を疑ったり,訂正するなどは難しいことに違いないが,あえて構え(先入観・固定観念・思い込み・決めつけ)を払拭するべく,改めて〈ことわざ〉という用語・概念について捉え直してみる．

　〈ことわざ〉とは「古くから人々に言い習わされたことば」とあるが,これを肯定すると,多くの『ことわざ辞典』類に載っている《1》既成の(伝承・古典的)ことわざが該当する．この用語を理解し易くするために英訳してみると,Established Proverbsとなる．

　《1》既成のことわざ/Established Proverbsは,換言すれば「伝承こと

わざ/Traditional Proverbs」であり，金言・名言・名句などと価値観が付加されると「古典的ことわざ/Classic Proverbs」とも言える．

ところが，柳田國男は『民間傳承論』(共立社1934) で，ことわざは必ずしも〈伝承性〉を概念の必要要件とせず，新語，新句こそがことわざとなり得ることを示唆している．すなわち，本来〈ことわざ〉は日常の暮らしの中の会話などで，あらゆる時と場所，状況やタイミングで日々刻々創作され，時に共感されたものが，特定社会・文化集団の構成員に了解，共有，使用されることばとなる．それらの多くはその場限りで消えてしまい，ほんの一部のみが精選されて，文字化され，記録されて『ことわざ辞典』類に収録されたと考えられる．

柳田説を取り入れてことわざの概念を捉え直すと，「古くから人々に言い習わされたことば・ことわざ」，すなわち《1》既成の（伝承・古典的）ことわざも，何時か何処かで誰かが創作したに違いない．ことわざとはすべて《2》創作ことわざ/Creative Proverbsなのである．『国語辞典』の定義をそのまま肯定する《1》Traditional (Classic) Proverbsと対比して《2》創作ことわざは，Modern Proverbs (現代のことわざ)，あるいは，Anti-Proverbs (既成のことわざに対極することわざ) とする説がある (「日本ことわざ文化学会」名誉会員，米ヴァーモント大學教授，ことわざ学の国際的学術誌 *Proverbium* 主幹，ヴォルフガング・ミーダー/Wolfgang Mieder 博士の説)．

『国語辞典』にある概念が該当する定義は「狭義のことわざ」定義と考えられる．そして，《1》だけではなく，少なくとも《2》の視点を包括すると「広義のことわざ」定義が想定できる．

「広義のことわざ」定義は，ことわざとは「何時か何処かで名も知れぬ誰か（※特定の作者や出典が明らかな場合もある）が創った（に創られた），あるいは伝播されたり，本来の成句の言葉や言い回し，意味などが変容されたりして，特定社会集団の大部分の構成員に，了解され，共有され，時に共感されて，伝承されてきた短めのことば，成句」というように汎用性のある定義と言える．了解，共有，時に共感，伝承されてきたのは，言葉や言い回し，意味などが「言い得て妙」であり，短めのことばとするのは「要にして簡」と

言えるからであろう．

　《2》創作ことわざには，人文科学分野における庄司和晃他の『コトワザ教育のすすめ―未来の教育学のための文化研究』(明治図書1987) などに見られる「創作コトワザ」活動や山口政信の「スポーツに言葉を－現象学的スポーツ学と創作ことわざ」(遊戯社 2006) の活動，社会科学分野における筆者編著の『もうひとつの日本人論－ことわざ創り調査による若者論の試み』(人間の科学社1996) から始まる，方法論としての「いろはことわざ創り，意見・態度調査法」などがある．

　また，現代日本社会における第一生命保険（株）主催の「サラリーマン川柳」や「東洋大学　現代学生百人一首」などの作品は《2》創作ことわざのカテゴリー（範疇）と見做すことができる．これをさらに一般化すれば，古川柳や狂歌をはじめ，古今の和歌，俳句，漢詩なども《2》のカテゴリーに入れられる．さらに敷衍化すると，「要にして簡」「言い得て妙」な現代用語，標語，流行語，キャッチコピー，キャッチフレーズ，若者ことば，あるいは著作や論文，ドラマ，映画などのタイトル，新聞や雑誌などの見出しや小見出し，歌の題名や歌詞などすべてが，主に社会科学として活用可能な《2》〈創作ことわざ〉というカテゴリーに含まれる．

　日常性，庶民性，そして〈地域性〉を内在する『小さな地域のことわざ風土記』の根底をなす《3》郷土のことわざ（後に詳述）も，地域の生活文化を表す《2》創作ことわざのカテゴリーに入れることができる．

(2) 教訓・風刺に関する機能

　『広辞苑』の定義の後段には「教訓・風刺などに意を寓した」とあるが，前述のように《2》創作ことわざのカテゴリーを敷衍的に「広義のことわざ」とすると，この教訓・風刺の役割・機能に関する構えは払拭すべきである．

　《1》既成のことわざには，(A)静的 (static) に「文字として読む，書く，覚える」とすると，「要にして簡」「言い得て妙」な成句ではあっても，成句自体には必ずしも「教訓・風刺」の意味が含まれていないこともある．例えば「焼けたお稲荷（イーナリ）さんで鳥居（取り柄）がない」「その手は桑名

（食わな）の焼き蛤」「月々に月見る月は多けれど，月見る月はこの月の月」などの古くから言われる洒落や駄洒落，語呂合わせ，地口，比較的新しい「猫の子子猫，獅子の子子獅子」，「水汲む親父（いづくも同じ）秋の夕暮れ」「居残り残念客八人（桃栗三年柿八年）」なども教訓性は希薄である．《2》創作（現代の）ことわざもこの点では同様である．「教訓・風刺などに意を寓した」ということわざ定義の要件は，成句自体に例外があるということである．

ところで，ことわざが日常会話などで相互に(B)動的（dynamic）に用いられる場合，教訓的意味を内包する短句であっても，必ずしも教訓的役割・機能を発揮するばかりではない．例えば，話し手が「要にして簡」，「言い得て妙」な教訓的意味を伝えたいと思っても，聞き手は必ずしもそのようには受け取らないことがある．相互作用（社会関係）において，例えば「苦しい時の神頼み」の句を事例としてみよう．この句の様ではいけないと思えば「教訓・風刺」となり得る．自己分析にこの句を用い「単にある心情を叙述している句」と見做せば，時と場合，状況やタイミング，さらにゼスチァーやことばの抑揚など非言語的コミュニケーション手段などが関わって，自己否定とも精神安定の機能を持つことにもなろう．相手にぶつければ皮肉，強調，批判，否定などともなるし，ユーモアともなり得る如くである．

以上の諸要件を統合して，「広義のことわざ」定義として①から⑩に基本的で汎用性のあることわざ概念を集約し，教訓・風刺などの役割・機能については別項⑪として整理・統合してみたい．

◇**広義のことわざ定義**（※ことわざ社会心理学の分析データとして）
　①何時か，②何処かで，③名も知れぬ誰かが（に）④創った（創られた），⑤特定社会集団の⑥大部分の構成員に，⑦了解され，⑧共有され，⑨伝承されてきた⑩「要にして簡」，「言い得て妙」な成句である．
　⑪ことわざの教訓・風刺という役割・機能は，(A)静的（static）には成句そのものに教訓的意味を持つ句は多いが，全く教訓的意味を持たない句もある．(B)動的（dynamic）には必ずしも教訓的ではなく，時と場合，状況，タイミングなどによって，教訓，風刺ばかりではなく，自己否定，ユーモア，皮肉，強調，切り返しなどと千変万化に機能する．

※日々刻々創作される可能性のある《2》創作（現代の）ことわざは，創作時には「広義のことわざ」の基本的で汎用性のあることわざ概念の⑨〈伝承〉という要件は当てはまらない．しかし，了解され，使用され，やがて共有，共感されれば⑨〈伝承〉され，《1》既成の（伝承・古典的）ことわざに吸収されることになるだろう．
※〈郷土のことわざ〉は蒐集，文字化，記録するだけではなく，これを活用すれば，例えば「温故知新」の役割・機能を果たすことができよう．また，郷土の特色や生活の知恵を掘り起こすべく，〈ことわざ〉を新たに創作するというような方法を応用すれば，学校などでの青少年の教育に活用可能であり，各地の老人会連合会などに呼びかけて地域の振興に寄与することも可能となろう．

3）総合科学，学際的科学としての「ことわざ学／Paremiology」

〈ことわざ〉とは（a）「言（葉）の業（技）・ことばのわざ」であるという先入観がある．しかしまた，視点を換えると（b）「事（柄）の業（技）・ことがらのわざ」でもある．

（a）「言の業」とは先の「秀句」の意味にも通じる，文字通りの「優れた言葉」の意味であり，「言霊」という概念にまで昇華する可能性のある側面である．（b）「事の業」とは，ことわざが「こころ・行動，相互作用（社会関係・人間関係・コミュニケーション），社会現象，文化事象，自然現象，宇宙から地球までの森羅万象，すなわちありとあらゆる「事（柄）」に言及する，ないしは叙述しているということを指す．

ことわざ研究の多くは（a）「言の業」の側面を「表」として研究する，例えば哲学，言語学，文学，歴史学などの「狭義の人文科学」分野の研究が主であった．具体的には，ことわざの言語としての意味解釈，修辞法，起源・歴史的背景，伝播，変容，比較，出典・作者，類句や反句などの研究である．また，「狭義の人文科学」分野のカテゴリーであるが，（a）「言の業」としてのことばと，その内容の叙述としての（b）「事の業」との両側面を，ビジュアルな図像として表現する「図像学」の分野がある．

他方，（b）「事の業」を主に「表」としてみると，社会科学のことわざ研究の可能性がある．この場合，ことわざそのものを研究するというよりも，

あらゆることに言及，叙述し，しかも内容・もの言い共に「言い得て妙」「要にして簡」なことわざを分析データとして研究する．

しかし，ことわざは（a）「言の業」と（b）「事の業」との両側面を表裏一体として内包しており，ことわざ研究はこれらを統合した「ことわざ学／Paremiology」が成り立つ．ことわざ学は，こうした各科学分野の「総合科学／Synthetic science」であり，さらに視点を換えれば「学際的科学／Inter-disciplinary science」であるとも言える．

3．ことわざ社会心理学研究における郷土（故郷・地方区）のことわざ

これまで見てきた〈ことわざ社会心理学〉研究におけるデータとしての広義のことわざは，主に『ことわざ辞典』類に載っている《1》既成の（全国区の・伝統的・古典的）ことわざと，視点を換えて，何時でも，何処でも，誰でも創れる《2》創作（現代の）ことわざであった．そして，必ずしも広く認識されているとは言えない《3》郷土のことわざが分類できる．

《3》郷土のことわざは，《1》の「全国区のことわざ／National Proverbs」という視点と対比すると，「地方区のことわざ／Local Proverbs」と言える．〈地域性〉や〈郷土の〉ことわざという意味を強調するならば，「郷土（故郷・地方区）のことわざ／Hometown（Home village・Regional）Proverbs」と訳せよう．本稿では《3》〈郷土のことわざ／Hometown Proverbs〉とする．

ちなみに，『広辞苑』によると〈地方〉とは「中央（首都）に対して，それ以外の土地．いなか」の意味であり，〈郷土〉とは「生まれ育った土地．ふるさと．故郷」のこととある．〈地方〉は第三者的な呼称であり，〈郷土〉は生まれ育った土地の住人がみずからをいう一人称の用語と考えられる．また，〈地方のことわざ〉という用語は「天気・気候・気象・地理・生業」など，各地で違いがあるのが当然の成句に限定されて用いられる傾向がある．

そこで，地域特有の成句は〈郷土〉という生まれ育った土地の住人がみずからの生活の中で主に地元のことばで了解，共有，使用，共感，口頭伝承されてきたものであり，〈地方のことわざ〉というよりも〈郷土のことわざ〉

という呼称の方がより相応しいと考える.
　《3》郷土のことわざが使用され,機能する範囲（単位）は,大きくても市町村という行政組織の範囲や,かつての〈藩〉といった範囲,それよりも小さな例えば河川の流域などの地形上他地域と分離,独立している地域,あるいは通称〈ムラ・地区・ブラク・集落・シマ（於沖縄）〉などといった〈生活圏〉や〈生活共同体〉という範囲が通常である.稀に四国や九州といった範囲（単位）もある.いずれにせよこうした範囲の境界が分かり難くなった時代であるとも言えよう.

　1）ことわざの呼称・用語からみた〈郷土のことわざ〉
　ことわざの呼称・用語は実に多様である.これはことわざが何時の時代にも,あらゆる地域で,さまざまな人々に広く用いられてきたことの証左であると考えられる.
　《1》既成のことわざのカテゴリーであり,日本全国（いわゆる全国区）で了解,共有,共感,伝承されている一般的・総称的呼称・用語として（ア）「諺・ことわざ（proverb/ common saying）」がある.この「諺・ことわざ」の中でも教訓的意味を色濃く持つ成句を（イ）「格言・箴言・警句,人生訓,教訓的ことば,戒めのことば」などとしている.同義とも言えるが,あえて作者や出典が明らかで,内容が模範となる尊いことば・成句は（ウ）「金言,名句,名言,故事成語」などと言う.さらに特に人間の生きざま（人生）の模範を示すことば・成句は（エ）「処世訓,座右の銘,生活信条,生活心得,モットー」などとされる.
　これらは,いずれも「広義のことわざ」カテゴリーであり,主に「狭義の人文科学」分野におけることわざ研究の対象である.そして,これらの呼称・用語は類語であるが,さまざまな視点から互いの概念（特徴）を示しており,互いの概念（特徴）は重なり合う部分を持つので明確な区分は難しい.
　これらの他に（オ）「俚諺・里諺・諺語・鄙言・俗諺・俗語・俗信・迷信」などという呼称・用語がある.これらは総じて「卑俗な言葉」「粗野な言葉」「軽口」「迷妄な信仰や思い込み」「道理に合わない言い伝え」「俗っぽい軽い

言葉」などの意味を含んでいる．（a）「言の業」と（b）「事の業」の両側面を表裏一体として持っており，いわゆる「地方区」の色彩が強い呼称・用語でもある．

　こうした（オ）の呼称・用語は，〈ことわざ〉が元来は「都市的，雅なことば・言（葉）の業（技）」とされる和歌や俳句などに対する，「村落（鄙・田園・いなか・在方・在郷・地方・地域・在所）的，俗っぽい，洗練されていない，粗野なことば・ことわざ」というニュアンス（微妙な意味合い）の呼称・用語であるということを示しているのではなかろうか．

　さらに（オ）より日常的な呼称（民俗用語）として（カ）「タトエ（「喩え」）・世話（「世俗の人が用いる話し言葉」）・テーモン（「というもの」長崎県壱岐市）・チャーモン（「というもの」佐賀県）・ムカシバナシ（「昔話」長崎県佐世保市黒島」・クガゥネ，クゥトゥバ（「黄金言葉」沖縄県）」など各地でそれぞれ独特の呼称がある．（オ）と（カ）の呼称・用語は，地域の生活文化における〈郷土のことわざ〉の存在証明を表していると言えよう．

2）データとしてのことわざの種類

　ことわざ社会心理学研究におけるデータとしてのことわざの種類は次の3種としたい．

◇ことわざ社会心理学におけるデータとしてのことわざの種類
《1》既成の（伝承・古典的）ことわざ，（全国区のことわざ）
　　　"Established (Traditional/Classic/National) Proverbs"
　　　"National Proverbs"
《2》創作（現代）のことわざ
　　　"Creative (Modern) Proverbs"
　　※"Anti-Proverbs"，《1》と対極のことわざ
《3》郷土（故郷・地方区）のことわざ
　　　"Hometown (Home village・Regional Proverbs", "Local Proverbs"

※《3》〈郷土のことわざ〉は「〈郷土のことわざ〉にみる地域の生活文化」を探る最も適切なデータであり，視点を転換すれば《2》創作ことわざのカテゴリーに入る．
※《3》郷土のことわざに，《1》既成のことわざが含まれることは多い．しかし，「一枚の絵にも裏表」のように，同じ成句であっても時と場合，地域，状況・タイミングなどによって句の役割・機能は動的に異なるものである．用例，エピソードなどによれば，《1》既成のことわざであっても，《3》郷土のことわざカテゴリーに十分入るものである．
※《2》創作ことわざの概念は，《1》既成の（伝承・古典的）ことわざも元々何時か何処かで誰かに創られたということであり，同様に《3》を含む概念でもある．

4．「〈郷土のことわざ〉にみる地域の生活文化」が集約された『小さな地域のことわざ風土記』

1）〈郷土のことわざ〉事情とNPO法人の必要性

(1)〈郷土のことわざ〉との出会いとその社会環境

　筆者は30年以上に亘って，心理人類学分野において全国各地で聞き取り調査（インタヴュー）法によるフィールド・ワークを実施してきた．調査地の範囲（単位）は，主に通称〈ムラ・地区・ブラク・集落・シマ（於沖縄）〉などといった〈生活圏〉や〈生活共同体〉という範囲であり，《3》〈郷土のことわざ〉が存在する範囲と一致するものであった．

　そして，フィールドにおいて蒐集された〈郷土のことわざ〉は，心理人類学分野における地域特有の「生活文化（生活様式/way of life)」そのものを統合的にシンボライズしたキーワードであることが多かった．

　〈郷土のことわざ〉は，おそらく日常意識されることもなく全国各地に数多く潜在しているに違いない．文字化・文献（出版物）となっているものは必ずしも多いとは言えない．文献となっていても，〈郷土のことわざ〉が単に列挙されるだけで解説がなくては，地域の生活文化は現代では理解し難くなっている．それぞれの成句が解説されていても，必ずしも地域の生活文化を表しているとは限らない場合もある．現代の村落では人口の流出やマス・メディアの劇的変化，学校教育におけることばの全国一律の標準化，世代間

の会話不足など社会変動，文化変容などを主な要因として，コミュニケーション手段に〈郷土のことわざ〉を用いなくなってしまった観がある．伝承者ですら意識しないままに次の世代への伝承が途切れかけている．現在正に〈郷土のことわざ〉を駆使した地域独特の生活文化の記録は消滅の危機に瀕していると言える．

ところが，実は市町村役場の当該部署や老人会や婦人会などの諸集団，郷土史家や民俗学者，地方の新聞社，出版社などにより編纂・出版されたり，個人で自費出版されたりしている『小さな地域のことわざ風土記』と比喩できる文献（出版物）が存在する．さらに，小学校や中学校での「古老から昔話やことわざを聞く」というような教育活動により編集された地元の方以外に編纂しようもない『郷土のことわざ集』などもある．

また，例えば北村孝一監修2012『故事俗信　ことわざ大辞典』（第2版），小学館のような大型の『ことわざ辞典』には，〈郷土のことわざ〉は〈俗信〉として一部編纂・掲載されている．しかし，成句の解説のみで用例がなく，編纂の意図として必ずしも地域の生活文化を表すものとはなっていない．

そこで，2の1）でみたような『小さな地域のことわざ風土記』の発掘と新たな構築が必要である．発掘については，これらの文献は主に各都道府県立図書館に集められ，「郷土資料室」や「郷土コーナー」などに置かれているが，まだまだ発掘されていないものが多くあるに違いない．さらに，市町村立図書館や高校・大学などの図書館，郷土史料館などに潜在する可能性は高いし，自費出版の文献なども発掘されていないものがあるに違いない．これらを組織的に発掘すべくNPO法人という公的機関が必要と考える．

さらに，NPO法人では各地の〈郷土のことわざ〉そのものを「蒐集，文字化，記録」するサポートを事業とするだけにとどまらず，〈郷土のことわざ〉を生き生きとした用例として駆使した『小さな地域のことわざ風土記』と比喩できる「民俗誌」の新たな構築を目指したい．

(2)〈郷土のことわざ〉の分類

　『郷土誌（史）』類にある《3》〈郷土のことわざ〉を分類すると，1, 2, 3, 4の4つの種類に分類できる．なお，4は〈地方のことわざ〉と命名する．

◇〈郷土のことわざ〉の分類

1 当該地域で，何時か誰かに創られた地域独特のことわざ．
　　一句だけでも「郷土のことわざ文化」を彷彿とさせる成句もあるが，複数句が駆使され，さらに具体的な用例や解説があると『小さな地域のことわざ風土記』となり得る．

2 擬似的な全国区のことわざ
　　『ことわざ辞典』類にある成句と類似していても，《1》既成のことわざの一部が方言や独特の言い回しであったり，発音やアクセントが違ったり，比喩されている固有名詞が異なる，独特の用例となっているなどというように「全国区のことわざの擬似的なことわざ」と喩えることができる成句である．1と同様の役割・機能を果たしている．用例，エピソードがあると〈地域の生活文化〉がより鮮明に示されることになる．

3 用例によって地域独特のことわざと見做される全国区の成句
　　(A)静的（static）には《1》〈既成のことわざ〉，すなわち『ことわざ辞典』類に載っている「全国区のことわざ」そのものであっても，(B)動的（dynamic）には，会話や文章などで具体的に独特の用例，コンテクスト（文脈・context）によって，地域独特の意味や役割・機能が示されている場合がある．さらに(A)静的（static）にも『ことわざ辞典』類とは異なる独特の意味を持つことがある．この様な事例は《1》と区別して《3》〈郷土のことわざ〉分類のカテゴリーとする．伝播や教育などにより伝わり，時間の経緯と共に地域の生活文化に組み込まれて行ったのであろう．「一枚の紙にも裏表」の好例と言えよう．3は用例やエピソードなどが必須と言える．

4 地方のことわざ
　　「天気・気候・風向き・地理・生業など」主に自然現象に関わる成句は，地域の独自性が明確に示されている．これらの成句はことわざと地域性が密接であることの証左と評価できる．しかし，各地域で諸条件が当然異なる故に，他との比較は難しい．さらに，一般性や法則性は見出し難い．そこで，これをあえて〈地方のことわざ〉として，1, 2, 3の3つの種類とは区別する．

第1部　社会と文化

※『小さな地域のことわざ風土記』と比喩できる「民俗誌」は，[1]のみが列挙されたり，解説されたりするよりも，[2]や[3]が混交して列挙されている中に[1]が見出される事例が多い（Ⅰの1，事例1の20の列挙された成句参照）．
※[3]については，単なる成句の列挙のみで解説がない場合は，「地域の生活文化」を彷彿とさせる『小さな地域のことわざ風土記』のカテゴリーに入れることは難しい．

2）「〈郷土のことわざ〉文献，地域別・全国一覧表」

　筆者は1995年（平成7年）ころから現在まで，フィールド・ワークにおいてインタヴュー法により直接《3》〈郷土のことわざ〉を蒐集するばかりではなく，主に都道府県立図書館を訪ねて〈郷土のことわざ〉の文献を適正にコピーし，それらを持ち帰って，同一指標をもって統一した文字データ化を図ってきた．

　特に2007年度から2009年度の科研費補助金を得て，この間1都1道2府43県，総数47の都道府県立図書館に赴き，各地の〈郷土のことわざ〉文献資料を蒐集し，その文字データ化をしてきた．こうした経緯により約300事例の文献資料を発掘し，以下の「〈郷土のことわざ〉地域別・全国一覧表」の作成に至ったものである．

　「〈郷土のことわざ〉文献，地域別・全国一覧表」は，ここでは紙面の関係で四国編の一部として香川県，徳島県の一端を例示する（表1）．（D）コピーデータの量や内容・特徴や〈郷土のことわざ〉の分類などに関する「備考欄」は省略している．今後，「日本ことわざ文化学会」の分科会においても，NPO法人のホームページにおいても，この一覧表の完全版をすべて公開する予定である．

表1.〈郷土のことわざ〉文献,地域別・全国一覧

	(A) 著書名,他コピー部分の題名など	(B) 著者・編者,発行所など	(C) 発行年月日など
1.香川県	『香川県三豊郡詫間町栗島の民俗—特集号』	編集,香川民俗学会 香川県仲多度郡多度津町,武田明	1989年1月8日
2.香川県	『讃岐郷土読本』(限定500部復刻) ※「讃岐の俚諺」宮武省三	編集者,讃岐郷土研究会 代表,椎名六郎 (株)丸山学芸図書	1934年10月25日(初版) 1986年10月5日(再版)
3.香川県	『小豆島民俗誌』	著者,川野正雄 発行者,中村安孝 発行所,(株)名著出版	1984年8月16日(第一刷)
4.香川県	『笠居郷風土記(高松市西部の民俗)』 高松市の文化財第10編	編集,高松市西部民俗調査団 発行者,高松市歴史民俗協会 高松市文化財保護協会刊	1986年7月1日
5.香川県	『香川の理科ものがたり』 (学校納入定価1,400円)	編著者,香川県小学校理科教育研究会 発行所・出版権者(株)日本標準 代表者,石橋勝治	1982年4月20日(初版)
6.香川県	『塩江の四季』(香川県高松市内の地名)第一集	編集,塩江町文化財保護研究会 発行,塩江町教育委員会	1984年4月1日
7.徳島県	『ひわさ―方言とことわざ』	日和佐町老人クラブ連合会編 発行者,徳島県海部郡日和佐町 会長,川越郡美	1987年3月26日
8.徳島県	『美馬の民俗』前編 (非売品) ※第6章「俗信」	著者,荒岡一夫 住所,徳島県美馬郡美馬町 印刷,三好郡三加茂町 島田印刷所	1963年12月18日
9.徳島県	『四国民俗学会々誌』第二十四号 ※「諺とさぬきの暮らし」西山市朗	編集者,水野一・谷原博信 発行者,四国民俗学会 代表者,高橋克夫	1993年1月20日
10.徳島県	『四国民俗学会会誌』第三〇号 「高松その他―諺と土地がら」水野一典	編集者,谷原博信・水野一典 発行者,四国民俗学会 代表者,高橋克夫	1996年12月15日

3）「〈郷土のことわざ〉文献，地域別・全国一覧表」からの事例

〈郷土のことわざ〉が，実際どのように記述されているかを，上記の表からその一部を引用してみよう．〈郷土のことわざ〉にみる地域の生活文化を彷彿とさせる『小さな地域のことわざ風土記』の発掘と新たな構築の必要性を改めて知っていただきたい．

事例4：表の3．川野正雄 1984『小豆島民俗誌』

　千年の昔から，「言霊の幸（さき）はふ国」といわれているだけに，わが日本人は造語には特別の才能を持っていたものとみえ，昔から庶民の間に日常用いられる言語のうちには，えもいえず巧みな言いまわしのものが多い．

　ことに，遠まわしに物にたとえていう言葉などのうちには，絶妙なものがあって，そのためか遠い昔から今にいたるも，忘れられもせずに人々の口の端にのぼる言葉がある．たとえば，あまり好ましい言葉ではないが，「長いものには巻かれろ」などという言いまわしは，中世から近世へかけての封建制の根幹にふれるうまい言葉で，民主主義の今日といえども，なお滅びもせずに庶民の間に生きている．

　　　　　　―中略―

一，「永く所の水を呑ませず」ということ．

　これは説明するまでもなく，封建時代の村落共同体内からの永追放，すなわち「村はちぶ」のひとつの言いまわしである．たとえば，ある村の農民のひとりが，隣村の入相山に入って，薪や下草を盗み刈りなどして，捕えられた際における，その村の年寄や組頭らの相手村に対する詫び証文のうちによく書かれている．

　「所の水」を飲むことは，あたりまえのはなしで，昔も今も変りはないけれども，近世封建社会においては，同じ水源乃至は水脈の水を共にすることによって，村落共同体内の血のつながりにも似た強固な団結があると考えていたのである．

　それは，同じ酒樽から酒をくみ交すことによって，若者組仲間の一員としての資格を得るとか，あるいはまた，現今でも時折言われる「同じ

釜の飯を喰う」ことによって，ひとつの職域内の親方と子方，乃至は仲間同志の単なる親近感以上のつながりを確認したのと同様であった．

従って，「所の水」を飲ませられないということは，村落共同体内の最もきびしい処分方法であり，人々にとっては最大の恥辱にほかならなかったのである．

事例5：表の6．塩江町文化財保護研究会編 1984『塩江の四季』第一集
　　　（香川県高松市内）

「上（じょー）すらり，中（ちゅうー）ごっとん，下（げ）六寸」
（ふすまや戸の開閉作法．下六寸とは勢あまってパタンと閉めたときに反対にあく程乱暴なこと）

「芯棒（辛抱）はかね，ほうろくはどろ」

「市にほうろく先に立ち」
（ほうろくで豆をいるときぱちぱちとはぜる様に，先に立って浮かれているのをひやかして云う．）

「堪忍袋は，うちに万福を蔵す」（話者　藤沢寛一さん）

「正直の頭に神宿る」（岩部八幡神社の正面額．尾形多五郎氏筆）

「朝はうめぼし，夜は夜星」（刻苦勤倹の様子）

「一文金を割るように」（倹約の様子．爪に火をともすとよく似た表現）

「ちんちん鳥がばいふむやうに」（小心におずおずと物事をなす様）

「たからばちに小便」（口数が多く威勢ばかりがよいことへの冷笑的たとえ）

「親の言うことと馬の尻がいは，外れそうで外れん」

「伊予馬にたんぽ釣った様な顔」（面長の人の顔）

「はたけのはまぐり，見くさって買いくさらん」

「ねぶりまんじゅう」（悪循環を云う．）

「上は来ず，中は日帰り，下はとまり，二日とまりは下下の下の客」
　　（客の種類）

「親ぞうり，その子は下駄で孫雪太，その子の末は二頭馬車かな」

「親雪太，その子は下駄で孫ぞうり，その子の末ははだしなるかな」

（雪太とは上等のいぐさの草履）

　以上二首の歌は明治末の小学校の祝辞の中にあったそうです．（話者藤沢寛一さん）

事例6：表の4．高松市西部民俗調査団編1986『笠居郷風土記』（高松市西部），高松市歴史民俗協会

　世渡りの知恵（批判，教訓，人情など）
　「釜に飯粒つけたまま水にかしとくんは女が裸で外歩くんといっしょ」
　「かいしょは出しづかい，金はもうけづかい」
　「大金もうけは小金もよう残さん，小金もうけは大金残す」
　「親のいうことと牛のしりがいははずれそうではずれん」
　「しょぼしょぼ雨に身がぬれる」
　「かかとから上へひきあげん」
　「はたはた貧乏になめくじ長者」
　「ボ奉公した（無駄奉公をした）」
　「屋島の山が梅干ぐらいになるまで続く旦那はんもなければ貧乏人もない」
　「娘三人大黒柱ゆるがす」

　紙面の関係でここでも少ない事例しか挙げられないが，2の1)の事例と共に，ここでの事例4，5は，〈郷土のことわざ〉にみる地域の生活文化の表し方にさまざまな方法があることを確認できよう．しかし事例6のように，成句の列挙だけで解説，用例の無い文献は，果たしてこれを了解，共有，共感，伝承することができるであろうか．

5．むすび；「NPO法人　郷土のことわざネットワーク・ことネット」の設立に向けて

　次の事業，ならびに運動を実現するには，〈郷土のことわざ〉の伝承者やことわざに詳しい方を探すことから始めなければならないかもしれない．例えば，当該地域の役場や部落会（町村会，自治会，成人会），老人会，婦人会

などの諸集団，僧侶や神官，各地域在住の郷土史家，民俗学者，小，中，高校の教職員などの有識者，あるいはその保存や活用などに関連する諸団体に相談して情報蒐集する必要がある．

(Ⅰ) 都道府県立図書館に埋もれているかもしれない『小さな地域のことわざ風土記』と比喩できるような文献を発掘する．また，市町村立図書館や小規模の単位の図書館や高校，大学の図書館，郷土史料館などに存在する可能性の高い，未だに確認していない文字化されている文献資料の発掘を試みたい．

(Ⅱ) 未だに文字化されていない各地の〈郷土のことわざ〉の聞き取り調査法によるフィールド・ワークを実施して，「蒐集，文字化，記録（記述）化」することで〈郷土のことわざ〉の消滅を防ぐべく運動を展開したい．この場合，法人の構成員みずからがフィールド・ワークをする場合もあり得るが，各地域の方言をはじめ，独特の生活の知恵などについては当該地域の人々にしか分からないこと，できないことが多い．そこで，地元の有志による調査のサポートを主な事業としたい．

(Ⅲ) 伝承者を特定しての聞き取り調査による〈郷土のことわざ〉を聞き出す方法だけではなく，地元の老人会員や婦人会員の方に，地域の会館などに日時や場所を定めて集合していただき，数人の少グループ分けをして，グループで話し合いながら成句を引き出し，それに伴う生活体験やエピソード，地域の歴史や産業，生業，年中行事などに関連した解説や用例を「地元で使用していることば」で記録（記述）していく方法がある．筆者の体験では，時間がかかるが有効な方法と言える．

(Ⅳ) 『郷土誌（史）』などの作成計画があれば，〈郷土のことわざ〉にみる生活文化に関する調査質問項目を加えていただけるように依頼し，協力していく．

(Ⅴ) 調査補助と情報公開に関するネットワークの構築により，地域独特の生活の知恵の発掘から現代社会全体の活性化，青少年の健全育成や地域の社会教育の推進，地域の振興の手助けとなる．さらに，地域の世

第1部　社会と文化

代間交流のサポートの役割を果たしたい．

（Ⅵ）「蒐集，文字化，記録（記述）化」された文献（成果）は，『小さな地域のことわざ風土記』のモデル（模範文献）とし，全国の一覧表作成と，すべての事例を活字化し，これを情報公開し，ネットなどで公表したり，規則を定めてそのコピーなどを原則として何時でも何処にでもこれを貸し出す事業を行いたい．

（Ⅶ）「日本ことわざ文化学会」のネットワークやその他の広報活動を通して，〈郷土のことわざ〉文献資料蒐集調査の必要性を説明し，具体的には各地の民俗学・郷土史家，小中高の教職員，図書館司書，地元の〈自治会会長〉〈老人会長〉〈婦人会長〉〈青年会長〉，その他できれば小中高の児童，生徒，さらに新聞社や博物館，郷土史料館などの有志に賛同をいただき，協力を得たいと考えている．

　読者諸氏には，近くの図書館で〈郷土のことわざ〉文献，『小さな地域のことわざ風土記』を発掘・蒐集していただきたい．さらに，伝承者から聞き取り調査法により「身近なことわざ」を聞き出し，文字化することを提案する．伝承者は，恩師や身近な両親，祖父母，あるいは友人・先輩などであるかもしれない．できれば自身が伝承者になって，後世に『小さな地域のことわざ風土記』を伝えていただきたいと願うものである．

注

本稿は，拙著の〈郷土のことわざ〉に関する論考を土台として統合・改訂した．

1. 筆者単著，2012年3月『「ことわざ社会心理学」の探究 ―ことわざの新たな見方とその魅力―』人間の科学新社，F.第3のデータ「郷土のことわざ」
2. 筆者論文，2013年3月「〈郷土のことわざ〉蒐集調査の必要性―ことわざ社会心理学の視点から―」，『明治大学社研紀要』第2号（通巻78集）
3. 筆者単著2013年7月『知的大人への手がかり―ことわざ社会心理学入門―』人間の科学新社，Ⅴ．〈郷土のことわざ〉発掘の提案
4. 日本ことわざ文化学会編，2013年11月『笑いとことわざ』人間の科学新社，第18章「〈郷土のことわざ〉再発見―ことわざ社会心理学の視点から―」

ヒューマンライブラリーの可能性を探る
― 「読者」「本」「司書」効果を中心に ―

坪井　健

1. はじめに

　ヒューマンライブラリー（Human Library）「人間図書館」というイベントが，今世界を席巻している．このイベントは，2000年にデンマークの5人の若者によって，ロックフェスティバルの催しの中で初めて開催された．生きた人間を本に見立て読者として対話するその試みの面白さと，社会的マイノリティに対する理解を促進させ偏見を低減する効果が大きいために，その後，EU各地に拡がり，現在では世界60ヵ国（推計）以上で開催されているイベントである．[1]

　わが国では，2008年12月京都のカンファレンスの中で，東京大学先端科学技術研究センターのチームによって初めて開催されて以来，東京大学，明治大学，駒澤大学，獨協大学などで研究室やゼミ単位で継続的に開催してきた．その他，市民団体でも開催しており，単発的開催を含めると，すでに40回以上開催（推計）されていると思われる．

　筆者は，2010年10月に駒澤大学坪井ゼミのイベントとして初めて開催して以来，毎年開催して来ており，昨年度はこのイベントの普及を目的に，開催希望者等を対象にしたヒューマンライブラリー研修会を開催した．[2]

　実は，興味深いことに，ヒューマンライブラリー開催の世界的拡大に反して，このイベントの効果に関する研究的取り組みはあまり行われていない．[3] 筆者が知る限りでも，豪州で2012年にウェブサイト上に著作物が公表されているが，単独の文献は，駒澤大学坪井ゼミ編著『ココロのバリアを溶かす―ヒューマンライブラリー事始め』（2012年3月）以外に，市販本として刊行された書物は見られない．[4] これも学術研究書ではなくヒューマンライブラリー

の実践報告書，開催案内書の類である．

　学会の取り組みとしては，異文化間教育学会で2011年6月に学会大会の公開シンポジウムで，偏見の低減の教育的実践例の一つとしてヒューマンライブラリーを取り挙げている．その成果を加賀美・横田・坪井・工藤編著『多文化社会の偏見・差別』(2012年4月) として刊行された書物の中でヒューマンライブラリーの実践研究を3章にわたって論じている．

　本稿は，そうした事情を背景にしつつ，今後の研究的アプローチに有用な現段階におけるヒューマンライブラリーの効果に関する知見について，「読者」「本」「司書」の視点から若干の考察を行い，今後の研究に委ねたいと思う．[5]

2．ヒューマンライブラリーとは

　「ヒューマンライブラリー」(Human Library，人間図書館) は，2000年当初は，リビングライブラリー (Living Library，生きている図書館) と呼ばれていた．しかし，その後，2010年頃からヒューマンライブラリーという呼び方に変更されている．名称変更について，デンマークの本部は Living Library という名称を米国の企業が保有していること，デンマーク語からの正しい翻訳が Human Library になることなどを理由に挙げている．[6] 日本では，本部の変更に倣ってヒューマンライブラリーが一般化しているが，実際のイベント開催に際しては，生きている図書館の方が，インパクトがあるという理由で和名では「生きている図書館」として開催するケースも多く見られる．

　ヒューマンライブラリーは，「図書館」(library) を名乗っているので，一般図書館と同じように「本」とそれを読む「読者」，「本」を提供する「司書」の三者で構成されているが，「本」役を「生きた人間」が担う点が，一般図書館と異なっている．(図1．参照)

　ヒューマンライブラリーの目的は，多様性への寛容さ，偏見の低減，異文化理解など，文化的多様性に寛容な社会，異文化共生社会の実現などを指向した実践的取り組みである．

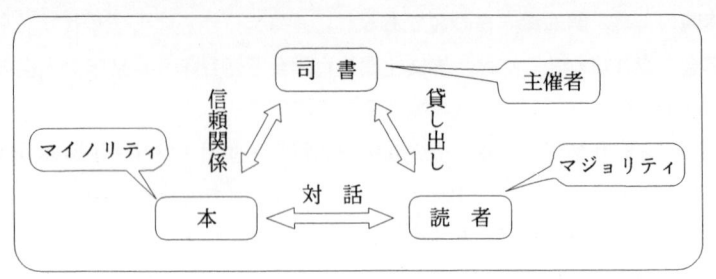

図1．ヒューマンライブラリーの構造

　そのために偏見や差別を受けやすい障害者や社会的弱者，マイノリティの人が「本」役を担い，それに関心を持つ人が「読者」となって，マイノリティの人の話を聞く，そうした対話の機会を用意するというのが，この人間図書館のねらいである．

　「読者」は，一般図書館と同じように，本を借りるために読者登録をし「図書館の本を傷つけない」という同意書にサインしてもらうが，これは責任を明確にするために実名が条件である．ヒューマンライブラリーの仕組みは至ってシンプルである．

　「本」役の当事者は，一般に偏見を持たれやすいマイノリティの方，例えば，性同一性障害者，身体障害者，難病患者，元薬物依存症，難民，元ホームレス，無国籍者，専業主夫，少数民族，イスラム教徒などが普通であるが，そのカテゴリーの範囲は様々である．

　「読者」は，誰でもよく事前知識や学習などは必要ない．但し，図書館という設定であるので，本を借りるためには，実名による本人登録は必須である．「読者」には，本を傷つけないという一般的約束の他に，録音・録画，目的外利用の禁止など「本」協力者の個人情報への配慮義務も課している．

　「司書」役は，「本」と「読者」を対面させる状況設定をする主催者である．まず第1の役割は，「本」役を集めることである．「本」役は，一般「読者」にマイノリティとしての自己体験を語ることになる．自らの人生の恥部や弱点を一般「読者」に曝すことは，冒険でもある．

　それを説得して自己開示してもらうには，「司書」役への信頼がなければ

難しい．信頼関係を築くために司書役は，単なる「本」としての出演依頼の交渉ではなく，「本」の自己体験に共感を持って寄り添う最初の読者である必要がある．「本」当事者の人生話を聞き，当事者の語りを肯定的に受け止めることで，安心して「本」協力者になってもらう交渉をすることになる．それは最も困難な仕事であるが，他方で，多様で貴重な人生経験に学ぶ「司書」役のメリットであり，「司書」役の醍醐味でもある．

「司書」役は，両者の出会いの場を用意する．「読者」が「本」を選びやすいように，タイトル（「元薬物依存症」などのカテゴリー名），著者名（本の名前），簡単な内容（本自身による100〜150字程度のあらすじ）を記載したブックリストを用意する．「読者」はブックリストを見て興味ある本を選んで閲覧を希望する．「本」と「読者」のマッチングが「司書」役の表仕事であるが，同時に，トラブルが生じないよう「本」役に寄り添いながら閲覧室の監視役も果たす．読書時間は通常30分であるので，制限時間を守るタイムキーパーの役割も兼ねる．「本」との対話時間は休憩時間を挟んで数回行われるのが常である．

一度に「本」と対話できる「読者」数は，1〜3人程度に限定されているので，あぶれた「読者」が発生する．もし5冊（人）の「本」当事者に4回の対話時間が用意されているとしても，「本」1冊に「読者」1人なら20人しか対話できない．1冊3人までの共同読みを許すなら，4回でも延べ最大60人である．そこで考え出されたのは人数制限のない「ミニ講演会」である．

これはヒューマンライブラリーの補助的企画であるが，「本」当事者が交代で担当するミニ講演会では，ヒューマンライブラリーのような親密な心理的空間は生まれず，限定的効果しかないが，当事者の話は聞けるので，「本」との出会いを求める「読者」にとって，全くのムダ足にならないメリットがある．

以上が，日本で行われているヒューマンライブラリーの基本的な仕組みであるが，この仕組み作りは，わが国で最初に開催した東大先端科学技術研究センターの工夫によるところが大きい．次に，ヒューマンライブラリーがどんな経緯から始まったか，簡単に述べておきたい．

3．ヒューマンライブラリーの起源と拡がり

　ヒューマンライブラリーは，2000年デンマーク最大の夏のロック音楽祭であるロスキレフェスティバル (Roskilde Festival) において，ロニー・アバーゲルを中心とする5人の若者が始めたNPO組織「ストップ・ザ・バイオレンス」(Stop The Violence) の企画として，初めて開催され大きな注目を集めた．

　その後，このヒューマンライブラリー成功の話が欧州協議会 (Council of Europe) の耳に入り，翌年ハンガリーのスィゲトフェスティバル (Sziget Fesival) で，7日間にわたって開催されるに至った．その後，欧州各地に拡がり，2006年にはオーストラリアにも波及し，2007年にアメリカ，2008年に日本で開催されるなど，またたく間に世界60ヵ国以上で開催されるイベントになった．（横田 2012：156-158）

　オーストラリアでは　多文化共生の地域づくりプログラムとして市立図書館などで継続的に開催されてきたし，アジアでも日本だけでなく韓国，中国，シンガポール，フィリピン，マレーシアなどで開催されているという報告もあるが，ヒューマンライブラリー本部（デンマーク）に登録しなければ開催できないというわけではないので，実際の拡がりはもっと大きいと推測できる．（工藤 2012：199-220）

　わが国では，2008年6月28日に朝日新聞のロンドン発のヒューマンライブラリーの記事が「生きている図書館　私たちを借りて見ませんか？」(『朝日新聞』2008年6月28日朝刊）として初めて紹介され，その年の12月6日京都で開催された「ATAC（エイタック）カンファレンス2008」の中で，東京大学先端科学技術研究センター人間支援工学分野の中邑研究室が開催したのが最初である．朝日新聞の記事がきっかけであるが，「多様性の理解に開かれた社会」を目指す中邑研究室の目的にも一致し日本での開催を決定したという．早速，デンマークのヒューマンライブラリー本部に連絡し，サンタモニカで開催されたヒューマンライブラリーを見学し，ロニー・アバーゲルとも連絡を取り，日本事務局を設置した．（坪井ゼミ 2012：124-131）

ATACカンファレンスでは，ヒューマンライブラリーの発案者であり，創始者のロニー・アバーゲルによる講演会も開催された．この最初の経験を活かして，東大先端研の中邑研究室では，翌2009年6月から独自に東大先端研内で一般公開形式のヒューマンライブラリーを開催し，日本独自の仕組みづくりを整えていった．日本では，東大先端研が2011年頃まではヒューマンライブラリーをリードして来たが，現在は方針転換してヒューマンライブラリー形式での開催はしていない[7)]．

　その後，2009年12月に明治大学横田ゼミが大学ゼミとして最初の開催をし，翌年2010年10月駒澤大学坪井ゼミ，獨協大学工藤ゼミ，12月に明治大学横田ゼミが2度目の開催を行うなど大学ゼミ主催の開催が相次いだ．

　民間では，「ブックオフ・りーふぐりーん」（代表，高田光一）という1市民が主宰する団体による開催が注目される．2011年5月第1回開催以来，2013年11月まで5回開催している．場所も都内・千葉・川口など開催地を転々と変えて実施しているが，一市民による開催の難しさは場所探しの苦労であるという．

　2012年10月に日本語教育学会がヒューマンライブラリー研修会を開催して以来，研修会をきっかけに拡大する傾向がある．2013年9月には駒澤大学坪井ゼミもヒューマンライブラリー研修会を開催し，その参加者が国士舘大学，明星大学，名城大学など5箇所で開催するなど各地に広がっている[7)]．

　しかし，ヒューマンライブラリーは，興味を持った人が個別に実施しているケースも多く，その開催状況の全容はつかめていない．しかし，2013年には市民団体が開催したニュースも数多くあり，ヒューマンライブラリー開催は着実に広がっている．

4．ヒューマンライブラリーの「読者」効果　－偏見の低減効果について

　ヒューマンライブラリーの「読者」への効果は，ヒューマンライブラリー開催の中心的目的である．ヒューマンライブラリー効果について，一般的に「心のバリアを溶かす」「偏見の低減」「異文化理解」「多様性に寛容な社会」

などいろんないい方がされるが，いずれも正しい．

　偏見を低減する方法として，社会心理学で最も有名な考え方は「接触仮説」(contact hypothesis) である．この考え方は「偏見は無知や誤解に基づくものであり，接触を通じて相手集団の『実際の姿』を知ることで改善される」(浅井 2012：106) という考え方である．しかし，単に接触しさえすれば，偏見が解消されるといった単純なものではない．接触仮説が有効になり立つための条件に関する研究によると，主要な条件として次の4点が挙げられる．(浅井 2012：107)

　①対等な地位，②共通する目標，③社会的・制度的支持，④親密な接触

　①対等な地位とは，偏見の低減のためには，接触する成員同士が対等な地位で接触することが条件になる．つまり，不平等な状況，マジョリティとマイノリティが強者と弱者の関係にある接触状況では，例えば「ホモ」「オカマ」という偏見に満ちたステレオタイプも弱まるどころか，むしろ強化されることになりかねない．

　②共通する目標とは，お互いに協力することなしには達成出来ない目標があること．共通目標の存在は，「ホモ」「オカマ」といった相手の特性へ注目度が弱まり，その結果，敵対心や差別感が薄れ，共通目標達成のため「同じ人間」「仲間」などの一体感が強化され，「われわれ」という内集団意識が形成されやすくなる．

　③社会的制度的支持とは，集団間の接触を促進し支持する法律や制度を整えること．人種差別禁止法など，相手との肯定的接触を促し，差別や偏見への否定的メッセージを発すると，社会規範の善悪を明確にし，望ましい行動を促進させることになる．

　④親密な接触の条件は，相手と親密に接触することで相手に関する正確で豊富な情報を獲得し，ステレオタイプや偏見が誤解に基づくものであることを知ることになる．多様な相手情報は，相手と自分との類似性に気づき，共感や好意を抱きやすく偏見が低減される．

　これらがこれまでの社会心理学が明らかにして来た偏見を低減するための効果的な接触条件であるが，ヒューマンライブラリーの実践は，結果的にこ

第1部　社会と文化

```
┌─────────────────────────────────────────────┐
│  マジョリティ側            ┌──────┐          パワー大│
│      ╲            理解しあう共通目標           ↑    │
│       ╲         対等な地位空間                │    │
│        ╲      借手 ←──→ 貸手   本           │    │
│         読者     対話（閲読）    ↗            │    │
│                                ╱             │    │
│                              ╱               │    │
│  ※同意書:「本を傷つけないこと」               ↓    │
│                    マイノリティ側          パワー小│
└─────────────────────────────────────────────┘
```

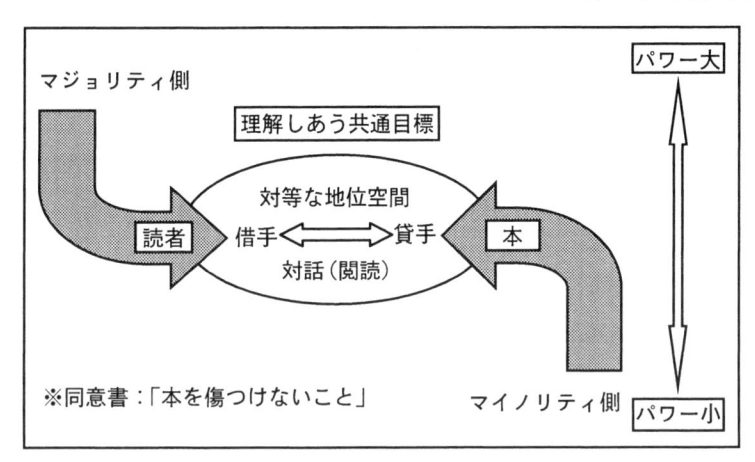

図2．ヒューマンライブラリーの認知空間

うした条件をすべて満たしているのである．それがヒューマンライブラリーが偏見の低減に効果的である隠された秘密になっている．

　筆者は，ヒューマンライブラリーの認知空間を次のように図示したいと思う．（図2参照）

　この図2で説明すると，ヒューマンライブラリーの「本」当事者は，マイノリティ側に属しており，偏見を持たれやすい立場にある．したがって，ソーシャルパワーは小さく弱者である．

　彼らはヒューマンライブラリーの制度的構造では，「本」の貸手であり，自己体験の語り部となる．それに対してヒューマンライブラリーの「読者」は，マジョリティ側に属しており，偏見を抱く立場にある．彼らのソーシャルパワーは「本」と較べて大きく強者である．彼らはヒューマンライブラリーの制度的構造では「本」の借手であり，語り部の話を聞く立場になる．対話する読書空間では，「本を傷つけない」という同意書の事前提出もあり，世間一般のパワーの強弱関係は巧妙に操作されて，弱者の「本」と強者の「読者」の両者は，対等な地位空間で対話することになる．

　この図2にしたがって，先ほどの偏見の低減の効果的接触条件を当てはめて考えて見たい．

まず，対等な地位条件は，マジョリティ側の「読者」へは入館の際の同意書で，「本を傷つけない」という約束による巧妙な仕掛けもあって，彼らのパワーは社会一般と異なり，この制度的空間で減殺されると共に，マイノリティ側の「本」に対しては，語り部として読書空間をリードする立場にある．彼らの相対的にパワーは上昇し，対等な空間が保たれるように配慮されている．

　共通の目標は，ヒューマンライブラリーの目的は読書であり，「本」の中身を知ることである．「本」は自らの体験を語り「読者」の理解を助ける．「本」「読者」は対立的関係でなく，相互に理解促進の共通の目標達成の作業を読書を通じて行っていることになる．

　制度的支持については，ヒューマンライブラリーの仕組みは「本」「読者」「司書」という人間図書館という設定の演劇的な役割構造の中で実践されており，こうした演劇的空間による制度的支持があって初めて「本」当事者の自己開示が可能になっている．

　親密な接触については言うまでもない．ヒューマンライブラリーは親密な対面的空間を維持するために，1冊（人）の本を同時に閲読する人数をきわめて少数の読者（1～3人まで）に限定している．この巧妙に工夫されたパーソナルな心理的空間が，「読者」を部外者として，「本」当事者に客観視する立場に置くことを許さない親密構造をもたらしている．こうした親密な心理空間の中で，当事者から聞く多様な個人体験の情報は，「本」当事者との共感性を高め，「われわれ」意識による一体性を生み出し，ヒューマンライブラリーの偏見の低減の読者効果を高めるよう作用していると言えよう．

　さらに，こうした親密な状況下では，「本」当事者の自己開示に対する「返報性の規範」(norm of reciprocity) が働き，読者の「ココロのバリアをとかす」ように作用する．

　「本」体験者の話によると，対話の中で「読者」からの自己開示がよく見られるとのことである．ある本の方は女子学生の「読者」から痴漢体験を告白されたという．別の「本」体験者は，男子大学生に「就活」の悩みを相談されたという．これらも「本」の自己開示がもたらす返報性の規範が働いた

ものと考えられる[9].

　もう少し，ヒューマンライブラリーの制度的構造を前提として，「読者」の態度変容のメカニズムを詳細に考察すると，次のようなプロセスを踏んで理解することが出来る．

　①「本」と「読者」の個人的に親密な接触状況に入る．最初に読者に「脱カテゴリー化」，すなわち「個人化」を促すプロセスが現れる．具体的に言うと，「本」当事者であるAさんを「オカマ」一般としてステレオタイプ的に理解することが難しくなり，「オカマというカテゴリーに属しているAさん」という認識ではなく，眼前にいるAさん個人がたまたま「オカマ」と呼ばれるカテゴリーの人であった．したがって，そこではAさん個人が先行し，「オカマ」カテゴリーによるAさん理解が後退することになる．

　読者の声でも「本」の話を聞いて「ひとりの人間として普通に生きることの難しさを初めて知った」という反応が聞かれたが，それは脱カテゴリー化し個人化して理解した読者の姿を示している．

　②差別的カテゴリーの再定義を促す．次は「カテゴリーの顕現化」というプロセスである．Aさんをひとりの人間としてとらえようとする個人化のプロセスの後には，従来の差別的カテゴリーへ捉え直しが始まる．例えば「オカマ」一般のステレオタイプ，「オカマ」＝「気味悪い異常な性自認・性志向」という一方的に決めつけ．しかし，Aさんの個人情報が多くなると，性自認・性志向の一点が異なるだけで，その他の多様な人間的能力や性格に関しては，自分と何も変わらない一人の人間Aさんとして理解する．それが気味の悪い「オカマ一般」の再定義を可能にし，「オカマ」が多様な性志向の一つのあり方に過ぎないことを認識する．これが差別的カテゴリーの再定義である．

　読者からも「偏見は悪意からではなく，無関心から生まれることを知った」という声が聞かれたが，無関心に基づくステレオタイプ化されたイメージの再定義を迫られたということでもある．

　③仲間（同じ人間）としての共感性を高める．最後に，「上位カテゴリーへ

の統合」というプロセスがある．つまり，「本」と「読者」である自分が，別カテゴリーの人間ではなく，同じ仲間，同じ人間だと認識されるようになる．「オカマ」＝Ａさんではなく，われわれと同じ仲間，その仲間の多様性の一つが「異なる性自認・性志向」だったと言うこと．「オカマ」があたかも肥満の人や近視の人のような，多様な個人的特性の違いの一つとして捉えられる．読者の声にも「相手のことを同じ人間としてもっと知りたい，人が好きになった」というものがあったが，これこそが〈ココロのバリアがとける〉体験と言えるだろう．

ヒューマンライブラリーが，「ココロのバリアを溶かす」「偏見の低減」「異文化理解」「多様性に寛容な社会」に効果的なイベントだということも，偏見の低減に関する社会心理学的メカニズムに，実際の読者の体験を重ね合わせて理解するとよりわかりやすいだろう．

5．ヒューマンライブラリーの「本」への効果－ナラティブ効果を中心に

ヒューマンライブラリーの効果を語る上で，意外と忘れられているのは，「本」に対する効果である．「本」協力者には，講演料のような形で金銭的報酬を支払っていない．通常，交通費や昼食等を提供することはあっても，基本的にボランティアの立場で参加してもらっている．

「本」当事者は，性同一性障害にしろ，元ホームレスにしろ，決して一般的によい人生体験とは言えない．いわば人生の恥部や弱点を自己開示していると言えるかも知れない．「本」協力者になってもらう説得のハードルは非常に高いのは事実である．1ヶ月，2ヶ月かけて粘り強く「本」になってもらうためのお願いするということもある．

しかし，一度お願いした「本」協力者は，二度目も快く「本」として参加してくれるというのも事実である．

2010年に実施した最初のヒューマンライブラリーで，われわれが「本」協力者に実施した事後アンケートで，機会があればまた参加したいかという質問をしたところ，「ぜひ参加したい」「参加したい」が9割以上であり，否定

的回答は1人しかいなかったというのが，それを物語っている．

　何が参加してよかったか．先のアンケートから「本」の声を拾うと「関心を持って聞いてくれる読者の人と出会えた」「一般の人の考え方も気軽に聞けた」「これまで接点のなかった人に，自分の経験を話すことができた」「メディアを通さず直接言いたいことを伝えられた」「聞き手（読者）の反応がすぐ受け取れる」，自分自身への効果としては「『本』をやる事によって，自分自身に自信もてたように思う」「真剣に聞いてくださる読者がいたことで，自分の気持ちや想い等を，自分自身でも強く再確認でき，『過去を振り替える＆これからも頑張る』ココロが高まった」という意見があった．（坪井ゼミ 2011：54-61）

　後で，全身型脱毛症の「本」協力者に聞いた話では，同じ病に苦しんでいる同病者の自助グループでは，お互いに悩みを語り合う機会はあるが，外部の一般人とこの病について話す機会はほとんどないという．彼ら自身，日常生活の中では，「ハゲ」と呼ばれ好奇のまなざしと戦っている．そのために日頃はカツラを付けて生活し，誰れに対しても自己開示しているわけではない．（坪井ゼミ 2014：108）

　したがって，ヒューマンライブラリーのように，一般の人に率直に自己開示できる機会は，当事者の気持ちを理解してもらうための貴重な機会なのだという．また，性同一性障害にしろ，薬物依存症にしろ，それぞれに自助グループがあるが，ヒューマンライブラリーは多様なマイノリティの人が参加しているために，他の自助グループ活動を知る機会になっていて，異なる「本」当事者同士の異文化交流の機会になっているという．（坪井ゼミ 2014：83-87）

　つまり，「本」→「読者」への一方的関係だけでなく，「読者」→「本」へのフィードバック，「本」同士の異文化交流機会としてヒューマンライブラリーは機能しているのである．当初，われわれは「本」同士の異文化交流のメリットに気づかず，積極的に「本」同士の交流機会を用意しなかったが，2回目からは「書庫」（「本」当事者の控室）を用意して，最初に「本」協力者による自己紹介をして，「本」同士の相互交流を促進する試みをしている．

「本」効果は，以上のような対人コミュニケーション効果だけでなく，自己の体験を語ることで自己の内部に，ある変化をもたらしていることもわかってきた．それは自信であったり，積極性であったりするが，語りによる自己像の捉え直しが起こっていることを示している．

最近，医療，看護，心理，福祉などの多様な領域で，ナラティブアプローチ (narrative approach) という実践的手法が試みられるようになり，社会学や人類学でも新しい研究法として注目されているが，ヒューマンライブラリーでの「本」の「語り」(narrative: 物語) は，このナラティブアプローチという視点から捉え直すと非常にわかりやすい．

通常は，われわれは先験的に自分があって，その自分を語っていると考えがちであるが，ナラティブアプローチは，先験的自己像を措定するのではなく，逆に「自分を語ることが自己自身を構成する」と考える．「自己は社会的かつ言語的に構成される」(野口 2005：39) という社会構成主義の考え方に基づいている．

もう少し言うと「私という自己像は，自己を語る言葉によってより確かなものとなる．自己という現実は，語ることによって構成されると同時に，変形されうる柔軟性を持っている」(野口 2005：40)．自己をこうした現実として捉えると，ヒューマンライブラリーにおける語りは「本」自身の自己像の変容過程になっていることになる．つまり，彼らは単なる人生話の提供者ではなく，彼ら自身が語りによって自己変容する過程でもある．

語りによって構成される自己像をベースに，自己像の変容を試みる治療的企ては「ナラティブセラピー」(narrative therapy) と呼ばれる．ナラティブセラピーは「セラピストとクライエントが共同して新しい自己物語を構成していく実践」(野口 2005：54) とも言われるが，ヒューマンライブラリーの「本」役と「司書」役は，あたかもナラティブセラピーの共同実践者のような関係になっていることがわかる．

ヒューマンライブラリーにおける「本」と「司書」の関係は，次のように言うことが出来る．

「本」の語りは，生きにくさを抱える自己物語の開示である．それに寄り

添う「司書」役（編集者）は，「読者」との仲介者（時に翻訳者）になる．編集者としての「司書」役は，「読者」視点から「本」の自己像の確認（feedback）を行うことになる．それは「本」当事者の自己像を書き換える変容過程に参入することにもなる．「司書」役は「本」の語りをサポートし「本」の自己開示の不安を低減する役も担う．こうした「司書」（編集者・翻訳者）は，意図せざるセラピスト役になっている．

実際，「本」当事者の声として「司書」から「あなた個人の体験でいいんですという言葉に救われた」という声や「事前に話を聞いてもらい，初めて語る不安が解消した」という声が寄せられていることからもわかる通り，「司書」役の大切さがわかる．

「本」体験者は，「司書」や「読者」への語りを通じて，より肯定的な自己像を形成している．「本をやることになって自信が持てたように思う」「真剣に聞いてくださる読者がいたことで，自分の気持ちや想い等を，自分自身でも強く再確認し，『過去を振り替える＆これからも頑張る』ココロが高まった」という先の本の声は，そうしたポジティブな自己像への変容を示している．（坪井ゼミ　2011：54-61）

また，先の全身型脱毛症の女性は，最初の「本」役では，「読者」にしか見えない「個室」を用意してもらったが，2度目は「窓のある教室」で語るようになり，3度目は「仕切りのない開放的空間」で話すようになったとその心境の変化を語ってくれた．全身型脱毛症の「本」当事者は，人生の語りの中での自己開示として「カツラ」を外すことになるが，第3者の目を気にして最初はその勇気が持てなかったが，回を重ねる度に度胸がつき，変容する自己像を語ってくれたのである．（坪井ゼミ　2014：83-87）

先ほども言ったように，「本」当事者は，偏見や差別を警戒して自己物語の中核を一般の人に語る機会をほとんど持っていない．「読者」のみならず「本」当事者も，マジョリティの一般人に対して否定的感情がある．それはマジョリティへの恐怖心であり，それがトラウマになって前向きな自己像を持てなくなっている場合がある．

ヒューマンライブラリーは，「本」自体のココロの壁を溶かす効果があり，

マジョリティの一般人と信頼の絆を取り結ぶ，新たな信頼構築の契機にもなっている．

　したがって，ヒューマンライブラリーの後，通常，振り返り会を兼ねて「本」「司書」それに「読者」を交えた懇親会を開催するが，そこでは「本」「司書」「読者」がそのカテゴリーを越え，ココロを通わせあいイベントを成し遂げた仲間としての一体感を感じる時間にもなっている．

6．ヒューマンライブラリーの「司書」効果－PBL効果を中心として

　これまで見てきてわかるように，「本」の多様な人生に学ぶ「司書」への効果は，「読者」以上に大きいことを強調しておかなければならないだろう．多様な「本」当事者の人生話を親密に聞く機会がたくさんあることが「司書」の特権であると言ってもいい．したがって，「本」当事者の話をわずか30分だけ聞く「読者」より，常に寄り添って話を聞き，時に編集者にもなる「司書」には，多様性に寛容なココロを育てる効果が最もよく現れると言ってもよい．多様な人生話を，共感性を持って傾聴する立場にある「司書」は，寛容なココロを育成する訓練になり，先に見たようにナラティブのセラピストの訓練にもなりうる．

　ヒューマンライブラリーを大学のゼミ活動として実践すると，それ自体「Project Based Learning」（＝PBL，課題解決型授業）になる．PBLは学生が学んだ知識を利用して，プロジェクト（＝到達すべきゴールがあり，かつ，複数の人が関わるような取り組み）として課題解決に当たる実践型の学習」（経済産業省 2010：554）と言われるが，正解が求められるような学習とは異なり，結果を導く方法も一つではないので，指導方法によっても多様な展開が可能になる．

　ヒューマンライブラリーは，PBLに適したイベントである．学生は，まず「本」協力者を探し出すことから始めることになる．誰にどのように接触すればいいのか，正解はない．

　当初学生は，インターネットでめぼしいマイノリティの支援団体や当事者

団体を探し出し，誰か「本」になってくれる人を紹介してもらえないかとメールで問い合わせた．次に，直接団体の事務局に出向いて交渉した．しかし，組織を介すると後で断られるこの方が多かった．直接当事者に接触して，体当たりでお願いすることの方が効果的だということもわかった．マイノリティの当事者の信頼を得ると，その人のネットワークから芋ずる式に紹介してもらえたこともあった．個人的信頼のネットワークの強さを学ぶ機会にもなった．

イベント開催までに，「本」当事者と会いブックリストに載せるタイトルやあらすじを決める役割がある．「本」当事者の話を聞くことは，最も有意義な学びの機会になる．実際，学生自身，こんなすごい生き方をした社会人の本音の話を直接聞ける機会は又とない貴重な体験だったと語ってくれた．

開催日に向けての準備も学生のチームプレイである．時に，学生同士意見の対立があり，連携プレイが上手くいかないことがあっても，そうした困難を乗り越えて目標達成しなければならない．しかし，イベントが成功し目標を達成した時には，個人では味わえないチームプレイによる格別の満足感，達成感を味わうことになる．

学生のPBL効果として捉えると，多様なコミュニケーション能力が試されることになり，それをすべて完璧に出来る人はなく，各人がその凸凹を補い合いながらチームで達成する．自分の能力特性を知り，適応的な役割やジャンルを知る機会にもなる．こうして「社会人基礎力」も育成される[10]．

実際，2012年には経済産業省が共催していた「社会人基礎力育成グランプリ」に，駒澤大学坪井ゼミはヒューマンライブラリーの実践を携えて参加し，見事関東地区大会で準優秀賞を獲得した．これもヒューマンライブラリーを学生が担うことの効果である．（坪井ゼミ 2013：81-114）

7．おわりに―まとめと課題―

ヒューマンライブラリーの効果について3つの視点から考察してきた．それらをまとめると以下のような図にまとめられよう．（図3参照）

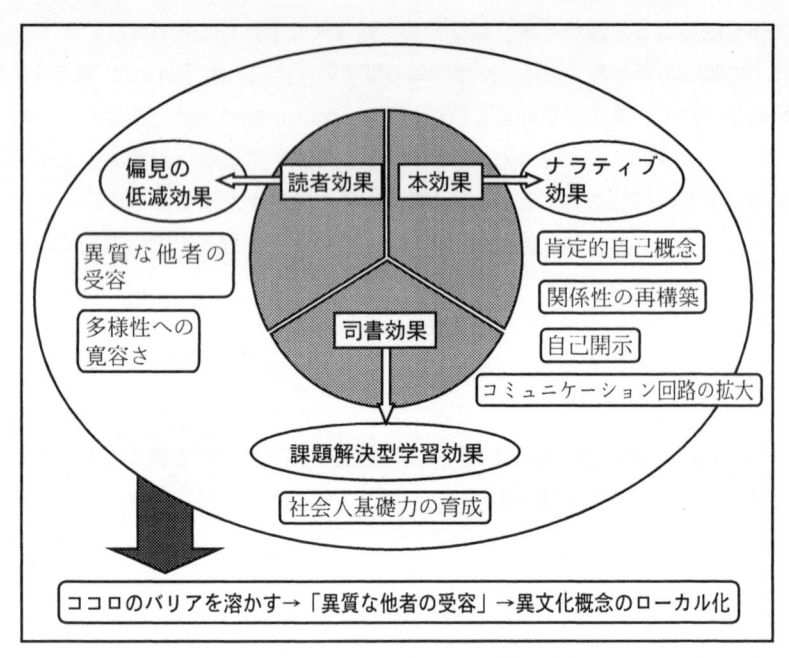

図3．ヒューマンライブラリーの効果概念図

　まず，「読者効果」としては，特別の予備知識もココロの準備も必要なく，簡単に対象に近づくことができ，その敷居の低さにも拘わらず，偏見の低減効果が顕著であることが，ヒューマンライブラリーの最大の魅力である．それも目立ったリスクを負うことなく期待した効果を得ることが出来る利点がある．偏見の低減効果は，異質な他者を受容しやすくなり，多様性に対して寛容なココロを育てることにつながる．

　「本」効果は，自助グループを越えた他の「本」や一般人とのコミュニケーション回路を拡大し，新たな関係構築に資する効果をもつと共に，ナラティブ効果によって新たな自己の語り直しによって新たな自己概念を生み出し，肯定的自己語り効果が期待出来る．

　「司書」効果は，「読者」効果と重複するだけでなく，「読者」効果以上に「本」との共振による多様性へ寛容さ，気づきの効果をもたらす．さらにゼ

ミ学生などが「司書」として実践する場合には，課題解決型学習（PBL）効果が発揮されて，コミュニケーション力・交渉力を含む「社会人基礎力」育成効果が期待出来る．

その結果，ヒューマンライブラリーは，ココロのバリアを溶かし，身近な異文化への気づきと文化的多様性の受容を拡大する．われわれは異文化受容を人種・民俗・言語・宗教の異文化に限定しがちであるが，身近な「となりの」異文化への気づきを通じて，「異文化概念のローカル化」にも貢献することになるだろう．

以上のような大きな可能性を持つ社会実践であるヒューマンライブラリーも，先に述べたように研究的アプローチがほとんど成されていない．

面白い実践として世界に広がっているが，一般読者へ無防備に自由に閲覧させる試みは，好奇の目で見られ偏見を助長しかねない．まるで見世物小屋のようである．しかし，それに起因するトラブルは今のところ皆無である．なぜトラブルが生じないのか．ヒューマンライブラリーの親密な対話空間がもたらす心理的場のメカニズムについては，ここで若干触れたが，十分解明されているとは言いがたい．ナラティブ効果の実践的検証についてもまだ蓄積されていない．あくまでも可能性のレベルでの指摘である．

こうした研究を早急に始めることが，ヒューマンライブラリーの社会的有用性を高め，さらなる普及のためには必要である．そして今後，ヒューマンライブラリーが多文化共生の実践的ツールとして各地で活用されることを期待する．

注
1）ヒューマンライブラリーの始まりについては，坪井ゼミ2011．横田2012．を参照のこと．ヒューマンライブラリー本部は下記のURLを参照のこと．坪井ゼミ26期生2011は，坪井健研究室ホームページからPDF版でも掲載している．
2）駒澤大学ヒューマンライブラリー研修会2013については，坪井ゼミ29期生2014．を参照して頂きたい．
3）ヒューマンライブラリーに関する研究的アプローチには，獨協大学工藤研究

室2011，平井2011，小林2011などがあるが，いずれも基本は異文化理解であるが，小林は図書館の司書の立場から，図書館の新しい機能として考察を行っている点に特徴がある．

4）オーストラリアからWebサイト上の書籍（PDF版）が，坪井ゼミ編著（印刷物）と同じ2012年に公刊されている．下記URLを参照にされたい．坪井ゼミの出版物（市販本）は，坪井ゼミ編著2012を参照のこと．http://humanlibrary.org/new-paper-from-australia-on-the-human-library.html

5）なお，「読者」「本」「司書」効果の知見は，すでに2012年6月10日開催の異文化間教育学会第33回大会（於，立命館アジア太平洋大学）における坪井健の個人発表「ヒューマンライブラリーの可能性を探る－坪井ゼミの実践からの探求－」の中で言及した．本稿はそれをベースにしている．2012年度異文化間教育学会，2012,『第33回大会発表抄録』立命館アジア太平洋大学，106-107. を参照．

6）この件については，坪井ゼミ26期生2011，坪井ゼミ編著2012にもその事情が説明されている．詳しくは，国立国会図書館のWebサイト「カレントウェアネス・ポータル」をご覧頂きたい．

7）東京大学先端科学研究技術センター中邑研究室の現状については，筆者が2013年10月に直接メールでお聞きした話に基づいている．

8）この件に関する詳細情報は，坪井ゼミ29期生2014に詳しい．その後2014年3月には，さいたま市こころの情報センターが開催している．詳細は下記サイトを参照のこと．http://www.city.saitama.jp/002/001/010/p034145.html

9）読者の自己開示の話は，坪井ゼミ29期生2014にも岡村さんの話として紹介されているが，坪井ゼミ2013年6月26日にゲストとしてお呼びした手塚氏からもお聞きした．なお，「自己開示の返報性の規範」とは，他者から自己開示を受けた場合，受け手も開示者に自己開示を「返す」傾向があることを言う．

10）社会人基礎力とは，経済産業省が主導して取り組んでいるプロジェクトである．「前に踏み出す力」「考え抜く力」「チームで働く力」の3つの能力を上位概念に，それを構成する「主体性」「課題発見力」「発信力」など12の能力要素を設定して，大学生を中心とする若者が社会人として活躍するために必要な能力を育成しようというプロジェクトである．坪井ゼミのプレゼンは，坪井ゼミ27期2012を参照のこと．経済産業省の社会人基礎力の下記のWebサイト及び経済産業省編2010を参照せよ．http://www.meti.go.jp/policy/kisoryoku/

文　献

浅井暢子, 2012,「偏見の低減のための理論と可能性」加賀美・横田・坪井・工藤編著『多文化社会の偏見・差別——形成のメカニズムと低減のための教育』明石書店. 100-124

工藤和宏, 2012,「偏見の低減に向けた地域の取り組み－オーストラリアのヒューマンライブラリーに学ぶ」加賀美・横田・坪井・工藤編著『多文化社会の偏見・差別－形成のメカニズムと低減のための教育』明石書店. 199-220

経済産業省, 2010,『社会人基礎力育成の手引き』朝日新聞出版.

駒澤大学社会学科坪井ゼミ26期生, 2011,『共同研究リビングライブラリーの可能性を探る』（第1回実践報告書）駒澤大学社会学科坪井健研究室.

駒澤大学社会学科坪井ゼミ27期生, 2012a,『共同研究第2回生きている図書館＠駒澤大学＆駒大高校』（第2回実践報告書）駒澤大学社会学科坪井健研究室.

駒澤大学社会学科坪井ゼミ, 2012b,『ココロのバリアを溶かす——ヒューマンライブラリー事始め』人間の科学社.

駒澤大学社会学科坪井ゼミ29期生, 2014,『共同研究ヒューマンライブラリーサポートプロジェクト2013』駒澤大学社会学科坪井健研究室.

坪井健, 2012,「大学におけるヒューマンライブラリーの実践——駒澤大学坪井ゼミの取り組みから」加賀美・横田・坪井・工藤編著『多文化社会の偏見・差別——形成のメカニズムと低減のための教育』明石書店. 172-198

野口祐二, 2005,『ナラティブの臨床社会学』勁草書房.

―――, 2009,『ナラティブ・アプローチ』勁草書房.

平井麻紀, 2011,「『生きている本』との対話」『専門図書館』No. 247, 45-49

横田雅弘, 2012,「ヒューマンライブラリーとは何か」加賀美・横田・坪井・工藤編著『多文化社会の偏見・差別』明石書店. 150-171

Webサイト

国会図書館の情報サイト「カレントウェアネス・ポータル」（2014.3.20取得）http://current.ndl.go.jp/node/15638

小林優佳, 2011,「リビング・ライブラリーの取り組みと公共図書館——コミュニティの『場としての図書館』の視点から」富山市立図書館「研究報告」平成23年度個人研究（2014.3.20取得）https://www.library.toyama.toyama.jp/file/pdf/kenkyu/kobayashi23.pdf

ヒューマンライブラリー本部Webサイト（2014.3.20取得）http://humanlibrary.org/to-readers-of-the-human-library.html

1800～1870年代の日本の生活水準

新田　功

1. はじめに

イギリスの経済学者アンガス・マディソンの『世界経済の成長史1820～1992年』(1995年) は，1820年から1992年までの199カ国のデータを対象として，経済成長の分析を行っており，その中には日本も含まれている．筆者が興味を抱いたのは，まだ江戸時代であった1820年と，明治時代が始まったばかりで統計制度も整っていなかった1870年の2つの時点について，マディソンは，表1に示したように，1990年の国際ドル表示の日本の1人当たりGDPを，1820年については704ドル，1870年については741ドルと推計していることである．彼の推計にしたがえば，1820年の日本の1人当たりGDPの水準は，中国とインド，インドネシアの水準を上回ったものの，北米およびヨーロッパの国々の水準を

表1. 19世紀における1人当たりGDP
（1990年国際ドル表示）

国　名	1820年	1870年	1900年
オーストリア	1,295	1,875	2,901
ベルギー	1,291	2,640	3,652
デンマーク	1,225	1,927	2,902
フィンランド	759	1,107	1,620
フランス	1,218	1,858	2,849
ドイツ	1,112	1,913	3,134
イタリア	1,093	1,467	1,746
オランダ	1,561	2,640	3,533
ノルウェー	1,004	1,303	1,762
スウェーデン	1,198	1,664	2,561
英　国	1,756	3,263	4,593
オーストラリア	1,528	3,801	4,299
カナダ	893	1,620	2,758
米　国	1,287	2,457	4,096
アイルランド	954	1,773	2,495
スペイン	1,063	1,376	2,040
チェコスロバキア	849	1,164	1,729
ソ連（ロシア）	751	1,023	1,218
中　国	523	523	652
インド	531	558	625
インドネシア	614	657	745
日　本	704	741	1,135

（出典）Maddison, A., *Monitoring the World Economy 1820-1992*, OECD, Paris, 1995, pp. 23-24.（金森久雄監訳『世界経済の成長史1820～1992年——199カ国を対象とする分析と推計』東洋経済新報社，2000年, pp.11-12）

下回った．1870年も同様に，日本の1人当たりGDPはアジアの3カ国を上回っているが，ヨーロッパと北米の各国の水準を下回った．

しかし，1820年と1870年の日本の1人当たりGDPに関するマディソンの推計は彼自ら「大ざっぱ」であると述べているように，極めて大まかである．すなわち彼は，大川一司と篠原三代平による1890年から1940年までの国民所得の推計値を補外法で遡及推計して，これらの推計値を得たからである．具体的には，マディソンは，1870-90年の期間については，1890-1913年の期間と同一の成長率を仮定して推計し，さらに1820-70年に関しては年率0.1％の成長率を想定して遡及推計を行った．

この大まかなマディソンの推計はどの程度の信頼性を持つのであろうか．また，彼の推計が正しいとした場合，19世紀の日本での暮らし向きはどのようなものであったのだろうか．日本研究者のスーザン・ハンレーは『江戸時代の遺産』において，生活水準を「収入や富に基づく生活のモノの側面での水準」と定義しているが，本稿の課題は，先行研究を手がかりにして，19世紀初頭から，わが国で近代統計制度が確立する明治初期までの日本の生活水準について考察することにある．

2．1人当たり実質GDP

生活水準を「収入や富に基づく生活のモノの側面での水準」と定義するにしても，その水準をどの指標をもって測定するかについて，研究者の間に合意があるわけではない．しかし，生活水準の指標を，1人当たり実質GDP，実質賃金，あるいは消費水準のいずれかとするか，それともこれらの指標を複数組み合わせるということに関して異論は少ないであろう．そこで本節では，最初に，マディソンの推計値の検証作業を通じて，19世紀日本の1人当たり実質GDPの水準がどのようなものであったのかについて考察する．

先に，筆者は，マディソンが，『世界経済の成長史――1820年～1992年』（以下，『成長史』と略称）において提示した日本の1人当たり実質GDPに関する自らの推計が「大ざっぱ」であることを自覚していたと述べた．それにもかかわらず彼の研究を取り上げるのは次のような理由による．彼は同書の刊

行後も推計作業を継続し，2001年には『経済統計で見る世界経済2000年史』（以下，『2000年史』と略称）と題した続編を出版した．この『2000年史』において，彼は，1人当たり実質GDPを1820年以前の期間にまで遡及することを試みただけでなく，自らが以前行った推計作業を再検討し，追加資料を踏まえてさらに精緻化しようとしたからである．

1）19世紀の日本人口

1人当たり実質GDPを計算するためには人口，GDP，GDPデフレーターの推定が必要であるが，まず人口に関して，マディソンは1820年人口3100万人，1870年人口3443万人と推計している．この推計の根拠については，『成長史』，『2000年史』の両著において，彼は速水祐次郎とヴァーモント・ルッタンの共著『農業発展――国際的展望』(1985年) が情報源であると述べるだけにとどまっている．したがって，マディソンの人口の推計値が正しいかどうかを，他の文献によって検証しなければならない．1820年と1870年の2つの時点のうち，1870年についてはその直後（1872年）の政府統計が得られるものの，1820年には統計は取られていない．また，1820年に関しては研究者による人口推計もなされていない．

そうした中で，19世紀前半の人口の推計方法に関して，速水融と宮本又郎は共著論文の中で以下のように論じている．幕府は1721（享保6）年以来，諸藩に領内人口の書き上げを命じ，この調査は1846（弘化3）年まで，6年ごとに行われた（全国の集計結果が判明するのは22回の調査のうち19回分）．「この調査では武士とその家族，およびその他のかなりの人口が除外されている．除外人口は，1846年については450～500万人，調査人口の17～19%と見積もられている．除外人口比率が常に一定であったという保証はないが，他に数字が得られないので，除外人口は調査人口の20%であったとしておこう．そこで1721年以後の全国人口の推移は，幕府調査人口の2割増しで見ることにしよう」，と．

幕府調査人口は1798（寛政10）年2547万人，1822（文化2）年2660万人，1846（弘化3）年2691万人であった．速水と宮本の説に従って，これら3つ

の時点の人口に1.2倍すると，1798年3065万人，1822年3192万人，1848年3229万人である．いま，1798年人口＝1800年人口，1822年人口＝1820年人口，1846年人口＝1850年人口とみなすならば，1800年3065万人，1820年3192万人，1850年3229万人となる．したがって，マディソンの1820年人口の推計値は，速水と宮本の推計値よりも100万人近く過大推計している可能性がある．また，1872年の明治政府による調査人口は3311万人であるから，彼の推計値は政府統計を約100万人上回っていることになる．

2）19世紀の日本のGDP

マディソンのGDPの推計値について議論するに先立って，1990年国際ドル換算とはどのようなものかを説明する必要があろう．いま，ある時点でアメリカにおいて1米ドルで購入できる財・サービスを，同年にある国の現地通貨で購入した場合の購入金額をもって現地通貨の対ドル実質為替レートと呼ぶことにすると，1990年国際ドル換算のGDPとは，ある国の現地通貨表示のGDPを1990年時点での実質為替レートで米ドルに換算したものにほかならない．この換算方式を，考案者にちなんで「ゲアリー＝ケイミス・ドル」と呼ぶこともある．

さて，マディソンは『成長史』では1820年の日本のGDPを1990年国際ドル換算で218億3100万ドル，1870年のそれを255億500万ドルと推定した[5]．『2000年史』では，彼は日本のGDPを1990年国際ドル換算で1820年207億3900万ドル，1870年253億9300万ドルと推測している[6]．つまり，『2000年史』の方がGDPを若干少なめに推計していることになる．

このマディソンのGDPの推計値の妥当性を検証するにあたり，最初に，第二次世界大戦前のGDPと第二次大戦後のGDPのリンクに関して，マディソンがどのように対処しているかということから考察していくことにする．その理由は，両期間のリンクの仕方によって推計値のぶれが増幅すると考えるからである．

日本の国民所得統計は，1885-1940年の期間については，大川一司と篠原三代平の推計（「長期経済統計」）が信頼性の高いものとして評価されている．

他方，日本政府（経済企画庁・現内閣府）が作成してきた1955年以後の国民所得統計も信頼に足るものであることは言うまでもない．問題は第二次大戦下および敗戦後の混乱期にあたる1940-54年の期間について信頼できる統計が存在しないことである．このため，従来の研究においては何らかの仮定を設けて，第二次大戦前と大戦後の国民所得統計のリンクが行われてきた．

　マディソンは，『成長史』と『2000年史』の両著において，1890-1940年の期間については大川と篠原のGDPの数値（1934-36年価格表示）を採用し，1950年以降の期間については政府統計を採用している[7]．つまり，これら2つの期間について最も信頼性の高いデータを使用している．

　しかし，第二次大戦下と戦後の混乱期のGDPについて，マディソンは両著で異なる方法をとった．『成長史』では，大川・篠原の1940-50年の国民総支出の数値（1934-36年価格表示）をもとにGDPを計算した．しかし，大川・篠原の推計では1945年の数値が欠落している．そこで何らかの仮定を設けることが必要となるが，マディソンは1945年の日本のGDPがその前年の1944年の3分の2に落ち込んだと仮定し，さらに1945年のGDPと1947年のGDPの中央値をもって1946年のGDPとした．これに対して，『2000年史』では，マディソンは溝口敏行と野島教之の共著論文「1940-1955年における国民経済計算の吟味」（1993年）において提示された1940-50年の実質GDP（1955年価格）の推計値を採用し，これに基づいて戦前のGDPと戦後のGDPの系列のリンクを行った．この共著論文は，1945年の実質GDPの水準は前年よりも25％低い水準であり，1946年の実質GDPは1945年よりも24％低い水準であったことを示唆している[8]．このように1940-50年の期間の実質GDPの推計方法に関して違いがあるものの，筆者が調べたかぎりにおいて，『成長史』と『2000年史』の推計結果に大きな差は見られない．

　前述のように，マディソンは，『成長史』では，1890-1913年の期間と同一の成長率を当てはめて1870年の実質GDPを遡及推計し，さらに1820-70年に関しては年率0.1％の成長率を想定して推計を行った．彼がこうした単純な方法を採用したのは，江戸時代および明治時代初期についてはマクロの経済諸量に関するデータが限られていたからで，やむをえないことであった．し

140

かし，マディソンはそれに満足せずに，日本史，とくに数量経済史に関する研究を継続した．

『2000年史』において，マディソンは江戸時代の1人当たり実質GDPの推計を次のように行った．すなわち，第1段階で農業生産高の推計を行い，第2段階で非農業部門の生産高の推計を行い，第3段階で農業部門と非農業部門の生産高を合計し，第4段階で明治初期の生産額にリンクさせ，第5段階で1990年国際ドルに換算して実質GDPを計算する，というものである．第1段階の，1600-1872年の農業生産を算出するためにマディソンが依拠したのは，中村哲による実収石高の推計値である（表2の穀物生産高の欄の左側の数字[9]）．中村の実収石高は，幕藩領主が領地の実収石高を正確に把握できたと考えられる1645年の石高と，1877-79年の「農産表」農産高の米換算高をベンチマークとし，その間の実収石高の変化を耕地改良・開発件数の変化を参考にして推計したものである[10]．マディソンは4つの時点での実収石高を1石=150kgでトンに換算し（表2の穀物生産高の欄の右側の数字），さらに，各年次の穀物生産高を各年次の人口で割って，1人当たり平均年間穀物消費量を算出した．

表2から明らかなように，マディソンは穀物生産高（=農業生産高）を1820年585万トン，1872年702万トンと推計している．一方，速水融と宮本又郎は1800年と1850年の実収石高をそれぞれ3765万石，4116万石と推計している．

表2．日本の穀物生産高と1人当たり平均穀物消費量

年	穀物生産高（千石）	（千トン）	人口（千人）	1人当たり平均年間穀物消費量（kg）
1600	19,731	2,960	18,500	160
1700	30,630	4,565	27,000	169
1820	39,017	5,853	31,000	189
1872	49,189	7,022	34,859	201

（出典）Maddison, A., *The World Economy,* OECD, Paris, 2006. p.255.（政治経済研究所訳『経済統計で見る世界経済2000年史』柏書房，2004年，p.300）

前述のように，速水と宮本は1800年と1850年の人口をそれぞれ3065万人，3228万人と推定しているから，彼らの推計に従えば，1800年のトン換算の穀物生産量565万トン，1850年のそれは617万トン，1人当たり平均年間穀物消費量は1800年184kg，1850年191kgということになる．

　上記の穀物生産高には農間余業による生産高や非農業生産高が考慮されていない．マディソンは，西川俊作による1840年代の長州の経済についての緻密な分析（経済部門別に総生産高，付加価値額を合計）を踏まえて，1840年代の長州の付加価値の構造は，農林水産業が53％，製造業が15％，その他（サービス業と建設業を含む）が32％と推測した．

　しかし，マディソンの1820-70年の実質GDPの推測の手順に関する説明はここで終了し，結論だけが示される．すなわち，『2000年史』においては，日本の1820年と1870年の実質GDPはそれぞれ207億3900万ドル，253億9300万ドルという結果だけが示されているにすぎない．彼は同期間の実質GDPの成長率を付録Bに示したと述べているが，付録Bを精査しても該当する記述が見当たらない．西川が1760年代から1840年代にかけての長州の1人当たりの年平均成長率を0.4％と算出したことに言及しているだけである．

　それではマディソンは1820年の実質GDPをいったいどのように推計したのであろうか．筆者は1820-72年の実収石高の成長率の近似値を用いたのではないかと推測する．表2の1820年と1872年の穀物生産高（＝実収石高）の数字を用いて，1820-1872年の穀物生産高の年平均成長率 r を求めると，$585.3(1+r)^{52}=702.2$ から，$r=0.0035$ となる．つまり，穀物生産高の年平均成長率は0.35％である．他方，マディソンは1820年と1870年の実質GDPをそれぞれ207.39億ドル，253.59億ドルとしているので，$207.39(1+r)^{50}=253.59$ から，1820-70年の実質GDPの年平均成長率 r は $r=0.004$，すなわち0.4％と想定していたことが推測できる．この2種類の年平均成長率の0.05％の食い違いがどのような理由で生じたかは想像できないが，マディソンが，1820-70年の期間において，穀物生産高の年平均成長率とほぼ同等の成長率で実質GDPも成長したと考えていたことは間違いないであろう．

　このようにマディソンが『2000年史』において1820-70年の期間の実質

GDPの年平均成長率を0.4%と想定していたとすれば，これは前著『成長史』で仮定した0.1%よりも高い数値である．この0.4%という年平均成長率は妥当性を持つのであろうか．斉藤修は『比較経済発展論』(2008年) において，実収石高の系列が外国の同種の系列よりも信頼できるので，江戸時代後期におけるマクロ経済の年平均成長率が0.1%と0.15%の間に収まるとみてよいと述べている[11]．この斎藤の説に従うならば，マディソンの想定した0.4%の年平均成長率は高目の数値であることになる．

ここまでの議論を要約したのが表3である．この表から，マディソンが『2000年史』で提示した1人当たり実質GDPの推計値は1820年については若干の過大評価，1870年については若干の過小評価の可能性があるものの，説得力のある推計結果であると評価できよう．

表3．マディソンの推計に関する議論のまとめ

(金額は1990年国際ドル)

| 年 | マディソン推計
(『世界経済2000年史』) ||| 速水・宮本推計 | (2)÷(4) | 1人当たり年間穀物消費量
(kg) |
	(1) 人口 (万人)	(2) GDP (億ドル)	(3) 1人当たりGDP (ドル)	(4) 人口 (万人)		
1800				3065		184[1]
1820	3100	207.39	669	3192	650	189[2]
1850				3229		191[1]
1870	3443	253.93	737	3311	767	201[2]

注：1) は速水・宮本推計，2) はマディソン推計．(4)欄の1870年の人口は1872年の政府統計．

3．実質賃金

1) 梅村又次，佐野陽子，斉藤修による日本の実質賃金の推計

実質賃金は，名目賃金を物価水準でデフレートすることによって求められる．つまり，物価と賃金の情報があれば実質賃金を計算することができる．統計データの乏しい近代以前において，物価と賃金は，数量情報が得られる

数少ない例外である[12]．したがって，生活水準の指標の1つとして実質賃金が注目されてきたとしても不思議ではない．

19世紀初頭から明治初期までの実質賃金の時系列の推定作業を行った代表的な研究として次の3つを挙げることができる．第1は，梅村又次の「建築労働者の実質賃金 1726-1958年」(1961年) である．第2は，佐野陽子の「建築労働者の実質賃金 1830-1894年」(1962年) である．第3は，佐野推計と同じデータを用いて実質賃金を再計算した，『賃金と労働と生活水準――日本経済史における18-20世紀』(1998年) 所収の斉藤修による推計である．

梅村は，徳川時代の賃金・物価に関するデータを，三井文庫編『近世後期における主要物価の動態』(1952年) から入手している．彼は，京都の越後屋呉服店が実際に雇入れて支払った「銀匁」表示の大工手間賃，左官手間賃および畳屋手間賃を，1801-10年の平均値を基準にしてそれぞれ個別に指数化し，これを単純平均したものを賃金指数とした[13]．各職種の手間が親方，徒弟そのいずれのものかは不明である．他方，物価に関しては，梅村は小売物価に着目する．彼は賃金をデフレートする物価は，労働者が購入する生活物資の価格である小売物価であるべきだとの議論を省略して，小売物価指数の採用品目から論じ始める．彼が採用品目とするのは，白米，味噌，塩，醬油，酒，灯油，豊後の岡大豆，小麦，かし薪，日向炭，河内木綿の11品目である．このうち白米から灯油までの6品目は，越後屋呉服店が購入した日用品の「銀匁」表示の小売価格の春秋平均である．一方，大豆以下の5品目は，三井の大阪両替所の調査による，銀匁表示の月末相場の年間平均である．梅村は，上記の11品目に表4（梅村推計の列）のようなウェイトを与えて小売物価指数を計算した．梅村によって推計された1800-80年の実質賃金の時系列を表したのが図1の実線である．

佐野陽子は，『我國商品相場統計表』(1937年) を用いて，江戸・東京の建築労働者の実質賃金の推計を行った．佐野は，建築労働者の賃金を研究対象とする理由について，徳川時代末期から明治期にかけての賃金労働者といえば建築関係と，農業の年雇，日雇といわれる労働者であって，このほかの労働力は農業・商業・工業の自家営業者とその家族従業者が圧倒的大多数を占

めていたからであるαと述べている[14].

佐野は実質賃金の推定を以下の手順で行った.最初に,1830年から連続して賃金データの得られる5つの職種(大工,石工,建具職,屋根葺,左官)ごとに,それぞれの賃金を,1851年を100とする指数にし,労働力構成を推定して,これをウェイトする名目平均賃金指数を計算する(左官については1830-47年の期間についてデータがないので,推計値を用いている).次に,名目賃金をデフレートするための生計費指数を計算する.生計費指数算定のために佐野が採用した品目のうち米,大麦,大豆,塩,炭,木綿(=衣類),紙,菜種油(=油),薪の9品目の価格は卸売価格である.醬油・味噌の価格と住居費に当たる家具,家賃に関して,佐野は明治以降のデータを用いて1830年まで遡及推計を行った(品目ごとのウェイトが表4の「佐野推計」の列に示されている).最後に,名目賃金を生計費指数でデフレートすれば実質賃金指数の系列が得られる(図1の破線で示した時系列).

表4. 生計費指数の品目とウェイト

(単位:%)

品 目	梅村推計	佐野推計	斎藤推計
米	46.4	30.0	40.0
大麦	—	10.0	—
小麦	1.7	—	—
塩	0.5	5.0	5.0
醬油	7.3	10.0	11.0
味噌	2.6	5.0	6.0
大豆	9.5	2.0	—
酒	7.6	—	7.0
薪	2.3	10.0	10.0
炭	6.2	3.0	3.0
油(灯油)	3.3	5.0	5.0
蠟燭	—	—	3.0
紙	—	3.0	—
衣類	—	7.0	—
木綿	12.6	—	—
家賃	—	10.0	—
計	100.0	100.0	90.0

(資料)梅村又次「建築労働者の実質賃金1726-1958年」『経済研究』12巻 2号,1961年,p.172. 佐野陽子「建築労働者の実質賃金1830-1894年」『三田学会雑誌』55巻11号,1962年,p.1020. 斎藤修『賃金と労働と生活水準』岩波書店,1998年,p.191.

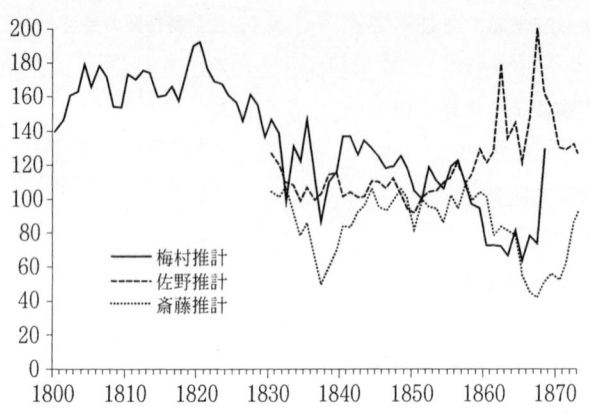

（資料）梅村又次「建築労働者の実質賃金 1726-1958年」, p.175, 佐野陽子「建築労働者の実質賃金 1830-1894年」, pp.1029-30, 斉藤修『賃金と労働と生活水準』, pp.189-90から作成.

図1．実質賃金の時系列（1851年＝100）

　梅村による実質賃金の推計が，1820年代から幕末維新期にかけて直線的な低下傾向を示したのに対して，同じ建築職人に関する佐野の推計は1830年代から1860年代にかけて上昇トレンドを示すという対比が見られる．このような建築職人賃金のトレンドの食い違いが，越後屋（三井家）賃金資料が「お抱え職人」の賃金だったために市場賃金より上昇が遅れたためなのか，それとも江戸と上方という二つの都市経済の異なった経済パフォーマンスを反映していたのか，原因を特定することは困難である．

　他方，佐野推計による江戸・東京の実質賃金が幕末に上昇傾向を示したことに関して，斉藤修は，佐野が用いた職種別賃金データのうち屋根葺職人の賃金が1857年と1863年に大幅に上昇したこと，また，生計費指数の算定に使用した価格データが生活に直結した小売価格ではなく，卸売価格であることが実質賃金の上昇トレンドに影響を及ぼしている，と指摘している．[15]『我國商品相場統計表』を調べてみると，確かに，1857年の屋根葺職人の賃金は前年の2.8倍に上昇し，また，1863年にも前年の1.59倍に急増している．[16] 他の4つの職種は両年に屋根葺職人のような賃金の急上昇をみていない．どのよ

第1部　社会と文化

うな要因で屋根葺職人の賃金の急上昇が生じたかは不明であるが，屋根葺職人の賃金が他の建築職人の賃金とは異質な変動を示したことは疑いない．

斎藤は，次のような方法で佐野の実質賃金の系列の修正を試みた[17]．その方法とは，第1に，連続したデータの得られる6つの職種（大工，石工，畳刺，建具職，屋根葺，木挽職）ごとに各年の動きを調べ，対前年変化率が最大のものと最小のものを除く4職種の賃金の変化率の算術平均を名目賃金の時系列とすることである．第2に，生計費指数の算出のためのデータを，『近世後期における主要物価の動態』の増補改訂版（1989年）に求め，小売物価指数を作成したことである．品目とウェイトは佐野推計に準拠し，佐野推計にある大麦を白米に合算し，大豆は味噌と醤油に含ませ，紙と木綿に代えて蠟燭と酒を加えている（表4「斎藤推計」の列）．

梅村推計，佐野推計，斎藤推計はいずれも基準時点が異なるので，図1には基準時点が1851年＝100となるように変換して3つの推計を図示した．同図に示した1830年以降の実質賃金推計値の動きを見ると，斎藤推計が下降トレンドを示したのに対し，佐野推計は上昇トレンドを示した．つまり，同じ江戸・東京の建築労働者賃金を対象にして実質賃金の推計が行われたにもかかわらず，異なる結果が生じたことになる．こうした食い違いの原因は，資料としての『我國商品相場統計表』の信頼性に問題があるものと筆者は推測する．その理由は，『我國商品相場統計表』に所収された江戸時代の価格データは，明治期に入ってから人々の記憶に頼って復元されたものが多いからである．

以上のように，日本の実質賃金の推計値はいずれも指数で算出されており，これによって労働者世帯の暮らし向きが改善したかそれとも悪化したかを把握することは可能である．しかし，賃金が，健康な生活を送るのに最低限度必要な食糧を購入できる程度の水準か，それともそれを下回るのか，あるいは食糧以外に身の回り品を購入することのできる水準かどうかという疑問は，従来のように指数値で実質賃金を算出するという方法では答えることはできない．また，国際比較にも適さない．このような疑問に答えることを目的として考案されたのがウェルフェア・レシオ（welfare ratio）と呼ばれる尺度である．

2）アレンのウェルフェア・レシオ（賃金の生存水準倍率）

　オックスフォード大学の経済史家ロバート・アレンは，「中世から第1次大戦までのヨーロッパの賃金と物価の大分岐」(2001年) と題した論文において，ヨーロッパの主要17都市の1500年から1913年までの賃金データを対象として，実質賃金の算定を試みた．彼の研究の独自性は，第1に，長期間のデータを用いて実質賃金の国際比較を行ったことである．彼以前の研究の多くでは特定の国の内部での実質賃金の変化を把握することに主眼がおかれ，実質賃金の国際比較が行われたとしても5世紀に及ぶような長期のものは存在しなかった．第2に，実質賃金の絶対的水準を把握しようと試みたことである．彼以前の研究は，水準を等閑視して，実質賃金の趨勢と時系列的変動の解明に重点をおいていた．これに対してアレンは，ウェルフェア・レシオと呼ばれる新しい尺度を考案し，実質賃金水準の数量的把握を行った．

　彼は，ヨーロッパの諸都市における名目賃金を実質化するために，共通の消費バスケットを作成した（表5の「アレンのバスケット」の中の「ヨーロッパ」の列を参照されたい）．彼のバスケットの特徴は，単にバスケットを構成する品目を揃えるのではなく，総栄養摂取量が1人1日約1950キロカロリー，タンパク質摂取量が1人1日80グラムになるように調整されていることにある．これは一種の貧困線ともいうべき水準であり，イギリスの社会事業家シーボーム・ラウントリーの研究を彷彿させるものである．[18]

　ウェルフェア・レシオは次のようにして求められる．まず，上記のバスケットを構成する品目ごとに，ヨーロッパの都市ごとの価格（銀の純量で表示）を乗じたものをデフレーターとする．次に，1日当たりの賃金（銀の純量で表示）に想定年間労働日数250日を乗じ，これを想定家族員数3.15（成人換算）で除して1人当たり年間賃金収入の想定値を求める．[19] 最後に，1人当たり年間賃金収入の推定値をデフレーターで割る．この倍率が1を下回れば賃金水準が貧困線を下回っており，1を上回れば賃金水準が貧困線を上回っていると解釈できる．斉藤修は，デフレーターが一種の想定生存水準を表しており，ウェルフェア・レシオが想定生存水準に対する倍率を表すことから，ウェル

第1部 社会と文化

表5．消費バスケットの構成

	日本のバスケット A	日本のバスケット B	アレンのバスケット ヨーロッパ	アレンのバスケット インド
パン（kg）	—	—	208	—
豆類（大豆を除く，㍑）	4	4	52	52
肉類（kg）	—	—	26	26
バター / ギー（kg）	—	—	10.4	10.4
大豆（kg）	52	26	—	—
米（kg）	114	30	—	143
大麦・小麦（kg）	10	70	—	—
魚類（kg）	3.5	—	—	—
雑穀（kg）	16	75	—	—
食用油	1	1	—	—
リネン類（㍍）	5	5	5	5
灯油（㍑）	2.6	2.6	2.6	2.6

(出所) Bassino, J.-P. & Ma, D., 2005, "Japanese unskilled wages in international perspective, 1741-1913," *Research in Economic History,* vol.42, p.234.

フェア・レシオを「生存水準倍率」と呼んでいる[20]．筆者は，生存水準に対する何の倍率かを明示するために，この項のタイトルで「賃金の生存水準倍率」と表記した．

近世日本の実質賃金のウェルフェア・レシオを最初に推計したのもアレンである．彼は2001年に執筆した「ヨーロッパとアジアにおける実質賃金——長期的パターンについての最初の観察」（公刊は2005年）において，ヨーロッパの6都市と日本，インドおよび中国の実質賃金の比較を行った[21]．

アレンが日本の賃金データとして採用したのは3種類である．第1は，斉藤修が収集した摂津国武庫郡上瓦林村の農業労働者の名目賃金（男子，1728-1830年）のデータであり，これは不熟練労働者1人1日当たりの賃金データである．第2は京都越後屋呉服店の日雇建築労働者1日1人当たり賃金（1741-1867年）である．第3は，京都越後屋呉服店の建築職人賃金（1741-1867年）である．第2と第3は梅村推計にも用いられたものである．

149

アレンは，ウェルフェア・レシオを算出する際に日本の食文化に適合したバスケットを作成するかわりに，インドの食文化に則って作成されたインド用のバスケット（表5「アレンのバスケット」の「インド」の列）を日本のデータに当てはめた．また，バスケットを構成する財の価格が常に得られるわけではないので，ベンチマークとなる年のバスケットを構成する各財の相対価格を計算し，この相対価格を過去の年次の欠損値に代用した．アレンがベンチマーク年の相対価格として用いたのは1880-84年の平均値である．

　アジアとヨーロッパでは労働日数や平均世帯規模が異なることを考慮したためか，アレンは1日当たりの賃金に労働日数をかけて平均世帯人員3.15で割るという操作をせずに，1日当たりの賃金を直接に消費バスケットの費用でデフレートした．その結果，「ヨーロッパとアジアにおける実質賃金」において提示された推計値は準ウェルフェア・レシオというべきものであった．

　リヨン高等師範学校のジャン-パスカル・バッシーノとロンドン・スクール・オブ・エコノミクスの馬徳斌は，日本のウェルフェア・レシオに関するアレンの推計方法に疑問を呈した．彼らは，アレンが，食文化の異なるインドの消費バスケットを日本に適用したこと，1880年代前半の価格体系（消費バスケットを構成する各財の相対価格）を，18世紀初頭まで遡及して欠損値に代用したことを批判した．

　バッシーノと馬は，アレンの方法に修正を加えたうえで，日本の賃金データを用いて日本のウェルフェア・レシオを算定し，複数の論文でその成果を発表した．彼らの独自性は，日本の食文化を前提とした消費バスケットを2種類作成したことにある．第1の消費バスケットは，動物性タンパク質（肉，卵，魚類）と米を多く含むバスケット（表5「日本のバスケット」A）であり，第2の消費バスケットは雑穀のウェイトが高いバスケット（同B）である．また，消費バスケットを構成する財の相対価格を計算するための時点（ベンチマーク年）として1750年と1884年の2つを選定した．彼らは1850年までは1750年の相対価格を適用し，1875年以降については1884年の相対価格を適用するという方法をとった．

　彼らは幕末までの期間については，アレンと同様に京都の越後屋呉服店の

小売価格データと同店の日雇建築労働者の名目賃金のデータ，および摂津国武庫郡上瓦林村の農業労働者の名目賃金のデータを使ってウェルフェア・レシオを計算した．彼らはバスケットAを用いて計算した日本のウェルフェア・レシオが，アレンの計算したものよりも低い水準になると指摘した．また，バスケットBはバスケットAよりも40％も安価であり，バスケットBで計算するならば，日本の実質賃金は相当に高水準となることも示唆した[22]．

残念ながら，バッシーノと馬は彼らの計算したウェルフェア・レシオの系列を図示するだけで，数値を公開していない．そこで，斎藤修が上瓦林村の農業労働者の賃金データと銚子醬油製造業労働者の賃金データを対象として，消費バスケットAを用いて計算したウェルフェア・レシオの系列を図示した（図2）．この図に示されているように，19世紀初頭から明治維新まで，農業労働者も醬油製造業労働者もその賃金水準はウェルフェア・レシオが1を下回る水準で推移し，劣悪な状況下におかれていたことが推察される．

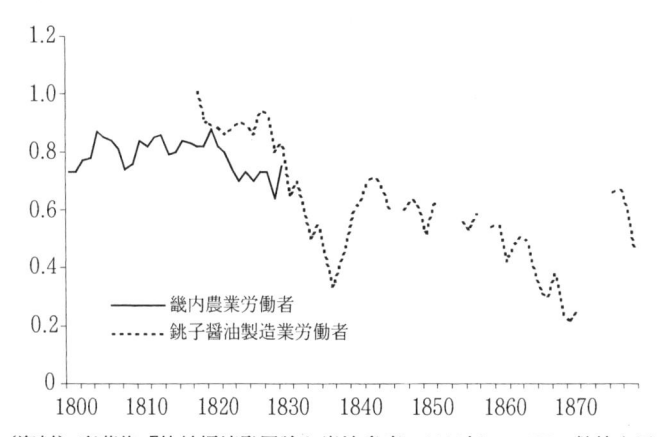

（資料）斉藤修『比較経済発展論』岩波書店，2008年，p.122の数値を用いて作成．

図2．1800-1880年の日本のウェルフェア・レシオの推移

このように低いウェルフェア・レシオの水準は，本当に当時の人々の生活水準を反映しているのであろうか．この疑問に対してバッシーノらは，ウェ

表6. 19世紀の栄養供給水準 （1日1人当たり）

	長州藩（1840年頃）	飛驒国（1873年）
エネルギー	1861kcal	1861kcal
タンパク質	52.4g	50.0g
うち動物性	3.0g	2.5g
脂肪	11.3g	20.0g
うち動物性	1.3g	1.1g
糖質	380.3g	366.0g
穀類エネルギー比	86.4%	90.0%
脂質エネルギー比	5.5%	9.7%
動物性タンパク質	5.7%	5.0%

（出典）五島淑子『19世紀中葉の日本の食生活に関する研究――防長風土注進案』と「斐田後風土記」の分析を通じて』（奈良女子大学博士学位論文），1991年，pp.74, 111.（URL）http://nwudir.lib.nara.wu.ac.jp/dspace/handle/10935/2867（2014年3月1日取得）

ルフェア・レシオの前提の妥当性の問題として次の3点を指摘している[23]．第1に，日本の労働力は雇用労働者ではなく，小農（peasant）が大部分を占めていた．つまり，労働者の実質賃金をもって国民全体の生活水準の指標とすることには限界がある．第2に，小農民は農業のみに従事するのではなく，非農業的生業にも携わっていた．こうした副業は農民の実質所得水準を高めたに違いない．第3に，労働日数を250日と想定してよいかどうかという問題がある．とくに小農は年間300日以上働いていた可能性があり，その場合，小農の実質所得水準はより高かったであろう．

　結局，賃金のみに基づいて計算されるウェルフェア・レシオを生活水準の指標とすることには限界があると言わざるをえない．筆者は，近代統計制度確立以前における19世紀の日本の生活水準をとらえるための補助的な資料の1つとして，当時の食生活に関する五島淑子の研究[24]を取り上げて，この節を結ぶことにする．五島は飛驒国と防長両国の物産統計から，19世紀中期の栄養摂取状況を復元した．表6に示したように，総エネルギーは1860kcalに達しており，アレンのウェルフェア・レシオ1の状態に近かった．総エネルギ

第1部　社会と文化

ーの大部分は穀物からとられ，タンパク質の大部分は穀物・豆類から得られていた．つまり，バッシーノと馬の想定した消費バスケットBが妥当なものであったことが裏付けられる．しかし，タンパク質は80gをはるかに下回り，動物性タンパク質の摂取量はわずかであった．表6の示唆することは，利用可能な実質賃金データから推測したよりも，多くの人々はカロリー摂取という点では充足されていたということである．

4．おわりに

　本稿においては，1人当たり実質GDPと実質賃金，およびウェルフェア・レシオという3つの指標を用いて，19世紀初頭から，近代統計制度確立前夜の明治初期までの生活水準について考察した．

　第2節では，1820年と1870年の1人当たり実質所得は1990年国際ドルでそれぞれ約670ドル，約740ドルというマディソンの推計値が信憑性を持つものであることを検証した．これらの数字は，日本の1人当たり実質所得水準が当時のアジアの大国である中国やインドを上回っていたものの，北米およびヨーロッパ各国の水準を下回っていたことを含意する．

　第3節では実質賃金とウェルフェア・レシオについて考察した．賃金と物価のデータは長期間にわたって遡ることが可能であると言われるものの，明治期以前における連続的なデータは限られている．厄介なことに19世紀初頭から1870年代までの日本の実質賃金の動向は明白であるとは言いがたい．その理由は，この期間の実質賃金の推計を行った研究者の間で意見の食い違いが見られるからである．筆者は，徳川幕府から明治維新政府への移行期にあって社会的，経済的に大変動が生じ，その結果，生活水準が同時期に停滞ないし低下した可能性があると考える．

　実質賃金は通常は指数の形で表されるために，変化の大きさや方向は捉えることができるものの，水準を把握することができない．このような難点を克服することを目的として，ロバート・アレンによって考案されたウェルフェア・レシオ（賃金の生存水準倍率）は実質賃金が1人1日1950kcalの栄養水準（＝生存水準）を満たすのであればウェルフェア・レシオの値は1となり，

それを下回ればウェルフェア・レシオは1未満となるので理解しやすい．ウェルフェア・レシオを計算するためにはその国（ないし地域）や時代の食文化に則った消費バスケットを構築することが不可欠である．日本に関する研究結果によれば，19世紀初頭から1870年代までの期間において，京都の建築労働者，畿内の農業労働者，銚子の醬油製造業労働者などのウェルフェア・レシオが1を下回っていた．ただし，当時の社会において，賃金労働者の占める割合は少なく，小農の割合が高かったため，これまでに推計されたウェルフェア・レシオの値が社会全体の動向を反映しているかどうか判断は難しい．

　19世紀の日本人の大多数の生活水準を把握するためには1人当たり実質所得や実質賃金を推計するだけでは不十分であり，異なった視点からのアプローチが必要である．一例として，栄養水準や体格を生活水準の指標とする研究の取り組みがなされていることを指摘したい．[25]

注

1) Maddison, A., *Monitoring the World Economy, 1820-1992*, OECD, Paris, 1995, p.134.（金森久雄監訳『世界経済の成長史1820〜1992年——199カ国を対象とする分析と推計』東洋経済新報社，2000年，pp.185-186）

2) スーザン・ハンレー著，指昭博訳『江戸時代の遺産——庶民の生活文化』中公叢書，1990年，p.6.

3) Hayami, Y. & Ruttan, V. W., *Agricultural Development: An International Perspective*, Johns Hopkins Press, Baltimore, 1971.

4) 速水融・宮本又郎「概説17-18世紀」速水融・宮本又郎編『近代社会の成立——17-18世紀』岩波書店，1988年，p.43.

5) Maddison, op. cit., pp.182-183.

6) Maddison, A., *The World Economy*, OECD, Paris, 2006, p.548.

7) マディソンが使用した長期経済統計の情報源．Ohkawa, K. & Shinohara, M., *Patterns of Japanese Development: A Quantitative Appraisal*, Yale University Press, New Haven, 1979, pp.278-80.

8) 溝口敏行・野島教之「1940-1955年における国民経済計算の吟味」『日本統計学会誌』23巻1号，1993年，p.106.

9) 中村哲『明治維新の基礎構造』未來社,1968年,p.170.
10) 速水・宮本,前掲論文,p.47.
11) 斉藤修『比較経済発展論』岩波書店,2008年,p.129.
12) 前掲書,p.91.
13) 梅村又次「建築労働者の実質賃金 1726-1958年」『経済研究』12巻2号,1961年,p.172.
14) 佐野陽子「建築労働者の実質賃金 1830-1894年」『三田学界雑誌』55巻11号,1962年,p.1009.
15) 斎藤修『賃金と労働と生活水準』岩波書店,1998年,p.32.
16) 金融研究會『我國商品相場統計表』金融研究會,1937年,p.326.
17) 斎藤修『賃金と労働と生活水準』,p.191.
18) 拙稿「クオリティ・オブ・ライフ(QOL)測定の源流——福祉測定法の歴史(中)」『政経論叢』81巻5・6号,2013年,pp.56-67.
19) Allen, R. C., "The great divergence in European wages and prices from the middle ages to the first world war," *Explorations in Economic History*, vol. 38, 2001, p.427.
20) 斉藤修『比較経済発展論』,p.104.
21) Allen, R. C., "Real wages in Europe and Asia: a first look at the long-term patterns," in Allen, R. C. & others (eds.), *Living Standards in the Past: New Perspectives on Well-being in Asia and Europe*, Oxford University Press, Oxford, 2005, pp.115-119.
22) Bassino, J.-P. & Ma, D., "Japanese unskilled wages in international perspective, 1741-1913," *Research in Economic History*, vol.42, 2005, p.236.
23) J.-P. バッシーノ・馬徳斌・斎藤修「実質賃金の歴史的水準比較——中国・日本・南欧 1700-1920」『経済研究』第56巻4号,2005年,pp.359-362.
24) 五島淑子『19世紀中葉の日本の食生活に関する研究——「防長風土注進案」と「斐田後風土記」の分析を通じて』(奈良女子大学博士学位論文),1991年.(URL) http://nwudir.lib.nara-wu.ac.jp/dspace/handle/10935/2867
25) Costa, D. L. & Steckel, R. H., "Long-term trends in health, welfare, and economic growth in the United States," in Steckel R H. & Floud, R. (eds.), *Health and Welfare during Industrialization*, University of Chicago Press, Chicago, 1997, pp.47-90.

近代自然法論とスコットランド啓蒙

―自然法から自然史へ―

泉田　渡

1．問題の所在

1）問題の所在

(1) 社会学の視点

　社会学史研究書として定評のある阿閉・内藤編の『社会学史概論』(1957年)によれば，社会学の起源に関して次のような見解がある[1]．すなわち，①原始時代・古代起源説，②近代自然法論起源説，③経験的社会論起源説，④19世紀前半起源説，⑤19世紀末起源説である．社会学は，一般的に言って近代社会の自己認識の科学とされているので，有力な説として，近代自然法論起源説と経験的社会論起源説を挙げることができる．前者は，C・ブリンクマンの『社会学の試図』(1919年)に代表されるものであり，封建的諸勢力に反抗する17, 18世紀の近代自然法論が，国家からの社会の分離を意図したところに社会学の起源を求めた．後者は，W・ゾンバルトの「社会学の起源」[2](1923年)を典型とするものであり，超経験的，演繹的な近代自然法論に対する意識的な対抗理論として台頭した17, 18世紀の経験的社会論が，経験的，帰納的な社会論――その完成形態がスコットランド啓蒙である――を構築しようとしたところに社会学の起源を見い出した[3]．つまり，近代自然法論は，研究対象の観点からみて，経験的社会論は，研究方法の観点からみて，社会学の起源をなすとされるのであるが，両起源説ならびに両理論の関連性について議論は必ずしも確定しているわけではない．

　例えば，A・メンツェルは『自然法と社会学』(1912年)において，政治的，道徳的理念の支配という点では共通性をもっているけれども，自然法論の形而上学的方法と社会学の実証科学的方法は対立するとしたが，『社会学概論』

(1938年)では近代自然法論を社会学史の中に位置づけている[4]．また，H・フライヤーは『現実科学としての社会学』(1930年)において，ブリンクマンとゾンバルトをともに引用しつつ，18世紀のイギリス社会論が「ヨーロッパ社会学の最初の形態」[5]であると述べている．社会学の起源をめぐる問題は，社会学の発展とともに，各国の事情に応じて評価が異なっていく[6]．比較的最近の学史研究においては，近代自然法論と経験的社会論は各国の社会学成立に先行する社会学の源泉として取り上げられているが，両理論の関連性について論じているものはあまりない[7]．

わが国においても，社会学の起源をめぐる問題は各国の社会学成立に先立って検討されることが多いが，両起源説ならびに両理論の関連性については見解が分かれている．その代表的なものとして，両者を並置して近代自然法論を社会学の起源とする見解，両者を並記してともに起源とする見解，近代自然法論起源説を批判して経験的社会論と有機体説を起源とする見解，資本主義社会に対する各国の科学的自覚を起源とする見解，近代資本主義社会＝市民社会の発展と並行して近代自然法論から社会学への移行を説く見解などがある[8]．これらの見解のなかでも新明正道の見解は注目に値する．彼は『社会学要講』(1935年)，『社会学の発端』(1947年)において近代自然法論に社会学の起源を求めたが，『社会学史』(1951年)では次のように主張している．彼によれば，社会学が学問として成立するためには，対象的規定，方法的規定，学問的名称の三契機が決定的な意味を有するが，「社会学は先ず近代自然法論において対象的に規定され，次いで18世紀の経験的社会論において方法的に規定され，最後に19世紀の初頭コントによって学問的名称を与えられるにいたって学問的に完成された」[9]のである．しかしながら彼は，社会学の学問的成立のそもそもの起源は近代自然法論に存していたと述べており，一貫して近代自然法論起源説に立っていると言える．なお，彼は近代自然法論と経験的社会論との関係について，後者が社会の対象的規定において前者から決定的な感化を受け，これによって社会学的な全体的認識の理論として成立し得たとするが，具体的な考察はなされていない．

(2) 社会科学の視点

さて，ここで社会学以外の研究分野の業績に目を向けておこう．経済学者のJ・シュンペーターは『社会科学の未来像』(1915年) において，近代自然法論と社会科学との関係をめぐる先駆的な議論を展開している．彼に従うと，社会科学は本来18世紀に成立したと言う．なんとなれば，すべての科学が依拠する「合法則性」(Gesetzmäßigkeit) は，先ず現世外的な神の意志の作用として，次に世界と同質の精神的な「あるもの」の表われとして，更には何か「自然的なるもの」の表現として，しかも特殊な実在性のある「力」として，そして最後に制約し合う現象間の経験的に適切な関係として順次理解されてきたが，18世紀においてすでに第四の段階に到達していたからである[10]．この第四の段階の「合法則性」の認識を最も明確に示しているのが近代自然法論であり，その意味では近代自然法論とりわけ18世紀の自然法論が社会科学に果たした役割は極めて重要であって，それはエジプト人にとってのナイル河の役割に匹敵するとしている．

シュンペーターの意味する近代自然法論は永遠なる法典といった概念と結びつくそれではなく，「法は社会的必然性から生まれ，その社会的必然性によってのみ理解され得る」と言う前提の上に成り立つものであり，その限りでは法現象に関する理論であるとともに，経験的，科学的理論でもあった．すなわち，近代自然法論は「社会的相互関係」の事実を見い出し，社会科学の対象のすべてを社会的要因の作用の結果として把握することを可能としたのである．それはルネサンス期の「個人の発見」に続く「社会の発見」であった[11]．彼によると，H・グロティウス (Hugo Grotius 1583-1645) によって体系化され，S・プーフェンドルフ (Samuel v. Pufendorf 1632-1694) によって完成された近代自然法論は，すべての実証科学と同様に，その根本において厳密に「帰納的」であったけれども，すべての科学がその発端においてそうであるように，この帰納は不確実で不完全なものであり，スコットランド啓蒙の代表的人物であるA・スミス (Adam Smith 1723-1790) の師とされるF・ハチスン (Francis Hutcheson 1694-1746) に至ってはじめて一切の形而上学的要素を排除し，自立したのである[12]．彼は，広義の社会学の源流は三

つあり，その第一の源流が近代自然法論であり，第二の源流が心理学と倫理学，第三の源流が歴史理論であると述べている[13]．シュンペーターが近代自然法論とスコットランド啓蒙との関連性に触れ，その方法論の意義を読み取っているのは極めて価値あるものであると言ってよいだろう．

社会科学の歴史に深い関心を寄せたG・ブライソンは，18世紀におけるスコットランド啓蒙の道徳哲学が現代の社会諸科学，すなわち心理学，経済学，政治学，人類学，そして社会学の母体であったとする基本的命題の下に，精力的にスコットランド啓蒙に関連する研究成果を世に送り出した．その集大成ともいうべき『人間と社会――18世紀スコットランド学派の研究』(1945年)においてブライソンは次のように論じている[14]．第一に，スコットランド啓蒙は人間の科学が人間の内の最小限の単位つまり人間本性に基本的に関係すると確信していたが，この人間本性には，自然現象が所与の条件の下で作用する様式を備えているのと同じく，確立しかつ秩序立った行動様式があるとみなしていた．この秩序立った様式は，「実証的であれ規範的であれ」，自然の法（ないし法則）とされ，これが作用して，神の栄光，個人の欲求充足ならびに自然社会と市民社会の最高善が実現される．すべての社会制度はこうした法（ないし法則）の作用の所産であり，それ故に究極的には，共通の人間本性の結果であると理解された．秩序正しい宇宙体系全体は，スコットランド啓蒙にとって「自然の単純な計画」を意味した．

第二に，スコットランド啓蒙は類似する基本的な人間本性を前提とするだけでなく，類似する分類可能な慣習をも幅広く観察した．その結果として，人類の諸業績は単一の発展過程の下に位置づけられるとみなされた．この歴史が，後述するように，「推論に基づく（reasoned）」，「自然的な」，「理論的ないし推測的」歴史と呼ばれたのである．第三に，この発展の方向は進歩的であると認識されたが，この進歩の観念は，特殊な時代や社会の人びとの特殊な生活または思考の展開を熟知してはいたけれども，それは特殊的であるが故に考察の対象とはならないと考えられたのである．以上から推し当ててみると，スコットランド啓蒙は神，神学，目的因といった要素が科学的であると意図された議論と大きく関わっており，価値判断と科学的事実とを完全

には分離していなかったということになるだろう.[15]

ブライソンはスコットランド啓蒙の自然の法(ないし法則)が「神の意思と指図の表現としての法(ないし法則)」と,「規則通りに生じた事柄を一般化した記述としての法(ないし法則)」とを二つながら含んでいるとするが,スコットランド啓蒙の実践的,倫理的側面と実証的,経験的側面とをその道徳哲学体系の中に正当に位置づけるべきことを指摘している点で意義深い.なお,ブライソンはJ・デューイを引用して,緒言において「哲学者は概して社会諸科学の分化過程を跡づけることをしないが,社会科学者は逆に,自己の起源を先行する哲学的思索に求めることを怠っている」とする言葉を掲げている.[16] 本稿の問題を考える意味の一つがここに示されているのである.

第二次世界大戦終了直後に,法学の分野において極端な法実証主義の反省から自然法の再生を唱える研究が発表された.H・ロンメンの『自然法の歴史と理論』(1947年),H・ミッタイスの『自然法論』(1948年),A・P・ダントレーヴの『自然法』(1951年)などがそれである.[17] 彼らによれば,若干の評価の相違があるものの,近代自然法論の最大の特徴は自然法の世俗化にあった.この世俗化とは自然法の究極の根拠を神に求めなくなったと言うことであり,逆に言うと,自然法の究極の存在が自明であれば,神の存在は無用となるわけである.グロティウス・プーフェンドルフの学統においては,自然法の一般的妥当性は人間の社会性,すなわち社会的人間本性に基づいて説明された.後にみるように,この社会的人間本性は規範的概念であるとともに経験的概念ともなる方向を指し示しており,極めて重要な概念装置であることは言うまでもない.

注目すべきことは,この世俗化した自然法論が18世紀において「浅薄化」し,「衰退」し,「破壊」されたと指摘されている点である.例えば,ミッタイスは,スミスとJ・ベンサム (Jeremy Bentham 1748-1832) の自由主義体系において,「共同社会(ゲマインシャフト)における人格の自然法から,今や利益社会(ゲゼルシャフト)における個人の自然法が生じた」と論じ,これを自然法の「浅薄化」と呼んでいる.また,ダントレーヴは,自然法概念の合理主義的特性が18世紀において経験主義的,功利主義的思想の衝撃の下に

「衰退」したと述べており，ロンメンも同じく，自然法論の合理主義に対してD・ヒューム（David Hume 1711-1776）の懐疑主義やベンサムの功利主義といった経験主義が，歴史法学派とともに，攻撃を加えて，自然法の「破壊」が図られたと主張している[18]．ヒュームは「理性は感情の奴隷であり，かつまた奴隷であるべきである」，あるいは「理性はわれわれの役に立たない．自然自体がそれに代わり得るにすぎない」と宣言する．かくして人間の道徳原理は永遠の真理にもかつ理性にも依拠することはない．自然法とは是認と否認の道徳的感情の便宜的表現にすぎなくなったのである[19]．問題とすべきは，真にこの自然法の「浅薄化」，「衰退」，「破壊」のプロセスである．それは近代自然法論の第二の世俗化と言えるかもしれない．ただし，スコットランド啓蒙は自らをもはや近代自然法論の徒とは認じていない．

　スコットランド啓蒙に関しては，内外ともに思想史の分野において多くの優れた研究の蓄積があるが，近代自然法論と関連づけた最近の研究として，D・フォーブスの「自然法とスコットランド啓蒙」（1982年），ならびにK・ホーコンセンの『自然法と道徳哲学——グロティウスからスコットランド啓蒙へ』（1996年）を挙げることができる．フォーブスは「18世紀のスコットランドに原型を求めかつ見い出そうとする社会学者もマルクス主義者にとっても，更には最近になってこの分野にその研究を推し進めてきた『シヴィック・ヒューマニズム』の歴史家にとっても，自然法は死角である」[20]と述べて，スコットランド啓蒙と近代自然法論との関連性を解明する必要性を指摘している．

　彼によれば，スコットランド啓蒙は「自然法の受け継がれてきた『経験主義的』伝統をより精密なものにする試み」[21]であった．事実，後述するように，スコットランド啓蒙はその道徳哲学のテキストとしてプーフェンドルフの『二巻の自然法に基づく人間と市民の義務』（以下，『人間と市民の義務』）（1673年）[22]を採用しており，ハチスン，スミス，J・ミラー（John Millar 1735-1801），ケイムズ卿（Lord Kames 1696-1782）の諸著作の構成はほぼプーフェンドルフに従っている（表1参照）[23]．R・オルソンは，スコットランド啓蒙の業績は「プーフェンドルフの第二巻の注釈」[24]であると指摘している．フォーブスに

161

表1．道徳哲学の主題

	S・プーフェンドルフ『人間と市民の義務』(1673)		F・ハチスン『道徳哲学序説』(1747)		A・スミス『法学講義』(1762-3)
自然状態	第1巻：人間の自然（本性）《社会形成性》	自由状態	第1巻：倫理学原理 人間の自然（本性）《道徳感覚》		『道徳情操論』(1759) 人間の自然（本性）《共感》
	第1巻：自然法（私法）		第2巻：自然法原理 自然法（私法）		第1巻：私法
人為状態	第2巻： 1.人間の自然状態 2.結婚の義務 3.両親と子どもの義務 4.主人と奴隷の義務	人為状態	第3巻：家政学原理 1.結婚 2.両親と子どもの義務 3.主人と使用人の義務	家族状態	第1巻：家族法 1.夫と妻 2.親と子 3.主人と使用人(4,5)
	第2巻： 5.国家の起源 6.国家の構造 7.主権の機能 8.統治の形態 11.主権者の義務 12.市民法 16.戦争と平和 17.条約 18.市民の義務 ※		第3巻：政治学原論 4.国家の起源 5.国家の構造と主権の諸部門 6.統治の形態 7.主権者の権利 8.市民法 9.戦争法 10.条約，大使，国家の崩壊	公共状態	第1巻：公法 1.統治の起源 2.統治の本質と形態 3.統治の歴史（〜13） 14.主権者の権利 15.市民権 16.臣民の権利 第2巻：民政

※ { 9.国家権力の特徴　　13.生殺与奪権　　15.財産に及ぼす主権者の権力 }
　 {10.国家権力の獲得方法　14.信望　　（『人間と市民の義務』の諸章）}

よると，社会学は，心理学，歴史学，歴史の経済学的解釈とともに，スコットランド啓蒙における自然法論の「補助科学」であったが，その研究課題を凌駕することになり，自然法論は視界から消えていく傾向にあった．彼はスコットランド啓蒙が自然法の原理を特定の諸事情ならびに古今の歴史状況に適用しようと試みたのであり，それは「グロティウスとC・モンテスキュー(Montesquieu 1689-1755)の結合」[25]であると特徴づけている．ホーコンセンは，スコットランド啓蒙研究の優れたパースペクティブは実践的倫理学なら

第1部　社会と文化

びに倫理化した政治学，自然法学，科学主義の三つであるとし，スコットランド啓蒙の自然法学が実践的倫理学と科学主義をともに総合するのに役立ったとする問題意識の下に，個々の業績の分析を試みている[26].

わが国では，田中正司が『アダム・スミスの自然法学』(1988年) において，スコットランド自然法学の研究はいまだに未開拓の状態にあるが，「18世紀のスコットランドを舞台に展開された自然法学の道徳哲学（道徳感覚主体）化の過程とその内実は，啓蒙の社会科学の動向を大きく規定したもので，社会科学の経験・主体化に不可欠の役割を果たしていた[27]」と論じ，その

J・ミラー 『階級区分起源論』 (1779)	L・ケイムズ 『人間史概要』 (1774)
	第1巻：社会から独立した人間の進歩 1.食料と人口の進歩 2.財産の進歩 3.商業の起源と進歩 4.諸技芸の起源と進歩 5.習俗 6.女性の進歩 7.奢侈の進歩と結果
1.女性の地位と境遇 2.子どもに及ぼす父親の権威	
3.部族員に及ぼす首長の権威 4.社会に及ぼす主権者の権威 5.統治の変動	第2巻：社会における人間の進歩 1.国家の起源 2.統治の概説 3.統治の形態と比較 8.財政 9.民政
6.使用人に及ぼす主人の権威	第3巻：科学の進歩

解明の進展が期待されるとしている．近代自然法論とスコットランド啓蒙の道徳哲学との関連で社会科学の経験主義化を考察するのはシュンペーター以来の研究課題であると言えよう．

本稿の目的は，以上の研究をふまえて，スコットランド啓蒙の道徳哲学のテキストとして採用されたプーフェンドルフの『人間と市民の義務』にはじまり，ハチスン，スミス，ミラーの主要な著作を社会学の視点から検討することによって，近代自然法論とスコットランド啓蒙の関連性を探るとともに，

社会学の起源・成立の問題を再検討すべき必要性を提起することにある．そこでの主要な論点は，スコットランド啓蒙において「自然法から自然史へ」の転換が図られ，社会学の源流の一つが形成されたとするところにある．

2）予備的考察

さて，具体的な検討を行なう前にあらかじめ予備的考察をしておきたい．

(1) グロティウス

近代自然法論は，グロティウスが創設し，プーフェンドルフが体系化したとされるが，その最大の特徴は，先に述べたように，自然法の世俗化にあった．この世俗化した自然法を最も端的に表現したものが，グロティウスの『戦争と平和の法』(1625年) の序言における有名な章句——「たとえ神が存在しないとしても，あるいはまた神が人間を顧慮しないとしても，自然法は妥当する」[28]——である．彼はこのすぐ後段で，自然法は神に帰するとも述べており，自らの敬虔なる信仰心を吐露してはいるが，それにもかかわらず仮定的な立場からにせよ，神の存在に疑問を投げかけざるを得なかったのは，宗教改革とその後に続く宗教戦争の過程において，神の権威が社会の統合原理となり得なくなっていたことを如実に示すものであると言ってよいだろう（ただし，中世末期には類似の命題があった）[29]．

神の権威に依拠できないとすれば，自然法の研究は人間と人間社会に基づくしかない．彼は自然法を説明する方法として，アプリオリな方法とアポステリオリな方法を挙げている[30]．前者は，自然法が人間の理性的，社会的本性と必然的に一致するか否かを証明する方法であるが，明敏な洞察力を必要とする．後者は，すべての民族あるいは少なくともすべての文明的民族の間で共通する法確信に従って自然法を導き出す方法であり，絶対的ではないけれどもあらゆる蓋然性を有し，かつ親しみやすい．グロティウスは後者の方法を多く用いており，聖書を含めた古今の文献と歴史を広範囲にわたって引用している．彼は神学的前提に依存しない法理論を構築することを目標としたのであり，ダントレーブによれば，自然法に対するグロティウスの独創的な

貢献は「その内容においてではなく，その方法においてである」[31]．この方法こそが自然法の世俗化を促したのであり，フォーブスの言う自然法の経験主義的伝統の一環となって，スコットランド啓蒙に継承されていくのである．

なお，R・L・ミークが，グロティウスの財産の歴史的起源に関する見解は社会発展の四段階説（four stage theory）にとって極めて意義のあるものであったと指摘していることに留意しておきたい[32]．社会発展の四段階説は，異なる生存様式（modes of subsistence）に基づく連続的な段階を経て社会は発展を蒙るとする理論であり，その連続的段階とは狩猟・採集段階，牧畜段階，農業段階，商業・マニュファクチュア段階の四つである．重要な点は，各段階が異なる政治形態あるいは人間の生涯に模した異なるライフサイクルにではなく，異なる生存様式に基づくとし，これらの異なる生存様式がある意味で決定的な要因であると把握されているところにある．ミークによれば，グロティウスは社会の起源と発展ではなく，財産私有権の起源と発展に関心を寄せているが，私有が人口の増加，土地の状態，特定の技芸（例えば，農業，牧畜など）の性質，生存のためにとられる勤勉の種類に基づいて連続的に展開することを強調している．これらの生存様式の変化が所有権の変化の主要因であるとすると，それらはまた社会全体の変化の主要因ともなる．この分析方法はプーフェンドルフやJ・ロック（John Locke 1671-1713）らによって発展され，スコットランド啓蒙において四段階説として結実する[33]．

(2) プーフェンドルフ

グロティウスは30年戦争の進行する中で，戦争を回避し平和を維持するために，いかにして市民社会を確立するかを問題にした．これに対してプーフェンドルフはウェストフェリア体制の成立の下に，市民社会の有用な成員となるために，人間はどのように行動すべきかを追求していく．彼は大学の教壇において自然法をはじめて講義したと言われているが，グロティウスを高く評価し，「この学問分野［自然法論］の重要性を現代に唱えた最初の人物である」[34]と賞賛する．だが例の有名な章句を「不遜で不条理な仮説」[35]であり，支持できないと退ける．彼は『人間と市民の義務』の序文において，この著

作の目的が自然法の重要な課題の説明にあると明記した後に，独自の立場から自然法と神学とを截然と分離し，近代自然法論の世俗化を促進する．グロティウスの仮定が現実的な命題となっていくのである．彼によれば，「この学問分野は市民法学，医学，自然科学，数学に劣るものではない」[36]．

『人間と市民の義務』の第一巻において彼は，自然法の必要性と実在性を説明する鍵は「人間の本性と性格」の精査にあると断言し，人間本性論を展開する．それはグロティウスの社会的性向（appetitus socialis）を継承した社交性（socialitas）の理論であった[37]．彼の社交性の概念は，T・ホッブズ（Thomas Hobbes 1588-1679）とグロティウスを統合したものであり[38]，社会生活に必要な規範的概念として論じられているが，他方では経験的概念として把握される方向をも指し示している．彼は，自然法は社会生活において養われると述べているが[39]，自然法が社会生活に担保されるのであれば，自然法の基礎である社交性もまた社会生活において培われると考えられるからである．この「道徳概念と法を外部から課す」[40]と言う考え方は近代自然法論の十分条件でも必要条件でもないけれども，社会学にとって極めて有意義であることは論をまたない．彼はこの「社交性の法」，すなわち「人間社会の有益な成員となるために人間がいかに行動すべきかを教える法」[41]が自然法であると規定する．これを「人間社会の成員となるために人間がいかに行動するかを考える学問」と読み替えると，それは真に社会学そのものとなるだろう．スコットランド啓蒙の人間本性論は，ハチスンの道徳感覚論，スミスの共感論として展開されるが，グロティウス，プーフェンドルフの社会的人間本性論と比較対照する試みも有用であると思われる．

『人間と市民の義務』の第二巻の冒頭において彼は，自然状態と人為状態を区分する．彼の自然状態は，孤立した個人を前提とするものでなく，自然的自由が存在する状態であるが[42]，現実的歴史的状態か仮説的分析装置か長く議論の的になってきた[43]．それは，後述するように，社交性の理論と同じく，両義性をみせている[44]．強調すべき点は，この自然状態と人為状態の区分によって国家と社会の二分法が成立し，シュンペーターが指摘する「社会の発見」を可能にしたと言うことである．言い換えると，社会理論において，「政治

的カテゴリーが凋落し，社会的カテゴリーが上昇する[45]」契機となるのである．人為状態論において彼は，国家と主権の構成要因である家族を生み出す結婚生活の検討から始める．ここで家族生活の意義を近代において説いた源泉の一つが近代自然法論であったことを再確認すべきであろう．伝統的な社会理論の中心的課題は徳の啓発ならびに公共生活の確立にあり，その限りでは，男女の愛情および夫婦・親子の家族の絆といった私生活は否定的にしか扱われなかった．これに対してプーフェンドルフは異なる見解を示した．彼によれば，「結婚は社会生活の最初の実例であり，同時に人類の温床である[46]」．この表現だけを問題にするならば，それは真に社会学の命題そのものであると言ってよい．彼は夫婦関係（男女関係はこの関係に含まれる），親子関係，主人使用人の関係を支配服従関係という視点から，その起源，根拠，義務の範囲などを考察している．更に彼は国家の起源，その内部構造，主権の機能，統治の形態などの分析を試みている．家族生活においても国家においても彼が「同意」の必要性を論じていることは看過されてはならない．

　プーフェンドルフは『人間と市民の義務』の第一巻において，すべての人間に適用する義務，第二巻において，自然状態，家族，国家といった基本的で普遍的な人間社会の成員としての人間に適用する義務を順序だてて説明することによって，自然法論を社会理論へ転換させる道筋を立てたのである[47]．ミークの指摘した四段階説に触れておこう．彼はとりわけ主著の『自然法と国際法』(1672年)[48]において，歴史資料などを駆使しながらグロティウスの説を発展させている．ミークによれば，彼は所有権の起源と発展の主要因，従って社会発展の主要因として，人口の成長と洗練ないし勤勉の増大とに重きを置いており，また，狩猟・採集，牧畜，農業の三つの生存様式は連続的ではなく，初期の時代から社会に併立していたとみなしていた[49]．

(3) ハチスン

　プーフェンドルフの諸著作，とくに彼の『自然法と国際法』および『人間と市民の義務』は，ヨーロッパとりわけプロテスタント諸国において一世紀以上にわたって自然法のテキストとして流布したが，スコットランドの諸大

学に近代自然法論の伝統を確立したのは，G・カーマイクル（Gerschom Carmichael 1672-1729）であった．彼は1727年に教育改革を図ったグラスゴー大学の初代の道徳哲学教授であり，プーフェンドルフを高く評価し，『人間と市民の義務』をグラスゴー大学の道徳哲学の指定教科書に採用して，彼自身の注釈版（1693年）を刊行している．彼は注釈版の序文において，「真の道徳哲学は，人間生活の個々の事情において必要とされる人間と市民の義務を，事物の自然（本性）に基づく明白な諸原理から引き出し説明する哲学以外の何ものでもない」と論じ，道徳哲学が自然法の学問であることを明確に位置づけた．この時代の自然法論は道徳哲学と同一視されていたのである[51]．ただし彼は，「プーフェンドルフによって余りにも帰着せしめられすぎた人間の場からより崇高な神の場へ，道徳哲学を高めようと努めてきた」と述べており，その意味では「スコットランドにおける旧い哲学と新しい哲学を結びつける絆」として特徴づけられている．

ハチスンは，カーマイクルの後継者としてグラスゴー大学の道徳哲学教授となり，その後長くこの職に留まって後進を指導し，多大な影響を及ぼした．スミスはグラスゴー大学の名誉総長に選出された際に，「決して忘れられぬハチスン博士」と呼んで，その学恩に謝意を表わしており，ハチスンが「スコットランド啓蒙の父」であるとする評価はほぼ定まっている．彼は道徳哲学教授就任後しばらくはカーマイクルに倣って，『人間と市民の義務』を教科書として用いていたが，やがて彼自身のノートに基づいて講義を行なっている．『道徳哲学序説』（1747年）の序文においてハチスンは，古代ではキケロ（Cicero 前106-43）とアリストテレス（Aristotelès 前384-322）に，現代ではプーフェンドルフの『人間と市民の義務』ならびにカーマイクルの注釈版に多くの恩恵を受けていると述べている．

彼によれば，哲学は理性的ないし論理的哲学，自然哲学，道徳哲学に三分され，道徳哲学は徳の本性を教授し，心の性向を規制する厳密な意味での倫理学と自然法の知識から成り立つ．更に後者は，①私権法——自然的自由において達成される法と権利，②家政学——家族の各成員の法と権利，③政治学——世俗的統治の多様な構想ならびに国家相互に関する各国家の権利の立

証,に区分される.彼はこの区分に従って,『道徳哲学序説』の第一巻において「倫理学原理」,第二巻において「自然法原理」,第三巻において「家政学原理および政治学原理」を論じている.彼の道徳哲学の構成とプーフェンドルフの『人間と市民の義務』の構成はほぼ完全に対応している.

ハチスンの『道徳哲学序説』は近代自然法論とりわけプーフェンドルフの『人間と市民の義務』を方法的にも対象的にも批判的に継承しているとみることができる.すなわち彼は,方法的には,ロック,シャフツベリ伯(the third Earl of Shaftesbury 1671-1713)に準拠する道徳感覚論を展開することによって,人間と社会を経験的に把握する方法を開拓するのに寄与したのである.彼によれば,道徳感覚(moral sense)とは自己のみならず他者を志向し,現在だけでなく過去と未来をも対象とする仁愛を是認する能力であり,人間は生まれながらにしてこの道徳感覚を備えている.それは「外面的な利益と害悪の恐れ」のみに依拠するプーフェンドルフの社交性概念を経験的に批判し,再定義した人間本性論であったとも言えるだろう.対象的には彼は,この道徳感覚を有する人間によって営まれる社会が国家とは別個の自律的,自動的な自己調整力をもつ秩序であるとする見解を促進して,「社会を支える柱としての政治的秩序ではなく,政治秩序の土台となっている社会」を確立するのに力を添えた.プーフェンドルフの契約説にほぼ忠実に従いながらも,自由状態も公共状態もともに一長一短があるとしたのもその証左である.ところで,ハチスンは所有権の起源が人間の自己保存に必要な勤勉と労働にあるとするが,歴史的考察は少なく,四段階説もみられない.

(4) スミス

ハチスンを賞賛したスミスは周知のごとく,スコットランド啓蒙の巨星であり,ハチスンの後任であるT・クレイギー(Thomas Craigie ?-1751)の後継者としてグラスゴー大学の道徳哲学教授となった.スミスの道徳哲学体系は,彼の弟子であり,後にグラスゴー大学民法教授として彼の同僚となったミラーによって,スミスの伝記を著したD・スチュアート(Dugald Stewart 1753-1828)に伝えられた.それは四部門に区分されていた.第一部門は自

然神学であり，神の存在と諸属性の証明，および宗教の基礎となっている人間の心の諸原理を考察した．第二部門は厳密な意味での倫理学を包括し，『道徳情操論』(1759年)[63]に発表された諸学説から主として成り立っていた．第三部門は正義の原理に基づくものであり，公法，私法の双方にわたる法学の進歩の探求，生計の維持と財産の蓄積に貢献しつつ，法と統治のなかに対応的な改善と変革を生み出した諸技芸の影響を指摘した．第四部門は便宜の原理に基づくものであり，国家の富，権力および繁栄を増大するように計算されている政治的諸原則を検討した．この部門は『国富論』(1776年)[64]として公刊された著作の実質を含んでいた．

『道徳情操論』における共感 (sympathy) とは，想像上の立場の転換 (imaginary change of situation) によって，われわれが他者の立場に身を置き，その立場が生み出しがちな感情や情念を自分自身のものとして感ずると言う人間の自然 (本性) の原理を指す．このような他者の感情への参与，あるいは他者と自己との想像上の同一化は，他のいかなる原理にも還元できない人間固有のものである．しかも共感の原理は，単なる心理的な感情移入 (empathy) の域を越える意味をもつ．彼はこの共感を通じて人間の感情ならびに意識が社会性を獲得していく過程を描き出していくのである．それはすぐれて社会学的な意味をもつものであった．ブライソンによれば，スミスの共感は慈恵のごとき徳目ではなく，コミュニケーションの原理であり，他者の立場に身を置き，「他者の目を借りて」世界を理解し，自己の感受性を通して自他の是認と否認を感ずる想像力を意味している．それは同胞感情 (fellow feeling) であって，哀れみでも同情でもなく，いかなる同胞のいかなる事柄に対してもなされ得る感情の参与と言う極めて積極的な原理を示すものであった．従って，社会は共感の膨大なネットワークとして現れるのであり，諸個人は自己の同胞の願望や判断によって制御される．基本的なものは個人ではなく，「個人と想像上の個人の関係」にあったのである．[65]スミスの「公平な観察者」(impartial spectator) ないし「内なる裁判官」(judge within) は，F・H・ギディングズの「同類意識」，C・H・クーリーの「鏡に映る自我」をはじめとして，G・H・ミードの「一般化された他者」，S・フロイトの

「超自我」をも包含する概念であり，今日の社会学ないし社会心理学の人間論の一つの起点となっていると言えるだろう．

スミスはその死去の直前に刊行された『道徳情操論』の第六版 (1790年) において，「この著作の第一版 (1759年) の最終節で，法と統治の一般的諸原理の説明，ならびにそれらの原理が社会のさまざまな時代と時期において，単に正義に関する事柄だけでなく，国内行政，歳入，軍事，さらには法の対象であるその他のすべての事柄に関して，蒙ってきたさまざまな変革の説明を与えるのに努めたいと述べた」が，『国富論』において少なくとも国内行政，歳入，軍事に関する限りは約束を果たしたとはいえ，法学理論に関しては完成していないけれども，この構想を全く放棄したわけではないと語っている[66]．彼が終生にわたって意図した法学理論とはいかなる性質を有するものであろうか．スミスによれば，「正義の自然的諸規則の探究」は「厳密に言うと自然法学と称することのできる体系」あるいは「すべての国民の諸法を貫き，それらの法の基礎となるべき一般的諸原理」の構築を意味している．彼はグロティウスをこの「一般的諸原理」を世界に示そうとした最初の人であったと評価しており[67]，彼の法学理論が近代自然法論に基づくものであったことは明らかである．しかしながら他方では，彼はその法学理論の一端を示す『法学講義』(1766年) において「自然状態は存在しない」と述べており[68]，自然法論の理論枠組を越えようともしている．

注目すべき点は，スチュアートが「この主題［正義論］に関して，彼［スミス］はモンテスキューから示唆されたと思われる計画に従った」[69]と指摘していることである．彼は別の論考において『道徳情操論』の最終節を再度引用した後に，『戦争と平和の法』の非常に多くの部分を占める政治，倫理，歴史の諸問題が相互に明白な関連性もなく，あるいは共通の目標ぬきで考察されており，スミスの描いたグロティウスの主題は見失われていると裁断している[70]．スチュアートによれば，自然法を普遍的法の模範とする最大の欠点は，法を過度に抽象化し，社会の特殊な諸事情を具体的に論じていないところにあった．彼は自然法を「分かりにくい怪物」(an obscure phantom) と呼ぶベンサスを援用し，抽象的な法体系は構想と言う点では等しく非哲学的

であり，施行と言う点では実用的ではないとする見解に賛意を示している[71]．これに対して，モンテスキューの『法の精神』(1747年) の主題は，「法がいかにあるべきかではなく，人類の自然的，道徳的な諸事情の多様性がいかにして人びとの政治制度と国内法規の多様性を生み出すのに寄与しているのかを説明すること」[72]にあった．すなわち「モンテスキューは法を主として社会の諸事情から起源するものとみなし，人類の進歩のさまざまな段階において発生する，人びとの条件の変化から，人びとの諸制度が蒙る対応的な諸変革を説明しようと試みた」[73]のである．スチュアートはモンテスキューが「法学を歴史と哲学に関連づける偉大な思想」を確立し，彼の時代以降，この研究は大きく前進したと述べている[74]．彼はスミスの法学理論がこのようなモンテスキューの理論に影響を受けているとみたのである．

スチュアートはスコットランド啓蒙が推進したこの系譜の研究を「理論的ないし推測的歴史」(Theoretical or Conjectural History) と名づけ，また「自然史」(Natural History),「合理的歴史」(Histoire Raisonnée) とも表わすことができるとしている[75]．それは経験と観察に依拠して社会的事実を発生的に記述するものであるが，スコットランド啓蒙は，スチュアートの表現に従うと，次のような説明原理を獲得するに至るのである．「人間精神の諸能力はあらゆる時代において同一である．そして……人類によって示される諸現象の多様性は人びとが位置づけられている個々の諸事情の単なる結果にすぎない．この基本的で指導的な観念を，その一切の多様な側面において，社会の自然的ないし理論的歴史に，すなわち，言語，技芸，科学，法，統治および宗教の歴史に適用したこと——このことこそ18世紀後半の独特の栄誉であり，その哲学に固有の特徴を形作っているのである」[76]．かくして，スコットランド啓蒙は「自然法から自然史へ」の転換を図ることによって，ここにみられるような社会学的思考の原型を確立したのである．本稿では，近代自然法論には経験的伝統があったとみているので，この転換は近代自然法論からの単なる断絶とは考えていない．近代自然法論が法現象に関する理論であるとともに，経験的，科学的理論であったとする20世紀初頭のシュンペーターの先駆的な指摘は極めて示唆に富むものであったのである．〔未完〕

第 1 部　社会と文化

付記

　本稿は，泉田渡「スコットランド啓蒙と近代自然法——F・ハチスンの『道徳哲学序説』について——」『社会学論叢』第167号，日本大学社会学会，2010年3月　の一部に加筆修正を加えたものである．

注

1 ）阿閉吉男・内藤完爾編，1957，『社会学史概論』勁草書房，8 - 30頁．
2 ）Brinkmann, C., 1919, *Versuch einer Gesellschaftswissenshaft,* München: Verlag Dunker & Humblot, p.16.
3 ）Sombart, W., [1923] 1975, "Die Anfänge der Soziologie" Palyi, M., ed., *Hauptproblem der Soziologie: Erinnerungsgabe für Max Weber,* New York: Arno Press, pp.3 - 19.
4 ）Menzel, A., 1912, *Naturrecht und Soziologie,* Wien und Leipzig: Carl Fromme, p.23, 1938, *Grundriss der Soziologie,* Baden bei Wien und Leipzig: Rudolf M. Rohrer, pp.21 - 28.
5 ）Freyers, H., 1930, *Soziologie als Wirklichkeitswissenschaft,* Leipzig : B.G. Teubner.（＝1944，福武直訳『現実科学としての社会学』日光書院，145 - 147頁）
6 ）Gurvitch, G. and Moore, W.E., eds., [1945] 1971, *Twentieth Century Sociology,* New York: Books for Libravies Press.（＝1958，溝口靖夫・難波紋吉訳「イギリス社会学」『二十世紀の社会学』誠信書房，1 - 39頁，樺俊雄訳「ドイツ社会学」『二十世紀の社会学』誠信書房，1 - 41頁）
7 ）Bierstedt, R., 1978, "Sociological Thought in the Eighteenth Century" Bottmore, T. and Nisbet, R., eds., *A History of Sociological Analysis,* New York: Basic, Inc.（＝1982，今津孝次郎訳『社会学の成立①—十八世紀における社会学思想—』アカデミア出版会），Szacki, J., 1979, *History of Sociological Thought,* Westport: Greenwood Press, pp.34 - 45, 69 - 82, Swingewood, A., 1984, *A Short History of Sociological Thought,* London and Basingstoke: Macmillan.（＝1988，清野正義・谷口浩司・鈴木隆訳『社会学思想小史』文理閣，17 - 38頁）
8 ）泉田渡，2010，「スコットランド啓蒙と近代自然法—F．ハスチンの『道徳哲学序説』について—」『社会学論叢』第167号，日本大学社会学会，55 - 56頁．
9 ）新明正道，[1951] 1983，『社会学史』（『新明正道著作集［第五巻］』誠信書房，159頁），1935;『社会学要講』弘文堂 1947;『社会学の発端』有恒社．

10) Schumpeter, J.A., 1915, *Vergangenheit und Zukunft der Sozialwissenschaften,* München und Leipzig, Verlag Duncker & Humblot. (=1980, 谷嶋喬四郎訳『社会科学の未来像』講談社, 39-40頁)
11) Schumpeter, J.A., ibid., (谷嶋訳, 59, 68頁)
12) Schumpeter, J.A., ibid., (谷嶋訳, 61, 67頁)
13) Schumpeter, J.A., ibid., (谷嶋訳, 71-72頁)
14) Bryson, G., [1945] 1968, *Man and Society; The Scottish Inquiry of the Eighteenth Century,* New York: Augustus M. Kelley, pp.239-245.
15) Bryson, G., ibid., pp.243-244.
16) Bryson, G., ibid., preface, p.245.
17) Rommen, H.A., 1947, *Die ewige Wiederkehr des Naturrechts.* (=1956, 阿南成一訳『自然法の歴史と理論』有斐閣); Mitteis, H., 1948, *Über das Naturrecht.* (=1971, 林毅訳『自然法論』創文社); D'Entrèves, A.P., 1951, *Natural Law.* (=1952, 久保正幡訳『自然法』岩波書店)
18) Mitteis, H., ibid., (林訳, 43頁)., D'Entrèves, A.P., ibid., (久保訳, 79-80頁)., Rommen, H.A., ibid., (阿南訳, 111頁)
19) Rommen, H.A., ibid., (阿南訳, 113頁)
20) Forbes, D., 1982, "Natural Law and the Scottish Enlightenment" Campbell, R.H. and Skinner, A.S., eds., *The Origins and Nature of the Scottish Enlightenment,* Edinburgh: John Donald Publishers Ltd., p.186.
21) Forbes, D., ibid., p.189.
22) Pufendorf, S., [1673], *De Officio Hominis et Civis Juxta Legem Naturalem Libri Duo,* (Tully, J., ed., Silverthorne, M., trans.) 1991, *On the Duty of Man and Citizen According to Natural Law,* Cambridge University Press.
23) Olson, R., 1998, "Sex and status in Scottish Enlightenment social science" *History of the Human Science,* 2, pp.73-100.
24) Olson, R., ibid., pp.75-80, 82.
25) Forbes, D., op. cit., pp.201-202.
26) Haakonssen, K., 1996, *Natural law and moral philosophy,* New York: Cambridge University Press, p.5.
27) 田中正司, 1988, 『アダム・スミスの自然法学』御茶の水書房, iv頁.
28) Grotius, H., [1625], *De Jure Belli ac Pacis Libri Tres,* (Scott, J.B., ed., Kelsey, F.W., et al., traus.), [1925] 1995, *On the Law of War and Peace,*

Buffalo, New York: William S. Hein & co., Inc. (＝1949‐1951, 一又正雄訳『戦争と平和の法』厳松堂, 第一巻, 9‐10頁)
29) Mitteis, H., op. cit., (林訳, 37頁.), 加藤新平, 1952, 『新版法思想史』勁草書房, 61‐63頁)
30) Grotius, H., op. cit., (一又訳, 第一巻, 56‐57頁)
31) D'Entréves, A.P., op. cit., (久保訳, 75頁)
32) Meek, D.L., 1976, *Social science and the ignoble savage*, Cambridge: Cambridge University Press, p.14.
33) Meek, D.L., ibid., pp.5‐36.
34) Pufendorf,S., [1672], *De Jure Naturae et Gentium Libri Octo*. (Carr, C.L., ed., Seidler, M.J., trans.), 1994, "On the Law of Nature and of Nations in Eight Books." Carr, C.L., ed., Seidler, M.J., trans., *The Political Writings of Samuel Pufendorf,* New York, Oxford: Oxford University Press, p.95.
35) Pufendorf, S., ibid., pp.154‐155.
36) Pufendorf, S., [1673] 1991, op. cit., p.13.
37) Pufendorf, S., ibid., p.35, Grotius, H., op. cit., (一又訳, 第一巻, 8頁)
38) Carr, C.L., 1994, "Editor's Introduction" Carr, C.L., ed., Seidler, M.J., trans., p.3; 和田小次郎, 1951, 『近代自然法学の発展』有斐閣, 98‐100頁.
39) Pufendorf, S., op. cit., p.37.
40) Tully, J., [1673] 1991, "Editor's Introduction" Tully, J., ed., Silverthorne, M., tans., op. cit., p.xvii.
41) Pufendorf, S., [1673] 1991, op. cit., p.35.
42) Pufendorf, S., ibid., p.116.
43) Pufendorf, S., ibid., p.117.
44) Hont, I., 1987, "The language of sociability and commerce: Samuel Pufendorf and the theoretecal foundations of the 'Four-Stages Theory'" Pagden, A., ed., *The Languages of political theory in early-modern Europe,* Cambridge: Cambridge University Press, p.260; Seidler, M., (trans and intoro.) 1990, *Samuel Pufendorf's On the Natural State of Men,* Lewiston: The Edowin Mellen Press, pp.30‐36.
45) Wolin, S.S., 1960, *Politics and Vision,* London, George Allen & Unwin Ltd. (＝1975, 尾形典男ほか訳『西欧政治思想史 iv』福村出版, 24頁)
46) Pufendorf, S., [1673] 1991, op. cit., p.120.

47) Tully, J., op. cit., pp.xxiii-xxiv.
48) Pufendorf, S., [1672] 1994, op. cit.
49) Meek, D.L., op. cit., pp.17-20.
50) Carmichael, G., (Moore. J. and Silverthorne, M., eds.), [1693] 2002, *Natural Rights on the Threshold of the Scottish Enlightenment: The Writings of Gershom Carmichael,* Indianapolis: Liberty Fund, p.10.
51) Rommen, op. cit., (阿南訳, 79頁)
52) Carmichael, G., op. cit., p.17.
53) McCosh, J., 1874, *The Scottish Philosophy,* New York: Robert Carter and Brothers, p.36: Moore, J. and Silverthorne, M., 1983, "Gershom Carmichael and the Natural Jurisprudence Tradition in Eighteenth-Century Scotland" Hont, I. and Ignatieff, M., eds., *Wealth and Virtue.* (=1990, 篠原久訳「ガーショム・カーマイクルと一八世紀スコットランドにおける自然法学の伝統」水田洋・杉山忠平監訳『富と徳』未來社, 123頁.
54) Rae, J., [1895] 1965, *Life of Adam Smith,* New York: Augustus M. Kelley. (=1972, 大内兵衛・大内節子訳『アダム・スミス伝』岩波書店, 516頁)
55) McCosh, J., op. cit., p.36; Buckle, H.T., 1891, *History of Civilization in England* [Ⅲ], London: Longmans, Green, and Co., p.292., Turco, L., 2007, "Introduction" Hutcheson, F., (Turco, L., ed.) [1747] 2007, *Philosophiae Moralis Institutio Compendiaria with A Short Introduction to Moral Philosophy,* Indianapolis: Liberty Fund, p.ix. (=2009, 田中秀夫・津田耕一訳『道徳哲学序説』京都大学学術出版会)
56) Hutcheson, F., ibid., (田中・津田訳, 6頁)
57) Hutcheson, F., ibid., (田中・津田訳, 5-6頁)
58) Turco, L., op. cit., p.xii., Hutcheson, F., op. cit., (田中・津田訳, 335-336頁)
59) Wolin, S.S., op. cit., (尾形ほか訳, 59頁)
60) Hutcheson, F., op. cit., (田中・津田訳, 335-336頁)
61) Hutcheson, F., ibid., (田中・津田訳, 188頁)., Meek, D.L., op. cit., p.29.
62) Stewart, D., [1793] 1966, "Account of the Life and Writings of Adam Smith LL. D" *Biographical Memoir of Adam Smith by Dugald Stewart,* The Adam Smith Library—Reprint of Economic Classics, Kelley. (=1984, 福鎌忠恕訳『アダム・スミスの生涯と著作』御茶の水書房, 11頁)
63) Smith A., (Raphael, D.D. and Macfie, A.L.,eds.), [1759] 1976, *The*

Theory of Moral Sentiments, Oxford: Oxford University Press.（＝1969・1970，米林富男訳『道徳情操論［上・下］』未來社，1973，水田洋訳『道徳感情論』筑摩書房）

64) Smith A., (Campbell, R.H. and Skinner. A.S., eds.), [1776] 1976, *An Inquiry into the Nature and Causes of the Wealth of Nations,* Oxford: Oxford University Press.（＝1969，大内兵衛・松川七郎訳『諸国民の富［Ⅰ・Ⅱ］』岩波書店）

65) Bryson, G., 1939, "Some Eighteenth-Century Conceptions of Society" *The Sociological Review,* vol.XXXI, pp.411-412.

66) Smith A., [1759] 1976, op. cit., (米林訳, [上], 37-38頁, 水田訳, 442頁)

67) Smith A., ibid., (米林訳, [下], 707-709頁, 水田訳, 434-435頁)

68) Smith A., (Meek, R.L., Raphael, D.D. and Stein, P.G., eds.), [1762-3 (A)・1766 (B)] 1978, *Lectures on Jurisprudence,* Oxford: Oxford University Press.（＝2005，水田洋訳『法学講義』岩波書店, 21頁)

69) Stewart, D., op. cit., (福鎌訳, 11頁)

70) Stewart, D., (Hamilton, W., ed., [Reprint] Haakonssen, K., intro.), [1854] 1994, "Dissertation: exhibiting the progress of metaphysical ethical and political philosophy since the revival of letters in Europe" *The Collected Works of Dogald Stewart,* vol.I, Bristol: Thoemmes Press, pp.183-184.

71) Stewart, D., ibid., p.187.

72) Stewart, D., ibid., p.189.

73) Stewart, D., [1793] 1966, op. cit., (福鎌訳, 39頁)

74) Stewart, D., [1854] 1994, op. cit., pp.190-191.

75) Stewart, D., [1793] 1966, op. cit., (福鎌訳, 38頁)

76) Stewart, D., [1854] 1994, op. cit., pp.69-70.

第 2 部　人口と家族

結婚と家族の地域性
—岩手県遠野市を事例として—

工藤　豪

1．はじめに

　日本社会の地域性に関する研究は，これまで家族・結婚・親族・村落などを題材として展開されてきた．近年，親族や村落については研究対象として考察されることが稀少となっているが，家族および結婚については今なお存在意義は大きい．しかし，家族の地域性研究は比較的活発に行われているのに対し，結婚の地域性研究は十分に行われているとは言い難いように思われる．

　そこで，本稿では「未婚化」に焦点をあてて，結婚の地域性研究を試みることにしたい．では，このような研究の実践的意義はどこに見出せるのであろうか．

　清水浩昭は，家族における地域性研究の意義について，日本の高齢者介護は家族が支援するシステムが支配的であり，その中で，高齢化社会日本の家族と介護を地域性の視点から解明することは，それぞれの地域に根ざした高齢者介護への途を切り開くことになるとしている（清水 2013：16-17）．

　しかるに，日本の婚外子割合が欧米諸国に比べてきわめて低く，「少子化を考える上で，未婚化は特に重要」（中川 2011：60）とされる中で，少子化社会日本の結婚を地域性の視点から解明することは，それぞれの地域に根ざした少子化対策（結婚支援）を展開するにあたり，貴重な基礎資料となり得るのではないかと考えている．

2．地域性研究の展開と特徴

1）地域性研究の展開

　上野和男（1992）によれば，1950年前後に地域性研究の出発点となる研究

が存在したという．それは第一に，農村社会に焦点をあてた福武直（福武 1949）の研究，第二に，日本民族文化に焦点をあてた岡正雄（岡 1979）の研究，そして第三に，家族論に焦点をあてた大間知篤三（大間知 1975a, 1975b）の研究である．

　これらの研究は，その後さまざまな学問分野へと展開された．まず，1960年代からは，蒲生正男（蒲生 1960, 1982），住谷一彦（住谷 1963），江守五夫（江守 1976, 1998）等，民族学や社会人類学の分野を中心として日本の村落構造に焦点をあてた研究が活発に行われた．また，同時期に行われた，泉靖一（泉ほか 1978）を中心とする東京大学文化人類学研究室の研究は，文化人類学の大林太良（大林 1990）等によって文化領域としての地域的分布を明らかにする試みへと継承されていった．さらに，生態環境や文化の流入に注目した民族学の佐々木高明（佐々木 1993），方言を題材とした国語学の大野晋（大野 1981），生活様式を題材とした民俗学の宮本常一（宮本 1981）等の研究も貴重な成果として指摘できる．1980年代以降では，考古学の都出比呂志（都出 1989）や人類学の埴原和郎（埴原 1995）等が活発な研究を行っている．

　2000年以降の展開をみると，家族社会学，歴史人口学，人口地理学などの分野での成果が顕著になりつつある．家族社会学では，清水浩昭（清水 1992）が「直系家族制」と「夫婦家族制」が地域を異にして併存してきたという考え方を立証しようと試みてきたが，近年の「全国家族調査」の結果を分析した加藤彰彦（加藤 2009）は，日本の家族が「直系家族制」から「夫婦家族制」に変化したとはいえないことを明らかにするとともに，直系家族における地域性を「単世帯型・複世帯型」と位置づけた．また，歴史人口学では，速水融（速水 2009）が伝統日本における人口・家族の地域的特性を明らかにしてきたが，近年では，徳川期後半における結婚パターンの地域差を比較分析した黒須里美（黒須 2012）等の研究も行われている．そして人口地理学では，『国勢調査』から未婚率の地域差を示した由井義通（由井 2007）の研究，未婚率における地域差の要因について人口性比から接近した石川義孝（石川 2003, 2007）の研究などが展開されている．

2）地域性研究の特徴

　以上のような地域性研究の展開を整理すると，そこに重要な共通性を見出すことができる．それは，多くの研究において，日本社会の地域性を「東北日本型（東日本・東北日本地域）」と「西南日本型（西日本・西南日本地域）」として捉えていたことである．民族学や人類学における村落構造としての東北日本型と西南日本型，言語や生活様式における東日本と西日本，東北日本地域を基盤とする直系家族制と西南日本地域を基盤とする夫婦家族制，結婚年齢や結婚パターンにおける東日本・東北日本と西日本・西南日本など，注目すべき共通性といえるのではないだろうか．

　ここでもう一点，着目しておきたいのは，「結婚と家族の連関」についてである．多くの研究において，結婚と家族は深く関わりをもつと捉えられてきた．大間知は，隠居制家族と婚姻の関係において，「父子二世代の夫婦が，同一世帯のうちにとどまらない」（大間知 1975a：255）という原理を析出し，また，蒲生は，「婿入婚」は「縮小指向型」家族と，「嫁入婚」は「拡大指向型」家族や「現状維持型」家族とそれぞれ適合的であることを析出し，それぞれの適合的関係の背後に共通のイデオロギーが存在することを指摘した（蒲生 1979：34-35）．

　しかし，近年の研究では，結婚と家族の連関を捉えるという試みは十分になされていないように思われる．正確には，近年における現代日本を対象とした研究において，と言い直すべきかもしれない．というのは，近年における歴史人口学の研究では，伝統日本（近世日本）を対象としており，その中では，家規範や相続慣習などが結婚年齢や結婚パターンを規定する要素の一つとして重要な位置を占めているからである．

　一方，人口地理学の研究では，未婚率の地域差を人口性比に着目して分析しているが，その考察において家族規範や家族慣行などの影響は考慮されていない．このような傾向は，人口学・社会学・経済学など，未婚化に関する地域差を取り上げた研究に共通するものであり，例えば国土庁計画・調整局（国土庁計画・調整局 1998）などにおいても，地域差の要因について都市化・学歴・就業などの指標から検討を加えているのみである[1]．

人口地理学や人口学，経済学などの分野において，未婚率や未婚化における地域差の要因が十分に解明されていない要因の一つは，結婚と家族に関する既存の研究成果を継承していないためではないかと考えられる．すなわち，「結婚と家族の連関」についての視点が欠如しているのではないだろうか．このような研究動向を念頭におきながら，本稿では，「東北日本型（東日本・東北日本地域）」と「西南日本型（西日本・西南日本地域）」という視角に依拠するとともに，「結婚と家族の連関」に着目しながら，未婚化における地域差の要因について追究していくことにしたい．

3．未婚率と人口性比における地域差

1）分析対象の選定

　日本の未婚率における推移を概観すると，1955-75年にかけて安定していたが，その後に上昇し始めたのであり，年次でみると1975年以降，世代でいえば1960年生まれ以降の出生コーホートにおいて未婚化・晩婚化が顕著に進行してきた．そこで，未婚率の安定した時期に適齢期を迎えた世代（1936-40年出生コーホート）と未婚率の上昇が顕著である世代（1961-65年出生コーホート）を取り上げる．その際，25-29歳と35-39歳の未婚率に着目し，『国勢調査』を用いて都道府県別・年齢階層別（20-39歳の5歳階級）の未婚率から把握していくことにした．なお，本稿では男子の未婚率に限定して考察を進めることとする．

　まず，1936-40年出生コーホートと1961-65年出生コーホートにおける都道府県別・年齢階層別の男子未婚率について，全国値を基準とした4段階で地図上に示した（図1・図2・図3・図4）．1936-40年出生コーホートにおける25-29歳時は1965年の数値，35-39歳時は1975年の数値であり，1961-65年出生コーホートにおける25-29歳時は1990年の数値，35-39歳時は2000年の数値となる．

第 2 部　人口と家族

男子25〜29歳未婚率（1965年）

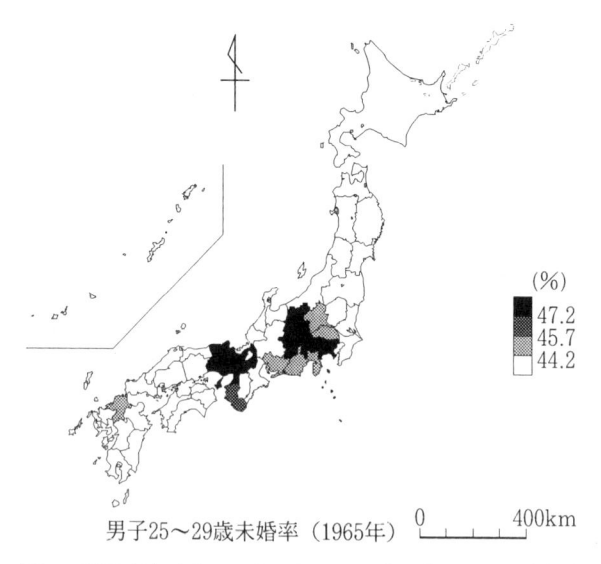

図 1．1936-40年出生コーホートの25-29歳における男子未婚率

男子35〜39歳未婚率（1975年）

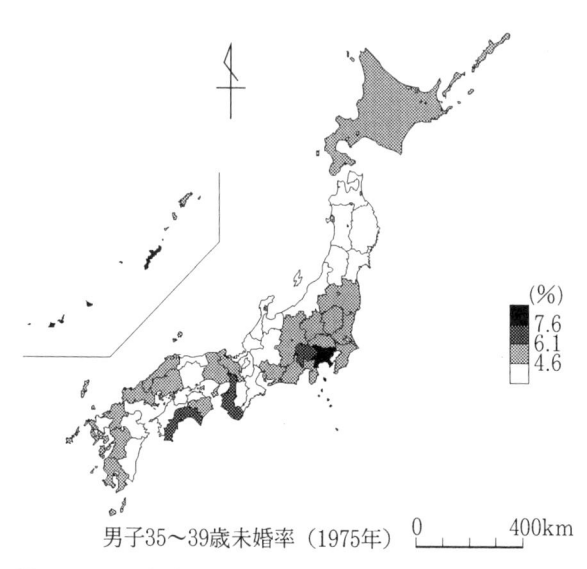

図 2．1936-40年出生コーホートの35-39歳における男子未婚率

男子25〜29歳未婚率（1990年）

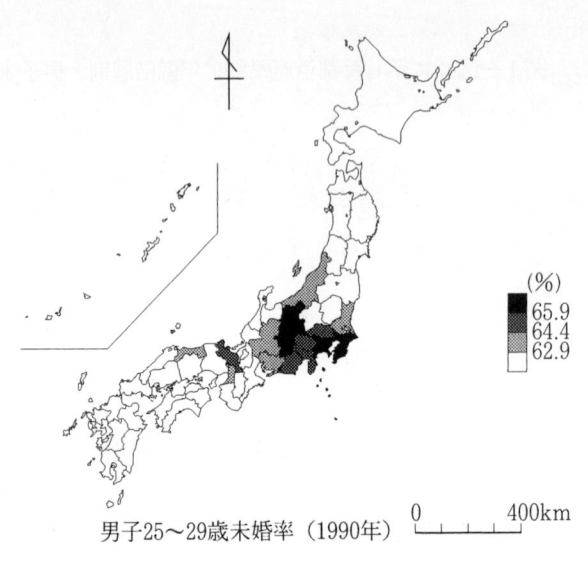

図3．1961-65年出生コーホートの25-29歳における男子未婚率

男子35〜39歳未婚率（2000年）

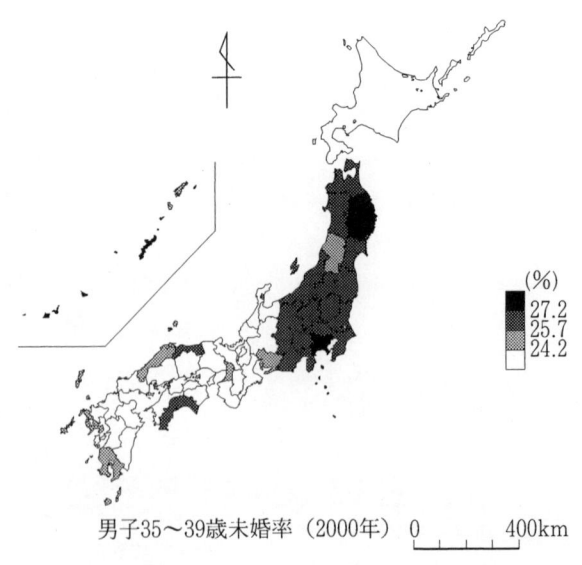

図4．1961-65年出生コーホートの35-39歳における男子未婚率

2）未婚率における地域差の実態

　ここでは，図1—図4に示した都道府県別・年齢階層別・男子未婚率から把握できる特徴について整理しておくことにしたい．第一に，都市化の影響（大都市圏で未婚率が高いのに対して非大都市圏では未婚率が低いという特徴）は，25-29歳では強いといえるが35-39歳では弱い．これは，中年層における地域差には都市化以外の要因が強く働いていることを示唆しているといえよう．

　第二に，1936-40年出生コーホートと1961-65年出生コーホートを比較すると，若年層と中年層ともに，未婚率の高い地域が東日本に偏ってきている．具体的にみると，25-29歳における1936-40年出生コーホートから1961-65年出生コーホートへの推移の中で，未婚率の高い地域として関西都市部やその周辺地域は減少したのに対して関東首都圏やその周辺地域では増加している．同様に1961-65年出生コーホートの35-39歳（2000年）では，大都市圏・非大都市圏にかかわらず，地質学上のフォッサマグナのあたりを境界線として，西日本地域では未婚率が低いのに対し，東日本地域では未婚率が高いことが確認される．これは，「東北日本型（東日本・東北日本地域）」と「西南日本型（西日本・西南日本地域）」という視角を鋭く意識させるものである．

3）未婚率と人口性比の適合的関係

　未婚率における地域差の実態を分析していくにあたっては，未婚率と人口性比の関係に注目していきたい．結婚動向と人口性比の関係については，小島（小島 1984）や安蔵（安蔵 1988）の研究において散見されるが，日本全体の結婚動向に対する人口性比の影響を分析したものであり，人口性比を地域差との関連で取り上げることはなかった．

　その後，鈴木（鈴木 1989）は，人口性比の不均衡が地域別の結婚力に及ぼす影響について検討を加え，西日本に比べて東日本の男子に結婚難が著しいことを明らかにした．さらに石川（石川 2003；2007）は，未婚率の地域格差を都道府県および市区町村単位で分析した結果，現代日本では男子の結婚難がみられるとともに，中部地方以東の東日本で性比が高く，近畿地方以西の西日本で性比が低いというパターンを析出した．しかし，なぜ東日本で人口

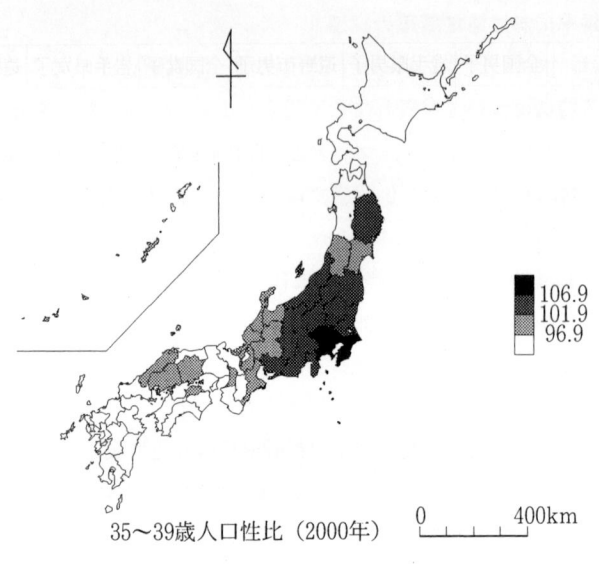

図5. 35-39歳における人口性比

性比が高いのかについては，十分な説明がなされていない．

ところで，図5は1961-65年出生コーホートの35-39歳における人口性比（2000年）を示したものである．これをみると，図4と図5の地域分布がきわめて広い範囲で重なり合っていることに気づく．すなわち，男子未婚率が相対的に高い東日本地域の諸県で人口性比が高く，女子未婚率が相対的に高い西日本地域の諸府県で人口性比が低くなっており，これは注目に値する適合的関係といえる．とすれば，東日本地域において人口性比が高くなっている要因を追究することが，未婚化における地域差の解明につながっていくのではないだろうか．

4．岩手県遠野市における未婚率と人口性比

1）分析対象地域の選定

『国勢調査』を用いた男子未婚率についての分析を通じて，わが国の未婚化には地域差が存在することが明らかになった．それは，これまで「都市・

表1. 1960-2000年の25-29歳および35-39歳における男女別未婚率　　（%）

年次・年齢	全国男子	岩手県男子	遠野市男子	全国女子	岩手県女子	遠野市女子
1960年25-29歳	46.1	33.9	26.9	21.7	16.9	14.3
1965年25-29歳	45.7	33.3	24.4	19.0	14.4	10.1
1970年25-29歳	46.5	37.8	29.3	18.1	14.8	10.5
1975年25-29歳	48.3	42.6	37.8	20.9	19.3	14.8
1980年25-29歳	55.1	51.8	49.1	24.0	21.5	16.3
1985年25-29歳	60.4	58.5	53.1	30.6	28.7	20.6
1990年25-29歳	64.4	61.7	61.8	40.2	37.9	36.5
1995年25-29歳	66.9	62.5	60.4	48.0	44.0	39.9
2000年25-29歳	69.3	63.7	58.7	54.0	48.2	39.9
1960年35-39歳	3.6	2.3	1.5	5.4	4.3	3.6
1965年35-39歳	4.2	2.4	1.9	6.8	5.0	3.5
1970年35-39歳	4.7	2.2	2.1	5.8	4.2	3.7
1975年35-39歳	6.1	4.3	3.7	5.3	3.9	2.5
1980年35-39歳	8.5	6.8	6.9	5.5	4.4	2.6
1985年35-39歳	14.2	12.6	11.5	6.6	5.7	5.4
1990年35-39歳	19.0	20.0	21.2	7.5	6.6	5.3
1995年35-39歳	22.6	25.8	26.9	10.0	8.7	6.3
2000年35-39歳	25.7	29.3	32.6	13.8	12.6	12.3

農村」という地域差といえるものであったが，近年の30歳代後半における動向は，「東日本・西日本」という地域差として把握すべきものである．

　以上のような状況を踏まえ，本稿では，男子未婚率が高くなっている東日本地域に焦点をあてることにしたい．その際，岩手県遠野市を分析対象地域として選定した．というのは，図4や表1に示されているように，岩手県の35-39歳における男子未婚率が東京都に次いで全国第二位ときわめて高い水準となっており，遠野市は，その岩手県と同じ特徴を有しているからである．

2）遠野市の概況

　北上高地の中南部に位置する遠野市は，東は釜石市と上閉伊郡大槌町に，南は奥州市と気仙郡住田町に，西は花巻市に，北は下閉伊郡川井村に接しており，標高1917mの早池峰山を最高峰に標高300m〜700mの高原群が周囲を取り囲んでいる．市域の中央に遠野盆地があり市街地を形成し，また北上川の支流である猿ヶ石川は，早瀬川・小友川・宮守川・達曽部川など大小多くの河川を合流しながら西走し，それらの河川沿いを中心に耕地と集落が形成されている．

　歴史的にみると，遠野市は江戸時代に遠野南部家1万2500石の城下町として，また内陸部と沿岸部を結ぶ宿場町として栄えていたが，岩手県内でも寒冷地帯に属し，厳冬期には零下17度を記録することもある．しかし，その冷涼な気候と豊かな自然環境を活かした農林業を基幹産業とし，米を中心に野菜・ホップ・葉たばこなどの工芸作物，畜産が複合経営されており，日本一の乗用馬生産地としても知られている．また，四季が織り成す豊かで美しい広大な自然は全国の人びとに親しまれ，歴史や文化を活かしたグリーン・ツーリズムをはじめ，地域資源を活かしたコミュニティービジネスによる地域活性化にも取り組んでいる．

　近年における就業者の動向としては，農業従事者数はほぼ横ばいであるが，建設業や製造業の従事者に減少傾向がみられる．その一方で，飲食店・宿泊業従事者や医療・福祉従事者が増加傾向を示している．また，炭焼きや木材などの仕事が活発であったが，現在でも森林面積が市の総面積の83％を占める県内有数の林業地帯であり，森林は地域経済を支える大きな柱の役割を担っている．また，世帯類型において「その他の親族世帯」が多いことも特徴的である．

　そして，遠野を全国的知名度に押しあげたのは何といっても『遠野物語』であり，現在でも"永遠の日本のふるさと"を求めて多くの観光客が訪れている．『遠野物語』は，1910年に遠野出身の佐々木喜善が日本民俗学の創始者である柳田国男にふるさとの伝承を話したことがきっかけで誕生した物語である．遠野の地勢にはじまり，神々の由来，天狗や河童，ザシキワラシ，

魂の行方，神隠しや歌謡など，遠野に伝わる不思議な話が119話にまとめられており，厳しい気候風土の中で遠野の人びとが暮らしてきた経験に培われた民話，郷土芸能，年中行事などの民間伝承が『遠野物語』に結晶している．この『遠野物語』は100年にわたって読み継がれ，その魅力は今なお多くの人々を遠野へと誘ってやまない．

3）遠野市における未婚率と人口性比

　ここでは，遠野市における未婚率と人口性比の動向を確認していくことにしたい．表1は，1960-2000年の25-29歳および35-39歳における男女別未婚率を，全国値，岩手県，遠野市について示したものである．時代的推移という視点からみると，全国値，岩手県，遠野市，すべてにおいて1970年代から一貫して未婚率が上昇してきたといえる．差異に視点を向けてみると，25-29歳では，全国値と比べて岩手県は男女ともに未婚率が低くなっており，遠野市も同様に低い水準である．一方，35-39歳では，全国値と比べて岩手県の女子は未婚率が低くなっているが，1990年以降に岩手県の男子は全国値と比べて未婚率が高くなっており，遠野市も同様に高い水準である．

　次に，表2は，1960-2000年の25-29歳および35-39歳における人口性比と男女別人口を示したものである．人口性比については全国値，岩手県，遠野市，男女別人口は遠野市のみとなっている．時代的推移という視点からみると，全国値の人口性比が少しずつではあるが上昇していること，また，遠野市における男女の人口がともに著しく減少してきたといえる．差異に視点を向けてみると，岩手県と遠野市の人口性比は全国値と比べて低く推移していたが，25-29歳では2000年に，35-39歳では1985年以降に，全国値と比べて人口性比が高くなっている．未婚率が高くなってきた時期に人口性比が高くなっているというのは，注目に値する特徴といえるのではないだろうか．

表2. 1960-2000年の25-29歳および35-39歳における人口性比と男女別人口

年次・年齢	全国人口性比	岩手県人口性比	遠野市人口性比	遠野市男子人口	遠野市女子人口
1960年25-29歳	99.5	90.6	92.3	1459	1581
1965年25-29歳	98.8	85.6	83.6	1219	1458
1970年25-29歳	98.8	87.2	78.3	890	1136
1975年25-29歳	101.1	97.1	100.7	1046	1039
1980年25-29歳	101.1	98.9	103.2	1003	972
1985年25-29歳	101.9	98.6	95.8	846	883
1990年25-29歳	102.2	98.1	98.5	636	646
1995年25-29歳	102.7	98.2	99.2	586	591
2000年25-29歳	102.9	104.8	111.0	624	562
1960年35-39歳	84.3	84.1	80.9	1015	1254
1965年35-39歳	99.8	95.1	100.6	1453	1445
1970年35-39歳	100.9	91.7	91.5	1354	1480
1975年35-39歳	100.1	90.0	88.1	1182	1341
1980年35-39歳	99.7	93.4	82.8	874	1056
1985年35-39歳	101.1	101.7	106.3	1109	1043
1990年35-39歳	101.0	101.1	109.9	1053	958
1995年35-39歳	101.8	101.2	99.2	875	882
2000年35-39歳	101.9	101.9	105.1	726	691

5．遠野市のヒアリング調査結果に関する分析

1）課題の限定

　遠野市では，全国値と比べて女子未婚率は低くなっていたが，男子未婚率は近年に全国値と比べて高くなっており，同じ時期に人口性比も高くなっていることが把握された．このような状況を踏まえて，本稿では，（1）なぜ遠野市では近年に男子未婚率が高いのか，（2）なぜ遠野市では近年に人口

性比が高いのか，以上の二点に問題を限定して考察を進めることにしたい．

ところで，人口性比が高いということは，女子人口に対して男子人口が過多であることを意味しており，「適齢期男女人口のアンバランスがもたらす結婚難現象」（岩澤 2010：40）につながる可能性をもつ．しかし，本稿で未婚率と人口性比の関係性にこだわるのは，それだけに留まらず，「地域人口の性比に注目するのは，年齢別性比から対象地域の男女別の人口移動の傾向を考えるため」（中川 2011：57）であり，「多くの社会で男女による人口移動傾向の違いがあるが，性比をもとにそれを明らかにすることで，それぞれの社会における男女の社会的役割やその変化を知ることができる」（中川 2011：58）という示唆に基づくものである．すなわち，結婚動向を規定する意識や家族観が，人口移動を通じて人口性比に現れており，「結婚と家族の連関」を解明する一つの手段として有効ではないかと考えているからである．

2）高等学校へのヒアリング調査結果の分析

ここでは，上述の課題に対して，「家族・労働政策等の少子化対策が結婚・出生行動に及ぼす効果に関する総合的研究」によって行われた調査結果を用いて接近することにしたい．遠野市での実地調査は，2010年の2月から6月にかけて実施された．

まず，遠野市内に位置する高等学校へのヒアリング調査についてである．調査対象者は高等学校の進路指導主事の教諭であり，進学および就職時における「県内・県外」割合の男女別動向や，学生自身の希望や両親の意向などに関する男女別の差異に焦点をあてて，お話をうかがった．

表3は，その高等学校の進路指導教諭へのヒアリング調査結果を示したものである．これをみると，男子（とくに長男）は地元志向が強く，地元での進学・就職や将来のUターンを視野に入れている学生が多いのに対して，女子は地元志向がそれほど強いとはいえず，県外への進学・就職に躊躇のない学生が多いようである．その背景には，現代の高校生においても，長男は跡取りとしての責任を果たすべきだという意識を強くもっていることが示唆されているといえよう．

表3．高等学校の進路指導教諭へのヒアリング調査結果

項目＼対象	高等学校の進路指導教諭・教頭・校長
人口移動	父親のUターンによって遠野に来たという学生が多い． 男子は県外就職を希望するにしても，いずれ岩手に戻ってこれそうな会社を希望する学生が多い． 長男の学生は地元の専門学校などを希望する場合が多いが，次三男は首都圏などへ就職を希望する学生が多いというような傾向がある． 1980年代後半以降，女子学生が就職にしても進学にしても県外へ出て行く傾向が増えている． 男子は，親の面倒をみるため地元にUターンする人も多いが，女子は親の面倒をみるのは長男の役目と考えているため，自分が帰ってこなくてはいけないというような意識はない． 親は，長男には家を継ぐ・お墓を守る・将来面倒をみてもらうために地元へ戻ってほしいと思うが，次三男や女の子に対しては特にそのような意識がない．

3）地域住民へのヒアリング調査結果の分析

次に，地域住民へのヒアリング調査についてである．50・60・70歳代（高年層）の地域住民へのヒアリング調査，および30・40歳代（若年層・中年層）の地域住民へのヒアリング調査を実施し，働き方や生活上など地域社会全般に関する特徴や時代的推移の中での変化について，また地域に固有の生活様式や価値観（家族観・結婚観）について，お話をうかがった．前者では，民生委員，地区センター長，一般住民の方々を，後者では，市内出身・在住の自治体職員を調査対象者とした．[2]

表4は，この調査結果のうち，人口移動，農業・農家，結婚・家族観についてのヒアリング調査結果を示したものである．これをみると，若年層・中年層と高年層，ともに共通性の高い結果が得られている．「人口移動」においては，長男や跡取りの地元に残る意識が強いこと，またそれを親から強く期待されていること，「農業・農家」においては，農業の置かれている状況が厳しいことを反映し，近年では農家の男性にとって配偶者を得ることが以前に比べて困難になっていること，「結婚・家族観」においては，長男は跡取りとして地元に残り，家を継承して親と同居していくべきだという長男規

表4. 若年層・中年層および高年層へのヒアリング調査結果

項目＼対象	若年層・中年層	高　年　層
人口移動	県外の大学へ進学しても，就職にあたり，長男だから地元で働き場所を探すようにと，親から言われる場合が多い．	仕事の都合で外へ出る人もいるが，あととりとしての意識から，地元に残る人や，戻ってくる人も多い．
農業・農家	親は，農家へ娘を嫁にやりたくない，公務員やサラリーマンと結婚させたいと考える人が多くなった．	昔は食べるのに苦労する時代だったから，田畑のある農家へ嫁に行きたい人が多かったが，今は農家だけでは食べていけなくなってしまい，農家の男は，結婚したいとか，家族を養うとか，言えなくなってしまった．
結婚・家族観	長男は家に残り親の面倒をみていくものだと，小さい頃から親・家族・親族から言われて育つ．	長男が跡を継ぐ・家を継ぐという意識は，子どもの頃から植え付けられており，今の若い人も長男としての意識は強いため，地元に残って親と同居する人が多い．

範（跡取り規範）が現代でも大変強い影響力をもっていることが示唆されているといえよう．

4）分析結果についての考察

　ここでは，高等学校へのヒアリング調査結果と地域住民へのヒアリング調査結果について検討を加えてきた．その中で導き出されたことは，「男子における地元志向の強さ」であり，それを規定している主な要因は「長男としての跡取り規範」である．親など家族・親族からの期待を受けながら成長する中で，本人自身もその意識を強くもっており，それが進学や就職時の移動や結婚時の配偶者選択において影響しているように思われる．

　その一方で，時代的な変化を捉えると，かつては経済的理由などで地元に留まっていた女子が，高学歴化や生活水準の上昇などによって県外へ進学することが増加しており，結果的にそれは人口性比の低下につながっている．

さらに，社会経済的環境における変化や，親の世話や介護に対する不安や忌避意識が女子において強まっていることを鑑みると，農家の男性や親と同居志向の強い男子の立場が，配偶者選択において不利となる状況がもたらされているのではないだろうか[3]．

6．遠野市の人口移動と結婚・家族・雇用に関するアンケート調査結果に関する分析

1）調査の概要

人口移動の理由や跡取り規範の影響など，ヒアリング調査の結果を数量的に説明することは困難であるが，ここでは，補完的な資料として，「人口移動と結婚・家族・雇用に関するアンケート調査」の結果を分析することにした．

この調査では，30・40歳代の市内出身・在住の自治体職員を調査対象者とし，調査対象者の中学3年時に同じクラスであった同級生の人口移動および結婚・家族・雇用の状況について記入していただいた．本稿では，その中の一名の記入記録を用いることとする[4]．

調査項目としては，（1）性別（男，女），（2）続柄（長男・長女，次男・次女以下），（3）人口移動（地元残留型，市外他出型，Uターン型），（4）現在の就業状況（第一次産業，第二次産業，第三次産業，家事無職等），（5）配偶関係（未婚，有配偶，離死別），（6）親との同別居（自分の親と同居，配偶者の親と同居，別居）である．人口移動について説明しておくと，「地元残留型」とは，中学卒業以降は長期的に市外へ居住していない人，「市外他出型」とは，現在，市外に居住している人，「Uターン型」とは，いったん市外に居住したが現在は市内に居住している人，を意味している．

2）人口移動と結婚・家族・雇用に関するアンケート調査結果の分析

表5は，この調査に関する男子の集計結果，表6は，女子の集計結果を示している．集計結果の表示について，紙幅の関係上，ここでは長男についてのみ説明しておきたい．長男は23名，次男以下は11名であった．

第2部 人口と家族

表5．人口移動と結婚・家族・雇用に関するアンケート調査（男子集計結果）

続柄	人口移動								
	地元残留型　10／2			市外他出型　8／7			Uターン型　5／2		
	未婚	有配偶	離死別	未婚	有配偶	離死別	未婚	有配偶	離死別
長男 23	2 一同2	6 一同1 二同1 三同3 無同1	2 一同1 二同1	0	7 二別4 三別3	1 二別1	2 一同2	3 二同1 二別2	0
次男以下 11	2 二同1 無同1	0	0	0	4 二別3 三同1	3 二別1 三同1 三別1	1 三同1	1 二同1 ※	0

表6．人口移動と結婚・家族・雇用に関するアンケート調査（女子集計結果）

続柄	人口移動								
	地元残留型　5／2			市外他出型　23／6			Uターン型　2／1		
	未婚	有配偶	離死別	未婚	有配偶	離死別	未婚	有配偶	離死別
長女 30	0	3 二同1 三同1 三別1	2 三同1 三別1	0	22 三同1※ 三別12 無同2※ 無別6 不同1※	1 三別1	0	1 三同1	1 一同1
次女以下 9	1 三同1	1 三同1※	0	1 三同1	5 三同2※ 三別1 無同2※	0	0	1 三同1※	0

長男については，まず「地元残留型」が10名となっている．「未婚」は2名であり，第一次産業に従事して自分の親と同居している者が2名，「有配偶」は6名であり，第一次産業に従事して自分の親と同居している者が1名，第二次産業に従事して自分の親と同居している者が1名，第三次産業に従事して自分の親と同居している者が3名，家事無職等で自分の親と同居している者が1名，「離死別」は2名であり，第一次産業に従事して自分の親と同居している者が1名，第二次産業に従事して自分の親と同居している者が1名である．

　次に，長男の「市外他出型」が8名となっている．「未婚」は0名，「有配偶」は7名であり，第二次産業に従事して親と別居している者が4名，第三次産業に従事して親と別居している者が3名，「離死別」は1名であり，第二次産業に従事して親と別居している者が1名である．

　そして，長男の「Uターン型」が5名となっている．「未婚」は2名であり，第一次産業に従事して自分の親と同居している者が2名，「有配偶」は3名であり，第二次産業に従事して自分の親と同居している者が1名，第二次産業に従事して親と別居している者が2名，「離死別」は0名である．以下，次男以下11名，長女30名，次女以下9名についての説明は省略するが，表5と表6を参照されたい．[5]

3）分析結果についての考察

　表5と表6の結果を整理してみると，いくつかの点を特徴として指摘できる．第一に，「地元残留型」と「Uターン型」は女子より男子の方が多く，「市外他出型」は男子より女子の方が多い点，第二に，長男では「地元残留型」が最も多いのに対して，次男以下では「市外他出型」が最も多い点，第三に，長男・次男以下ともに，「地元残留型」は全員が自分の親と同居している点，第四に，男子の未婚者7名は「地元残留型」もしくは「Uターン型」であるが，その全員が自分の親と同居している点，第五に，男子の第一次産業従事者6名の配偶関係をみると，離死別が1名，有配偶が1名，未婚者が4名となっており，その全員が自分の親と同居している点である．

ここでは，ヒアリング調査の結果を補足的に検証することを目的として，人口移動と結婚・家族・雇用に関するアンケート調査結果について検討を加えてきた．その結果，女子に比べて男子の地元残留およびUターンが多く，それが長男に顕著であること，また，地元で生活する男子の親との同居率はきわめて高く，それが第一次産業従事者の場合に未婚である確率の高いことが明らかになった．以上の結果は，ヒアリング調査から導き出された仮説と整合的であるといえよう．

7．おわりに

本稿では，遠野市において実施されたヒアリング調査とアンケート調査の結果を用い，二つの課題に限定して考察を行ってきた．その結果を示すと，（1）なぜ遠野市では近年に男子未婚率が高いのか，については，女子人口に比べて男子人口が多くなっており「適齢期男女人口のアンバランス」が生じていること，農家の男子や親と同居志向の強い男子にとって配偶者を得ることが困難になっていること，（2）なぜ遠野市では近年に人口性比が高いのか，については，地元志向の強さにおいて男女差が存在していること，長男にとっての跡取り規範が強い影響力をもっていることが明らかになった．

これを踏まえて考えてみると，遠野市における長男の跡取り規範と，それに基づく男子における地元志向の強さは，地域社会の特性として長期間存在してきたと推察される．これは，家族の地域性研究において指摘されてきた，東北日本型に顕著な「直系家族制」とも相通じるものがあるといえよう．すなわち，長男が地元に留まり結婚後も親と同居していくべきであるという意識や規範の存在である．そして重要なことは，高学歴化にともない女子人口の流出が促進されたことや，農家の経済力・生活力が全体的に低下したことなど，社会経済的環境が変化したことによって，跡取り意識・規範をもつ長男の男性が配偶者を得ることが困難な状況となっている現状について，地域社会として対応策を構築していくことではないだろうか．

ところで，本稿では，「東北日本型」と「西南日本型」という視角に依拠しながら，結婚の地域性研究を試みてきた．このような研究は，岩本通弥等

（岩本 1998；政岡 2001）により1990年代から批判が展開されてきた「類型論的な地域性研究」に位置づけられよう．岩本等が主張するように，類型論的な地域性研究は，現代社会を説明するのに適していない，リアリティのない研究なのであろうか．

　本稿での分析・考察を通じて得られた知見は，この批判に対しての反証となろう[6]．現在に至るまで，人口地理学，人口学，経済学などの研究においては，未婚化における地域差の要因に対して十分な説明が行われてこなかった．しかし，本稿において一定の仮説を提示するに至ったのは，「東北日本型」と「西南日本型」という視角に依拠するとともに，「結婚と家族の連関」に着目してきた故であるとはいえないだろうか．そして，このような研究視角・方法は，類型論的な地域性研究において蓄積されてきた研究成果を継承したものといえる．すなわち，「地域性」研究が，現代社会の考察にとって必要不可欠な視点であることの証左である．

注
1）北村・宮崎（2009）では，都市化・人口性比・就業が結婚に与える影響について計量分析を行うとともに，回帰分析の変数では説明できない都道府県間格差の追究を試み，地域固有の家族観や結婚観について検討したが，その要因については解明できなかったとしている（北村・宮崎 2009：97）．
2）遠野市における地域住民へのヒアリング調査対象者は，市内出身・在住の職員5名（30歳代4名，40歳代1名），遠野市附馬牛町地区センターにおいて附馬牛町在住者4名（70歳代男性2名，70歳代女性2名），遠野市土淵町地区センターで土淵地区区長8名（60歳代男性4名，70歳代男性4名）である．お忙しい中，時間を割いて，お話を聞かせてくださった遠野の皆様に，心より御礼申し上げたい．
3）原俊彦は，長男長女比率が高まる中で，長男（あととり）の親との同居志向が強いことが，配偶者選択に与える影響について論じている（原 1991：37-38）．
4）この調査対象者の記録を用いる理由は，調査対象者の同級生（男性37名・女性42名）のうち，状況が不明の男子3名，女子3名を除いた73名について，すべての項目における状況が把握されていること，および，その調査対象者が，

分析対象である1961-65年出生コーホートに含まれているからである．名前を挙げることは差し控えるが，貴重な資料をご提供くださったことに，心から御礼申し上げたい．
5）表5および表6において，「※」は配偶者の親との同居を意味している．
6）岩本等の類型論批判に対し，家族研究の立場から妥当性を検証した研究として（清水 2011）がある．本稿とあわせて（工藤 2012a；2012b）を参照していただけばさいわいである．

文 献

安蔵伸治，1988，「婚姻に関する将来推計――性比尺度と一致性モデル」『政経論叢』，56（3・4）：311-342．
石川義孝，2003，「わが国農村部における男子人口の結婚難」石原潤編『農村空間の研究〈下〉』大明堂，289-305．
―――，2007，「現代日本における性比不均衡と国際結婚」紀平英作編『グローバル化時代の人文学　対話と寛容の知を求めて（下）共生への問い』京都大学学術出版会，127-145．
泉靖一・大給近達・杉山晃一・友枝啓泰・長島信弘，1978，「日本文化の地域類型」大野晋・祖父江孝男編『日本人の原点　2　文化・社会・地域差』至文堂，64-92．
岩澤美帆，2010，「職縁結婚の盛衰からみる良縁追及の隘路」佐藤博樹・永井暁子・三輪哲編著『結婚の壁――非婚・晩婚の構造』勁草書房，37-53．
岩本通弥，1998，「民俗学における『家族』研究の現在」『日本民俗学』，213：48-67．
上野和男，1992，『日本民俗社会の基礎構造』ぎょうせい．
江守五夫，1976，『日本村落社会の構造』弘文堂．
―――，1998，『婚姻の民俗　東アジアの視点から』吉川弘文館．
大野晋，1981，「日本の東部と西部と」大野晋・宮本常一『東日本と西日本』日本エディタースクール出版部，253-280．
大林太良，1990，『東と西　海と山』小学館．
大間知篤三，1975a，『大間知篤三著作集　第1巻』未來社．
―――，1975b，『大間知篤三著作集　第2巻』未來社．
岡正雄，1979，『異人その他』言叢社．
加藤彰彦，2009，「直系家族の現在」『社会学雑誌』，26：3-18．
蒲生正男，1960，『日本人の生活構造序説』誠信書房．
―――，1979，「日本のイエとムラ」大林太良編『東アジア（世界の民族13）』平凡社，22-43．

―――, 1982, 「日本の伝統的社会構造とその変化について」『政経論叢（蒲生正男教授　追悼論文集）』, 50 (5・6): 477-494.
北村行伸・宮崎毅, 2009, 「結婚の地域格差と結婚促進策」『日本経済研究』, 60: 79-102.
工藤豪, 2012a, 「結婚動向の地域性――未婚化・晩婚化からの接近」『人口問題研究』, 67 (4): 3-21.
―――, 2012b, 「未婚化・晩婚化行為の地域性――東日本地域を中心にして」『比較家族史研究』, 26: 200-231.
黒須里美編著, 2012, 『歴史人口学からみた結婚・離婚・再婚』麗澤大学出版会.
国土庁計画・調整局編, 1998, 『地域の視点から少子化を考える』大蔵省印刷局.
小島宏, 1984, 「性比不均衡と結婚力変動」『人口学研究』, 7: 53-58.
佐々木高明, 1993, 『日本文化の基層を探る』日本放送出版協会.
清水浩昭, 1992, 『高齢化社会と家族構造の地域性』時潮社.
―――, 2011, 「日本家族論再考」『社会学論叢』, 171: 39-51.
―――, 2013, 『高齢化社会日本の家族と介護――地域性からの接近』時潮社.
鈴木透, 1989, 「結婚難の地域構造」『人口問題研究』, 45 (3): 14-28.
住谷一彦, 1963, 『共同体の史的構造論』有斐閣.
都出比呂志, 1989, 『日本農耕社会の成立過程』岩波書店.
中川聡史, 2011, 「性比と結婚」石川義孝・井上孝・田原裕子編『地域と人口からみる日本の姿』古今書院, 57-64.
埴原和郎, 1995, 『日本人の成り立ち』人文書院.
原俊彦, 1991, 「長男長女比率の変化と晩婚化についての考察」『北海道東海大学紀要人文社会科学系』, 4: 27-40.
速水融, 2009, 『歴史人口学研究――新しい近世日本像』藤原書店.
福武直, 1949, 『日本農村の社会的性格』東京大学出版会.
政岡伸洋, 2001, 「家族・親族研究の新たな展開と民俗学」『日本民俗学』, 227: 85-100.
宮本常一, 1981, 「常民の生活」大野晋・宮本常一他著『東日本と西日本』日本エディタースクール出版部, 75-102.
由井義通, 2007, 「世帯の多様化の地域的差異」石川義孝編著『人口減少と地域――地理学的アプローチ』京都大学学術出版会, 17-41.

茶生産農家の世帯変動と高齢者による "新たな結びつき" の模索

－静岡県藤枝市岡部町青羽根地区を事例として－

佐藤宏子

1．研究の背景

　平野の外縁部から山間地を中山間地域という．わが国では中山間地域が，国土総面積の65％，耕地面積の43％，農家人口の41％，農業産出額の39％，農業集落数の52％を占めている（農林水産省 2009）．中山間地域は，洪水防止や水資源涵養等の機能をもっており，都市住民を含む国民の豊かな暮らしを守る役割を果たしている．一方，総務省が過疎地域に指定する市町村は775（2010年），わが国の市町村の45.1％を占めているが，その多くは中山間地域や離島の限界集落・準限界集落である（総務省 2013年8月15日取得）．近年，多くの中山間地域では過疎化や高齢化が進み，後継ぎの確保が難しく高齢者夫婦世帯や高齢者単独世帯の比率が急速に高まり，農業生産活動の維持や次世代への継承，生活関連サービスの確保，共同体の相互扶助機能の保持などが困難になり，多くの課題が山積している．

　本研究の対象地域である静岡県藤枝市岡部町（旧静岡県志太郡岡部町）[1]は，静岡県のほぼ中央に位置し，東と北は静岡市に境を接しており，東・西・北の三方を山で囲まれた中山間地域である．岡部町の面積は約53km²（東西5.9km，南北15.0km），標高200～500m級の山々が町全体を広く覆っており，岡部地域と朝比奈地域の2つのブロックに分けられる．このうち朝比奈地域は，岡部町の中心部より北部に位置し，面積は約30km²，山麓部に8つの集落が点在しているわが国有数の茶生産地である．これまで筆者は，朝比奈地域の8集落において1982年・1993年・2005年の3時点パネル調査をはじめとする9回の

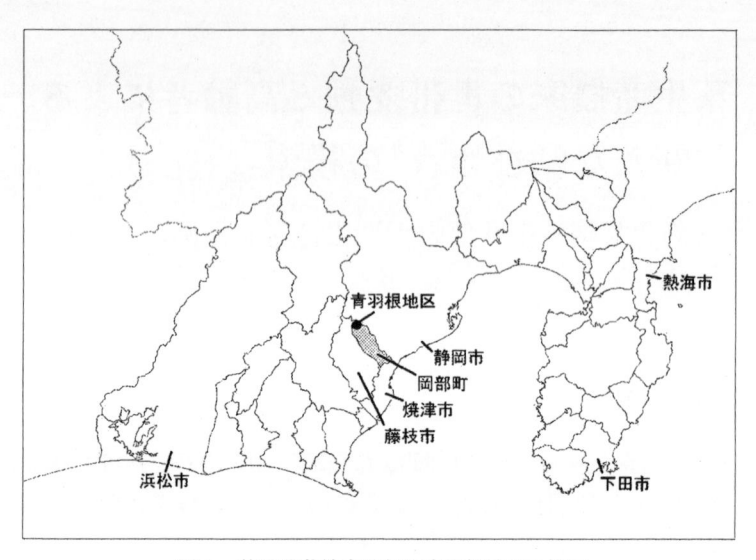

図1. 静岡県藤枝市岡部町青羽根地区の位置

　量的・質的調査を実施し，縦断的研究手法を用いて茶生産の盛衰と地域の社会経済的状況の変化が世帯形態，農村女性のライフコース，世代間関係，老後意識に及ぼした影響を分析し，直系制家族の世代間関係や老後意識の変容過程を明らかにしてきた（佐藤 2004, 2007a, 2007b；袖井 1988）．90年代以降，朝比奈地域では過疎化，高齢化，農業後継者の不在による茶生産の担い手の高齢化に歯止めがかからず，耕作放棄地が増えている（静岡県経済産業部 2013）．その中で，朝比奈地域の最北端に位置する海抜400～500mの青羽根地区が，現在も静岡県下でほぼ最高単価額の茶を毎年生産し続けている（図1）．

2．研究の目的と方法

　青羽根地区は岡部町の最北端の山間地に位置し，隣接する青羽根集落と日向集落の2つの集落から成る．本稿の目的は，第1に，1982年から2013年までの31年間に青羽根地区で生起した世帯変動と農業就業状況の変化を明らかにすることである．第2に，農業就業状況の変化に伴って青羽根地区の高齢期ライフスタイルはどのように変化したかを明らかにすることである．その

第 2 部　人口と家族

表 1．1982年，1993年，2005年に実施した 3 時点パネル調査の概要

調査実施年	調査研究の名称	調査対象者	有効回答者	年齢	農業者率	農家率
1982年	農村女性の生活と老後に関する調査	岡部町朝比奈地域に居住する30～59歳の有配偶女性475人	439人	30～59歳	73.5%	80.2%
1993年	農村女性の生活と老後に関する追跡研究—11年前調査との比較	82年調査の有効回答者のうち，事前に死亡，転出等が確認された36人を除く403人	324人	41～70歳	54.2%	73.8%
2005年	岡部町女性の生活と老後に関する追跡研究—23年間の追跡調査	93年調査の有効回答者のうち，事前に死亡，転出等が確認された30人を除く294人	253人	53～82歳	51.0%	64.0%

注：3 時点パネル調査が完了した対象者は53～82歳の253人である

上で，第 3 に，劇的な世帯変動と農業経営の危機的状況に直面しながらも，青羽根地区の高齢者たちが茶生産の継続と発展をかけてどのような戦略を展開し，高品質茶を生産し続けているのかを明らかにすることを目的としている．

　次に調査方法について述べる．まず，表 1 に1982年・1993年・2005年の 3 時点パネル調査の概要を示した．パネル調査が完了した対象者は253人であるが，このうち青羽根地区の対象者は20人である．また，3 時点パネル調査が完了した対象者世帯253について，静岡県藤枝市の許可を得て，2013年10月に住民基本台帳を閲覧し2013年時点の世帯状況を把握した．したがって，本稿における研究対象は，1982年，1993年，2005年，2013年の世帯状況を把握できた青羽根地区の20世帯（死亡・転出者を含む132人）である．また，この20世帯に対して，2012～2013年に事例調査を実施し，女性14人，男性 6 人から回答を得た．事例調査の対象者の年齢は80代が 8 人，70代が 6 人，60代が 6 人，20人のうち19人が茶生産者，1 人が非農家世帯で茶生産に従事した経験がない者であった．本稿では，各世帯における世代的位座を明らかにする

ため，対象者をG_2世代，対象者の親をG_1世代，対象者の子どもをG_3世代と呼んでいる．

3．調査対象地域の概要

1）1980年代における朝比奈地域の特徴－根強い直系家族制規範－

1980（昭和55）年の国勢調査によると，岡部町は65歳以上人口1374人のうち子と同居する者が1277人と92.9％を占めており，同居率は静岡県の市町村中で第1位であった．1982年に実施した第1回パネル調査の対象者世帯は，平均世帯人員数が5.3人，平均子ども数が2.6人であり，専業農家は50.2％，兼業農家は32.5％，非農家は17.3％と8割以上が農家世帯であった．世帯構成は「3世代世帯」が60.5％と最も多く，次いで「夫婦と未婚子」が25.5％，「直系家族及び傍系親族を含む世帯」が6.9％，「4世代世帯」が6.4％，「夫婦のみ世帯」が0.7％で，直系家族世帯が全世帯の4分の3を占めていた．また，親と同居する対象者は63.2％であり，このうち夫方同居が88.8％，夫方同居の92.2％が長男同居で，老親と長男夫婦の一貫同居が支配的であった．対象者は，農村社会特有の緊密な近隣関係，義理を重んじる親族関係のもとで，親世代と共に農作業に従事し，生活時間，居住空間，生活施設・設備を共有しており，世代間の生活分離はほとんど認められなかった（松島（佐藤）1983）．

一方，対象者に老後の既婚子との同居希望について尋ねたところ，同居を希望する者が「夫婦健在のとき」90.7％，「ひとりになってから」96.2％と高率で，子どもとの一貫同居希望者が9割に達した．また，同居を希望する子どもの続柄は「長男」が78.1％，男の子がいる対象者の95.4％が不自由になった場合は「長男の嫁」による介護を希望した．そして，老後の経済生活は「老後は同居する長男に頼る」と答えた者が圧倒的多数を占めた（佐藤 1987）．また，1982年と86年の事例調査では，多くの対象者が農作業の厳しさ，嫁に期待される「嫁づとめ」などの役割と封建的人間関係への不満，嫁姑関係による緊張と葛藤について語っており，本地域における直系家族制規範の根強さが明らかになった（松島（佐藤）1985；佐藤 1996）．

2）茶生産の盛衰と朝比奈地域の変化

　朝比奈地域では，1960年代の高度経済成長期に，温州みかんの価格下落によってみかん栽培が急速に衰退するのと入れ替わりに，茶栽培が急速に盛んになった．1982年の第26回全国茶品評会では，玉露部門で2年連続の農林大臣賞，産地賞をはじめとする数多くの賞を独占し，日本有数の茶生産地としての地位を確立した．80年代の岡部町では町民総出の堤防の草むしり，道路愛護，部落内清掃などの共同奉仕活動や集落対抗の運動会が行われ，春田打ちや秋祭りを初め，お庚申さん，恵比須講，お念仏の会など数多くの伝統行事や慣習が住民の生活に浸透していた（佐藤 1988）．

　1990年代に入ると茶生産は徐々に停滞し，経営規模の縮小，農業粗生産額の減少がみられ，各世帯では兼業化が進み，世代間での職業分離が始まった．しかし，世帯構成は3世代・4世代世帯が68.3％と直系家族世帯が依然として約7割を占めていた．また，世代間での職業分離が進み，生活時間や生活感や価値観のずれが生じたにもかかわらず，住宅，家計，食事のいずれの側面においても極めて高い共同性が維持されたため，嫁姑間の緊張や葛藤が高まった．さらに，本地域では90年代から，後継者難，嫁不足が顕在化した（佐藤 2007a）．

　2000年代に入ると，後継者不足，茶生産の担い手の高齢化に歯止めがかからず，茶生産が低迷し農業収入の減少が顕著となった．2005年には直系家族世帯が5割を下回り，「夫婦のみ世帯」が約2割となった．また，3世代世帯や4世代世帯では家計の多元化や生活分離が進展した．住民の周辺市への通勤・通学も一般化し，住民の日常生活圏は著しく拡大した．さらに，後継者難，嫁不足問題が深刻化し，3時点パネル調査の対象者（2005年時点で53～82歳，253人）と同居する最年長未婚子の半数が40代と50代となった．2000年に介護保険制度が施行されると，町内に特別養護老人ホーム，老人保健施設，高齢者専門病院，在宅支援センターなどが次々に設置され，対象者たちは福祉サービスを徐々に利用するようになった（佐藤 2007b）．

4．青羽根地区における世帯変動と農業就業状況の変化
－1982年～2013年－

本章では，本稿の研究対象である青羽根地区の20世帯（死亡・転出者などを含む132人[2]）について，1982年，1993年，2005年，2013年の4時点における世帯状況と農業就業状況の変化，農業就業状況の変化によるG_1世代とG_2世代の高齢期ライフスタイルの差異について明らかにする．

1）世帯規模の変化

表2から，1982年には世帯人員数3人の世帯が6世帯と最も多く，次いで4人世帯，7人世帯の順となっている（表2）．1993年には3人世帯が7世帯と最も多く，次いで2人世帯である．2005年には2人世帯が9世帯と最も多く，次いで6人世帯の順である．そして，2013年には単独世帯と2人世帯がともに6世帯と最も多い．31年間の最も大きな変化として，2013年の調査では単独世帯がはじめて出現し，20世帯のうち6世帯を占めたこと，単独世帯と2人世帯が合わせて12世帯と過半数を占めたことが指摘できる．平均世帯人員数も1982年は4.9人であったが，1993年には3.8人，2005年には4.2人，2013年には3.2人と，家族規模は縮小している．

表2．調査対象世帯の世帯人員数の変化
（単位：人）

世帯人員数	1982	1993	2005	2013
1人	0	0	0	6
2	1	5	9	6
3	6	7	2	1
4	5	2	0	1
5	0	2	1	1
6	2	1	4	2
7	4	3	3	2
8	1	0	0	1
9	0	0	1	0
10	1	0	0	0
平均世帯人員数	4.9	3.8	4.2	3.2

2）世帯構成の変化

表3に示したように，1982年には「3世代世帯」と「4世代世帯」の直系家族世帯が10世帯と半数を占めており，次いで「夫婦と未婚子」が8世帯で

ある.「夫婦のみ」と「親と夫婦」の世帯はわずか2世帯にすぎない.93年には「夫婦のみ」と「親と夫婦」の世帯が合わせて7世帯と増加している.2005年になると「夫婦のみ」と「3世代世帯」の2極化が見られる.そして,2013年には「単独世帯」と「夫婦のみ」が

表3.調査世帯の世帯構成の変化

(単位：人)

	1982	1993	2005	2013
単独世帯	0	0	0	6
夫婦のみ	1	4	8	6
親と夫婦	1	3	1	0
夫婦と未婚子	8	7	1	2
3世代世帯	8	6	9	6
4世代世帯	2	0	1	0

12世帯と過半数を占め,「3世代世帯」は6世帯となっている.また,2013年の「夫婦と未婚子」の世帯は,G_2世代が死亡してG_3世代とG_4世代から成る核家族を形成した1世帯,G_2世代の対象者夫婦と離婚した40代のG_3世代の娘が同居している1世帯である.

3）家族周期段階の移行

本稿の研究対象である20世帯について,1982年から2013年の4時点における家族周期段階の移行を分析すると,表4に示した直系制家族の周期段階と表5に示した夫婦制家族の周期段階が明らかになった.表4は,直系制家族の周期段階の区分,各周期段階における家族構成員と家族形態,表5は,夫婦制家族の周期段階の区分,各周期段階における家族構成員と家族形態である.また,表6には調査対象20世帯の1982年,1993年,2005年,2013年の家族周期段階を表4と表5の区分に基づいて示した.この結果から,調査対象世帯の家族周期段階の移行は,表4の直系制家族の周期段階をたどった8世帯（事例1,2,3,4,5,6,11,20）のAグループと,31年間のいずれかの時点で表4の直系制家族の家族周期から逸脱し,表5の夫婦制家族の家族周期へ移行した12世帯（事例7,8,9,10,12,13,14,15,16,17,18,19）のBグループに分類されることが明らかになった.

まず,Aグループは8世帯のうち7世帯が茶生産農家,1世帯が非農家（事例20）である.茶生産農家7世帯のうち5世帯（事例1,2,3,4,5）は31年間に農業後継者の世代交替を果たし,2013年時点でG_3世代が中心と

表4．直系制家族の家族周期段階の区分

周期段階	家族構成員	家族形態
0	祖父または祖母，父と母，本人夫婦，子	4世代直系家族
I	父と母，本人夫婦，子	完全3世代直系家族
II I	父または母，本人夫婦	親＋夫婦
II	父または母，本人夫婦，子	欠損3世代直系家族
III	本人（夫婦），子	核家族
IV I	親，本人夫婦，子夫婦，（孫）	次世代4世代直系家族
IV	本人（夫婦），子（夫婦），孫	次世代3世代直系家族
V	子夫婦，子	次世代核家族

表5．夫婦制家族の家族周期段階の区分

周期段階	家族構成員	家族形態
A	本人夫婦	夫婦世帯
B	本人または夫のみ	単独世帯
C	子のみ	単独世帯

なって専業農家を営んでいる．残り2世帯の茶生産農家のうち，事例6はG_2夫の引退以降，84歳のG_2妻がひとりで茶栽培を続けている．今後，同居している娘婿と娘のG_3夫婦による継承の可能性が残されている．また，事例11はG_2世代と同居していたG_3長女夫婦が2013年に離婚し，農業後継者とされていた長女の夫が離家したことから，直系制家族の家族周期への回帰や農業後継者の世代交替が振り出しに戻っている．図2は，直系制家族の周期段階をたどったAグループ（8世帯）の1982年から2013年までの移行経路を示している．

次に，Bグループの12世帯は，現在または離農前はすべて茶生産農家であり，農業後継者が不在という点で共通している．しかし，2013年の農業経営状況は，夫婦で茶生産をする3世帯（事例8，9，10），G_3別居子，G_2夫の弟，G_2妻の姉妹による農作業サポートを受けて茶生産を継続している3世帯（事

第 2 部　人口と家族

表6．1982〜2013年における調査世帯の家族周期段階と2013年の農業経営状況

類型	事例	1982	1993	2005	2013	2013年の農業経営状況	備　考
Aグループ	1	Ⅲ	Ⅳ	Ⅳ	Ⅳ	茶生産継承	後継者（57），G$_2$夫（83）現役茶生産者
	2	Ⅰ	Ⅱ	Ⅳ$_Ⅰ$	Ⅳ	茶生産継承	後継者（38），G$_2$夫（67）現役茶生産者
	3	Ⅰ	Ⅲ	Ⅳ	Ⅳ	茶生産継承	後継者（45），G$_2$夫死亡，G$_2$妻（67）が現役茶生産者
	4	Ⅲ	Ⅲ	Ⅳ	Ⅳ	茶生産継承	後継者（54），G$_2$夫（82）が現役茶生産者
	5	Ⅱ	Ⅲ	Ⅳ	Ⅴ	茶生産継承	後継者（60），G$_2$夫とG$_2$妻が死亡
	6	Ⅱ	Ⅳ	Ⅳ	Ⅳ	G$_2$妻（84）がひとりで茶生産を継続中	G$_2$夫（85）は膝が悪く引退．G$_3$娘婿が時々手伝う．
	11	Ⅰ	Ⅰ	Ⅳ$_Ⅰ$	Ⅲ	G$_2$夫婦（70，66）で茶生産	G$_3$長女が離婚しG$_3$娘婿は離家
	20	Ⅱ	Ⅱ$_Ⅰ$	Ⅳ	Ⅳ	非農家	G$_3$娘家族が途中同居
Bグループ	7	A	A	A	A	G$_2$妻（82）とG$_2$夫の弟，G$_2$妻の姉妹5人が手伝い茶生産を継続	G$_2$夫（82）は脳梗塞，G$_3$子ども全員結婚他出
	8	Ⅲ	A	A	A	G$_2$夫婦（85，77）で茶生産	G$_3$子ども全員他出
	9	Ⅲ	Ⅲ	A	A	G$_2$夫婦（71，68）で茶生産	G$_3$長男は消防士，結婚他出
	10	0	Ⅱ	Ⅳ$_Ⅰ$	A	G$_2$夫婦（70，66）で茶生産	G$_3$長男夫婦は途中別居
	12	Ⅱ$_Ⅰ$	Ⅱ$_Ⅰ$	A	B	G$_2$夫（83）を死亡したG$_2$妻の妹（79）が手伝い茶生産を継続中	G$_3$子どもなし，G$_2$の妹が茶生産を手伝うが，茶葉の品質低下
	13	Ⅰ	Ⅱ$_B$	Ⅱ$_B$	A	経営を縮小し，G$_3$妻（69）をG$_3$長女とG$_2$夫の弟が手伝い茶生産を継続中	G$_2$夫（70）は認知症，G$_3$長男家族は途中別居
	14	Ⅰ	Ⅰ	Ⅱ	B	離農	G$_2$本人離婚，G$_3$子どもは全員他出
	15	Ⅲ	A	A	A	離農	G$_2$夫（84）は狭心症，G$_3$長男家族は途中別居
	16	Ⅰ	Ⅲ	A	B	離農	G$_2$妻死亡，G$_3$子ども全員他出
	17	Ⅳ$_Ⅰ$	Ⅲ	A	A	離農	G$_2$妻死亡，G$_3$長男家族は途中別居
	18	Ⅲ	A	A	B	離農	G$_2$夫死亡，G$_3$娘は結婚他出
	19	Ⅲ	Ⅲ	Ⅲ	C	離農	G$_2$夫とG$_2$妻は死亡，未婚子（51）の単独世帯

注：（　）内は年齢を示す．

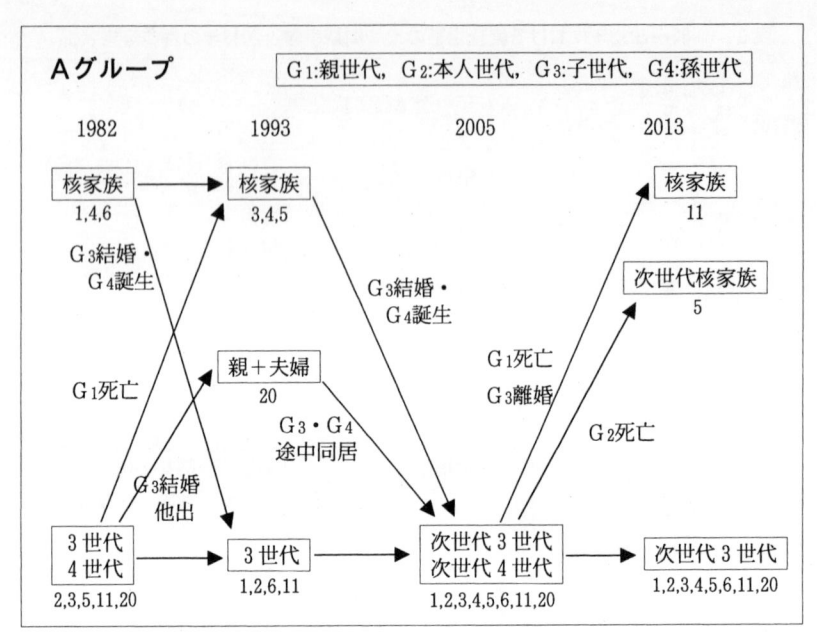

Aグループ　　G1:親世代, G2:本人世代, G3:子世代, G4:孫世代

```
         1982              1993              2005              2013

       ┌─────┐          ┌─────┐                              ┌─────┐
       │核家族│─────────→│核家族│                              │核家族│
       └─────┘          └─────┘                              └─────┘
        1,4,6            3,4,5                                 11
       G3結婚・                                              ┌──────────┐
       G4誕生                           G3結婚・              │次世代核家族│
                        ┌─────┐         G4誕生               └──────────┘
                        │親+夫婦│                                 5
       G1死亡            └─────┘        G1死亡
                          20            G3離婚
                         G3・G4                   G2死亡
                         途中同居

       G3結婚
       他出
       ┌─────┐          ┌─────┐        ┌──────────┐         ┌──────────┐
       │3世代 │─────────→│3世代 │──────→│次世代3世代│────────→│次世代3世代│
       │4世代 │          └─────┘        │次世代4世代│         └──────────┘
       └─────┘          1,2,6,11        └──────────┘         1,2,3,4,5,6,11,20
       2,3,5,11,20                      1,2,3,4,5,6,11,20
```

注：数字は事例番号を示す

図2．直系制家族の家族周期をたどった8世帯の世帯構成の推移
(1982, 1993, 2005, 2013)

例7, 12, 13), 離農した6世帯 (事例14, 15, 16, 17, 18, 19) に分かれる. このうち子や兄弟姉妹によるサポートを受けて茶生産を継続している3世帯は, G2夫の脳梗塞 (事例7), G2夫の認知症 (事例13), G2妻の死亡 (事例12) が契機となって,「手間」[3]が不足した. また, Bグループの12世帯が直系制家族の家族周期から逸脱した原因は, 子ども全員の結婚他出 (事例7, 8, 9, 14, 16, 18), 同居していた長男家族の途中別居 (事例10, 13, 15, 17), 子どもがいない (事例12), 一人娘が未婚 (事例19) の4点であった. このような直系制家族の家族周期から逸脱する世帯の増加が, 1980年代以前は本地域において出現することは稀だった高齢者夫婦世帯や高齢者単独世帯の著しい増加をもたらしている. 図3は, 直系制家族の家族周期から逸脱し, 夫婦制家族の家族周期へ移行したBグループ (12世帯) の1982年から2013年までの

第 2 部　人口と家族

図 3．直系制家族の家族周期に回帰できなかった12世帯の世帯構成の推移
(1982，1993，2005，2013)

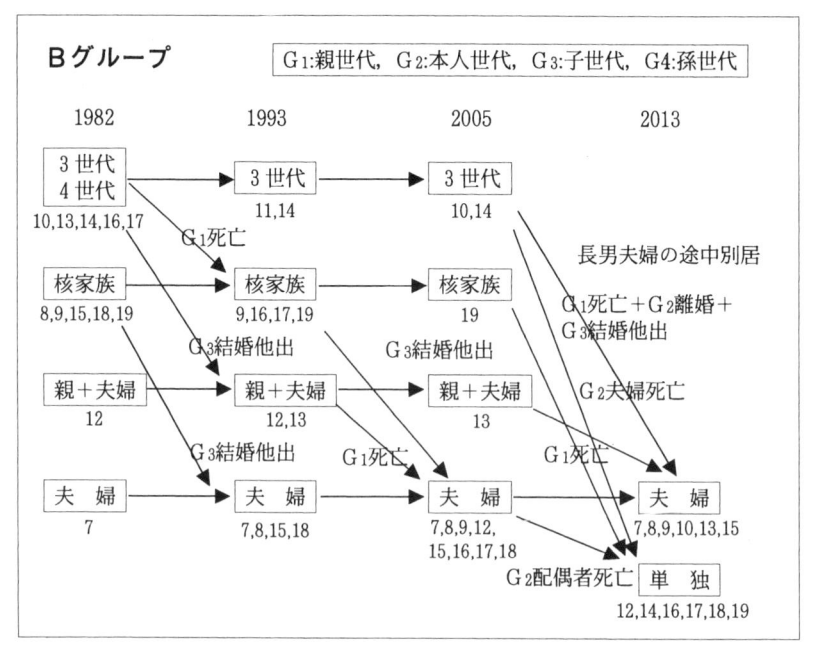

注：数字は事例番号を示す

移行経路を示している．

　黒崎は「あととりの去就と後継者の結婚難は家族周期の移行に決定的影響を及ぼし，直系制家族の家族周期から逸脱させる重要な原因となる」と述べている（黒崎，1990）．青羽根地区のG_3世代に注目すると，G_3世代で未婚者は1名であり，G_3世代の結婚難という問題はほぼ生じていない．しかし，1993年，2005年において進学や就職のために他出していたG_3世代の中で，2013年に帰家している者はいない．また，結婚他出したG_3世代が帰家してG_2世代と途中同居した事例は，非農家の事例20の長女家族だけである．これに対して，結婚と同時にG_2世代と同居したが，その後別居した長男夫婦は4事例，離婚した長女夫婦が1事例である．このように1980年代には老親と長男

夫婦の一貫同居が支配的であり，直系家族制規範が根強かった本地域であるが，この30年間に直系家族の世代的再生産を果たすことは容易でなかったといえる．

4）農業就業状況の変化－茶生産者の減少と高齢化の進展－

青羽根地区の調査対象20世帯では，茶生産者が1982年と1993年は41人，2005年は39人であった．しかし，2005年から2013年の8年間に6世帯が離農し，2013年の茶生産者は26人まで減少している（表7）．茶生産者を年齢別にみると，表8に示したように1982年には20〜40代が5割強，生産者の95％が50代以下の者で占められており，おおよそ60歳が引退年齢であったことが分かる．1993年になると20〜40代の茶生産者が4割まで減少し，60代になっても引退せず茶生産に従事し続ける者が4割みられる．そして，1993年にはおおよそ70歳で農業から引退している．つまり，1982年から93年の11年間で引退時期に約10年の遅れが認められる．これに対して，2005年には茶生産者の64.1％，

表7．茶生産者の人数

(単位：人)

		人数	合計
1982	男	22	41
	女	19	
1993	男	22	41
	女	19	
2005	男	21	39
	女	18	
2013	男	13	26
	女	13	

表8．茶生産者の年齢構成　　　％(N)

	1982	1993	2005	2013
20代	7.3 ⎫	2.4 ⎫	0.0	0.0
30代	29.3 ⎬ 53.7	9.8 ⎬ 39.0	5.1	7.7
40代	17.1 ⎭	26.8 ⎭	7.7	3.8
50代	41.4	17.1	23.1	11.5
60代	4.9	39.0	23.1 ⎫	30.8 ⎫
70代	0.0	4.9	41.0 ⎬ 64.1	19.2 ⎬ 76.9
80代	0.0	0.0	0.0 ⎭	26.9 ⎭
合計	100.0 (41)	100.0 (41)	100.0 (39)	100.0 (26)

すなわち3分の2が60歳以上の者で占められているが，80代の茶生産者はいない．しかし，2013年には従事者の8割弱が60歳以上となり，70代と80代の者が46.1%と半数弱に達し，茶生産者の4人に1人は80代となっている．このような茶生産に従事する者の超高齢化は，2005年以降，後継者の参入がないことにより生じている．

また，茶生産世帯の状況は，当然のことながら農業後継者

表9．後継者の有無別にみた茶生産者の年齢

(単位：人)

	後継者ありの世帯	後継者なしの世帯
30代	2	0
40代	1	0
50代	3	0
60代	4	4
70代	1	4
80代	3	4
従事者数	14	12
1世帯当たりの平均従業者数	2.8	1.5

注：「後継者ありの世帯」は5世帯，「後継者なしの世帯」は8世帯．

の有無によって大きく異なっている．まず，2013年時点で「茶生産継承世帯」の5世帯は，G_3世代の後継者年齢が38歳，45歳，54歳，57歳，60歳である．この5世帯で茶生産に従事する者は30代〜80代までの14人で，平均年齢は61.9歳，1世帯当たりの平均従事者数は2.8人である（表9）．これに対して，「後継者不在の世帯」である8世帯は，茶生産に従事する者がG_2世代の60代〜80代の12人，平均年齢が74.3歳，1世帯当たりの平均従事者数が1.5人である．本地域で使われている可搬型の茶摘み機は，茶摘み機の両端を2人で持って摘採を行う．したがって，「後継者不在の世帯」の1世帯当たりの平均従事者が2人に満たないことは，従事者の高齢化の問題と合わせて，深刻な「手間不足」を意味している．

5）農業就業状況の変化に伴う高齢期ライフスタイルの激変

対象者の親世代，すなわちG_1世代は，1970年代，80年代に高齢期を迎えた．事例調査から，G_1世代は55歳を過ぎる頃からG_2世代に農業を任せるようになり，60歳になると農作業からほぼ完全に引退して老人クラブに入り，

長生きした者は90代前半までゲートボール，旅行，趣味，生きがいとしての茶作りや野菜作りを楽しんだことが明らかになった．G$_1$世代は，長寿化，高齢期の経済基盤である年金制度，農業後継者の存在という3つの条件がそろうことによって「農業引退後のライフステージ」をはじめて経験した世代であった．対象者たち（G$_2$世代）は，家業である農業の担い手，家事などを親世代（G$_1$世代）から引き継ぐことによって，親世代が「農業引退後のライフステージ」を享受することに貢献した．また，G$_2$世代の女性の多くは1970年から75年頃までの間に車の運転免許証を取得した．公共交通機関が未整備であった中山間地域では，「お嫁さん」の送迎がなければ，運転免許を持たない高齢者たちはゲートボールの練習や試合の会場，旅行の集合場所，趣味の会場，仲間との交流場所，病院まで行くことも帰って来ることもできなかった．G$_2$世代は，G$_1$世代が新たなライフスタイルを実現するために重要な役割を果たした．

「年寄り衆は年金もらうと違っちゃったね．働かなくても自分のお金もらえるから，毎日遊んで通った．年金で自分のしたいことして，老人クラブの旅行によく行った．ゲートボールもずーっとやって楽しんだしね．おばあちゃんたちはいい時代をすごしたよ．おおじいさんやおおばあさんたちは年金なんてないし，どっこも行ったことなかったもんね．」（事例10他）

「年寄り衆は，ゲートボールに出るようになって変わったよ．ゲートボールが楽しみになって，1日おきに練習してた．年寄り衆はゲートボールをお仕事にしてたもんね．それでお茶どきになると，よその家に行ってお茶刈りを手伝って楽しんでた．忙しいから，ちいっとはうちの茶刈りを手伝ってもらいたいんだけど，年寄りは戦力にならなかったよ．保育園の送り迎えもご飯の支度も嫁の仕事だしね．年寄りには一番いい時代だっけよね．」（事例9）

事例調査の対象者のうち農業者の19人は，G$_1$世代が農業を引退し家庭責任から開放された年齢をすでに超えているが，依然として現役の茶生産者である．対象者たちは膝や腰などに故障を抱えているが，自分で車を運転し，時折病院通いをしながら茶生産を続けている．現在高齢期を迎えたG$_2$世代

からは，親世代が経験した「農業引退後のライフステージ」は消失しており，老人クラブや敬老会といった地域活動も停止している．

「今は若い衆が農業やらないから，いつまでもあたしらが現役．今は80になっても引退できない．みんな忙しくてゲートボールなんてやっちゃあいられない．誰もグラウンドを使う人がいないもんだで，立派なグラウンドが草だらけになってるよ」(事例11).

「いま84歳だけど老人クラブどころじゃねえわな．今，みんなが老人クラブに出たら，お茶は作れなくなっちゃう．だから，老人クラブはもうなくなっちゃった．敬老会もみんな仕事してっから行っちゃあいられない．あたしらは，現役で頑張るしかないだもんで」(事例6)

「今はとしとっちゃいられない時代だよ．現役の緊張感が70，80になってもある．だもんだから，体に負担かけるんだよ．毎日40代の時と同じことやってるんだもん．やれるわけないんだよ．だからあっちこっち痛くなったり，膝にみずたまったりしてくるんだよ．作業していて機具でけがしたり，足を踏み外して山の斜面を転がって骨を折って救急車呼んだり，軽トラックで川に転落して大けがしたりする衆が増えてるですよ」(事例2)

ところで，前述したように19人の対象者はいずれも現役の農業者であるが，農業後継者のいる「茶生産継承世帯」の対象者は，農作業のかたわら趣味や仲間との交流を楽しむ余裕を持っている．これに対して，「後継者不在の世帯」の対象者は，高齢になっても自分が茶生産を支えなければならないことに強い負担と将来への不安を感じている．高齢の茶生産者にとって，標高の高い山間の傾斜角度12〜15度の斜面で，年間を通して何回も行う施肥・防除・整枝，茶園全体に覆いを被せる被覆，重い機械を茶樹の高さまで持ち上げて行う摘採は，危険を伴う重労働である．次の対象者の語りは，子が農業を継ぐか否かという子世代のライフコースが親世代のライフコースを決定している現代の農家族の状況を示している．

「うちのお父さん，12月の大晦日で83歳になるけど，まだお茶を現役でやってるよ．そいで藤枝市の菊の会の会長さんだよ．これからの時期は，菊の

ことで忙しくてもうお茶はできない．お父さんが趣味をやれるっていうのは，息子がうちでお茶やってるからだよ．あたしお父さんに『若い衆がお茶やってるんでこそ，あんたは菊ができる．若い衆がいなかったら，全部自分がやらなきゃならない』ってよく言うだよ．今年初めて，藤枝市の市庁舎のロビーに菊をたくさん飾ることにしたよ．菊を見てみんなが感動してくれりゃあ，作った人はそれで満足するですよ．お父さんには気持ちが合う仲間が大勢いるですよ．そういう衆といっしょに菊を作って，見に来た人に喜んでもらう．こういうのを生きがいって言うだよね」(事例１).

「あたしら昭和60年に農協婦人部で一緒に役員やった仲間があるの．お茶をちょっと息子らに任せて休みにしてね，大きい車に乗って，みんなで方々へ行くですよ．みんなと話ししたり，笑ったりね，いろんな苦労話を聞いたりさ，それが楽しみ．みんなお嫁さんも孫もいる衆だし，息子が農業やってっから，お互い何でも言えるし話も合うよ．私らは若い衆がいるもんだで自由になるだけど，若い衆がいない人は自分が全部を支えなきゃならない」(事例３)．

「私は84．主人は膝が悪いから，私ひとりで消毒から肥料振りからやってる．茶刈りは婿に手伝ってもらう．寒冷紗広げるにもひとりでやると，何回も同じところをあっち行ったりこっち行ったりしなきゃならない．あたしは農業しかできにゃあ人間だがよ，ひとりでやるのは楽じゃあない．もう今まで随分頑張ったでね．お茶やうちのことからはおりたいよ」(事例６)

「来年お父さん77歳になるけど呆けちゃって，車の免許書き換えだけど，この状態じゃ免許は取れないと思うだよ．私とお父さんふたりでずっとお茶やってきたけど，もうやれないよ．来年一番茶とったら，山の上はもうやめるつもり」(事例13)．

５．製茶工場「たくみ工場」を拠点とした「青羽根茶工房たくみ組合」の誕生

１）茶生産者の高齢化と後継者不在への取り組み

長年にわたって栽培技術・生葉管理・製茶の製造工程を追求してきた対象

者たちは，世帯変動と農業就業状況の変化という危機的状況に直面し，"生涯現役"の茶生産者として高品質茶の生産継続と発展をかけて，さまざまな生き残り戦略を展開した．まず，90年代中頃から，茶生産者の高齢化と後継者不在に対応するため，次のような世帯単位の取り組みが開始された．

「年寄りだけでも仕事できるように，70歳になる前から計画的にお金かけて，段々畑の段々をなくして一面平らにして，機械や車が入りやすくて働きやすいようにしたの．それから「ならし」って言うんだけど，低い位置に新芽が出て刈りやすいように，茶の木をなるたけ低くするように機械で刈り落としたの．こんなことを10年以上前から心構えしてやったわけ．うちは若い衆がいないもんだで真剣だっけよ．」（事例7）

次いで，90年代後半になると青羽根集落と日向集落の2つの集落が共同で，世帯，集落を超えた地域戦略を構想した．従来，茶生産農家は5～7軒が共同で小さな製茶工場を所有し，女性たちが収穫した生葉を各世帯の男性が順番を決めて揉んで製品化し，問屋に売るという方法をとっていた．収穫した生葉を揉む製茶作業は「茶葉を生かすも殺すも製茶しだい」と言われ，茶の品質を決定する重要な工程であると同時に，大きな力を長時間必要とする高齢者にとって過酷な重労働でもあった．そこで，青羽根集落と日向集落の茶生産農家27世帯は組合を作って共同出資し，静岡県に働きかけて補助金を獲得し，静岡県初の最新鋭コンピュータを導入した製茶工場「たくみ工場（こうば）」を2000年に建設し，「青羽根茶工房たくみ組合」を創設した．組合員たちは，消費者の高級志向の高まりに応える上質の茶葉を各世帯で栽培・管理・収穫し，「たくみ工場」に持ち寄って共同で理想的な製茶を行うことによって，最高品質茶の生産を目指した．本稿の調査対象20世帯のうち農家世帯の19世帯は，いずれも「青羽根茶工房たくみ」の組合員または準組合員である[4]．

「製茶がいいと，品質のいいお茶になるですよ．製茶で品質は全然違ってくるですよ．たくみ工場が出来て機械の精度が良くなったから，理想的な製茶ができるし生産性もあがったの．でもね，刈り取ったお茶に合わせてコンピュータをセットするのがとっても難しいの．いくつもの段階があるから，

段階毎に葉の状態，気温，湿度などを考えてコンピュータを動かすのは経験積んでないと絶対できないの．「指先のセンサー」の精度がよくないと最新鋭のコンピュータを使いこなせないんだよ」(事例1)

「これからも消費者の高級志向はどんどん高まっていく．だから，いいものを作っていけば大丈夫．そのためには，時代を先取りしにゃあだめ．人のやるもんをやってたじゃあだめ．重要なのは「先見性」だよ．人のつくらないものを作る力がないとだめだよ」(事例1)．

2）高品質茶の生産を実現するための厳格な栽培・管理・製茶体制

　高品質茶を共同で製茶するためには製茶工程に持ち込まれるすべての生葉の品質が高く，しかも均質であることが求められる．このため，組合員が茶園で使用する肥料や消毒薬の種類，茶園の面積当たりの肥料や薬剤の量，肥料や消毒の回数と時期，手入れ方法，茶園に寒冷紗（こも）を掛ける時期や日数などが細かく決められており，役員は組合員の茶園を回って作業状況を厳しくチェックし指導・助言している．また，収穫され「たくみ工場」に運ばれた生葉はまず分析機にかけられ，芽の柔らかさ，繊維質や水分などが点数化される．そして厳しい品質基準に合格した生葉のみが共同製茶ラインにのせられ，品質の低い生葉は別揉みされる．さらに，「たくみ工場」の1日当たりの最大製茶量は11トンである．このため新茶収穫の最盛期の10日間は収穫した生葉をその日のうちに製茶できるよう，世帯別の一日当たりの収穫量が前年の収穫量に応じて割り当てられている．

　「いっくらみんなして一生懸命いいお茶作っても，そこにちょっとでも品質の低いものが混じっちゃったら，全体のランクを下げて，低い単価になっちゃうわけですよ．工場に葉を持って来たときに茶葉見れば一目瞭然だからね．みんなの目は絶対ごまかせない．それに分析機にかけると数値がばばばって出ちゃいます．基準に合格しないのははねて別揉みします．品質が下がらない努力してます」(事例1)

　また，組合員たちは，高品質茶を栽培する方法を問屋と共同研究し，2009

年に玉露栽培を簡略化した「トンネル栽培」を開発した．「トンネル栽培」によって収穫され「たくみ工場」で製茶された茶葉は，契約している 2 つの問屋に"たくみの茶"として県下最高水準の単価額で買い取られている．問屋は収量の増加を要望しているが，多くの生産者が高齢者であり，栽培には大変な手間がかかるため，収量を増やすことは難しいという．

「今までは付加価値をつけるためにかぶせをやって，寒冷紗（こも）をお茶に直接掛けたでしょう．今度は茶園に青いポールを何本もトンネルになるように立てて，その上に寒冷紗をかけるの．そうすっと玉露を栽培するときみたいにお茶の木と寒冷紗の間に空間ができますよ．トンネルにすっと味が全然違う．玉露風な味が出るの．普通の煎茶にある渋みや苦味がないだよね．葉の色もすごい光ったように青っぽくなってきれいになんだね．ブロッコリーのような感じの鮮やかな色だよ．お茶入れたときも，ちょっと明るい黄緑っていうかね，葉っぱが香花みたいになる．その代わり手はかかる．芽が出たら管理して，肥料やって，消毒して，それが終わってからポールを立てんとね．トンネンにかける寒冷紗は，きっちり14日掛けるの．掛けるのが短いと掛けた価値がない．味も出ないし，香りも出ないだよ」(事例1)．

「年寄りがトンネル栽培するのは大変だよ．あんた，段々になってたり，山になってる茶園全体にポールいっぱい立てるだけんね．ポール立てるにはすごく力がいる．固い土の中にしっかりポールを突き刺さないと，風強いだけん寒冷紗といっしょに飛んでっちゃう．肥料する時も消毒撒く時も茶を刈ったりする時も重い機械をあの高さまで上げなきゃできんでね．腕を高く上げなきゃいけんもんで．でもトンネルはやりゃあやっただけのことはある．やっぱ品質の違うものができる．トンネルにして栽培したお茶は高く売れるよ」(事例7)．

3) 組合員による高齢生産者サポートの有効性と限界

茶生産世帯には子世代が後継者となって親世代と茶生産を行う世帯，子世代が他出または雇用労働者のため老夫婦だけで茶生産を行う世帯，老夫婦で茶生産を続けてきたが夫（または妻）が高齢・病気のため妻（または夫）がひ

とりで茶を栽培し，子どもや親戚が収穫期や休日に手伝いに来る世帯などがあり，各世帯が保有する「手間」は大きく異なっている（図表7）．そこで組合員たちは，「手間」の不足している高齢生産者世帯に対して，農作業の遅れを日常的に手助けしている．

「肥料やる時，4月の寒冷紗を掛ける時，5月のお茶を刈ったり運んだりする時とか，遅れてて終わらないうちがあるでしょ．そうすると自分のところが終わった人たちがみんなで手伝いに行って終わらしてやるよ」（事例10）

「うちは息子がお茶やってるから手間があるでしょ．よその遅くなったうちに手伝いに行くですよ．お互いしっかり見てて助けるの．表面的な助け合いじゃないのよ」（事例2）

また，「たくみ工場」は茶収穫期には24時間体制で稼働しており，組合員は交代で製茶工程を担っているが，「手間」が不足している世帯には「たくみ工場」への労働力提供を免除している．この製茶工程への労働力提供の免除は，2000年の「たくみ工場」設立から今日までの10数年間にわたって，高齢生産者たちが茶生産を継続し，収入を獲得するためのきわめて有効なサポートとして機能してきた．しかし，最近になって「たくみ工場」の品質基準に合格できない高齢生産者世帯が出現していることから，「手間」が不足している世帯の農作業の遅れを手助けしたり，製茶工程への労働力提供を免除したりするサポートだけでは，今後，高齢生産者を支えることは難しくなっていくことが予想される．

「手間がなかったりしても組合に入ってれば，みんながフォローして助けてくれる．お茶があれば，生活費，入院費や治療費が賄えるの．でも，みんな長年お茶を作ってるから，一目見れば手抜きしているのがすぐ分かるし，分析機でデータが出るからごまかせない．たくみ工場に持ってくる茶葉の品質はみんなと同じレベルじゃあなきゃだめなの．品質が落ちたらたくみ工場の組合から外れていくしかないんだよ」（事例1）

6. 結論

1）青羽根地区の「地域力」

　1982年から2013年までの31年間にわたる朝比奈地域の家族研究から，青羽根地区が持つ特異な「地域力」が浮かび上がってくる．まず，青羽根地区は，朝比奈地域の最も山間地に位置する「平家の落人部落」と伝えられている．青羽根地区の人々は「自分たちの祖先は平家の落人」という共通したアイデンティティーを持ち，親密な近隣関係と親族関係を基盤とした相互扶助関係を長年にわたって保有してきた．また，青羽根地区は茶栽培に適した気候条件に恵まれ，1980年代までは全世帯が専業の茶生産農家であった．そして現在も住民の大多数が，品質の高い茶を生産する高度な栽培・管理・製茶の技術を持ち，「いいお茶を作る力が青羽根を支えている」，「青羽根はお茶の恩恵でみんなが暮らしている」，「みんながいいお茶を作ろうと思ってることが，この部落のモラル，部落のまとまりとなって生活全体を支えている」という認識を共有している．さらに，「年をとると最期のことを考える．青羽根が大好きだから，年とってもみんなで青羽根に住んでいたい」，「ここで終わりたい」という熱い願いを持ち続けている．こうした青羽根地区の持つ「地域力」は，劇的な社会経済的変動に直面した住民たちが，集落あげて茶生産の継続と発展のために「たくみ工場」を拠点とした「青羽根茶工房たくみ組合」を創設する原動力となったと考えられる．

2）「青羽根茶工房たくみ組合」の2面性と今後の課題

　2000年の「たくみ工場」建設から13年にわたって，対象者たちの茶生産を支えてきた「青羽根茶工房たくみ組合」は，2つの質的に異なる高齢者たちの「結びつき」を内在している．まず，対象者たちは「青羽根の衆はみんな身内っていう気がするんだよ」，「青羽根はひとつの家族みたいなもの」，「ちいちゃな部落でお互いしがらみし合って毎日生活して，お茶作っているだもんで，みんなに仲間の意識があるの」，「ひとつの仕事をね，部落みんなでやるっていうことがいいだね」などと話している．このように対象者たちが

口々に語っている「みんな」「ひとつの家族」「しがらみし合う」「仲間」「身内」などの言葉から，「青羽根茶工房たくみ組合」は，"地縁型の集団帰属意識に支えられた地域連帯と共同性に基づく高齢者たちの結びつき"という特徴をもっている．

　そして，もう一つの側面として，「青羽根茶工房たくみ組合」は，高度な栽培・管理・製造の技術を持つ茶作りの"匠"たちが，「消費者の高級志向にこたえる最高品質茶を生産する」という"共通目標を実現するための共同事業"という特徴を持っている．対象者たちには，「青羽根茶工房たくみ組合」は「高品質の茶を作っている」という自信と誇りがあり，「以前は農協にお任せだったけど，いいお茶作れば，自信もあるしね．独自のお茶を販売するほうが，よっぽど高値で売れる．トンネル（栽培）は青羽根だけがやってるここ独自の栽培方法だよ．青羽根は，まだ他が全然やってないお茶の最先端を走ってるの」，「たくみ工場は県下で一番いいお茶を作ってる．それが，わたしらのプライドですよ」などと語っている．

　また，対象者たちは，同業者ならではの強い競争意識と利害を共にしているという緊張感が表裏一体となった関係性を持っており，「いいお茶を作るっていう競争意識がお互いものすごく高いけんね」「たくみ工場におぞい生葉[6]を持って行かれんでしょう．それは，恥ずかしいもんでお互い真剣になるんだよ」「うちのお茶がおぞくて，みんなに迷惑かけないようにってすごい緊張感があるよ」，「たくみ工場の役員は，22件の組合員の茶園を1年に何度も全部見て回るですよ．ちゃんと作業ができてない家には『もう1回作業をやり直してください』と注文するよ．たくみのお茶の質を落とさないためには，言うべきときには言わなくちゃ．そうしないとみんなが落っこっちゃう」，「たくみ工場に持って行く茶葉の品質が落ちたら，たくみ工場の組合から外れていくしかないっていう緊張感があるんだよ」などと語っている．そして，83歳の対象者が「いいものをみんなで作れば，最後は高く売れるわけだから，みんなで喜びも共有できるよね．そういうことが，何よりもみんなの気持ちをひとつにしているんですよ」と語っているように，茶市場の新茶取引で「たくみの茶」が高く売れて品質が評価されることによって，最終的に対象

者たちは大きな満足感と収入を手に入れるのである．

　以上から，対象者たちは親世代が享受した「農業引退後のライフステージ」を失ったが，「青羽根茶工房たくみ組合」が内在している"地縁型の集団帰属意識に支えられた地域連帯と共同性に基づく結びつき"と"共通目標を実現するためのビジネスとしての結びつき"という質的に異なる2つの「結びつき」によって，「茶の匠」としての能力を発揮し，最高品質茶を生産するという生きがい，満足感，所得を獲得し，茶生産に関する高度な知識・技術の次世代継承，地域活性化に貢献するという高齢期の新たなライフスタイルを創出していることが明らかになった．

　また，対象者たちの作った茶の品質評価が，茶市場の新茶取引で問屋のつける1kg単価額という値段によって明確に示され，全国的に公表されることは，茶作りの"匠"たちの意欲を多いにかき立て，「青羽根茶工房たくみ組合」の結束を強固なものにする"装置"となっている．しかし，それは同時に「たくみ工場」の品質基準に合格できなくなった高齢生産者世帯を排除する"装置"でもあり，世帯単位の茶栽培や2集落規模の組合による地縁型の伝統的・相互扶助的なサポートには限界が見え始めている．今後は「青羽根茶工房たくみ組合」のような「地域力」を活かした高齢農業者たちによる主体的な動きを支援するとともに，後継者不在の高齢生産者世帯をサポートする新たな振興事業やビジネスモデルの構築が急務となっている．

注
1）静岡県志太郡岡部町は2009年1月1日に藤枝市と合併した．岡部町は年平均気温16度前後，年間降水量2,000mm前後と温暖な気候に恵まれ，玉露，てん茶，かぶせ茶が揃って生産されている静岡県下唯一の茶生産地域である．
2）2013年時点で青羽根地区には26世帯，77人が居住している．
3）本地域では農業労働力のことを「手間」と言う．
4）2013年時点で「たくみ工場」の組合員は15戸，準組合は7戸である．
5）お茶の木の上に寒冷紗をじかに掛ける「かぶせ茶」のこと．
6）品質の低い収穫したばかりの茶葉のこと．

文 献

黒崎八州次良・戸塚亮，1990,「農家主婦の意識と家族構造」『信州大学人文科学論集』24, 35-55

松島（佐藤）宏子，1983,「中高年女性の老後についての意識」『老年社会科学』日本老年社会科学会，100-113

─────，1985,「農村家族における嫁姑関係の変遷」『お茶の水女子大学人文科学紀要』38, 167-182

佐藤宏子，1987,「農村における四世代同居家族の世代間関係」，東京都老人総合研究所編『社会老年学』26, 東京大学出版会, 54-64

─────，1988,「第5章家族関係」「第6章伝統の継承と断絶」, 袖井孝子編『ライフ・スパン──農村三世代家族の嫁と姑』8, 寿命学研究会, 43-64

─────，1996,「農村の中高年女性における老後意識の追跡研究（第1報）1982年と1993年における出生コーホート内変化」『日本家政学会誌』47（2）, 日本家政学会, 37-47

─────，2004,「農村直系制家族における中高年女性の世代間関係──静岡県志太郡岡部町朝比奈地域における追跡研究」, お茶の水女子大学博士論文

─────，2007a,『家族の変遷・女性の変化』, 日本評論社

─────，2007b,『農村家族の変容と中高年女性の情緒関係・老後意識の変化──23年間の追跡研究から』, 平成15～18年度科学研究費補助金報告書（基盤研究B, 課題番号：15300248）, 田園調布学園大学佐藤宏子研究室

静岡県経済産業部農林業局茶業農産課, 2013,「静岡県茶業の現状〈お茶白書〉」2-39

袖井孝子，1988『ライフ・スパン──農村三世代家族の嫁と姑』8, 寿命学研究会, 65-71

総務省「過疎関係市町村数の推移」（2013年8月15日取得）
http://www.soumu.go.jp/main_sosiki/jichi_gyousei/c-gyousei/2001/kaso/kasomain0.htm

直系家族制と夫婦家族制の
　　　文脈からみた近居家族

中尾暢見

1．はじめに（問題の所在と分析視角）

1）日本の家族は戦後「直系家族制から夫婦家族制へ」と変化したのか

　家族社会学の領域では，これまでに直系家族制から夫婦家族制へと変化したという学説が浸透してきた．テレビのニュースでも，この学説に基づいた報道が繰り返しなされてきた．日本社会は戦後，核家族が増加したと述べて，3世代同居家族が減少して夫婦と未婚の子からなる核家族が増加したとグラフを提示して解説するものも多い．この事象は殆ど疑われることもなく当然の事実だと理解している人が多く，常識として定着している．集団催眠のごとく皆が事実ではないことを信じ込んでしまった背景には，著名な研究者の学説が影響している．

　清水浩昭は，このような傾向に警鐘を鳴らしてきた．2013年に刊行された『高齢化社会日本の家族と介護』では，「提示された理論は，どのような学問的な手続きを経て形成されたのかを吟味してこなかった」（3頁）からであると指摘している．

　直系家族制から夫婦家族制へと変化したという学説は，これまでに複数の反証が示されてきた．本稿では国勢調査など公のデータから検証する．

2）分析視角－「近居」概念の投入

　これまでの先行研究では，既存の学説と分析枠組みに照らして日本の家族の居住形態は直系家族制か夫婦家族制かを吟味する内容並びにその変化や比重を考察するものが多く見られた．その際には同居と別居という区分で考察がなされてきた．国勢調査も然りで今日までに蓄積されている分析可能なデ

ータの多くは同居と別居という2つの区分である．社会の様態が変化するとそれに伴って家族を源とする人間関係の多くが変容する．そこで私は同居・別居という区分が時代にそぐわなくなったのではないかと考えるに至った．多様化が常態となった社会においてマジョリティ（過半数）を占めるのは何か，どのカテゴリーなのかという視点からみると，近居が過半数になるのではないかと仮定した．

そこで，本稿では「近居」概念を投入して家族の考察を試みる．学的源泉を直系家族制と夫婦家族制の文脈から辿る．パブリックなデータから家族を形（居住形態）と質（意識，人間関係）の面から考察して近居観を浮き彫りにする．そのうえで親子間にみられる世代間の互恵性から近居という家族戦略を浮き彫りにしたい．

2．直系家族制と夫婦家族制

本節では，直系家族制と夫婦家族制の学説を主導してきた森岡清美の概念を示したうえで，この学説を展開してきた研究者の解釈を紹介する．

1）直系家族制と夫婦家族制と複合家族制とは

森岡清美は，概念を以下のように定義づけている（森岡ほか 1983/1992）．それらは家族を居住形態の面からとらえる概念である．

直系家族は夫婦と1人の既婚子とその配偶者および彼らの子どもからなる家族をいう．直系家族制は親夫婦と1人の子ども夫婦との同居を原則とする家族制度である．

夫婦家族は夫婦と未婚の子からなる家族をいう．つまり核家族である．夫婦家族制は親夫婦と子ども夫婦との別居[1]を原則とする家族制度ある．

複合家族は夫婦と複数の既婚子と彼らの配偶者および子どもからなる家族をいう．複合家族制は親夫婦と複数の子ども夫婦との同居を原則とする家族制度である．

2）森岡清美の言説－直系家族制から夫婦家族制へ

　世界の潮流をみると20世紀の社会学界はアメリカが主流であった．パーソンズ，T.（Talcott Parsons 1902-1979）は，1930年代から1970年代にかけて精力的に研究成果を産出し続けてアメリカ社会学界を牽引してきた人物である．

　日本では森岡清美がその位置にあると言えよう．森岡の学説は広く深く浸透している．パーソンズと同様に多くの優秀な後継世代を育成しており影響力が大きい．森岡が展開する直系家族制から夫婦家族制への学説を『現代家族変動論』（森岡 1993）を通して考察する．

　森岡は「直系制家族が変質したといわなければならない．変質して，いわゆる生活保持義務者を主力メンバーとする夫婦制家族の方向に向かった」（209頁）．「戦後，とくに昭和二〇，三〇，四〇年代にわたる三〇年近い間の家族変動を，私は家族形成パターンの変化としてとらえ，各世代一夫婦の父子継承ラインを軸とする直系家族制から，夫婦単位の夫婦家族制への推移とこれを要約するとともに，変化の要因として，理念的要因と経済的要因，とくに両者の結合を挙げた」（210頁）と1972年時点で述べている．森岡は夫婦制家族の背景として戦後の民法改正，経済成長に伴う労働力の地域移動の2点を指摘している[2]．

3）加藤彰彦の言説

　加藤彰彦は「「直系家族制から夫婦家族制へ」は本当か」（加藤 2014年2月15日取得[3]）においても直系家族制から夫婦家族制へと転換しつつあるという森岡説に対して日本家族社会学会の全国家族調査委員会が実施している全国調査「戦後日本の家族の歩み」（NFRJS01）のデータ[4]（日本家族社会学会 2003）を分析することで実証的な検証を試みた．結論として直系家族制から夫婦家族制へと転換したとは言えないとの知見を示した．加藤はNFRJS01データ分析から一時別居型の修正直系家族説を支持している．

　その論拠として核家族化の構成主体は，継嗣が新婚の時期または次三男が結婚して核家族を形成した一時別居型のパターンであることを析出している．結婚継続年数でみた場合は長期間になるほど，続柄では長男ほど同居率が増

加することをイベント・ヒストリー法によって析出している．そして途中同居の要因としては，夫妻の続柄（夫が長男），親からの土地・家屋の相続，老親扶養を挙げている．それらの分析結果は直系家族規範を示していた．さらに日本列島を地域別にみた場合は，これまで学説で示されてきた東北日本と西南日本とで異なる分布を示すことをデータから析出している．

4）原田尚の言説

清水浩昭と加藤彰彦は共に論拠として原田尚の言説を引用している．原田は清水と同様に一時別居型に地域差を加えた言説を1970年代に提示していた．

原田は1978年に，産業構造の変化に伴い拡大家族が崩壊して擬制的核家族が増加しているが，擬制的核家族は直系家族規範のイデオロギーと同じである．そしてこの中には一時別居型の居住形態を選択している多くの世帯が含まれ，それが制度化しつつあるという修正直系家族の仮説を提示している（原田 1978）．

原田は1984年に，「制度ないし夫婦家族イデオロギーの浸透過程を追求するにあたっては，単に形態や理念だけでなく，核家族率をふくむ多角的な指標の関連づけが必要である」（原田 1984：22）との結論を提示しており，形態分析（居住形態，地域性）と意識分析（価値観，関係，機能など）の双方から考察をする必要があるとの見解を示している．

5）清水浩昭の言説

清水浩昭の言説は，日本の地域差（東北型と西南型）および親子同居（生涯同居，途中同居）のタイミングに着眼点をおいている．

『人口と家族の社会学』（清水 1986）は清水浩昭の前期集大成の書である．清水浩昭は日本の家族構造は，アメリカとは異なり依然として直系家族制が強い社会であり，一時別居型居住形態あるいは擬制的核家族化が顕在化しつつある点を指摘している．

『高齢化社会日本の家族と介護－地域性からの接近』（清水 2013）は清水浩昭の後期集大成の書である．清水は日本における1930年代から今日に至る

表1．日本家族論－同質論・変質論・異質論

類型	定　　義	研　究　者
①同質論Ⅰ	家族の基本構造は夫婦家族制であったが，この家族構造は今日においても構造的に変化していないとの考え方	黒田俊夫
②同質論Ⅱ	家族の基本構造は直系家族制であったが，今日においても構造的に変化していないとの考え方	有賀喜左衛門，中根千枝，原田尚
③変質論Ⅰ	家族の基本構造は直系家族制であったが，今日では夫婦家族制へと構造的に変化したとの考え方	戸田貞三，森岡清美，喜多野清一，鈴木栄太郎，小山隆，他の大多数の家族社会学者と農村社会学者
④変質論Ⅱ	直系家族制を基本構造にしながら夫婦家族制も併存してきたが，今日では夫婦家族制が直系家族制へと構造的に変化する可能性を内包しているとの考え方	江守五夫
⑤異質論	直系家族制が基本構造であるが，夫婦家族制も併存していた．この併存構造が，今日でも構造的に変化していないとの考え方	岡正雄，蒲生正男，上野和男，関敬吾，大間知篤三，宮本常一，竹田旦，内藤完爾，土田英雄，光吉利之，武井正臣，岡崎陽一，大友篤，宇佐美繁，速水融

資料：清水浩昭，2013，「第2章 日本家族論」『高齢化社会日本の家族と介護』時潮社より作成

までの実証研究の研究成果を日本家族論と定義づけ表1の通り5つに類型化している．清水は異質論の立場を支持している．そして親子の居住形態を東北日本と西南日本とで区分して差異を浮き彫りにしている．さらに国勢調査から高齢者の同居が多い地域として主に東北地域，別居が多い地域として北海道，東京の他，主に西南地方に多く分布していることを示している．

6）那須宗一の見解

那須宗一は1962年に出版された『老人世代論』において「日本の老人家族

が当面している問題の今後の解決の方向としては，同居形態をとりながら，しかも機能的には，別居形態の方向に接近しながら解決を求める姿勢が，日本における第三の家族形態の方向であると考える」(199頁) と述べている．つまり居住形態としては直系家族の形をとりながら，実質的な生活面では夫婦家族規範という家族の増加を予想している．当時の家族社会学者の見解は，家族が変容していることを異口同音に感じ取ってはいるが，家族が向かう方向性への展望には開きがみられる．直系家族制が持続している，夫婦家族制に変化した，2つとは異なる第3の新たな方向へ進んでいる，または規範は直系家族で居住形態は夫婦家族であるとする混合型などがみられる．

7）比較検証の困難さ
(1) 森岡清美から加藤彰彦へのリプライ

先に取り上げた加藤彰彦の修正直系家族制説を支持する言説に対して森岡清美は，加藤に対して2005年の12月に刊行された『発展する家族社会学』においてリプライを示している．

森岡曰く，加藤のいう実践（ハビトゥス）の次元は同居か否かを問うものであるが，森岡は家族形成のプログラムを問題としている．森岡は「親と既婚の子との同居は直系家族（分類）をなすが，必ずしも直系家族制（類型）ではなく，夫婦制直系家族であることも少なからず，親子近居ならなおさらしかりとみる」（森岡 2005：271）．加藤の批判は，森岡説と同一レベルの議論ではないから森岡説が否定されたとは考えない．つまり，森岡説である家族形成のプログラムについてレベルを同じにしての実証研究による検証が必要だという趣旨である．

(2) 清水浩昭から加藤彰彦に対する森岡清美へのリプライ

清水は，2013年に刊行された『高齢化社会日本の家族と介護』のなかで，森岡の文章を引用しながら言説に一貫性が欠けている点を指摘している（清水 2013：95-98）．

(3) リプライがかみ合わない理由

原田尚は形態分析と意識分析のどちらかを選択や限定する視点ではなく双方をみる必要があるとの見解を示している（原田 1984）．森岡が指摘している通り，家族の変化をどの側面に着目して研究するのかは研究者によって扱う次元に差異があるため，異なるものを同一水準の視点から比較することは危険かつ困難である．同じ事象を扱っても社会状態の変化，研究者による差異，着眼点の差異，学的な変遷と源泉をどこに求めるのかでも差異がみられる．森岡は欧米の研究成果をふまえているのに対して，清水は徹底して日本の研究成果，例えば民族学や文化人類学，歴史人口学などを踏襲している．概念の持つ意味や重みの変化等どの局面での変化なのかなどを慎重に検証する必要がある．時代の変化に伴い分析手法は日進月歩である．森岡清美（1923年生まれ）[5]と清水浩昭（1943年生まれ）の世代では実施していない統計分析の手法を加藤彰彦（1964年生まれ）と施利平（1970年生まれ）[6]の世代では導入している点を見ても単純比較の難しさが透けてみえる．

4．近居家族

1）近居研究の意義

(1) 時代と共に変化する家族形態の変容

ライフスタイルが多様化した社会では異世代大人数で狭いマンションに住むには我慢が絶えない．近居という選択肢は，個人空間の距離を保ちながらも，親子間での互恵性を保つことが可能になる家族戦略の1つである[7]．居住形態では夫婦家族を保ちつつ，規範の面では直系家族を色濃く残していることが多い．近居自体は古くから存在していた．地域によっては隠居した高齢世代が敷地内の別邸に越して過ごすことも珍しくなかった．つまり，その居住形態の変化と親子関係における規範の変化との双方を分析していくことが必要である．

(2)「家族の変動」（森岡 1972）

この論文は，森岡が欧米の先行研究を学んで最初にまとめた家族変動論で

ある．日本の家族について「形態の面で夫婦家族が支配的になるということは，夫婦家族制の確立に裏づけられた〈核家族化〉（夫婦家族率の上昇）を意味すると考えられる」（森岡 1972：212）と述べ，大正時代である1920年からすでに核家族率が過半数であることを示している．そして家族形態に見られる変種として①夫婦家族制に立つ夫婦家族（とくに都市勤労者のあいだで），②夫婦家族制のエートス（精神構造）をもった直系家族，③夫婦家族制を多かれ少なかれ拒んでいる直系家族（とくに農村のあいだで）という3つを挙げている（森岡 1972：213）．

　これに4つ目を付け加えるならば，②の逆で直系家族制のエートスをもった夫婦家族であり，これが近居家族の主な担い手となっている．

2）近居の概念と定義
(1) 近居の範囲
　慣用句では親または子の住居までスープや味噌汁が冷めない距離という表現がある．行政の区割り単位の地域で区切るか，移動時間で区切るかで定義には幅がある．移動手段の場合は，徒歩，自転車，乗用車，バス，鉄道など通常用いる方法で時間を計算する．

　さまざまな文献の定義を比較すると，親または子の住居まで通常の移動手段を使って片道30分以内と定義づけるものが多い．私は生活実態に照らした場合，1時間以内までを近居としてみて良いと判断している．というのは子育てをしている母親に聞き取りをすると片道1時間までならば日常的に相互の行き来があり相互に援助を期待していることを確認できるためである．以下に幾つかの定義を提示する．

(2) 近居定義の種類
　文献にみられる近居の定義は一様ではない．近居は距離でみると同一市区町村内の範囲をさすことが多いが，移動手段によって範囲が異なるために定義づけが多様化している．

　例えば，国土交通省の報告書では，①同一敷地内，又は同一住棟（長屋・

共同）の別の住宅に居住，②すぐ近く（歩いて10分以内）に住んでいる範囲をさす（国土交通省住宅局 2004：54）．

　近居に関する優遇措置を設けている独立行政法人都市再生機構は，同一又は隣接する市区町村を近居の範囲として見据えている（UR都市機構 2014年2月19日取得）．

　『「三世代近居」に関する提言』（福井県庁内ベンチャー事業 2006：1）では，東京都老人総合研究所の井上勝也心理室長が1988年に実施した〈みそ汁の冷めない距離〉実験の結果を引用して，女性が歩いて30分以内，距離にして約2kmと把握しつつも，報告書の定義では「同一小学校区内に三世代が別住宅で居住する場合を「近居」と位置づける」(16頁)としている．

　電通の調査では，「アイスクリームが溶けない距離＝車か電車を使って20～30分程度の距離としている」と定義づけている（袖川ほか 2005：243）．

3）同居・近居・遠居の意識－1・6・3比率の傾向

(1) 過半数を占める近居希望

　近居を希望する人の割合は調査によって異なるが，大きな開きは見られない．同居と別居の意識調査では同居希望は1割，別居希望は9割という傾向がみられる．別居が圧倒的多数派を占める．しかしこの別居を近居と遠居とに分けて調べると，別居の9割は近居6割，遠居3割である．つまり，意識は同居1割・近居6割・遠居3割の比率になる．近居が過半数を占める．多様化が常態となっている社会で過半数を占めるカテゴリーはむしろ珍しい．

(2) 博報堂の家族調査にみる近居意識

　博報堂の生活総合研究所が1998年に実施した家族調査[8]では，既婚夫妻の約半数が親との近居を希望している（表2）．夫妻共に20歳代の男性を除き自分の親との近居希望の方が多い．これは自分の親には遠慮なく家事と育児のサポートを依頼できるためである．年齢による意識の差異も浮き彫りとなっている．男女共に若年年齢層ほど近居を希望する比率が高い．

　親世代の場合，子ども夫妻との近居希望は6割強である．1998年時点では

61.0%，1988年時点では62.5%と変化は見られなかった．団塊世代の近居希望は50%程度と若年世代より約10%低い．これは高齢期の介護負担を子世代に頼むことを遠慮しているためである．

(3) ベビーブーマーの近居意識

ベビーブーマーである団塊世代と団塊ジュニア世代の近居意識を同調査[9]からみると，団塊ジュニア世代の親に対する居住形態の希望は，同居が10.0%，近居[10]が47.3%，週末帰省が14.2%であった[11]．団塊ジュニア世代では「親が年をとったら，親の面倒をみてあげたい」比率は66.5%で，団塊世代では「自分が年をとったら，子どもに面倒をみて面倒をみられたい」比率は59.6%で，両世代ともに3分の2程度の割合を示している（峰岸 2006）．

表2．近居希望の傾向

(単位：%)

年齢層 (1998年)	配偶者の親	自分の親
全体	46.2%	53.6%
夫	52.9%	47.3%
妻	39.0%	59.7%
夫20歳代	53.9%	59.6%
夫30歳代	60.5%	51.1%
夫40歳代	55.6%	46.9%
夫50歳代〜	39.6%	36.7%
妻20歳代	49.4%	67.2%
妻30歳代	40.6%	67.0%
妻40歳代	35.8%	56.0%
妻50歳代〜	33.2%	47.7%

資料：博報堂の家族調査（博報堂生活総合研究所 1998）より作成

同調査のデータの近居希望は団塊ジュニア世代と団塊世代とでほぼ一致している．これは博報堂や国立社会保障・人口問題研究所の『わが国独身者の結婚観と家族観』調査と同様の結果を示している．

(4) 家族形成と近居観

国立社会保障・人口問題研究所は2002年に18歳から34歳までを対象にした『わが国独身者の結婚観と家族観』調査を実施した[12]．興味深いのは単に親との近居希望を質問したのではなく，独身男女が30歳代と50歳代という将来のライフステージ像を含めて質問している点である．独身男女が同居したい相手別にグループ化している．表3をみるとライフステージによる差異よりも家族形成による差異の方が大きいことが読み取れる．

表3．同居したい相手別にみた自分の親との近居希望

(単位：％)

同居したい相手	30歳代の頃 女性	30歳代の頃 男性	50歳代の頃 女性	50歳代の頃 男性
配偶者	80.7%	62.9%	83.0%	64.2%
配偶者と子ども	61.3%	44.1%	51.9%	39.8%
同居したい相手は居ない	35.0%	14.8%	29.1%	9.4%

資料：国立社会保障・人口問題研究所2004『平成14年 わが国独身層の結婚観と家族観』厚生統計協会より作成

　同居したい相手が居ないという人は，定位家族の人間関係が生殖家族の形成と連動していると推察する．ひとりぼっちになるリスクが高い層であるが，若い時期から自身のもつリスクを自覚して家族に代わる友人関係等のコンボイ（人生同行集団）を形成して擬似家族関係を持続するという選択肢もある．

4）近居のメリット

　親子間での近居は家族戦略としての一面もみられる．電通の調査によると[13]2002年時点で25歳から34歳の既婚女性の東京圏での近居率は49％であった．

　近居による親側のメリットは，孫で2回目の子育てを楽しめる．自分の子どもにはすることができなかったことを孫に対してはできる．将来のもしもの時や介護を期待できる．子離れができない親でも頻繁に会えて寂しくない．

　子側のメリットは，金銭と生活物資の面で経済援助を受けられる．孫の世話などの人的援助が期待できる．自己実現を追求できる環境に恵まれるため家族の選択肢が増える．例えば収入のための仕事ではなく，職種，雇用形態，労働時間も選択肢が増えるためにやりたい仕事を選べる．余裕のできた時間は趣味に時間を費やすことも可能である．

　社会のメリットは，リッチな高齢層から若年層へと所得移転が可能になる．育児サポートを受けられると子世代は出産をためらわない傾向があるため少子化に歯止めがかかる．子世代は仕事と家庭との両立が可能になる．結婚と家族形成に関わる新たな消費が期待できる（袖川ほか 2005）．

5）団塊世代と団塊ジュニア世代の世代間にみられるギブ＆テイク

　学校制度は，子どもが親の経済階層や出自に拘わらず勉学で貧困層から富裕層へと進展するチャンスを提供していると信じられてきた．ところが，P. ブルデュー（Pierre Bourdieu, 1930-2002）が提示した富裕親からは富裕子が再生産されているというデータと文化的再生産の概念は，1980年代の日本社会に衝撃を与えた．

　日本ではどうなっているのかと様々な検証が行われた結果，日本でも同様な再生産事象が生じていることが確認されている。貧困親からは貧困子が育つ貧困の連鎖や負のスパイラルは珍しい事象ではない．成人した子どもの生活水準や満足度を規定する要因が，子世代本人の努力による結果よりも親の経済力や行動力が大きく作用していることも知られている．

　国立社会保障・人口問題研究所の『第3回全国家庭動向調査』[14]や『第12回出生動向基本調査』[15]では，女性が仕事をしながら子育てを両立させる条件として，公的支援，職場環境，夫のサポートよりも生まれた時から選べず努力で改善不可能な親のサポートに期待をしていることが示されている．

　リクルート住宅カンパニーの調査によると，育爺・育婆による育児サポートへの期待度は，親子世代で40％台と大差はない（峰岸 2006）．しかし老親扶養への期待度をみると，団塊ジュニア世代は69.2％が高齢親を世話する意志を示しているが，団塊世代の期待は20.2％と大きな開きがみられた．世話を期待しない親世代は43.6％と半数近くになる．この育児と老親扶養観は電通の調査と類似した集計結果であった（袖川ほか 2005）．

　団塊親世代では，子世代へ提供するばかりで見返りは薄く不均衡な世代間の互恵性（ギブ＆テイク）の構図が浮き彫りになる（中尾 2008）．

5．同居・近居・遠居のデータによる考察

　本節では，直系家族制と夫婦家族制の文脈から戦後日本社会では核家族は増加していないこと並びに近居概念をデータから検証する．

第2部 人口と家族

1）核家族は増加していない戦後の日本社会
(1) 人口規模と世帯数の推移

日本の人口推移をみると，江戸時代は3,000万人程度で推移してきた．明治時代以降の人口は，増加の一途を辿ってきた．第1回国勢調査が実施された1920年から2010年までの90年間に日本の人口は，約5,596万人から約1億2,806万人へと約2.3倍に増加した．他方で日本の世帯数は，約1,122万世帯から約5,195万世帯へと約4.6倍に増加した．つまり世帯数増加のペースは，人口増加のペースを上回るものであった．

(2) 世帯数と世帯人員数の推移

図1をみると，高度成長期から世帯数の増加の速度が速まるのに反比例して，1世帯あたりの世帯人員数が減少傾向にあることが読み取れる[16]．『平成10年版 厚生白書』では，「1970年代前半までの核家族世帯の大幅な増加は，主に，1925（大正14）年ころから1950（昭和25）年ころまでの多産少死の時期に生まれ，兄弟姉妹が4～5人いるいわゆる人口転換期世代が，親を同居扶養する長男を実家に残し，都市部に職を求めて流入し，そこで結婚し家族を

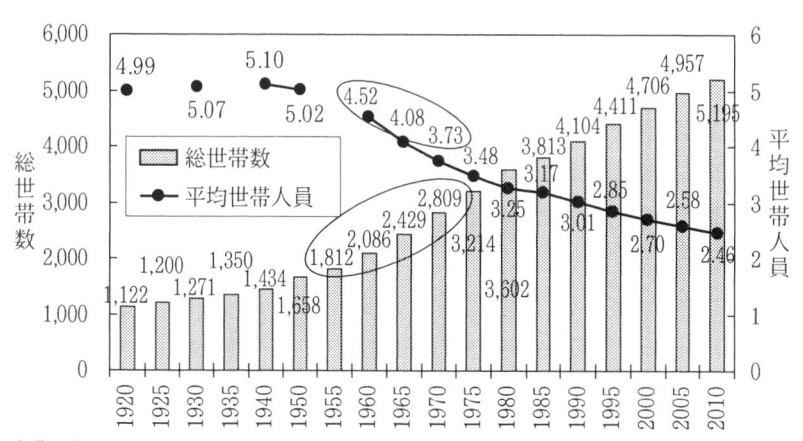

出典：総務省統計局『国勢調査報告』より作成

図1．総世帯数と平均世帯人員数の推移
（単位：世帯数は万人，平均世帯人員数は人）

239

形成することによりもたらされたものである．いわば，3世代同居を根本から否定することなく核家族世帯が形成されたといえる」(46頁)とある．
　つまり日本の家族が，直系家族から夫婦家族へと変化したのではなく，団塊世代を含む多産少死の世代が，多くの核家族世帯を創設した点を指摘している．実際には少産少死の段階となり，産む子供数が減ってきょうだい数が減少したために世帯規模が縮小した．加えて高度成長期に団塊世代は，継嗣以外の子世代が集団就職で都市へ向かい就職して，そのまま都市部で結婚して親となり核家族を形成するというライフコースの軌跡を辿る人が多かった．

(3) 実数と比率とで異なる印象を与える世帯類型
　最初に国勢調査で用いられる世帯について，世帯類型の定義を確認する．そのうえでデータが何を意味しているのかを読み取る．

①世帯類型の定義
　単独世帯とは，世帯の人数が一人の世帯である．日常用語で言えば1人暮らし世帯である．
　核家族世帯とは，世帯主となる世代からみて子世代をみている．子どものいない夫妻，夫妻と未婚の子，離婚や死別や未婚親など独身世帯主と子からなる世帯である．夫婦家族はこの類型に入る．
　その他親族世帯とは，世帯主となる世代からみて親世代と子世代とを含む世帯である．きょうだいのみの世帯，核家族に他者（夫妻の親，親族）が含まれる世帯なども該当する．直系家族はこの類型に入る（総務省統計局　世帯の家族類型）．

②戦前から過半数を維持している核家族
　作図する場合は，実数で作図するのか，比率（％）で作図するのかによって印象が全く異なる．特に経年変化を扱う場合には母集団の大きさが異なるために実数の推移を示すと誤解を与えることが多い．その典型例が国勢調査から世帯類型を作図した図2と図3である．先に見た通り，日本は人口が増

第 2 部　人口と家族

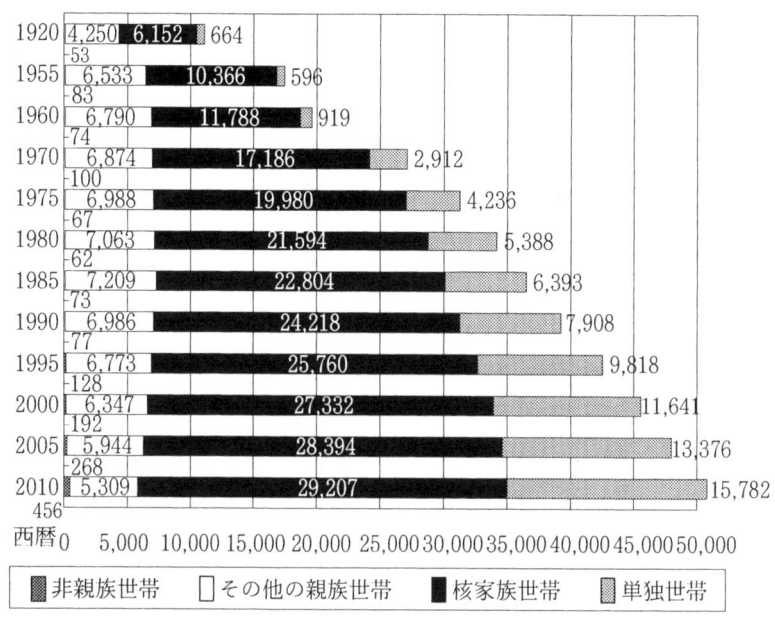

西暦	非親族世帯	核家族世帯	その他の親族世帯	単独世帯
1920	4,250	6,152	664	
1955	53 / 6,533	10,366	596	
1960	83 / 6,790	11,788	919	
1970	74 / 6,874	17,186	2,912	
1975	100 / 6,988	19,980	4,236	
1980	67 / 7,063	21,594	5,388	
1985	62 / 7,209	22,804	6,393	
1990	73 / 6,986	24,218	7,908	
1995	77 / 6,773	25,760	9,818	
2000	128 / 6,347	27,332	11,641	
2005	192 / 5,944	28,394	13,376	
2010	268 / 5,309	29,207	15,782	
	456			

■非親族世帯　□その他の親族世帯　■核家族世帯　▨単独世帯

出典：総務省統計局『国勢調査報告』より作成

図 2．実数からみた世帯類型の世帯数　　（単位：1,000世帯）

加している．それゆえ世帯数を実数で示すと核家族の増加傾向が著しいかのような印象を受ける（図2）．しかし，実際には人口が増加したために核家族が増加しているように見えるトリックである．このような誤解を避けるために比率で表記すれば実数による誤差を吸収して経年変化による比較を適切に考察することが可能になる．図3は同じデータを比率に置き換えただけである．そこからは核家族は増加していないことが一目瞭然である．

③増加傾向を辿る単独（1人暮らし）世帯

　単独世帯は，1955年の約60万世帯（3.4％）から1970年の約300万世帯（10.8％）へと15年間で急激に増加している．単独世帯が増加する背景は，高度成長期における産業構造の変化により進学や転勤などで，一時的に別居している者（本来は直系家族の継嗣）も他出世帯となるためである．

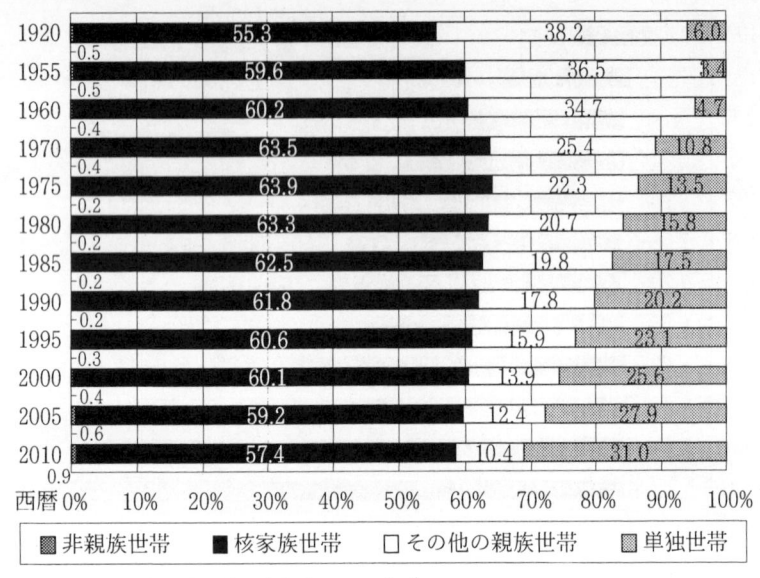

西暦	非親族世帯	核家族世帯	その他の親族世帯	単独世帯
1920	0.5	55.3	38.2	6.0
1955	0.5	59.6	36.5	3.4
1960	0.4	60.2	34.7	4.7
1970	0.4	63.5	25.4	10.8
1975	0.2	63.9	22.3	13.5
1980	0.2	63.3	20.7	15.8
1985	0.2	62.5	19.8	17.5
1990	0.2	61.8	17.8	20.2
1995	0.3	60.6	15.9	23.1
2000	0.4	60.1	13.9	25.6
2005	0.6	59.2	12.4	27.9
2010	0.9	57.4	10.4	31.0

出典：総務省統計局『国勢調査報告』より作成

図3．比率からみた世帯類型 （単位：%）

単独世帯が増加したもう一つの背景には，高齢化社会の到来（1970年に高齢化率が7％に到達）がある．これと並行して高齢者の1人暮らしも増加している．子の離家に伴い高齢になると夫婦のみの世帯が増加する傾向があるが，男女の平均寿命は女性の方が高く夫が先立ち高齢の妻が1人暮らしとなりやすいため1人暮らしの女性高齢者が増加の一途を辿っている．

④浮遊層と化すその他親族世帯

単独世帯の増加と反比例して減少傾向が著しいのは，その他親族世帯である．同居の直系家族として家を継承していくラインの実数は減少していない．しかし比率でみると，核家族世帯は安定して6割水準を維持している．6割以外の4割は，その他親族世帯が減少するのに反比例して，単独世帯が増加[17]している推移が読み取れる．

つまり時代の変化によって1人暮らし，ひとりぼっち，孤独，お一人様と

第 2 部　人口と家族

いう言葉が社会に溢れ出しているように，シングルへの対応が必要になっている．今までは家族の中に包摂されていた層が，ポツンとひとりぼっちになって社会の中で浮遊層と化していることがデータから推察される．

2）同居・別居（近居＆遠居）の傾向
（1）別居は多数派

　国立社会保障・人口問題研究所の『全国家庭動向調査』によると，親 4 人のうち誰かと同居している割合は約 7 割と別居が多数派である．妻の年齢層別に別居率の経年変化をみると，30歳代と40歳代前半の層で別居率が上昇傾向にあり，他方で29歳以下と40歳代前半の層で別居が減少傾向＝同居が増加傾向であることがわかる（図 4）．特徴的なのは29歳以下の層であり，背景に不安定な雇用環境が自立を難しくさせていることが推察される．

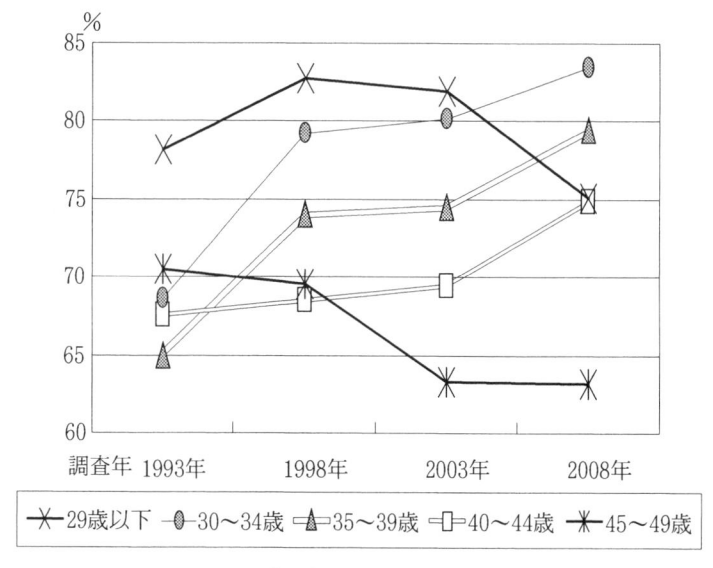

図 4　妻の年齢層別にみた別居率　　　　　　　（単位：%）

243

(2) 夫親が多い同居と近居

『全国家庭動向調査（1993年）』では，妻より夫の親との同居傾向が高く，近居（30分未満）の割合は夫妻間で開きは殆どないが，同居と近居とを合わせると妻側は46.9%，夫側は60.5%と優位な開きが確認できる．

さらに別居を近居（1時間以内）と遠居（1時間以上）とに分けて内訳を集計し直すと（表4）若い年齢層ほど近居が多く，加齢するほど遠居が増加する傾向を示している．ただし夫の母親だけは，近居率が50歳代から60歳代にかけて9.1%増加するが，妻の両親との近居率は増加していない．

表4．妻の年齢層と親別にみた近居と遠居の比率－1998年調査

（単位：%）

続　柄 年齢層	妻の父親		妻の母親		夫の父親		夫の母親	
	近居	遠居	近居	遠居	近居	遠居	近居	遠居
20歳代	67.3	32.7	66.5	33.5	67.9	32.1	67.7	32.3
30歳代	57.3	42.7	58.4	41.6	62.7	37.3	55.7	44.3
40歳代	54.6	45.4	54.5	45.5	51.6	48.4	51.1	48.9
50歳代	52.4	47.6	50.9	49.1	49.4	50.6	48.9	51.1
60歳代	41.9	58.1	50.6	49.4	31.9	68.1	58.0	42.0

注：近居は1時間まで，遠居は1時間以上の距離としている．

(3) 夫親との同居が多い東京

第二次世界大戦後，民法改正に伴い家制度は廃止され法律では男女平等となったはずであった。ところが今日でも直系家族規範を色濃く持続させている慣習が多い．例えば民法第750条で結婚に伴う改姓は，夫妻のどちらの姓にしても良いのだが，殆どの人が男性の姓を名乗っている．『第4回全国家庭動向調査』では，夫の姓を名乗る比率は94.1%，妻の姓は4.6%，夫妻別姓は1.3%であった．民法改正後は遺産相続も継嗣単独相続からきょうだい間の均分相続になっている．夫妻のどちらの親の近くに住むのか，同居するか否かは，男女平等ならば50%の確率になるはずである．しかし種々のデー

タが示すリアリティは，夫である男性の親との同居が多くなっている．

団塊ジュニア世代が20歳代（24〜27歳）であった『第2回全国家庭動向調査』では，妻の親との同居は6.5%だが，夫の親との同居は22.2%と有意な差が確認できる．団塊ジュニア世代が30歳代（34〜37歳）になった第4回調査でも，妻の親との同居は6.9%，夫の親との同居は18.5%と開きがみられた．これらは直系家族規範の持続を示す指標となるであろう．

3）ライフステージで変化する居住形態

(1) 中年期までは別居から同居への移行が増加傾向

図5は『全国家庭動向調査』の調査年ごとに親との同居率をライフステージの視点からみている．1998年以降の調査では，加齢に伴って成人後に再び親と同居する率が上昇傾向にあることが読み取れる．

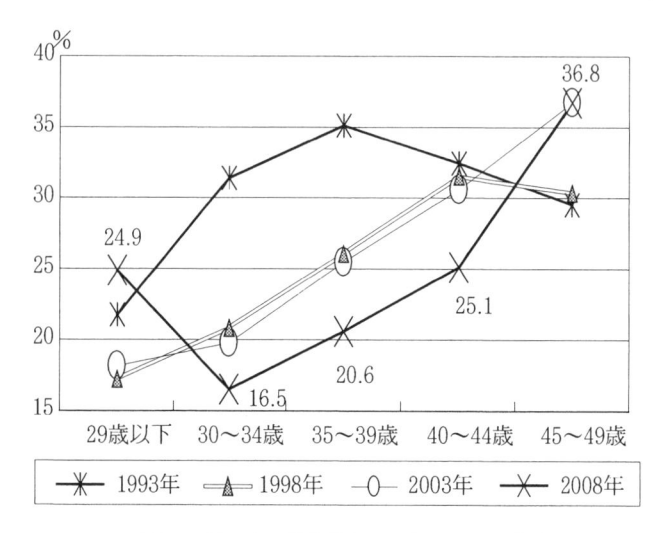

図5．親4人のうち誰かと同居している割合　　（単位：%）

(2) 高齢者からみた子との同居率

厚生労働省の『国民生活基礎調査』[19]によると，子と同居する高齢者は，1999

年 (49.3%) 以降に過半数を下回っている (図6). 子を未婚と既婚とで区分すると, 独身子との同居は微増しているが, 既婚子との同居は1980年から2010年にかけて半分以下にまで減少している. つまり老親との同居を押し下げる要因は既婚子が親と同居しないことが浮き彫りになり, 高齢になるほど子と同居するという傾向と相反するように感じるかもしれない. しかしこれが介護される環境に恵まれている高齢者と恵まれていない高齢者とで生活環境の二極化が進んでいることを意味する. サポートを本当に必要とする貧困高齢者や弱者ほど孤立しやすくなっているのである.

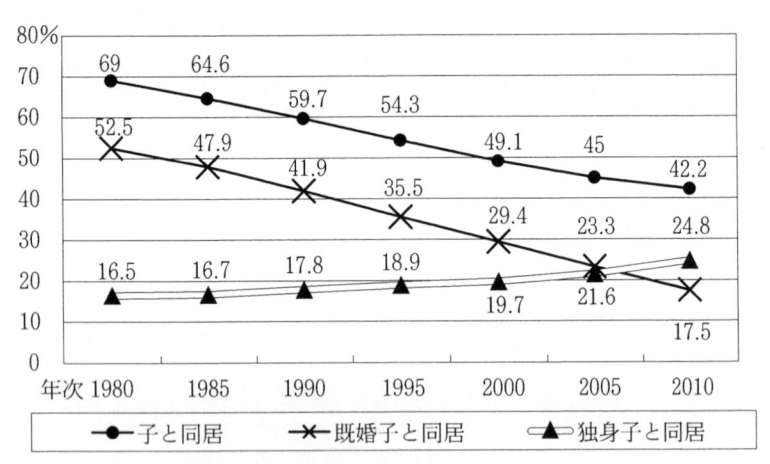

資料：厚生労働省『国民生活基礎調査』より作成
注：子との同居＝既婚子と同居＋独身子と同居

図6．65歳以上の高齢者にみる子との同居率推移　　　（単位：%）

(3) 80歳以上になると同居率は上昇する

　厚生労働省の『国民生活基礎調査』(2004年) は親が80歳以上になると近居と遠居が減少して子との再同居が過半数を超え (63.6%) 増加することを示している. 65歳から79歳までの高齢親子同居は50%を下回っている.

　増田光吉は子世代が高齢になった親世代との同居を促す要因として, 配偶者の死, 所得の喪失, 介護の必要の発生という3点を指摘している（増田

1983).西岡八郎は同居の規範的要因として長男という続柄(きょうだい構成)と経済的要因を指摘している(西岡 2000).家計経済研究所の『消費生活に関するパネル調査』によると,親からの相続に期待できる割合が高いほど,親との同居を選ぶ可能性が高くなることを析出している(村上 2006).

4) 地域によって異なる同別居のパターン

(1) 非人口集中地区で高い夫親との同居率

『全国家庭動向調査』の夫妻での大きな差異は,居住地区にみられた.非人口集中地区では,同居と近居率が高く妻側で64.1%,夫側では92.6%と人口集中地区の約2倍になる(表5).これらからも直系家族規範を読み取ることができる.

表5.非人口集中地区で高い同居と近居—1993年調査

(単位:%)

夫妻の親居住形態	妻の親との同居	妻の親との近居	妻親との同近居	夫の親との同居	夫の親との近居	夫親との同近居
全 国	7.7	39.2	46.9	23.2	37.3	60.5
非人口集中地区	9.9	54.2	64.1	37.6	55.0	92.6
人口集中地区	6.4	31.0	37.4	15.2	30.3	45.5

注:近居は30分未満の距離である.

(2) 国勢調査が示す同居率の高低

国勢調査は,1995年の結果に基づいて2000年に親子世代の同居率の特別集計を公表している.それによると,同居率上位を1位からみると,山形県(53.0%),福井県(50.7%),富山県(50.2%),新潟県(50.1%),福島県(49.6%),鳥取県(49.4%),佐賀県(49.1%),滋賀県(49.0%),秋田県(49.0%),10位は岐阜県(48.6%)であった.同居率最下位は東京都(34.8%),鹿児島県(35.8%),北海道(36.6%),高知県(38.8%),神奈川県(39.0%),大阪府(39.1%),山口県(39.7%),宮崎県(39.9%),広島県(40.1%),ワースト10位は愛媛県(40.6%)であった(総務省統計局編 2000).

(3) 地域差からみえる居住環境

　日本海側や東北地方の1世帯当たりの延べ面積が比較的広い県で同居率が高くなっている．西日本地方や大都市のある都道府県で低い．これらの都道府県では1世帯当たりの延べ面積が比較的狭いところが多いという特徴がみられる．

　国勢調査（1995年）では，日本海側や東北地方の県で親との同居率が高く，西日本地方や大都市のある都道府県で低いとの結果がでている（総務庁統計局編 2000）．西南型と大都市では別居・近居を基本とする．東北型では同居を基本とする．データは，清水浩昭説などの先行知見と合致している．

6．おわりに（結論）

　学界や社会常識で定説である直系家族制から夫婦家族制へと変化したという学説は，2000年代から反証が提示されてきた．その結果，直系家族制から夫婦家族制へと変化したとは言えない派の説が現実社会を照らしている．

　第二次世界大戦後の日本の家族は，居住形態の面では親子で別居という形を選択してきた．このため戦後になってから核家族が増加した，夫婦家族制になったと解釈される傾向があった．家族が解体したという説も多く見受けられた．

　別居が増加した背景には，都市部での住宅空間の狭さという悪条件に加えて，サラリーマン社会への変容，高度成長期に地方から都市部へと進学と就職目的の人口移動が生起してその層が都市部で生殖家族を形成して定着したことが主な要因である．地域別にみると，親との同居は都市（同居低）と地方（同居高）とで差があることも学説とデータから裏づけられており定説と言って良いであろう．

　しかし別居と近居と遠居とに区分して，同居・近居・遠居という3つのカテゴリーにすると人々の求める理想は過半数が近居であった．ライフステージに即してみると，同居→別居（近居を含む）→同居という一時別居型のコースを辿る傾向がある．近居は，親子世代が互恵関係を保つ家族戦略でもあ

る．居住形態の面では近居という夫婦家族の形を選択して，規範の面では育児と老親介護などの面で世代間の互恵性を保ち直系家族に近い行動を選択して緊密な親子関係を持続させている．同居する親は女性よりも男性の親，続柄では長男が多い点からしても直系家族規範は続いていると言えるであろう．

親子で世代間関係を巧みに活用して時代の波に乗る人がいる一方で，今後は，独身者（未婚，離婚，死別）の増加，更なる超高齢社会の到来と共に人類が経験したことのない大量のひとりぼっちが出現する．家族や友人などの人間関係に恵まれた層と，家族も友だちも居ない孤独な人，お金も無い，一部の人は知識と情報も無い，無い無い尽くしの層とにライフコースが2極化する時代が訪れる．時代の流れはひとりぼっちが過半数を占める社会へと向かっている．今までの家族政策や社会保障制度の枠では対応しきれない時代がすぐそこまで来ている．ひとり家族や友だち等による疑似家族が次世代家族の担い手になる可能性が高い．ますます「家族とは何か」が問われる時代になるであろう．

付記

本稿は，2008年9月7日に日本家族社会学会第18回大会において「ベビーブーマーの近居観をめぐって——家族構造論を手がかりとして」と題して報告した内容に加筆修正を加えたものである．

注

1）森岡は『発展する家族社会学』のなかで「別居」には本来同居すべきとの意味が含まれるため「異居」という言い方を選好している．「異居近親関係」をという新しい用語を提案している（森岡 2005）．
2）他文献の1967年「日本の近代化と家族制度」，2005年「現代の家族変動——直系制家族から夫婦制家族へ」等でも同学説を詳述している．
3）加藤論文は2003年に開催された日本家族社会学会第13回大会のテーマセッションで発表した内容である．
4）NFRJS01は2002年に実施された．満32～81歳の女性が対象でサンプル数は5,000（有効3,475票）である（日本家族社会学会・全国家族調査委員会 2003）．
5）森岡清美2012『ある社会学者の自己形成——幾たびか嵐を超えて』ミネルヴァ書房を読むと，ある特定の時代に彩られた時代の子としての森岡氏のライフ

コースを理解できる．
6) 施利平2012『戦後日本の親族関係——核家族化と双系化の検証』勁草書房を参照されたい．
7) 中本裕美子らは，森岡清美の家族周期論に基づいて神戸市東灘区において居住実態調査を実施した．その結果，居住地を選定した当初は7割が近居であり，家族の様々な要求を満たす居住形態として同居ではなく近居を選ぶ傾向があったことを示している（中本ほか 2002）．
8) 博報堂生活総合研究所が1988年8月と1998年3月に実施した「家族」調査である．1988年のサンプル数は1,185世帯で夫1,185人，妻1,185人の合計2,370人．妻の年齢は20〜59歳であった．調査地域は首都40km圏である．調査方法は訪問留置自記記入法であった．
9) 調査は2006年に首都圏在住の20〜59歳の男女を対象にして実施された．サンプル数は16,000票であった．
10) 近居は「同じ敷地内や同じマンションの別住戸に住みたい」と「日常的に行き来できる距離に住みたい」とを合わせた数値である．
11) データは30〜34歳が対象であり，団塊ジュニア世代は当時32〜35歳である．
12) 有効サンプルは4,000票弱である．
13) 調査は2002年に東京35km圏の25歳から39歳の男女（488サンプル）を対象としている．
14) 全国家庭動向調査は1993年以降5年ごとに調査が実施されている．国勢調査区から層化無作為抽出した国民生活基礎調査を母体としているためにサンプル規模が安定して大きく家庭動向について質問している貴重な調査である．
15) この調査（2002年実施）は，日本全国（国勢調査区の内の600地区）の18歳から50歳未満の独身者を対象としており有効サンプル数は9,686票である．第1回調査は1940年に実施された．第9回目までは出産力調査と言い第10回目以降から出生動向基本調査と言う．ほぼ5年ごとに実施されている．
16) 世帯の定義は国勢調査が実施される年度によって差異がある．とくに1980年の国勢調査では大きな変更がなされた点に留意されたい．具体的には会社，官公庁等の独身寮に住んでいる人については，1975年の調査までは棟ごとにまとめて一つの世帯としていたが，1980年の調査では1人1人をそれぞれ一つの世帯として調査したことである．1980年の定義に基づいて組み替えた場合の総世帯数は，1960年2,257万，70年3,091万，75年3,373万世帯となる．
17) 国勢調査によると，その他親族世帯の中の夫妻と単親は実数でみると増加しており，1955年は219,100世帯，2005年は738,489世帯であった．

18) 親4人のうち誰かと別居している割合は，1993年第1回調査では69.4%，1998年第2回調査では73.8%，2003年第3回調査では73.3%，2008年第4回調査では75.4%であった．
19)『国民生活基礎調査』は，国勢調査区から層化無作為抽出した1,056地区内のすべての世帯及び世帯員を，所得票については，前記の1,056地区に設定された単位区から無作為に抽出した500単位区内のすべての世帯及び世帯員を客体としている．調査の方法は調査員が世帯を訪問し，面接聞き取りの上，調査票に記入する方法により実施された．2005年の有効世帯数は46,871世帯であった．

文　献

加藤彰彦，「「直系家族制から夫婦家族制へ」は本当か」(2014年2月15日取得，www.waseda.jp/assoc-nfroffice/NFRJS01-2005_pdf/NFRJS01-2005kato2.pdf)）．

厚生省監修，1998,『平成10年版厚生白書 少子社会を考える－子どもを産み育てることに「夢」を持てる社会を』ぎょうせい．

国土交通省住宅局，2004,『平成15年 住宅需要調査結果』国土交通省．

国立社会保障・人口問題研究所，2004,『平成14年 わが国独身層の結婚観と家族観』厚生統計協会．

厚生省人口問題研究所，1995,『1993（平成5）年 第1回全国家庭動向調査－現代日本の家族に関する意識と実態－（調査研究報告資料第9号）』厚生省人口問題研究所．

─────，2003,『現代日本の家族変動－第2回全国家庭動向調査－（1998年社会保障・人口問題基本調査)』厚生統計協会．

─────，2007,『現代日本の家族変動－第3回全国家庭動向調査－（2003年社会保障・人口問題基本調査)』厚生統計協会．

─────，2011,『現代日本の家族変動－第4回全国家庭動向調査－（2008年社会保障・人口問題基本調査）』厚生労働統計協会．

─────，『第12回出生動向基本調査』(取得日：2014年2月24日，http://www.ipss.go.jp/ps-doukou/j/doukou12_s/single12.pdf)．

清水浩昭，1986,『人口と家族の社会学』犀書房．

─────，2013,『高齢化社会日本の家族と介護──地域性からの接近』時潮社．

総務省統計局，「世帯の家族類型」(2014年2月13日取得，http://www.stat.go.jp/data/kokusei/1995/04-03-03.htm)．

総務庁統計局編，2000,『平成7年 国勢調査報告〈第10巻〉親子の同居等に関する特別集計結果〈平成2年結果併録〉』総務庁統計局．

袖川芳之・花島ゆかり・森住昌弘編，2005,『平成拡大家族──団塊と団塊ジュニア

の家族学』電通.
中尾暢見, 2008,「団塊ジュニア世代の親子関係」清水浩昭編『家族社会学へのいざない』岩田書院, pp.109-122.
那須宗一, 1962,『老人世代論——老人福祉の理論と現状分析』芦書房.
中本裕美子・重村力・山崎寿一ほか, 2002,「都市における現代家族のネットワーク居住の実態とその住まい方 その1——神戸市東灘区御影山手の戸建て住居を中心として」日本建築学会大会学術講演梗概集(北陸).
西岡八郎, 2000,「日本における成人子と親との関係——成人子と老親の居住関係を中心に」国立社会保障・人口問題研究所『人口問題研究』56 (3): 34-55.
日本家族社会学会・全国家族調査委員会, 2003,『全国調査「戦後日本の家族の歩み」(NFRJ-S01) 報告書』(2014年2月16日取得, http://nfrj.org/nfrjs01_2003_pdf/000.pdf).
博報堂生活総合研究所, 1998,『連立家族 日本の家族10年変化』博報堂生活総合研究所.
原田尚, 1978,「家族形態の変動と老人同居扶養」日本社会学会『社会学評論』29 (1): 50-66.
―――, 1984,「実証主義における夫婦家族イデオロギー」鹿児島経済大学社会学部『鹿児島経済大学社会学部論集』3(3): 1-23.
福井県庁内ベンチャー事業, 2006,『「三世代近居」に関する提言』(2014年2月19日取得, http://www.pref.fukui.lg.jp/doc/seiki/venture/venture18_d/fil/005.pdf).
増田光吉, 1983,「人口の高齢化と住宅利用のライフ・サイクル——国際比較からみた日本の特色」関西情報センター編『通世代的視点からみた住宅資産形成の展望——住宅資産の世代間継承過程に着目して』総合研究開発機構, pp.251-252.
峰岸真澄, 2006,『団塊ジュニア, ポスト団塊ジュニア世代の住宅観——家族観, 住まい観に対する世代別価値調査より』株式会社リクルート住宅カンパニー.
村上あかね, 2006,「相続期待と援助意向, 家計からみた世代間関係」家計経済研究所編『季刊家計経済研究』家計経済研究所, 72 (10月号): 12-20.
森岡清美, 1967,「日本の近代化と家族制度」政治公論54: 70-78.
―――, 1972,「家族の変動」森岡清美編『社会学講座3 家族社会学』東京大学出版会, pp.205-228.
―――, 1993,『現代家族変動論』ミネルヴァ書房.
―――, 2005,『発展する家族社会学』有斐閣.
森岡清美・望月嵩, 1983/1992,『新しい家族社会学〔改訂版〕』培風館.
UR都市機構「近居に関する優遇措置」(2014年2月19日取得, http://www.ur-net.go.jp/tebiki/n-local.html).

戦後家族の行方とジェンダー——
社会保障・社会福祉を中心として

杉本貴代栄

1. はじめに

　戦後日本の社会保障・社会福祉政策が前提とした家族とは,「一定の家族モデル」であることはたびたび指摘されてきたことである.「一定の家族モデル」とは,ベヴァリッジ・プランに明らかなように,男性が職業について賃金を稼ぎ,女性が経済的に男性に依存し家事・育児を担う家族のことである.社会保障・社会福祉政策は,このような家族形態を前提として組み立てられ,またそれを固定化し促進する機能を果たしてきた.それでも1970年代ぐらいまではこのような家族形態が主流であり,「家族は福祉の含み資産」という言質でさえ,それほど現実と離反してはいなかった[1].伝統的家族や地域共同体を社会福祉のよりどころとする「日本型福祉社会」が,明確に志向された時期でもあったからである.しかし1980年代以降になると家族の形態は変化し,「日本型福祉社会」も次第に形を変えていくことになる.

　このような家族の変化の主要な要因は,家族における女性の位置が変化したこと——専業主婦が減少し,働く女性（パートも含めて）が増加したこと等に代表される変化——に依っている.「一定の家族モデル」とは,大部分の家族に該当することではなくなり,同時にさらに減少し続ける家族形態になったからである.社会保障・社会福祉政策をジェンダーの視点から再検討するという主張は,1990年代半ばに登場し,一部成果を取り入れながら現在も進行中である.

　さらに付け加えれば近年では,上記した女性の変化だけを理由としない家族の変化（未婚化の進展や高齢化の進展による一人暮らしの増加等）も顕著になり,今後さらに家族形態は変化し,その結果として「家族難民」が増加するとい

う予測もなされている[2]．家族が向かう行方は，不透明さを増しているといえるだろう．

　ここでは，近年の女性をめぐる家族の変化を概観することにより，家族の変化の実態を把握することにしよう．また，今日のホットな議論になっている社会保障・社会福祉政策における専業主婦優遇政策の内容と変化を見ることにより，今後の政策の行方を考察してみることにする．取り組むべき課題と取るべき方法は，そのような再検討の作業から見いだすことができるだろうと考えるからである．

2．家族の変化

　まずは，この30年ほどの家族の変化を概観してみよう．2011年に公表された国勢調査の集計結果によると，1世帯あたりの人員数は，1960年時点では4.14人であったが，2010年時点では2.42人と過去最少になった．世帯人員の減少とは，世帯類型の変化からもたらされるので，このような世帯人員の縮小とは，家族類型が変化したことの反映でもある．ではその家族類型の変化を見てみると，1970年時点では，約半数の世帯は「夫婦と子どもからなる世帯」であり，三世代世帯が含まれる「その他の世帯」も約4分の1を占めていた．それが1990年になると，「夫婦と子どもからなる世帯」と「その他の世帯」が減少して，「単独世帯」と「夫婦のみ世帯」が増加した．そして最新のデータである2010年時点では，約3世帯に1世帯が「単独世帯」になり，「夫婦のみ世帯」も約2割を占めるに至った（図1）．単独世帯の大部分は，若者と高齢者による世帯であり，このような変化の背景には，少子化と高齢化があることは言うまでもない．

　当然ながら，1世帯あたりの人員数は，「単独世帯」では1人，「夫婦のみの世帯」では2人であるから，「単独世帯」と「夫婦のみの世帯」を合わせると世帯全体の過半数を超える現状では，1世帯あたりの人員数が過去最低になったのである．

　多くの人が思い浮かべる家族とは，あるいは政府が政策を策定する際に基本とするモデル家族とは，「夫婦と子ども2人からなる家族」である．家計

第 2 部　人口と家族

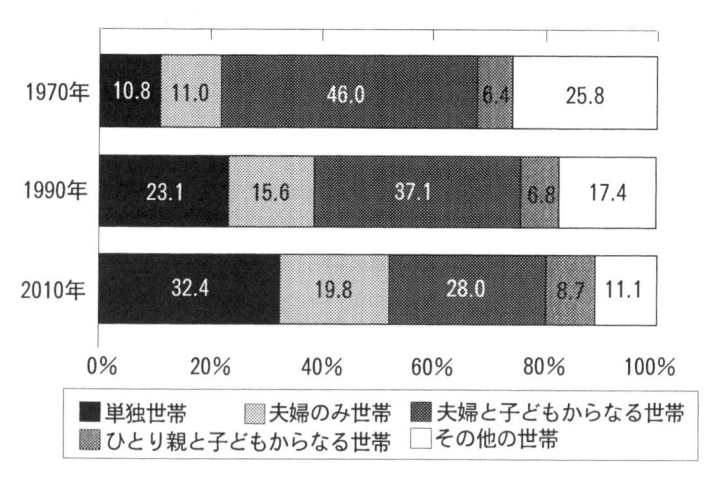

年	単独世帯	夫婦のみ世帯	夫婦と子どもからなる世帯	ひとり親と子どもからなる世帯	その他の世帯
1970年	10.8	11.0	46.0	6.4	25.8
1990年	23.1	15.6	37.1	6.8	17.4
2010年	32.4	19.8	28.0	8.7	11.1

出典：総務省統計局「国勢調査2011年」

図1．世帯類型の変化

調査（総務省）では，夫婦と子ども2人の合計4人で構成される世帯のうち、有業者が世帯主1人だけの世帯を「標準世帯」と定義している．それに共働きや子ども1人等も含めた「夫婦と子ども世帯」でも，1970年では約半数近かったものが，いまや3割を割り込もうとしているのだ．誰もが思い浮かべる家族像の実像は，この30年間で大きく変化したのである．

3．専業主婦の出現と減少

「標準世帯」の変化とは，家族類型の変化だけにとどまらない．「標準世帯」とは，「夫婦と子どもからなる世帯」であり，かつ「専業主婦のいる世帯」のことなのであるが，この2つの要件のうちどちらもが「標準」ではなくなり，減少したからである．かつては，専業主婦家族が大部分を占めていたのだが（1980年には，サラリーマンと専業主婦の世帯が，サラリーマン共働き世帯の約2倍存在していた），次第に共働き家族が増加し，1992年に両者は逆転し，現在に至っている（図2）．

「夫が外で仕事をし，妻が家庭で家事・育児に専念する」という家族が登

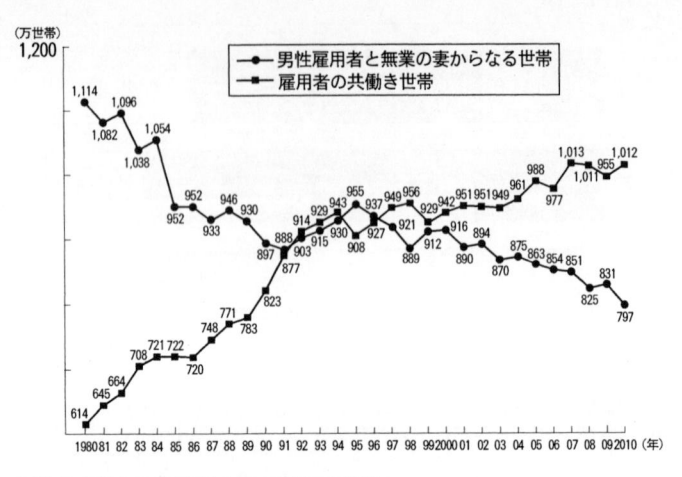

出典：内閣府「男女共同参画白書」平成23年版」
図2．専業主婦世帯と共働き世帯の推移

場したのは戦後になってからであり，わずか60年ほど前のことにすぎない．もっとも，それ以前にも専業主婦という存在がまったくなかったわけではないが，ごく一部の階層の人だけのことであり，多くの女性は農家や商店のおかみさんとして働いていたのである．だからこそ，専業主婦という立場はあこがれる存在であり，専業主婦が出現したという経過もあった．日本の産業構造は高度経済成長期を通じて変化したが，その過程のなかで専業主婦が出現した．産業構造の転換によりサラリーマン家庭が増加し，農業に代表される自営業や家族従業員として働いていた女性たちが労働市場から撤退して専業主婦になったのである．それ以前には限られた存在であった専業主婦がこの時期を通じて多く出現したことは，「豊かさ」の象徴でもあり，専業主婦になることは，「豊かさ」の象徴として歓迎されたのである．さらに，高度経済成長下でのモーレツ社員といわれた働き方は，主婦化した女性が家庭責任を担うことによる「片働き」であったからこそ達成できたともいえるだろう．「専業主婦に支えられた世帯主＝男性の働き方」は，性別役割分業を基礎にした企業の雇用制度とも合致し，1960－70年代を通じて雇用者家族のあ

るべきモデル家族として固定化されたのだ.

　しかし,専業主婦が増加したのは,高度経済成長期を通じての一時期における現象にすぎなかった.つまり,戦後から低下を続けた女性労働力率（15歳以上人口に占める労働力人口の割合）は1975年を底として下げどまり,再び上昇に転じたのである.自営業主や家族従業者としての働き方をやめて専業主婦となった女性たちが,(雇用者として,パート労働者として)再び労働市場に参加したからである.1975年以降,女性労働力率は上昇を続け現在では48.2%,労働力人口総数に占める女性の割合は42.0%である（2011年）[3].つまり,戦後の一時期には専業主婦が大量に出現したけれど,1975年を境にして,専業主婦は減少した.農業や自営業を中心とした労働形態から雇用労働を中心とする,日本の産業構造が変化した結果である.その結果として,共働き家族が増加したのである.現在では,共働き世帯（夫も妻も就業者）が44.6%,夫が働き妻が専業主婦の世帯が33.8%と,共働き世帯のほうが大きく上回っている.

4. 働く女性の変化と性別役割分業

　では,今や少数派となった専業主婦のいる家庭には,どんな特徴があるのだろうか.夫の所得別に妻の就業状況をみると,夫の所得が高くなるにしたがって妻の有業率は下がる傾向にある.1997年の経済企画庁の調査によると,夫の年収が400万円未満では,妻の有業率は65.2%であるが,800万円-1000万円未満では57.2%に,1000万円以上になると46.0%にまで低下する[4].つまり,「夫に甲斐性がないから妻が働く」というレトリックは,統計的にはある程度は正しい.

　しかしもうひとつの統計は,子どもの世話をするために妻が専業主婦となる傾向を明らかにする.末子の年齢別に妻の就業状況を見ると,女性総数（30-34歳）の就業率が63.5%であることと比べて,末子の年齢が6歳未満の妻（30-34歳）の就業率は40%,末子の年齢が3歳未満の妻（30-34歳）の就業率は33.6%と低い[5].子どもに手のかかる子育て時期には,「夫は仕事,妻は家事・育児」という性別役割分業が実生活で遂行されているのである.

とどのつまり，専業主婦のいる家庭とは，ある程度経済的に余裕のある家庭か，または乳幼児がいる家庭，ということになる．しかし，今や妻が仕事をする理由とは家計の補助だけではないので，「夫の甲斐性」だけが妻の有業率を左右するわけではない．そうだとすると，固定化した性別役割分業の遂行が専業主婦を生んでいることになる．

このような家族の変化とは，働く女性の増加と関わりがあることが明らかである．前節で見たように，確かに働く女性は増加したのだが，女子労働力率を年齢別に見た図を見ると，いわゆるM字型カーブを描いていて，それほど変わらない．働く女性が増加したとは言っても，女性は労働市場に出たり入ったりを繰り返し，サラリーマン世帯でも，共働きになったり，専業主婦になったり変転する場合も多いのだ（図3）．先進諸外国のように，M字型から台形型へと変化したわけではないし，女性労働力率も増加してはいるものの，デンマーク（74.6%），ノルウエー（70.7%），スウェーデン（68.4%），カナダ（62.8%），アメリカ（59.5%）[6]のように高いわけでもない．

なぜM字型カーブが修正されないかというと，出産や子育てのために仕事

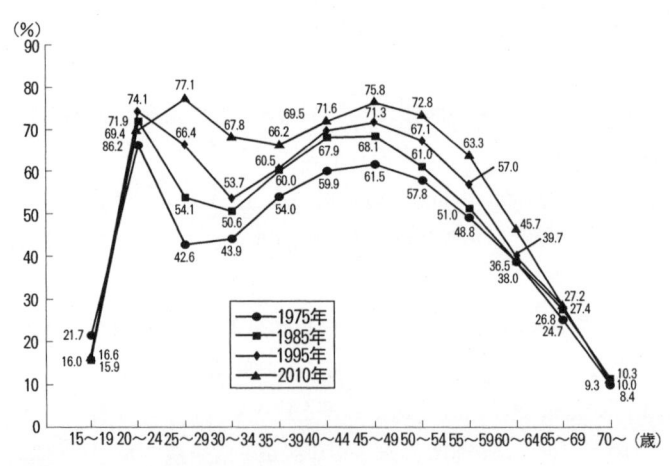

出典：内閣府「男女共同参画白書　平成23年度（2011年度）版」

図3．女性の年齢階級別労働力率の推移

を辞める女性が依然として多いからである．2010年生まれの子を対象に厚生労働省が実施した「出生児縦断調査」によると，2001年調査と比べると働き続ける人の割合が増えたものの，仕事と育児の両立が依然として難しい状況が明らかである．調査は，2010年5月10日から24日に生まれた子ども全員を対象として，その9割近い3万8554人が回答した．それによると母親のうち，第1子を出産する1年前に仕事をしていた人は全体の79%（常勤52%，パート・アルバイト24%）．そのうち出産を機に仕事を辞めた人は54%で，2001年調査（67%）より13ポイント下がりはしたが，依然として第1子出産により母の半分が離職していることが明らかになった．常勤の母親が仕事を辞めた理由（複数回答）は，「育児に専念したいため，自発的に辞めた」が41%と最多．次いで，「仕事を続けた方が，両立が難しいので辞めた」が35%，「解雇された，退職勧奨された」が11%であった．[7]

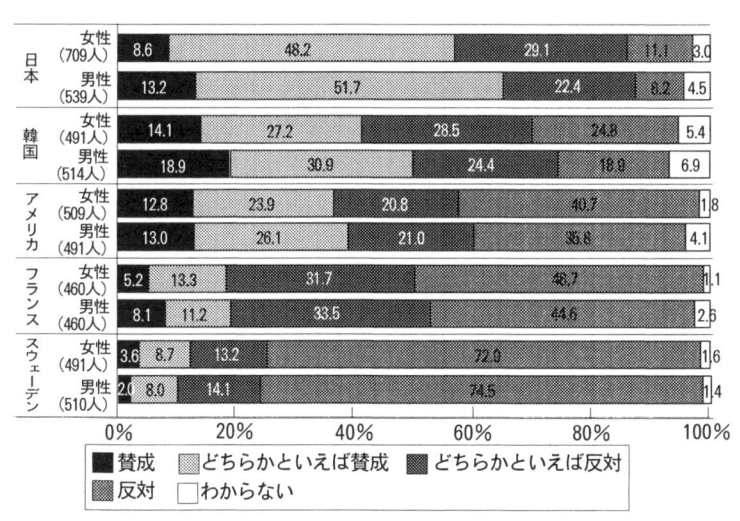

注：20歳から49歳までの男女を対象に，各国1000サンプル回収を原則とした個別面接調査．
出典：内閣府政策統括官（共生社会政策担当）「少子化に関する国際意識調査（2011年3月）」

図4．「夫は外で働き，妻は家庭を守るべきである」といった考え方についての5か国比較（2010年）

その根底には，性別役割分業に対する固定的な考え方とそれを支える日本のシステムの存在がある．「夫は外で働き，妻は家庭を守るべきである」といった考えについての国際比較調査の結果を見ても，日本は男女ともに，もっとも反対する人が少ない結果となっている（図4）．

5．専業主婦優遇政策の進展

1）専業主婦優遇策の創設

近年議論となっている専業主婦優遇政策の一つは，「女性と年金」であり，1990年代後半から改革へ向けての議論がはじまった．年金は，払った保険料に応じた額を支給するのが原則であるが，サラリーマンに扶養される配偶者は，保険料の負担なしに基礎年金（満額で月約6万5千円）をもらうことができる．これが「3号被保険者」と呼ばれる人々で，約1千万人いる．大半が女性であり，これが専業主婦優遇策といわれている．また，年金と関連して税制も専業主婦を優遇しているために，働く女性が増加し自分自身の年金を持つ女性が増加するなか，税制改革を求める声も高まった．

国民年金制度が発足したのは1961年．専業主婦や学生は任意加入であったが，国民年金制度発足から25年を経た1985年に雇用者の妻の年金についての改革が行われた．サラリーマンの妻の国民年金任意加入を廃止し，国民年金制度の強制適用の対象として，独立した年金の受給者としたのである．妻は，被扶養配偶者であることを届け出ることによって年金加入が確認され，保険料は払わなくてもよい．サラリーマンの妻には所得がないため，この改革は主婦の年金権を確立するための一定の理由があるともいえるが，他方，自営業の妻は，たとえ収入がなくても保険料を負担しているし，離婚した女性，母子家庭の母などは保険料を負担している．学生もまた，1991年4月から収入がなくとも満20歳になれば保険料を負担している．これらサラリーマンの妻たちの保険料は，夫の雇用者年金の財源から拠出されるので，他の働く独身者，共働き男女が負担していることになる．当時は専業主婦家庭が多く，受け入れられやすい状況ではあった．しかし，上記に見たように専業主婦家族と共働き家族の数は90年代半ばに逆転し，「不公平」感は強まった．

また，税制も，妻がパートで働き，その年収が103万円以下であると，給与所得控除額（最低65万円）を差し引いた残額が基礎控除（38万円）以下となるので，所得税はかからない．そして夫は，配偶者控除（一律に38万円）を受けることができる仕組みになっている．そして多くの場合，企業独自の扶養手当を受けられる．子どもとともに扶養控除に位置づけられていた配偶者の控除が，1961年に独立したものである．しかし収入が少し増えると世帯としては減収となるために，1987年に配偶者特別控除が新設された．配偶者特別控除額は妻の所得によって変動するが，最高額は38万円である．この控除は，給与所得となるパート収入であれば，収入が100万円を超えていても，141万円未満であれば受けることができる．

これらの税制による優遇を受けるため，パート労働に出た多くの妻たちは，収入が103万円を超えないように働き方を調整する．結局，配偶者控除も配偶者特別控除も女性の賃金についてのふたをし，女性をパート労働者として固定化させる役割を果たしている．雇う側には低賃金の大義名分となり，社会保険料の企業負担分も免れることができる．1980年代半ばには，男女雇用機会均等法が代表するような女性を労働市場に送り出す法が整備された一方で，「男は仕事，女は家庭」という性別役割分業を維持・強化する年金制度や税制が進行したのである．

2）専業主婦優遇政策の揺らぎ

このような専業主婦優遇策が改革の対象とされるのは，専業主婦がいる家庭，つまり「夫が外で仕事をし，妻が家庭で家事・育児に専念する」という家族像が，もはや日本の典型的家族像ではなくなったからである．専業主婦優遇政策の不平等については，1990年代半ばから改正へ向けた動きが見られるようになった．

1995年に社会保障制度審議会は，今までの社会保障制度見直しの総まとめとして，33年ぶりに「社会保障体系の再構築——安心して暮らせる21世紀の社会を目指して」と題する勧告を内閣総理大臣に提出した．この「勧告」のなかで，社会保障制度を世帯単位中心から，できるものについては個人単位

に切り替えることが望ましいこと，国民年金制度の第3号被保険者や税制上の配偶者控除の制度を中立になるように見直すこと，を勧告している．第3号被保険者や税制の改革について，その後政府からいくつかの勧告や答申が出されるのだが，本勧告がその嚆矢であった．1996年7月に内閣総理大臣の諮問機関である男女共同参画審議会は，約2年間の審議の結果を答申したが，そのなかで配偶者に係わる税制，社会保障制度の検討・見直しをあげている．

2000年7月に厚生省（当時）は，女性の生き方が多様化した時代に合った年金制度を考えるために，「女性の年金検討会」を開始した．2001年末には検討会が提言をまとめた．専業主婦にも何らかの保険料負担を求めるなど，女性の生き方によって損・得が出る現在の仕組みを改めようとする内容の提言である．主たる内容は，1）年金モデルを変更すること——厚生年金の給付モデルは，夫が40年間働き，妻は一度も働いたことのない世帯を想定し，男性サラリーマンの平均月収の6割になるように決められている．これを妻も働き，厚生年金をもらっているという前提で設計し直す．2）第3号被保険者を見直すこと——第3号被保険者を見直し，夫が妻の分も上乗せして支払うなど6案が併記された．第3号被保険者を廃止することは，対象となる専業主婦も多く影響が多いために，何らかの負担を求める方法が模索されたのだ．3）パート労働者にも厚生年金を拡大すること——加入要件を勤務時間で正社員の4分の3以上から2分の1以上に，年収要件を130万円以上から年収65円以上に緩和する．しかし，これらの案は，まだ実施されてはいない．最近では，2011年の民主党政権でも改革案が国会に提出されたが，成立しなかった．

特定の家族だけが利益を得るのではなく，どんな家族であっても，あるいは個人であっても平等に負担するという中立な税制や年金制度が必要とされている．しかし，多くのサラリーマン家庭が配偶者控除を受けている現状では，その廃止は急激な増税をもたらすだろう．また第3号被保険者や配偶者控除の廃止は，専業主婦のあり方に大きな議論を投じることになるだろう．今，検討されている第3号の見直し，配偶者控除の見直しに先立って，2003年3月に所得税法の一部を改正する法律が成立し，2004年度分の所得税から

配偶者特別控除が廃止された．これに続く改革が行われるかどうか，その改革の行方は未だに不明である．

　年金制度や税制だけに限ったことではなく，特定の家族だけが利益を得るのではなく，どんな家族であっても，あるいは個人であっても，結婚していてもいなくても，子どもがいてもいなくても，平等に負担する税制や制度が必要とされている．そのような制度を整えること，家族について改めて再考する時期に，私たちはやっと到達したのではないだろうか．

注
1) 1978年版『厚生白書』は，高齢社会における社会保障の重点として，①健康，②所得保障－年金と就労，③家庭生活，④世代間のコミュニケーション，⑤社会保障の給付と負担，をあげているが，③家庭生活のなかで，老親との同居を「福祉における含み資産」として生かすことを強調した（厚生省，1978年）．
2) 山田昌弘著『「家族」難民──生涯未婚率25％社会の衝撃』（朝日新聞出版，2014年）
3) 「女性労働白書 2012年」
4) 総務省統計局「就業構造基本調査　2002年」
5) 同　2007年
6) いずれも2008年のILO統計から
7) 厚生労働省「出生児縦断調査　2012年」
8) 厚生労働書「出生児縦断調査　2012年」

韓国における高齢者の居住形態の地域差

安　勝熙

1. はじめに

　韓国統計庁によると，2013年韓国の高齢化率は12.2%であるが，「高齢社会」に到達するのは2018年（14.3%）であると予測している．これを年齢3区分でみると[1]，2000年は「年少人口」が21.1%，「生産年齢人口」が71.7%，「老年人口」が7.2%であったが，2013年になると「年少人口」が14.7%，「生産年齢人口」が73.1%，「老年人口」が12.2%となった．そして2018年には「年少人口」が13%，「生産年齢人口」が約73%，「老年人口」が約14%となり，この年から「老年人口」が「年少人口」を上回り，その差が拡大すると予測されている．

　韓国の高齢者扶養は，'先家族扶養・後社会扶養'に象徴されるように家族がその任にあたることが当然のこととされてきた．しかし，1960年代以降の急速な経済発展および産業化の進展は，急激な「離郡向市型人口移動」（向都移動）現象を引き起こした．この人口移動によって，人口の都市集中と農村地域世帯の世代間分離現象が進展した（ユン・ジョンジュ 1991）．こうした現象は，韓国の高齢者がどこで，誰と生活するかという老人福祉政策にとっても重要な検討課題となっている（キム・キョンヘ 1998，チョン・キョンヒ 2002）．

　とくに，農村地域の世代間分離現象は，高齢者の居住形態に地域差を生み出してきていると考えられる．しかし，韓国では居住形態の地域差に関する研究はあまり展開されていないのが現状である．

　そこで，本稿では，高齢者の居住形態の実態を地域差という視点から明らかにすることにした．

2. 居住形態研究の意義

　那須宗一は「老人の家族扶養が，同居扶養によるか，別居扶養によるか，またその内容にどのような変化や差異が存在するかは，家族居住形態（living arrangement）にかかわる老人扶養の研究課題である」（那須・湯沢 1970：13）と述べているし，ウォン・ヨンヒも「高齢者の居住形態は家族扶養を表す一つの指標として高齢者の士気および生活満足度などと密接に連関している．韓国社会のような高齢者に対する社会政策が未成熟な国家では高齢者の居住形態が彼らの日常生活により大きな意味を持つ」「高齢者の居住形態は様々な側面で高齢者福祉と関連した重要な政策的イシュー」（ウォン・ヨンヒ 1996：77）であるとしている．

　さらに，チョン・キョンヒは「急激な高齢化によって高齢者の居住形態に対する学問的・政策的関心が高まっている．急激な高齢化は高齢者人口の増大による扶養増大に対する社会的関心を呼び起こし，これは高齢者の居住形態に対する関心につながっている．というのは，高齢者の居住形態は，家族の高齢者扶養能力と直接的な関連性を持っていると理解されているからである」（チョン・キョンヒ 2002：102）と言う．そして，臼井恒夫は「家族を基盤としたインフォーマルな援助システムの働きとその変化を理解することは，高齢者に向けた有効かつ適切な社会政策と経済政策を立案する上で欠かすことができない．こうしたことから，居住形態に関わる要因とその変化を理解することは，重要な課題である」（臼井 2003：5）とし，さらに，アジアの居住形態の研究は「同居が近い将来においてもアジアの高齢者の中心的な居住形態であり続けるであろうし高齢者と子どものどちらかに対しても重要な機能を果たすであろう」（臼井 2003：5）との見地から，この研究の重要性を指摘している．

　このように多くの研究者が居住形態と老親扶養のあり方が適合的に連関しているとしている．したがって，居住形態のあり方は，高齢者扶養の問題解明にとって有効な接近方法の一つであると言えよう．

　次に，このような居住形態研究の意義を踏まえて，この分野における先行

研究を紹介しておきたい．

3．居住形態に関する先行研究

韓国における高齢者研究の動向をみると，1968年韓国老人病学会が創設されたことを契機にして老年学研究が開始された．やがて，1970年代に入ると人口高齢化率が3％を超えることになった．このことが高齢者問題に対する社会的関心を集めることになった．その後，1975年に韓国老人問題研究所が設立され老年学研究の基盤をつくった．さらに，1978年には韓国老年学会が設立，その学会誌である『韓国老年学』が1980年に刊行され，本格的な老年学研究が行われるようになった．

そこで，ここでは，韓国の高齢者研究の中で最も古い学会誌『韓国老年学』を中心に居住形態に関わる研究の動向をみていくことにした．

韓国の高齢者の居住形態は，「同居」「別居」の二分法に基づく研究が主流であり，「同居」に関する研究は，1986年からはじまり現在に至っている．そして，1993年から「別居」に関する研究がはじまり，2000年からは「独居」に関する研究が開始された．

その研究内容をみると，主にウォン・ヨンヒらの老後の生活満足度・幸福感，ユ・ソンホらの居住形態の決定要因，チョン・ヘジョンらの扶養負担・ストレス，パク・キョンランらの生活実態・欲求，パク・ヨンスらの住宅・住居，そのほか高齢者認識，健康状態，老後不安，扶養行動，環境的支援性，高齢者ストレス，在宅福祉プログラム・訪問看護，老後所得保障などとなっている．

さらに，調査対象地域をみると，ソウル特別市，釜山広域市，大邱広域市，全羅北道，都市，農村，アメリカ，ソウル特別市と釜山広域市の比較，都市と農村の比較などがある．韓国の調査研究は主にソウル特別市を対象としており，全体的にみると都市に関する研究が多い．

このような研究動向をみると，韓国では居住形態を重要な視点として考えながらも，居住形態の地域差については，ほとんど関心が示されてこなかった．こうした研究動向からみても，筆者は，居住形態を地域差という視点か

ら研究する意義があると考えている.

4．韓国高齢者の居住形態

これまで，韓国の人口高齢化，居住形態研究の意義，居住形態に関する研究動向について概観してきたが，このような人口動向と居住形態についての研究成果を踏まえて，韓国における高齢者の居住形態をみることにする．

韓国の世代別世帯構成をみると，1995年には「3世代世帯」で住んでいる高齢者が38.7％で一番多く，次が「1世代世帯」「2世代世帯」と続いている．しかし，1995年以降の動向をみると，「3世代世帯」が急激な減少を示している．その動向を示すと，2000年には30.0％，2010年には18.8％まで低下しているが，「2世代世帯」はほとんど変化していない．しかし，「1世代世帯」は2000年には28.8％に，2010年には35.2％にまで増加している．さらに，「1人世帯」の動向をみると，1995年には13.4％であったのが，2010年には20％を超えている（表1参照）.

表1．高齢者の世代別世帯構成の推移　　　　（単位：人，％）

年度	総　数	1世代世帯	2世代世帯	3世代世帯	4世代世帯	1人世帯
1995	2,602,590	23.4	23.1	38.7	1.3	13.4
2000	3,331,881	28.8	24.0	30.0	0.9	16.3
2005	4,295,833	33.2	25.0	23.0	0.5	18.2
2010	5,260,889	35.2	25.4	18.8	0.3	20.3

注：総数は一般高齢者数から非血縁高齢者数を除いた高齢者数である．
資料：韓国統計庁『人口住宅総調査（高齢者）』(各年度)[2]．

これらの結果をみると，韓国の高齢者は，「3世代世帯」「4世代世帯」が減少し，「1世代世帯」「1人世帯」に住んでいるものが増加しており，「1人・1世代世帯化」が進展していると言えよう．

5．韓国高齢者の居住形態の地域差

次に，このような韓国の全体状況を踏まえて，居住形態の地域差について

考察することにしたい．

1）韓国高齢者の地域別人口高齢化と世帯構成

まず，韓国の人口高齢化を地域別にみると，最も低いのは蔚山広域市で7.0％であり，最も高いのは全羅南道で20.4％であった．その差は約13ポイントである．

次に，2000年から高齢化率の進展率をみると，蔚山広域市は約3ポイント増加したのに対して，全羅南道は約7ポイント増加している．

この結果をみると，韓国は人口高齢化に地域差があり，人口高齢化の進展にも地域差があることになる．

このような人口高齢化における地域差を念頭におきながら，人口高齢化と高齢者世帯との関連を考察することにしたい．

高齢化率の全国値（2010年，11.3％）[3]と別居率の全国値（2010年，55.4％）を基準にして人口高齢化と「別居化」[4]とを組み合わせると，次のようになる．
①「地方型」：高齢化率が全国値を上回っているとともに，別居率も全国値を上回っている地域（人口高齢化の進展と「別居化」の進展が著しい地域）．
②「大都市・首都圏型」：高齢化率が全国値を下回っているとともに，別居率も全国値を下回っている地域（人口高齢化の進展と「別居化」の進展が緩慢な地域）．

この分類によれば，「地方型」には，江原道，忠清道，全羅道，慶尚道，済州道地域，「大都市・首都圏型」には，特別市（1ヵ所），広域市（4ヵ所），京畿道地域が属していることになる（図1参照）．

このように韓国における人口高齢化と居住形態の地域差を踏まえて，ここでは「地方型」を代表する地域として全羅南道を，「大都市・首都圏型」を代表してソウル特別市を取り上げて，居住形態の地域差を分析することにした．

まず，ソウル特別市と全羅南道の世帯構成をみると，「1人世帯」は全羅南道がソウル特別市を約14ポイント上回っているが，「1世代世帯」も全羅南道がソウル特別市を約13ポイント上回っている．しかし，「3世代世帯以上」はソウル特別市が全羅南道を約12ポイント上回っている．これを「同居

第2部　人口と家族

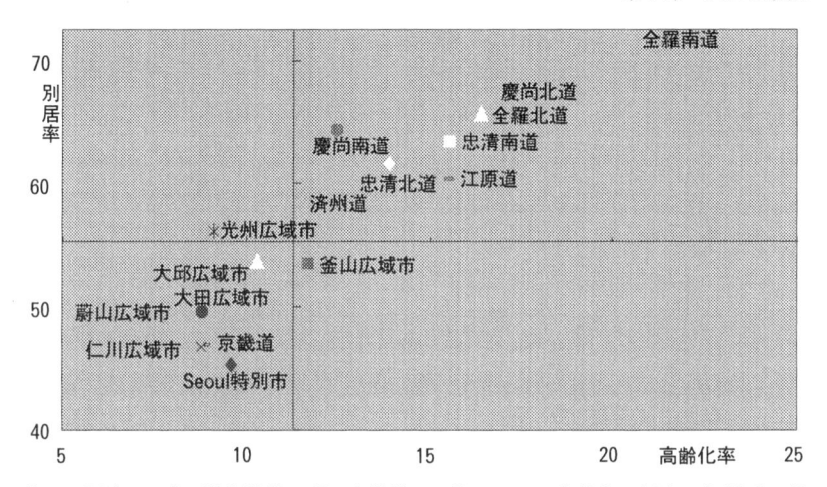

図1．韓国の人口高齢化と居住形態の地域差

注：別居率は，「1世代世帯」+「1人世帯」に住んでいる高齢者の割合．各場所は付図参照．
資料：韓国統計庁『人口住宅総調査（高齢者）』(2010年)．

世帯」と「別居世帯」との区分でみると，ソウル特別市は「同居世帯」が約55％で半数を超えているが，全羅南道は「別居世帯」が約72％であり，「別居化」が進展している．

つまり，ソウル特別市は，「1人世帯」と「別居化」は全国値水準以下である．しかし，全羅南道は，「1世代世帯」，「1人世帯」と「別居化」が全国水準以上であり，ソウル特別市と全羅南道の間には地域差がある（表2参照）．

さらに，両地域の年齢別世帯・居住形態との視点でみると，ソウル特別市の場合，「65〜69歳」では，「2世代世帯」が最も多く，「70〜79歳」と「80〜89歳」では，「1世代世帯」が最も多い．しかし，「90歳以上」になると，「3世代世帯以上」が最も多く，「2世代世帯」が続いており同居世帯が年齢とともに増加している．

全羅南道の場合は，「65〜69歳」と「70〜79歳」で「1世代世帯」が約半数を占め，「80〜89歳」でも「1世代世帯」が最も多いが，「1人世帯」も35

表2．地域別高齢者の世帯構成（ソウル特別市と全羅南道）

（単位：人，％）

年齢	総数	1世代世帯	2世代世帯	3世代世帯以上	1人世帯
全　国	5,260,889	35.2	25.4	19.1	20.3
65～69	1,789,981	40.7	29.8	14.3	15.3
70～79	1,538,774	39.8	22.9	17.7	19.5
80～89	1,050,273	32.8	20.7	21.4	25.0
90以上	558,973	22.1	23.3	26.6	28.0
ソウル特別市	914,781	30.3	32.5	22.1	15.2
65～69	359,427	33.5	39.2	15.1	12.2
70～79	261,045	34.1	30.4	20.3	15.2
80～89	157,108	28.5	25.5	26.9	19.1
90以上	84,596	19.3	25.1	35.2	20.4
全羅南道	343,562	42.8	18.0	10.1	29.2
65～69	97,466	52.2	19.1	8.5	20.2
70～79	101,941	49.1	15.3	9.2	26.4
80～89	76,628	39.5	15.1	10.4	35.0
90以上	42,942	27.2	19.3	12.3	41.1

注：総数は一般高齢者数から非血縁高齢者数を除いた血縁高齢者数である．
資料：韓国統計庁『人口住宅総調査（高齢者）』（2010年）．

％であり，「90歳以上」では，「1人世帯」が約4割を超え，最も多くなっている．

　この結果をみると，ソウル特別市は加齢とともに「2世代世帯」から「1世代世帯」，「3世代世帯以上」へと移行していくのに対して，全羅南道は加齢とともに「1世代世帯」から「1人世帯」へと移行していくことになる（表2参照）．両地域の世帯構成の地域差には，各年齢層における世帯構成の差が大きく影響している．

2）地域別高齢者の子どもの居住地

　次に，このような世帯構成の地域差を踏まえて，地域別に子どもの居住地（親子間の物理的距離）をみることにした．ここでは，資料の制約上『2000

第2部　人口と家族

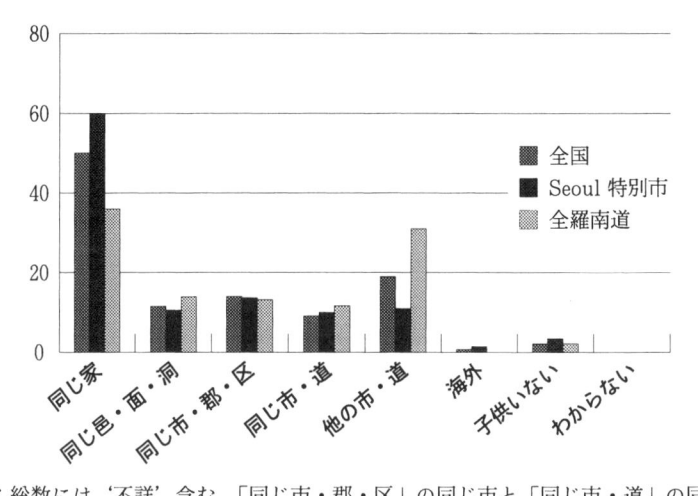

注：総数には'不詳'含む．「同じ市・郡・区」の同じ市と「同じ市・道」の同じ市は異なっている．前者は区（日本東京の区）にあたる地方の行政単位であり，後者は道（日本の県）にあたる特別市や広域市である．
資料：韓国統計庁『2000　人口住宅総調査報告書　第10巻高齢者』2002年．

図2．地域別高齢者の子どもの居住地

人口住宅総調査報告書　第10巻高齢者』を用いてみることにした．

　高齢者の子どもの居住地（親子間の物理的距離）をみると，「同居」が49.0％，「近居」[7]は22.7％，「遠居」[8]は25.9％で，子どもがいない人が2.4％であった（図2参照）．

　これを地域別にみると，ソウル特別市は「同居」が60.1％，「近居」が20.5％，「遠居」が16.5％であり，別居でも「近居」が多いのに対して，全羅南道は「同居」が32.9％，「近居」が24.5％，「遠居」が40.6％となっており，「遠居」が最も多い．そして「同居」と「近居」を合わせると，ソウル特別市は約81％で最も高いのに対して，全羅南道は約57％であり，約40％の高齢者が子どもとは遠くに住んでいる．これは，緊急時に対応し難い距離に住んでいることになる．

6. おわりに

　以上，韓国の居住形態の地域差について検討してきた．その検討結果について若干の考察を加えると，韓国高齢者の居住形態は，「1人・1世代化」，「別居化」が進展しているが，加齢とともに「同居世帯」に住んでいる高齢者も多く半数を占めてくる．そして，高齢者の居住形態の地域差に焦点をあてて分析した結果，居住形態には「地方型」と「大都市・首都圏型」が存在していることが明らかになった．そこで，二つの型からそれぞれソウル特別市と全羅南道を選び検討した結果，全羅南道はソウル特別市より「1人・1世代化」，「別居化」が著しく進展している．特にソウル特別市は年齢が高いほど「3世代世帯以上」が多かったが，全羅南道は「1人世帯」が最も多く，これは，ソウル特別市では大多数の高齢者が子どもと近距離に住んでいるため，「同居」へと移行できる可能性が高いこと，全羅南道における若年層を中核とする他地域への人口流出，「遠居」が多い状況によって流出した子どもが「Uターン」しにくいことから生じたと考えられる．

　家族の同居扶養を基本としてきた韓国であるが，上記でも明らかになっているように，高齢者の別居化が進んでいる．今回は韓国高齢者の居住形態の地域差の現状を明らかにすることにとどまっているが，韓国では2008年韓国老人長期療養保険制度がスタートした．それに伴い，今後韓国高齢者の介護形態や扶養意識に大きな影響を及ぼすと思われる．高齢者の居住形態と制度変化に伴う扶養意識の変化，そして，その地域差については今後の課題にしたいと考えている．

　　注
　　1）0～14歳を「年少人口」，15～64歳を「生産年齢人口」，65歳以上を「老年人口」とする．
　　2）5年ごとに行われる日本の「国勢調査」に該当する全国調査である．
　　3）「1世代世帯」と「1人世帯」に住んでいる高齢者の割合である．
　　4）高齢者の居住形態総数に占める別居割合の相対的増加である．
　　5）「2世代世帯」+「3世代世帯以上」である．

第 2 部　人口と家族

6)「1世代世帯」+「1人世帯」である.
7)「同じ邑・面・洞」+「同じ市・郡・区」とする.
8)「同じ市・道」+「他の市・道」+「海外」とする.

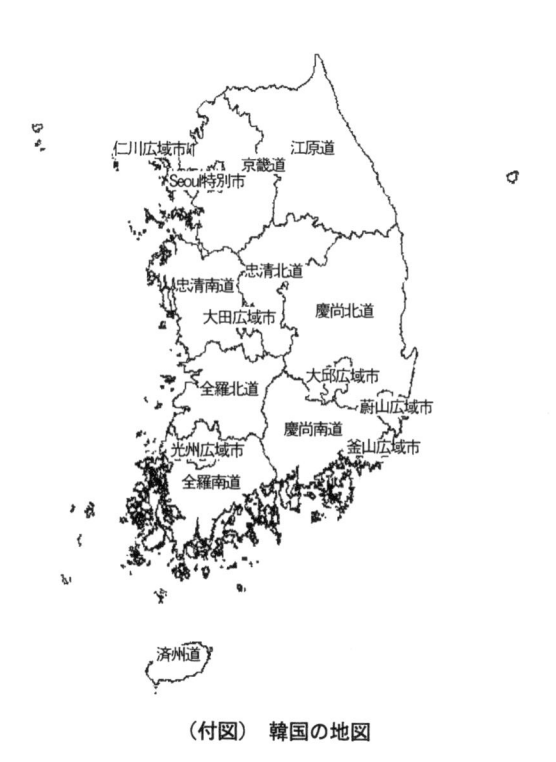

（付図）　韓国の地図

文　献

安勝熙, 2006,「韓国の人口高齢化と居住形態」『社会学論叢』第156号, 日本大学社会学会, pp.59-73.
———, 2008,「韓国高齢者の居住形態」清水浩昭編『家族社会学へのいざない』岩田書院.
イ・ミンア, 2000,「韓国老人の世代間の相互支援と居住形態」『韓国老年学』第20巻3号, 韓国老年学会, pp.129-142.
イ・ヨンスク/ビョン・ヘリョン/オ・チャンオク, 1994,「子女同居人の環境的支援

性要求に関する研究」『韓国老年学』第14巻1号, 韓国老年学会, pp.154-163.
イ・ジョンファ/ハン・キョンヘ, 1999,「兄弟姉妹の支援が義理の親と同居する嫁の扶養負担に及ぼす影響」『韓国老年学』第19巻3号, 韓国老年学会, pp.1-19.
ウォン・ヨンヒ, 1995,「同・別居形態が韓国老人の心理的幸福感に及ぼす影響」『韓国老年学』第15巻2号, 韓国老年学会, pp.97-116.
―――, 1996,「韓国老人の居住形態に影響を及ぼす要因に関する研究」『家族学論集』第8号, 韓国家族学会, pp.77-89.
臼井恒夫, 2003,「高齢者の居住形態に関する国際比較研究の視角と課題」嵯峨座晴夫ほか,『アジアにおける世代間の居住形態と高齢者――台湾・韓国・日本・シンガポール・マレーシアの比較研究』早稲田大学人間総合研究センター.
韓国統計庁HP,『人口住宅総調査』(各年度).
―――,『2013　高齢者統計』.
カン・ユジン/ハン・キョンヘ, 1997,「非同居子供の老親扶養行動に関する研究」『韓国老年学』第17巻1号, 韓国老年学会, pp.271-288.
キム・キョンヘ, 1998,「老人たちの同居形態決定変因に関する研究――ソウル市居住老人を中心に」『韓国老年学』第18巻1号, 韓国老年学会, pp.107-122.
清水浩昭, 2004,「家族構造と介護形態の地域差」『社会学論叢』日本大学社会学会, 第149号, pp.1-17.
―――, 2005,「家族・世帯構造の地域差の視点から」『統計』日本統計協会, 56(7)：41-48.
チョン・キョンヒ, 2002,「老人の居住形態決定要因に関する研究」『保健社会研究』第22巻1号, 韓国保健社会研究院, pp.101-127.
―――, 2003,「家族の老人扶養実態と政策課題」『保健福祉フォーラム』第79号, 韓国保健社会研究院, pp.22-32.
チョン・キョンヒ/オ・ヨンヒ/イ・ユンキョン, 2003,『地域別老人福祉現況と政策課題』韓国保健社会研究院.
チョン・ヘジョン/イ・ジョンスク/ソ・ビョンスク, 1998,「老親との同居ストレスと対処行動及び心理的な適応に関する研究」『韓国老年学』第18巻2号, 韓国老年学会, pp.12-29.
チョン・ヘジョン/キム・テヒョン/イ・ドンスク, 2000,「独居女性老人の生活満足度研究――全羅北道地域を中心に」『韓国老年学』第20巻2号, 韓国老年学会, pp.49-70.
那須宗一・湯沢雍彦編, 1970,『老人扶養の研究――老人家族の社会学』垣内出版.
パク・キョンラン/ゼ・ミキョン/オ・チャンオク, 1995,「大都市単独世帯女性老人

の生活実態及び欲求——家族・消費・住居生活を中心に」『韓国老年学』第15巻2号，韓国老年学会，pp.117-139.

パク・ホンシク，1984「韓国の老人問題及び福祉政策——"家族構造"のパラダイムで」『江陵大学論文集』第8号，pp.397-417.

森岡清美・望月嵩，1997，『新しい家族社会学』培風館.

ユ・ソンホ，1993，「在米韓国老人と子女間の別居に影響を及ぼす要因」『韓国老年学』第13巻2号，韓国老年学会，pp.98-119.

―――，1996，「老人と成人子女の別居を決定する変因：その理論的探索」『韓国老年学』第16巻1号，韓国老年学会，pp.51-68.

―――，1997，「子供数と結婚した成人子供との同居が老後生活満足に及ぼす影響——性別と結婚状態による分析」『韓国老年学』第17巻2号，韓国老年学会，pp.37-50.

ユン・ジョンジュ，1991，「わが国老人扶養構造の変化」『保健社会論集』第11号，韓国保健社会研究院，pp.58-81.

付記：本稿は「地域差からみた韓国高齢者の居住形態」(『社会学論叢』第164号，日本大学社会学会，2009年) を基本にしながら最新のデータを用いて加筆・修正したものである.

イブン・ハルドゥーンにおける人口思想

石丸純一

1. はじめに

イブン・ハルドゥーン（1332-1406）は，その著書『ムカッディマ』（主著『イバルの書』の理論編である序論と第1部）[1]で，経験主義に裏付けられた豊かな社会学的考察を提示しており，オーギュスト・コントに5世紀先立つ「社会学の先駆者」，あるいは「アラブの社会学の父」と称せられている．彼は，『ムカッディマ』の中で「新しい学問」，すなわち「ウムラーンの学問」を創設したと自負している．その目的は，人間社会の本質とその諸表象を解明し，社会の変遷を分析しそれに合理的説明を与えることであり，『ムカッディマ』全編がその考察に当てられている．

新学問の対象である「ウムラーン（'umrân）」[2]は「文明（civilization）」と訳されることが多いが，イブン・ハルドゥーン独自の社会概念であり，文脈によっては「人口」と訳す必要もある用語である．実際，彼の社会理論において人口は社会発展のメルクマールとして，『ムカッディマ』の随所で言及されている．しかし，イブン・ハルドゥーンに関しては優に1000を超える研究があるが，人口という視点からの研究は皆無である[3]．このため，本論では，イブン・ハルドゥーンの社会理論に人口という視点から照明を当てて，彼の人口思想がいかなるものであったかを明らかにしていく．

2. ウムラーンの語義

まず初めにウムラーンの意味を明らかにするため，ウムラーンの前提に関するイブン・ハルドゥーンの議論を見ていきたい．

イブン・ハルドゥーンは，ウムラーンの第一前提として人間の社会的結合

(al-ijtimâ')の必然性を挙げている．そして，「人間はその本性上ポリス的動物(madanî)である」というアリストテレスの言葉に言及し，社会的結合は，哲学者の言葉で言えば都市(madîna)であり，ウムラーンと同義であるとする．しかし，イブン・ハルドゥーンの理論の展開はこの古代の哲学者やそのアラブ・イスラーム世界の後継者たちとは異なって，社会的結合の必要性を精神的本性や本能的衝動によってではなく，食料や生活の糧を得るという自然的必要によって説明している．「神は人間を食物なしでは自分の生命も維持できないような形で創造された．……しかし，人間一人の力だけでは，必要とする食物を手に入れることは不可能であり，自分の生命を保つだけの食物すら準備できない．……そこでお互いに食物を獲得するためには，多数の人間の力を結集しなければならない」(MQ I 69)．彼は，現代アラビア語で「社会」(society)を表わすイジュティマーウ(ijtimâ')やギリシャ語ポリスの訳語であるマディーナ(madîna)をウムラーンと同義であるとするが，彼の社会概念を表わすテクニカル・タームとしてはウムラーンを主に用いている．これは，イジュティマーウが人間の集まり，共同生活を表わすにすぎず，社会の動態的把握を目指す彼の新学問の対象概念としては不十分であると見なしたからであろう．イブン・ハルドゥーンは，ウムラーンは人間の本性に深く根ざしているとして，他の動物と区別される人間特有の性質として，1)学問(al-'ulûm)と技術(al-sanâi')に集約的に表現される思考力(al-fikr)，2)抑制力(al-wâzi')を行使する公権威(al-hukm)や権力(al-sultân al-qâhir)の必要，3)生計の努力(al-sa'y fil-ma'âsh)と労働(al-i'timâl)，4)ウムラーン('umrân)を挙げているが，前三者はそれぞれ人間の主要な活動領域にほかならず，経済(ma'âsh)，政治(mulk)，文化(hadâra/'ulûm)はウムラーンの構造的要素を構成するものであり，社会の全体性を考察することを可能とする主要概念である．イブン・ハルドゥーンは，これらに宗教を加えた4つのファクターの連関を分析し，ウムラーン(人間社会)の生成・発展・衰退の動的過程を描き出している．

　ポリス(polis/madîna)という言葉も，それが社会的結合を表わす限りにおいてはウムラーンと同義であるが，それが具体的に指示するものが都市生

活である以上，砂漠や農村の生活を包含するには無理がある．また，ポリスの学である『政治学』(politics/'ilm as-siyâsa al-madanîya)が理想国家としての『都市政治』を問題とするのに対して，彼はそのような議論は非現実的であると厳しく批判しており，この点でも，社会の現実的把握を目指す『新学問』の対象概念を指示する用語としてポリスは適切とは言い難い．

　第二から第五の諸前提は，歴史における地理的要素の意義を論じたものであるが，そうした風土や地理的条件の規定性については次節に譲り，ここではウムラーンの存在論的基底に関わる点に限定して論究する．

　ウムラーンの語根「'mr」は生命の観念に関わっており，基本動詞'amaraは，「生きる，住む，居住する，(ある場所に)留まる，滞在する，建てる，設立する，種をまく，耕す，栽培する，収穫する，蓄える，増える，栄える，栄えさせる，長生きする，見守る」などの意味を持っている．これらの語義はいずれも大地と生命の増殖(成長)に関連するものである．

　'amaraとその派生語は，イブン・ハルドゥーン以前に，アラブの地理学者たちの著作の中にしばしば用いられている．地理学者は，地球を水半球と陸半球の二つに区分し，陸半球を動植物と人間の生存のために用意された場所と見なしている．より厳密には，陸半球の四分の一だけが居住可能(ma'mûr)であり，他の四分の三は荒地や砂漠で，居住不可能で(ghayr ma'mûr)，そこには耕作や建造物は存在しない．ma'mûrは，'amaraの受動分詞で「居住さるべき・耕作さるべき・(家や町が)建てられるべき……」ということを意味している．それは，動植物や人間が生きる大地を指示する言葉であり，より限定して言えば，耕作や家畜飼育が可能あるいは耕作された土地，人間が居住可能あるいは居住している土地を指示している．ここでは，単に生命の存在が可能な自然環境が問題なのではなく，人間の存在に役立つ限りでの動植物であり，それを育む大地が問題なのである．すなわち，大地に住むということは，テントや家や町を建て，大地を耕し，種をまき，栽培し，あるいは家畜を見守り，それらの実りを収穫し，蓄える営みであり，かくすることによって人口が増え，繁栄していく……これが，地上における我々人間の存在様式であり，ウムラーンの根本的意味にほかならない．[4] イブン・ハルド

ゥーンのテクストでウムラーンがしばしば人口の意味で用いられるのも，ウムラーンという語の持つこうした含意に由来する．

尚，人口を表す表現として，イブン・ハルドゥーンはウムラーンのほかに，住民を意味する「sākin」と人々を意味する「ahl」を用いている．都市の住民といった場合にはこの両者がよく用いられている．

3．気候・風土と人口

イブン・ハルドゥーンは前節で言及した第二から第五の諸前提の中で，地理学者たち，とりわけイドリースィーの著作に依拠して[5]，人間の可住地帯を7つの気候帯に分け，かつ各気候帯を西から東に10区分に分けて，各区分の一般的状態やウムラーンについて詳細に記述している．そのうえで，「人類可住地域のうち，第一・第二気候帯の人口が他の気候帯の人口より少ない．……第三・第四気候帯とそれに続く地域には，民族や住民は溢れる大海のようで，都市や町も無限に多い．人口は第三と第六の両気候帯のあいだでは次第に増加している．」(MQ I 82) 何故ならば，「地球上の可住地は，北半球の中間に位置している．それは，その南方では暑さが厳しく，北方では寒さが厳しいからである．……両極端から中央に向かうにしたがって順次寒暑の厳しさが減少し，中央部で適度な暖かさとなる．そこで第四気候帯がもっとも温和な可住地となる．それに接する第三・第五気候帯は温和に近いが，第六・第二両気候帯は温和から離れ，第一・第七気候帯はさらに遠く離れる．したがって，三つの中間気候帯に存在する学問・技術・建物，衣服・食物・果実・動物などあらゆるものは，この地帯の温和な気候のためにすぐれている」(MQ I 148-9) からである．このように気候条件が人口に与える影響を指摘している．もちろん，同じ気候帯であっても10区分の地形的条件によっても居住可能性が異なることを見逃してはいない．

この地理的環境の規定性に関する部分はしばしばモンテスキューと比較されており，またそこに生態学理論の先駆を発見する研究者もいる．確かにこの部分は，風土論や生態学的解釈を可能とさせる内容を持つものである．イブン・ハルドゥーンの「生態学的」見解は，一方では彼の時代の地理学の知

識に基づくものであり，他方では彼の故郷であるマグレブ（北アフリカ）の，両アトラス山脈によって明確に区分される生態学的様相，すなわち，権力と商工業・文化の中心である都市と近郊農業の海岸部，果樹栽培を基礎とする山間部，穀物栽培を主とする両アトラス間の内陸平原部，オアシス農業或いはラクダの遊牧に基礎を置くサハラ砂漠地帯といった明確な生態学的様相の反映でもある．

4．人口と富

　イブン・ハルドゥーンにとって，人口の増加は社会の繁栄の源でありそのメルクマールでもある．経済的活動は，人口の大きさ，即ち労働力の供給と各種生産物への需要の総量とともに増大する．生産において本質的役割を演じるのは労働である．「どんな利益も富も人間の労働力なしには存在しえない」(MQ II 274)．労働価値説のこの先駆的思想は，ニュアンスの相違と多義性とを帯びつつではあるが，『ムカディマ』の随所に見出すことができる．「人間が獲得した所得は労働のもたらした価値である」(MQ II 289)．「黄金，銀，宝石，動産といった財貨も，……ウムラーンが人間の労働力とあいまってこれらのものを生み出し，また増産あるいは減産させるのである」(MQ II 285)．「ある労働の価値量は，その労働量と労働の等級およびその労働に対する需要度如何によって定まり，その所得の多寡もこれに準ずる」(MQ II 289)．

　人間は生活の糧を得るために社会的結合をする．ここに分業の本質的重要性が生じる．分業は生産性を高め，分業が発展すれば，その生産の結果は彼等の必要なものを越えたもの，すなわち，社会的剰余生産を生み出す．「人間は一人では生計に必要なものを獲得することはできない．人間が人間らしい生活をするためには，みんなが互いに協同作業しなければならない．人間の集団が協業によって得た必需物資は，各個人が作って持ち寄って得られるものより数倍の需要を充たすことができる．……もし都市の住民全部が，生活に必要なだけのものを得るためにそれぞれ労働を行なうとすれば，その労働力は最小限度ですむ．したがって住民全部が普通に働けば，労働力はつね

に必需を上まわって余ることになる．その結果，この剰余労働力は奢侈的なものや奢侈とみなされるような風習を生み出したり，他の都市民の需要を充たしたりするために使われる．都市民は交換や購買を通じて必需物を余っている者たちから輸入する．こうして剰余労働力を持つ住民は富を得る」(MQⅡ235)．

人口が多く分業が発達しているのは都市であり，分業による経済活動の乗数が生れるのは，特に都市の手工業と商業においてである．「都市はすべて労働力のための一種の市場の役目を果たし，それぞれの市場で支払われる支出額は，そこで取引される労働量に比例する．……収入ならびに支出額が大きいところではそれだけ生活水準も高い」(MQⅡ237)．

「人口が増加すれば，それに従って労働量も増大し，所得の増加につれて奢侈の気風も広がり，奢侈的なものや奢侈に必要なものも増加する．奢侈的なものを得るための技術が生まれれば，その技術によって得られる価値量も増大し，そのため，当該都市における所得はさらに倍加する．こうして生産は前より一層盛んに行なわれる．……人口という点だけを取り上げてみて，ある都市が他の都市よりも上位にある場合，その都市は，所得の多寡，富の大小という点でも他の都市を引き離し，他の都市では見られないかもしれない奢侈面でもよりぬきんでている．都市の人口が多ければ多いほど，その都市の住民の生活は，人口のより少ない都市に比べて奢侈的となる」(MQⅡ236)．

「富の源泉である労働力が豊富であると，住民の需要のうち必需品を充たしても，なおまだウムラーン（社会）とその人口の大きさの割合に比例して莫大な剰余価値が残り，これが所得となって人々に還元される」(MQⅡ244)．このように，イブン・ハルドゥーンは，労働とそれに基づく社会的剰余生産こそがウムラーンの発展と都市生活としての文明の開花の基礎であるとする．彼によれば，都市の発展は社会発展の自然な段階であり，都市はウムラーンの最も生き生きとした側面を表現している．彼は，都市を歴史的事実や社会現象としてのみでなく，有機的実体として取り扱う．それゆえ，彼は都市の建設・成長・拡大に貢献する様々なファクターを注意深く分析する．特に重

要なのは政治権力である．

5．都市と政治権力

　イブン・ハルドゥーンによれば，都市と政治権力（王朝）は不可分の関係にあり，王朝を欠いた都市も，都市の基盤を欠いた文明も想像できない．それは質料と形相の関係に相当するからである．なによりもまず，都市を建設するのは政治権力である．政治権力が都市建設に向かうのは，一つは平穏や休息を望み，田舎や砂漠では欠けていた文明生活をまっとうしようとするからであり，また一つは，王権に対して攻撃しようと敵愾心を燃やしている者から自らを守るためである．こうして，王朝は都市への定住を促す．

　都市の人口規模と人口密度はその都市の継続性とそこに拠点を置く王朝に依存している．広大な支配地を有する王朝は，都市に様々な物的・人的資源を大量に提供する．「都市の大きさは王朝の強大さ如何に相当する．都市の建設は，多数の労働者の結集とその一致協力とによって達成される．王朝の領土が広大であると，各地から労働者を集めてその労働力を一つの仕事に集中させることができる」(MQ II 205)．都市の人口規模と建造物に体現された経済的・文化的繁栄は王朝とその都市の威信を高める．数世紀に渡って政治的中心であった都市は，イブン・ハルドゥーンの生地チュニスがそうであったように，その権威によって他の中小の都市や後背地に君臨し，一種の都市センター的機能を有する．イブン・ハルドゥーンは，人口規模や人口密度に基づいて都市を分類するばかりでなく，都市センター機能の観念も有していたと思われる．

　ところで，イブン・ハルドゥーンによれば，国家（王朝と政府）は生誕・成長・最盛・衰退・没落の五つの段階を経て発展変化していく．第一段階は勝利の段階で，前王朝から権力を奪取する．支配者は砂漠の質実剛健さを保持しており，臣民の手本であり，アサビーヤ（連帯性）も強力である．第二段階は，支配者が臣民に対する絶対的な支配権を獲得し，専制支配を確立しようとする．アサビーヤを分け持った人々を遠ざけ，権力を自分の家族にのみ集中しようとする．第三段階は，休息と平穏の段階で，王権の果実を享受

する．支配者は絶対権力を確立し，あらゆる事業に取り掛る．第四段階は満足と平和の段階で，支配者は前任者の打ち立てたものに満足する．第五段階は浪費と散在の段階で，欲望と快楽のために国力を浪費し，国事を自ら処理する能力もなく，無能な追随者に委ねてしまい崩壊への道をたどる．

都市の経済的繁栄と衰退も国家の発展段階と密接に結び付いている．『ムカッディマ』の多くの章・節の中で政治的状況に対する経済生活の依存が指摘されている．国家の興隆－衰退という発展サイクルは直接的に租税と国家財政に反映され，それを通じて人民の経済活動に重大な影響を及ぼす．イブン・ハルドゥーンによると国家の初期には低率の課税にも拘らず収入が大きいが，国家の末期には高率の課税でしかも収入は少なくなる．「初期には……宗教法によって規定されている救貧税，地租，人頭税などの諸税のみが課せられる．これらの税金は低率の課税である．……人民に対する割当率や分担課税額が少なければ，人民は労働の意欲が湧き，労働が活発に行なわれ，仕事が増える．労働が活発に行なわれると……結局その総計である税収入は増加することになる．」(MQ II 79-80)．このように経済活動は活発化し課税の基礎を確かにし，国家財政収入の増大をもたらす．イブン・ハルドゥーンは景気の動向は政府の支出に依存しており，政府の収入は市場の動向に依存しているという．支配者とその側近こそ最大の消費者人口を構成する．「彼等が支出すれば，他のだれが支出するよりも市場は活況を呈する．したがって彼等の支出が止まれば，市場は不況に陥り，商業利潤も資金不足のため少なくなる．このために税収も減る．もしも政府の機能が低下し，取引量が減少すれば，それに依存している市場も，同じ程度か，あるいはそれ以上に不況となる」(MQ II 92-3)．

さらに財産権の侵害や強制労働，不当な課税，強制売買など支配者による圧制はウムラーンの破滅をもたらし，ウムラーンの破滅は当然の結果として，王朝の完全な瓦解を意味するという．国家が権利侵害を行なっても，「都市が大きく人口が稠密で条件の多様性が無限であれば，その都市が権利侵害や圧制から蒙る損傷は微少である．ただそのような損傷はゆっくりと起こるのであって，当該都市の諸条件の多様性や多大の生産力のために，どれだけの

損傷があるのか不明なだけである．だがその結果はまもなく目にみえて明白となろう．こうして権利侵害をなした国家は，その都市が滅びるまえに交替のやむなきに至り，次代の国家が勃興して，都市の富の助けを借りてその都市を復興させるであろう．……圧制や絶対的行為を通じてウムラーンは必然的に損傷を受け，さらにその影響を蒙るのは国家みずからである」(MQⅡ96).何故ならば，王朝とか政府はいわばウムラーンに対する形相であって，その質料であるウムラーン（この場合は都市）が消滅すればその形相も必然的に消滅するからである．王朝の中期または後期では，租税収入の大半は商税に依存する．これは王朝の瓦解とその都市の文明の崩壊を招き，その崩壊現象はゆっくりと，かつ感知できない程度で進行する．

6．都市と農村

　イブン・ハルドゥーンは，ウムラーンをウムラーン・バダウィー('umrân badawî)とウムラーン・ハダリー('umrân ḥaḍarî)に，すなわち農村（砂漠を含む）社会と都市社会に大別する．バダーワ(badâwa)とハダーラ(ḥaḍâra)は，ウムラーンの異なる二つの状態であり，人間社会の発展段階を指示する概念である．バダーワは歴史的にも論理的にも基礎的・源初的で自然に近く，農業や遊牧に基礎を置き，単純で必需品の生産に留まる．これに対し，ハダーラは二次的・派生的で，商業と手工業に基づき，複雑で社会的剰余生産を生み出す．そして，バダーワはハダーラに先行するとする．「必需が根源的なものであって，贅沢なものは二次的なもの，それから派生したもので，人類はまず最初に必需物を求め，これが充足されてこそ奢侈的なものを求めるようになるのであるから，必需的生活を行なうバダーワは都市や都会にとっては源であり，都市や都会に先行するのである」(MQ224)．また，このことは都市の住民を調べても証明される．「都市の住民の大部分は，その近隣の地方や村々に住んでいた田舎の人々の流れを汲んでいることがわかる．このような田舎の人々は裕福になって都市に住み，都会には付きもののゆとりある生活や奢侈を享受するようになったのである．これは都会の生活が田舎や砂漠の生活の次に起こるものであり，そこに源を発することを示して」(MQⅠ221)

おり,「都市に住むことは,田舎や砂漠の人が行きつくべき,しかも熱心に志向する目標である.彼らはその生活が奢侈的な生活や習慣を送るに十分な状態に達すると,便利な生活に入り,都市という伽に身を委ねることになる.…….一方都会の人はまったくさし迫った事情か,あるいは都市住民としての諸条件に適応する能力がない場合でもない限り,田舎や砂漠の生活を望まない」(MQ I 224).このように,イブン・ハルドゥーンは農村部から都市への人口流入の要因を説明する.

他方で,田舎や砂漠の住民は通常都市の住民に支配されるという.農村には農業に必要な道具やその他の生活に要するものを作り出す技術がないから,都市から購入するほかない.しかし,「田舎や砂漠の住民には,金貨や銀貨など貨幣がない.彼らは農産物とか家畜とか,あるいは牛乳や羊毛・酪毛・獣皮などの畜産物のような都市の住民が欲しがるものを代償として差し出し,これに対し都市の住民は金銀の貨幣を支払う.しかも彼らは生活の必需品のうえで,都市の住民〔との交易〕を必要とするのであるが,都市の住民はただ便益品とか奢侈品とかの点で彼らを必要とするにすぎない.こうして彼らはその生活形態上,本質的に都市に依存しなければならないわけで,これは彼らが田舎や砂漠に住む限り変らない.したがって都市の住民が要望すれば,彼らは都市民の利益のために働き,都市民に服従しなければならない」(MQ I 276).

また,君主や都市の指導者は,田舎や砂漠の住民を従属させるために,彼らのあいだに貨幣を浸透させ,彼らの望むような生活必需品を都市から供給して,それによって彼らの生活の死活権を握るというやり方での帰属と,武力を行使して屈服させる強制という方法を用いる.

このように都市と農村は支配と被支配の関係にあるが,他方で都市と農村は統合された相互依存のユニットであり,農村人口の存在は都市の存続に不可欠のものであるとイブン・ハルドゥーンはとらえている.そして都市に人口を提供する後背地の存在に言及する.都市に,田舎や砂漠からの絶えまない住民の流入がない場合,すなわち人口の供給源がない場合,都市はその機能を維持することができず,都市人口は次第に減少し,やがては住む人もま

ばらとなって，その都市は滅びてしまう．後背地と切り離された都市は，衰退と破壊へと運命づけられている．

「当該都市を建設した王朝が滅びてしまった場合でも，その都市の周囲や近郊の山地とか平地などの田舎や砂漠がつねに人口を都市に供給する．これが都市の存続を可能にするのであって，王朝が滅んだのちもその都市の命を永らえさせる．これについては，西方ではフェスやベジャーヤ，東方ではイラク・アジャミーが，山地からの流入人口を得ている事実にその例を見ることができる．田舎や砂漠の人々は，暮らしむきや所得の点でひとまず彼らなりの目標に達すると，人類の習性としてゆったりした平穏な生活を求めるようになる．そこで彼らは都市に定住し，その都市の人口を形成する」(MQⅡ 203)．

またしばしば新たな王朝が居住すべき都市を建設する無駄をはぶくために，征服した都市を首都として利用することがある．この場合は，その王朝がこの都市の保護者となることになり，新王朝が発展し，奢侈も増大するにつれて建築物も増加する．王朝はその都市の文明に新たな生命を与えたことになる．その事例として当時のフェズやカイロを挙げている．

7．人口と食糧

イブン・ハルドゥーンには，古代ギリシアの著作に表明されていた過剰人口への懸念と人口抑制の観念は見受けられない．400年後にマルサスが提起した人口と生存資料（食糧）をめぐる議論，すなわち人口が食糧生産の水準までに抑えられるという，すでに16世紀のイタリアのボテロにその先駆がみられる思想とも無縁であるといえる[6]．

彼にとって人口増加は望ましいことであり，その点ではマルサス理論の批判者として19世紀に登場したポピュレーショニスト（人口増加論者）[7]と同様である．しかし，人口増加を肯定するという点では同じでも，イブン・ハルドゥーンの人口観は，近代のポピュレーショニストとはいくつかの点で異なる．ポピュレーショニストのマルサス批判は，生活資料が人口を規制するのではなく，人口が生活資料を規定するというもので，需要－供給モデルに則

って需要の増加は供給の増加を伴うので，人口が増えることによって食糧等の生活資料への需要が高まり，その結果生産が刺激され供給が増加するとする．イブン・ハルドゥーンは，人口の増加については，需要の増大という側面よりはむしろ労働力の増大という側面を重視する．そして，労働力の増加は協業と分業によって生産力を増大させるという．

「都市が発展し，人口が多い場合には，食物など必需品の価格は安く，香辛料，果物などの奢侈品の価格は高い．都市の人口が少なく文明度も低い場合には，価格の関係は逆になる」(MQ II 239)．「およそ穀類はなくてはならぬ必需食品であり，これに対する需要はきわめて大きい．……このように必需食品に対する要望は，都市の内外を問わず，都市住民の全体もしくは大部分が持っている．これは避けられないことである．ところで食糧を生産する者は，すべて自己と家族が必要とする以上のものを得ることができる．この余剰額は大きく，当該都市の多くの住民の必要分をまかなうことができる．ということは，疑いもなくこの都市の食糧は，住民の必要以上にあることを意味する．したがって当該年に天候上の災害が起こって，食糧の供給が妨げられることがない限り，概して食糧の価格は安い」(MQ II 240)．
「一方人口の少ない都市では食糧は少ない．そのような都市では労働力が少なく，しかも都市の規模が小さいため，食糧不足の場合を見込んで，手にするものは何でも貯蔵するなどの理由による．それで食品は彼らにとって貴重なものになり，買手は高い代価を支払わねばならない．ところが便益的なものについては，人口が少なく，生活水準も低いために，その需要がない．それで便益品の市場は活況を呈さず，その価格もきわめて低い」(MQ II 241)．

これらの言説からもイブン・ハルドゥーンには食糧生産の限界という観念は見受けられない．この背景には，当時のマグレブ（北アフリカ）諸都市が豊かな後背地を抱えていたこと，特にアトラス山系の内陸平原部はローマ時代から豊かな穀倉地であったこと，加えて当時地中海の両岸を襲ったペストの大流行によりマグレブの人口が激減していたことを挙げることができる．

ところで，ポピュレーショニストたちは人口の増加がそのまま需要の増加になると考えていたが，人口がいかに増大しても購買力を伴わない場合には

需要の増加にはつながらない.すなわち,有効需要の視点が欠落していた.

　有効需要についてイブン・ハルドゥーンはどのように捉えていたであろうか.もとより有効需要という言葉は用いていないが,イブン・ハルドゥーンには有効需要の観念があったように思われる.それは国家(王朝)の存在である.4節と5節でみたように社会的剰余生産は人々の購買力を高めるが,同時にそれは国家収入を増大させる.そして,租税として支配者のもとに集められた貨幣は支配者の側近からさらにその配下へ逆の流れで民衆へと降りてくる.イブン・ハルドゥーンは王朝と政府は一種のしかも最大の市場であり,すべての取引の母であり基礎であり,またそれは取引のための支出入の本質であると述べ,国家を有効需要を作り出す最も重要な存在と考えていた.

8. おわりに

　人口の増加に社会の繁栄をみるイブン・ハルドゥーンの人口観は,近代のポピュレーショニストのそれに近いものがある.彼らと同様にイブン・ハルドゥーンも需要-供給のメカニズムに精通しており,その経済思想は近代の自由主義の立場に通じるものがある.そして人口の推移を主として経済の動きと関連付けて分析している点でも両者の思想は近いものがある.両者とも人口の増大が供給と需要の増大をもたらすとの認識は共通しているものの,ポピュレーショニストは需要の増大を強調するのに対して,イブン・ハルドゥーンは労働力(生産と供給)の増大に重きを置いている.これは,両者の社会的背景が大きく異なっているところから生じているものと考えられる.近代のポピュレーショニストたちは産業革命による産業技術の躍進に無限の発展を見出していたが,イブン・ハルドゥーンの生きた環境は基本的には農業と手工業に基礎を置く前近代社会であり,生産規模は小さく生産条件に占める労働力のウェイトが大きかったからである.また当時分散乱立していた王朝の興亡とともに経済活動とその中心である都市も浮き沈みがあった時代であり,近代のポピュレーショニストたちのような一元的発展の楽観論の立場には立ちえなかった.そして,彼が対象とした社会もせいぜい数十万規模のものにすぎない.しかし,それだけに逆に経済と政治と文化という社会の構

成要素の関連に鋭い分析を加えることが出来たともいえる．

注

1) 『ムカッディマ』のテキストとしては，Quatremère ed., *Muqaddimah Ibn Khaldun*, 3 vols., Paris, 1858 および 森本公誠訳『歴史序説』3巻 岩波書店 1979-1987 本稿での引用は，主に森本訳に拠ったが，Quatremère 版により一部筆者改訳によるところもある．引用頁は Quatremère 版の頁を引用末尾に (MQ II 124) のように記した．
2) アラビア語のローマ字表記につては，アリフとハムザは，単純に各母音 (a, i, u) で表記し，以下 b, t, th, j, ḥ, kh, d, dh, r, z, s, sh, ṣ, ḍ, ṭ, ẓ, 'gh, f, q, k, l, m, n, h, w, y と表記する．
3) イブン・ハルドゥーンの人口観については，Yâfî, A. "Ta'rîkh nushu' 'ilm as-sukkân wa manzilât Ibn khaldûn minhi" という，未刊の学会報告があるらしいが未見である．
4) このような 'amara の語義は，われわれにラテン語の colo（そこから cultura が派生する）の語義を想起させる．colo には，「耕作する，耕す，（耕作地の）世話をする・手入れをする，（家畜の）番をする，（ある場所に）留まる・居住する・滞在する，専念する，精を出す，生きる，生き延びる」などの意味がある．このラテン語を踏まえた，ハイデッガーの文化の定義は，ウムラーンのそれに通底する (Vortrage und Aufsatze, Teil II Neske, 1967)．
5) ウムラーンの地理学的諸前提の部分は，ほとんどイドリースィーの『ロジャーの書』の要約といえる．
6) 古代や中世の人口観は，南亮三郎『人口思想史』1963 千倉書房参照
7) ポピュレーショニストの中で特に注目したのは Gray, S. *The Happiness of States*, London, 1815. 彼は富の増加が人々に驕慢と不摂生をもたらし，その結果人々の生殖力が弱まって人口増加は停滞するとしているが，イブン・ハルドゥーンもまた，富の増加が奢侈や快楽の習慣を生み，都市住民の弱体化を招き，都市と王朝の没落を招くと述べており，両者の議論には一脈通じるところがある．ただし，生殖についてはわずかに「子孫の繁殖や人口の増大は，激しい希望や希望に育てられた体力の結果としてもたらされる」(MQ I 268)「王権と奢侈を獲得した部族は，繁殖力があり，多くの子供を作り，その成員も多くなる」(MQ I 313) と述べているだけである．

人口高齢化と高齢化問題への人口学的接近

高橋重郷

1. はじめに

　総務省統計局の2013年10月1日現在推計人口（確定値）に基づけば65歳以上の高齢者人口は3千190万人に達し，その総人口に占める割合である高齢化率（老年人口割合とも呼ぶが，本稿では高齢化率とする）は25.1%に達した（総務省 2014）．日本の高齢化水準が7％を超えた1970年の高齢者人口は7百33万人に過ぎなかったが，この43年間で高齢者人口の規模は4.4倍に増え，人口の4人に1人が高齢者という時代になった．

　また一方で，日本の総人口は減少期に入っており，総務省の推計人口によれば2007年以降，出生数から死亡数を差し引いた自然増減数はマイナスとなり，また入国者数と出国者数を差し引いた社会増減数も2008年のリーマンショック以降マイナス，すなわち出国超過を記録している．こうした総人口の減少は2010-11年間で25万9千人，2011-12年間で28万4千に達しており，人口減少時代の到来が統計上からみても明らかになっている．

　世界の中でももっとも急速に進行する人口高齢化は，医療を始めとする高齢者を支える社会保障への需要を増大させる．しかし一方で，少子化現象は需要を支えるべき支え手人口の減少を引き起こし，人口学で言う人口負荷（population onus）が高まり，相対的に高齢者を支える社会保障にかかわる財政を圧迫し，現役世代への負担の増加や医療・福祉サービスの低下に繋がらないとも限らない状況を生み出しつつある（阿藤 2000; 岩本ほか 2009; 高橋 2010）.

　本稿では，日本の人口高齢化過程について，先行研究が明らかにした知見と問題意識に基づいて，急速に進行する人口高齢化現象の人口学的理解を深

めることにしたい．

2．人口高齢化の概念と高齢化研究の課題

　人口研究における「人口高齢化」の概念ならびに定義について，最初にみて置こう．

　日本の人口高齢化研究の先駆者である黒田は，1950年代当時の先進諸国における老年学（gerontology）が課題とした老年化の問題（エイジングの生物学的・生理学的側面，年齢による心理的側面，病理学的偏差や疾病過程，高年齢化する人口の社会経済的諸問題など）について論じ，そのような諸問題をもたらす人口過程を「人口高年化現象」とした（黒田 1955）．そして黒田は，出生率や死亡率などの人口動態の変化から生じる人口の年齢構成における高年齢人口の増加を「人口高年化」と呼んだ．その際，「人口という集団の高年化と，人口を構成する個体の高年化とを区別することによって，よりよく前者の概念を明確にすることができる」と指摘し，「人口集団の高年化が統計的，量的，相対的概念であるのに対して個体の高年化は質的，絶対的概念である」と述べ，「人口高年化」を年齢を基準とした区分によって統計的に定義化した．すなわち，年齢を三大区分し，幼少年期，青壮年期，老年期に対応する概念として60歳以上の人口を老年人口としてとらえた．黒田が言う「人口高年化」とは，当時の老年期の年齢概念に依拠した人口学的な指標概念である．そして「人口高年化」の特徴は，生産年齢人口の相対的・絶対的減少と老年人口の相対的・絶対的増加である」と指摘している．なお，現在の人口学では「人口高年化」は「人口高齢化」と呼ばれ，「老年人口」は「高齢者人口」と呼ぶことが多く，また高齢者を意味する年齢基準には65歳を用いることが一般的である．高齢化と年齢基準については，嵯峨座の論点が有益である．

　嵯峨座は，人口高齢化が進んだ社会を高齢化社会と指摘し，高齢化社会を定義する場合には「高齢者とは何か」，「高齢者の割合がどこまで増大したら高齢社会といえるのか」という問題を提起している（嵯峨座 1984）．そして嵯峨座は，高齢者を60歳あるいは65歳以上とする年齢（暦年齢）を基準にとる方法は便宜的なものであるとし，「高齢者をライフサイクル上の高齢期に

ある人と考えた場合，高齢期の画定の仕方をめぐる議論がからんでおり，問題はかんたんではない」と述べている．その理由として，「①生物学的な生存能力，②心理学的な適応能力，③社会学的な役割充足能力などに密接に関連する面が強い」からであるとしている．しかしながら，嵯峨座は実際に個人の能力に対応した機能的な年齢を測定することはむずかしいと述べ，社会的役割移行の年齢に着目して「高齢期の開始時期として60歳前後に線を引くことは，一応それなりの理論的根拠があるといえそうである」と評価している．ただし「社会学的年齢といえども，結局は歴年齢に変換して高齢期を確定せざるをえないのが現状である」と述べている．嵯峨座が指摘する「社会的役割移行の年齢」とは，言い換えれば，それぞれの時点で社会の多数が採用している定年制や勤務延長制度等の年齢規定であり，また年金の支給開始年齢などに応じて生じる地位と役割の変化がもたらされる目安の年齢を意味している．嵯峨座は，「高齢期の開始を65歳にする」として，次の理由を示している．要約すると（1）「定年を社会的引退という文脈でみる場合，〈中略〉再雇用制度や勤務延長制度などの制度的要因および定年後の再就職の実情を加味して判断すると，実質的に人々が引退するのは65歳以上とみたほうがよい」ということ．（2）65歳を境とする労働力の水準に大きな変化が存在すること．（3）配偶関係の構造が65歳あたりから変化すること．（4）制度的な理由から65歳が老人福祉の対象年齢や年金支給対象年齢であること．そして（5）人口研究において65歳以上を高齢者として区分することが一般化してきていること，が指摘されている．

　これらの黒田ならびに嵯峨座の先行研究から人口研究における人口高齢化を議論する際の観点として，以下の諸点が重要である．

　第一に，人口高齢化は，出生率や死亡率等の人口動態の変化から生じる年齢構成における高齢者人口の相対的・絶対的増加である．これには，高齢者人口の量的な増加と総人口に占める高齢者人口割合の増加の両者を伴っていることを意味する．第二に，人口高齢化は人口集団の統計的な概念によって把握される人口学上の指標で，年齢基準概念が存在することである．そして第三に，その年齢基準は可変的であり，時代や社会における制度的要因や高

齢者層の社会経済的有り様，さらに健康水準の変化によって固定的ではないことを意味する．第四に，人口高齢化が進展することによって生じる様々な諸問題，老年医学や諸科学が扱う問題や高齢者扶養に関わる社会福祉の諸問題は，人口研究が扱う学際的な応用研究の領域に含まれる．もともと黒田の人口高齢化研究の出発点には，老人扶養の問題や家族制度の歴史的変化の観点が含まれている．この第四の観点に関して，清水は「出生率の低下（結婚）」，「死亡率の低下（長寿）」，ならびに「人口移動（若年層の流出・高齢層の流入）」という人口学的要因の変化とそれがもたらす高齢化問題（老人問題ともいう）の関係を考察した上で，地域人口を含めた「人口高齢化の進展は，高齢化問題（保険・医療・福祉，経済，社会）を生ずることになる」と指摘し，人口高齢化研究の意義を明らかにしている（清水 1986, 1998）．

　人口高齢化研究に関する上述の議論を踏まえ，本稿では人口高齢化について「65歳以上の高齢者人口の相対的・絶対的増加」としてとらえ，日本の人口高齢化過程の人口学的検証を試みる．人口高齢化の研究には上記の観点に留意して，いくつか検討すべき課題が存在する．その一つは，1970年代から急速に進行し，2020年代半ばまで増加する高齢者人口は，どのような要因，すなわち過去の出生増加と減少，死亡率の低下や生存率の改善の影響を受けて変化するのであろうか．それら人口学的要因を定量的に明らかにする必要がある．さらに，既に述べた黒田の研究では，人口高齢化を高齢者人口の相対的・絶対的増加として定義していた．もちろん黒田が定義した時期には少子化問題は起きておらず，総人口の減少も見込まれていない時代であった．

　1974年以降の日本社会は人口置き換え水準の出生率（人口学の統計指標で純再生産率1.0を維持する合計特殊出生率）である約2.07の水準を割り込み，既に40年が経過し，総人口の減少と高齢者人口の増加，高齢化率の上昇という「相対的・絶対的増加」が出現している．しかし，一方で近い将来において高齢者人口の相対的増加は持続的に進む一方で，高齢者の増加は停滞し，むしろ縮小傾向に向かうと推計されている（高橋 2010; 社人研 2012）．

　この少子化の影響を受けて進行する人口高齢化の二重構造とも呼べる「人口高齢化率上昇と高齢者人口の増加の停滞と減少」という新たな局面につい

て，出生と死亡という人口動態の変化から定量的に検証することにしたい．

3．人口高齢化の人口学的要因

1）高齢化率の上昇と高齢者数の増減

日本の高齢化率（総人口に占める65歳以上人口の割合）は，1960年以前ではおおよそ5％前後で推移していたが，その後，徐々に上昇を始め，1970年に7.1％を超え，1995年に高齢化率の水準は倍増し，14.6％となった．その後も2007年に高齢化率は1970年の3倍の水準にあたる21.5％に達した．そして高齢化率は2013年の推計人口では25.1％を記録し，現在もこの上昇のテンポに減速はみられない．一方，65歳以上の高齢者の数も，1970年の7,331千人から急増し，1947年生まれの団塊の世代の最初の世代が65歳に達した2013年の推計人口によれば31,898千人と，遂に3千万人の大台に達した．

今後の高齢化率と高齢者数の将来動向について国立社会保障・人口問題研究所（以下，社人研）の日本の将来推計人口の結果によってみることにしよう（社人研 2012）．高齢化率は，2012～14年に団塊の世代（1947～49年生まれ）が65歳以上の年齢層に参入するため，2015年には26.8％に上昇する．2025年は，団塊の世代が全て75歳以上の年齢に達し，介護や医療などの社会保障ニーズが格段と拡がると懸念されている．2025年の高齢化率は30.3％を示し，団塊世代の子ども達である団塊ジュニア（1971～74年生まれ）が65歳以上に達する2040年には36.1％に上昇する．社人研の公式推計は2060年まで示してあるが，2060年の高齢化率は39.3になるものと推計されている．

将来の高齢者数も同様に増加し，2015年に33,952千人に増加し，2030年には36,849千人に達する．そして，2040年では高齢者数がほぼピークに近い38,678千人に増加し，その後2060年に34,642千人に減少する．

以上のように日本の人口高齢化の動向には二つの異なる傾向が存在する．その一つは，持続的に速いテンポで進行する高齢化率の上昇である．これは言うまでもなく，高齢化率の指標が総人口に占める65歳以上人口の割合であることに由来し，人口置き換え水準を割り込んだ再生産指標，言い換えれば低出生率のもとで生じる出生数の減少が総人口の減少を引き起こすことによ

第 2 部　人口と家族

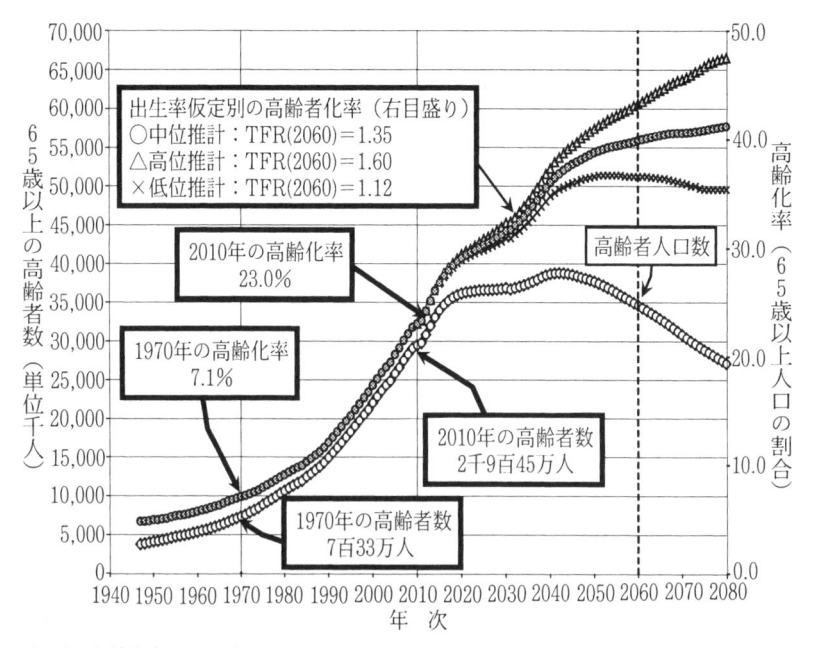

注 1) 高齢化率とは，全人口に占める65歳以上人口の割合．
　2) 実績値の数値は，総務省統計局『国勢調査』ならびに同『推計人口年報』による．
　3) 2010年以降の将来推計値は，国立社会保障・人口問題研究所、2012、推計人口(平成24年 1 月推計)』による。

図 1 ．高齢化率と高齢者人口数の推移

って生じる人口現象である．もう一つの傾向は，1970年代から高齢化率の上昇と軌を一にして進行した高齢者人口の増加である．この高齢者の増加は2020年代に入るとその増加に急ブレーキがかかり，2040年代にその増加はピークに達した後に漸減する．この傾向も過去から将来に向けて生じる人口動態の変化の帰結である．

2) 高齢者人口の増減要因

　1970年代から急速に増大した高齢者人口の増加が今後停滞化を引き起こす人口学的要因は何によるものであろうか[1]．人口学的にみれば，高齢化が進展

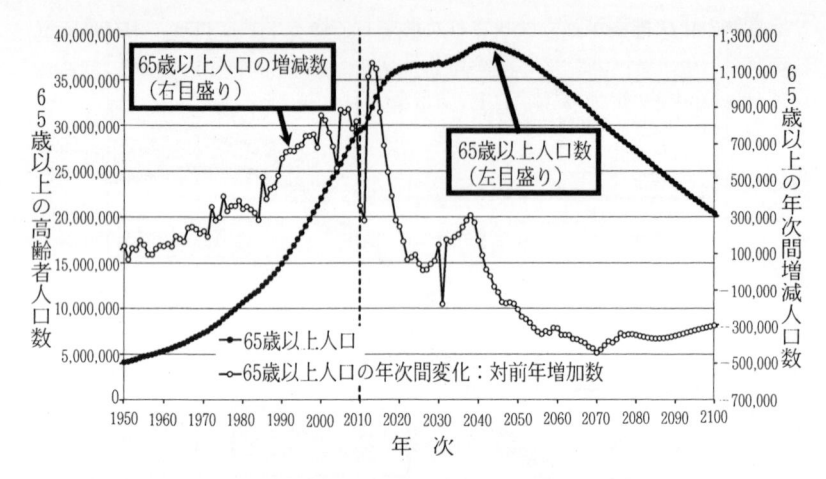

注1）高齢化率とは，全人口に占める65歳以上人口の割合.
　2）実績値の数値は，総務省統計局『国勢調査』ならびに同『推計人口年報』による.
　3）2010年以降の将来推計値は，国立社会保障・人口問題研究所，2012，『日本の将来推計人口（平成24年1月推計）』による.

図2．65歳以上の高齢者数と65歳以上人口の年次間増減数

した時期に65歳に達した人々が年次とともに持続的に増加してきたことによる．そして今後起きると考えられている高齢者増加の停滞と減少は，高齢期に達する人々の減少によって起きる．このプロセスを人口統計によってみることにしよう．図2には，前年から当年の間に生じた年次間の高齢者増減数を○印の折れ線グラフで示した．この図から分かるように，1970年代から65歳以上人口の増加が毎年拡大してきており，たとえば高齢化が始まった時期とみられる1970年の増減数は年間222千人の増加，1990年は619千人の増加がみられた．そして戦前から戦後の出生増減によって生じた2010年と2011年の変動後，2012年以降では数年にわたり年間1,067千人から1,109千人の増加がみられる．2015年以降になると，年間の高齢者数の増加は急速に減少し，2020年代にはほぼ増加は100千人規模まで縮小する．そして2040年代になると高齢人口の増加はマイナスに転じ，高齢者人口の減少期を迎えることになる．

　このような高齢者人口の年次的な増減の振幅は，その形状からみても過去

の出生数の年次推移が強く反映された形をしている．すなわち，現在に先立つ65年前の出生数の動向が，高齢者人口の増減に強く影響することを意味し，1970年代から2000年代の高齢者人口の大規模な増加は，戦前の1905年から1943年，言い換えれば明治末から昭和前期にかけて生じた出生数の爆発的増加によってもたらされたものであるとみることができる．しかしながら，65年前に出生した全ての人々が生存し，65歳に到達するわけではない．当時の寿命水準は男女とも50年に達しておらず，乳幼児死亡率や青年期の死亡率は現在よりはるかに高い．さらに，65年前に出生したコーホートは65年後の誕生日までに発生する死亡や国際移動によっても増減する．したがって，65年前の出生数によって現在の高齢者数増減の全てを説明することはできない．さらに加えて，65歳以上人口の増減には，現在の65歳以上人口自体から発生する死亡によって年次間で高齢者の減少が発生する．

　これらを要約すると，現在の65歳以上人口の増減の人口学的な要因としては，第一に過去65年前の出生数規模の増減によるもの，ここでは「過去の(65年前の)出生効果」と呼ぶ，第二に，出生から65歳までのコーホート変化率(死亡と国際純移動)の影響による増減要因である．ただし，国際純移動の量は極めて小さいので，ここでは「生存率上昇効果」と呼ぶ，そして第三に，現在の65歳以上の高齢者から発生する死亡数の増減があり，ここでは「高齢者の死亡効果」と呼ぶことにする．このように高齢者人口の増減には三つの高齢者増減要因があり，これらの変化によって高齢者人口の動向が規定されることになる．

3) 高齢者人口の増減要因の検討

　図3には，年次間の65歳以上の高齢者人口の増減数(×印)を示し，毎年の高齢者増減要因との関係を比較した．それらの要因には，「過去の(65年前の)出生効果」である65年前の出生数を◆印で，そしてその出生の内，65歳に到達した人口数を○印の折れ線グラフによって示した．さらに，年次の間に生じた65歳以上の死亡数を●印の折れ線グラフでそれぞれ示した．[2]

　この図中に示した人口統計指標から1970年代以降の高齢者増加をもたらし

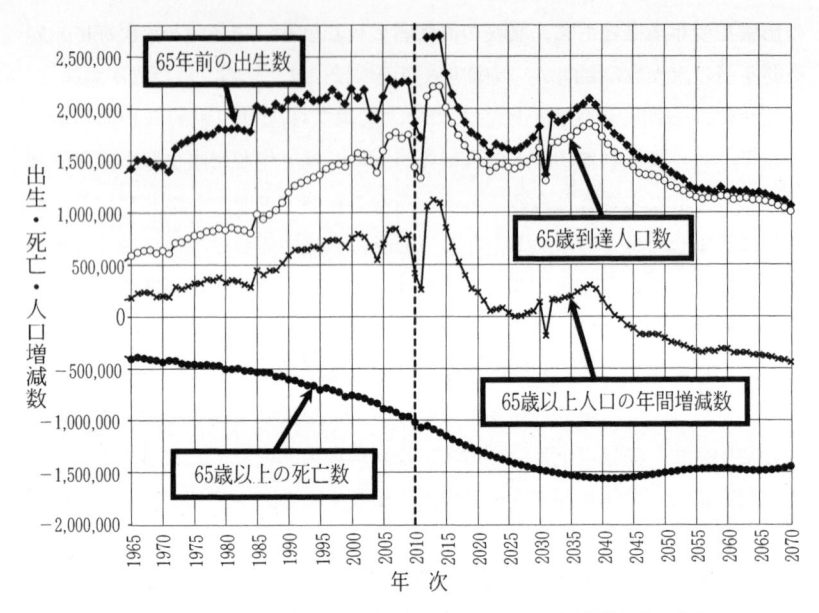

図中ラベル:
- 65年前の出生数
- 65歳到達人口数
- 65歳以上人口の年間増減数
- 65歳以上の死亡数

縦軸: 出生・死亡・人口増減数
横軸: 年次

注1) 実績値の数値は，総務省統計局『国勢調査』ならびに同『推計人口年報』による．
2) 65年前の出生数とは，現在の年次に先立つ65年前の出生数を示した．
3) 2010年以降の将来推計値は，国立社会保障・人口問題研究所，2012，『日本の将来推計人口（平成24年1月推計）』による．

図3．高齢者人口増減と増減要因

た人口学的要因，ならびに2020年代以降で生じる高齢者人口の増加の停滞と減少要因が明らかになる．

日本の人口高齢化の本格的スタートとみられた1970年の高齢者人口は，7,331千人で前年から193千人の増加がみられた．この増加をもたらした要因は65年前に生まれた出生数（1905年生まれ）である1,453千人のうち，その43.6％にあたる633千人が65歳に到達したことが第一の要因である．そして第二の要因は，前年から1970年の間に65歳以上の死亡439千人が発生し，到達人口との差から高齢者人口の純増はおよそ193千人にとどまっていた．このように，高齢者人口の増加は，65年前の出生規模（「過去の（65年前の）出生効果」）とその出生集団が経験した生存確率の改善の効果（「生存率上昇効果」）

の影響を受けるとともに，現在の高齢者の死亡要因（「高齢者の死亡効果」）の影響を受けながら高齢者人口の増加が起きている．

年間の高齢者数は年次とともに徐々に増加する．1990年になると，高齢者人口は1970年のおよそ2倍の14,928千人に達し，前年との年次間増加は654千人となった．この年間の増加をもたらしたのは，1990年に先立つ65年前（1925年生まれ）の出生数である2,086千人と，「過去の（65年前の）出生効果」が1.4倍になっており，それに加えて65歳に到達した人口数が57.1%と「生存率上昇効果」がプラスに働き，120万人近くの高齢者の増加を生み出した．しかしながら65歳以上の年齢の死亡数も徐々に増加しており，年間605千人の高齢者死亡によって高齢者人口の純増はおよそ65万人にとどまった．

1990年代以降も，「過去の（65年前の）出生効果」による出生規模の増加と「生存率上昇効果」によって，65歳への到達人口が増加し，一方で現在の65歳以上の高齢者自身の「高齢者の死亡効果」によって高齢者の増加に制約がかかっている．とはいえ，戦前から戦後の一時期を除き，1970年代から2010年にかけての高齢者の増加の大部分は戦前期の出生増加と生存率上昇効果によってもたらされた．そして1970年から2010年間の総人口は増加期あるいは増加の停滞期であったことから，2010年までの高齢化率の上昇は，高齢者人口の増加と率の上昇という「相対的・絶対的増加」という黒田の指摘した人口高齢化現象そのものであった．

2010年以降についてみると，2012年から団塊の世代とそれに続く比較的出生規模の大きかった出生集団が高齢期に入り，年間100万人規模で高齢者の増加をもたらす．団塊の世代が65歳に入った2012年についてみると，この世代の出生数はおよそ268万人で65歳に到達した割合はおよそ79%，およそ210万人が高齢者となった．一方で，65歳以上の高齢者から生じる死亡106万人によって，高齢者人口の規模の純増加はおよそ104万人であった．そして，2012年以降になると戦後の寿命改善を受け，出生数の9割前後が65歳に到達するようになる．しかしながら65年前の出生数は1950年頃から大幅に出生規模の減少が始まり1960年頃には160万人規模にまで縮小した．その結果，2015年頃から65歳への到達人口の規模が徐々に減少する．すなわち，新規高

齢者参入人口の縮小である．さらに，人口の年齢構造の高齢化と高年齢の高い死亡率による「高齢者の死亡効果」が現れ年間死亡数が増加して行く．2030年代の将来になると，第二次ベビーブームの影響を受け，1970年代前半の出生規模が増加したため高齢者数も一時期増加するが，2040年代には65年前の出生集団が1974年以降の少子化世代となるため，持続的な出生数減と年間150万人前後の高齢者死亡の発生により，高齢者人口の縮小期に至ると考えられる．

4）高齢者の増減と高齢化率の推移

このように，日本の人口転換が経験した明治・大正期から始まった出生数の増加は，死亡率改善という高齢者到達人口の増大を通じ，1960年代半ば以降の人口高齢化をもたらした．そして，日本の人口高齢化は高齢者人口の増加と高齢化率の上昇という「相対的・絶対的増加」が出現した．しかし，高齢者人口の増加は1970年代半ばから出生数の減少により高齢者到達人口が減少してきており，高齢者人口規模の増加は停滞化と縮小が見込まれている．一方，1974年以降の出生率は40年間にわたって親世代と同数に人口を維持する人口置き換え水準の出生率（純再生産率で1.0，合計特殊出生率でおおよそ2.07）を割り込んでおり，日本の総人口そのものを減少させてきている．

人口全体に占める65歳以上の高齢者の割合である高齢化率は，相対的な高齢化水準を示す指標である．図1に示したように，高齢化率は2020年代以降も持続的に上昇する．将来人口推計では，将来の出生率の仮定に応じて，中位・高位・低位の三種類の人口推計結果が示されている．高位仮程では長期的に出生率水準が1.60と仮定されているが，そのもとでも高齢化率は2040年代まで上昇を続ける．

このように，高齢化率の上昇と高齢者数の絶対数増加の停滞と漸減という異なる二つの傾向があらわれる．

ここで，時点 t の高齢化率を $(C^{65+}(t))$ とし，65歳以上の高齢者人口を $(N^{65+}(t))$，そして，総人口を $(N(t))$ と表記すれば，高齢化率は次の人口学的数式によって示される．

$$C^{65+}(t) = N^{65+}(t)/N(t)$$

この式で高齢化率が上昇する条件は，分母人口の総人口増減率が分子の高齢者人口増減率より大きければ，高齢化率は上昇を続けることになる．これを評価するために総人口と高齢者人口の増減率を次式によって定義する．

$$\text{総人口増減率}: r(t) = \ln\left[N(t+n)\big/N(t)\right]\big/n.$$

$$\text{高齢者人口増減率}: r^{65+}(t) = \ln\left[N^{65+}(t+n)\big/N^{65+}(t)\right]\big/n.$$

ただし，nは人口増減を計測する単位期間で，各年単位のデータ分析では$n=1$である．

ここで，高齢化率の期間変化率（高齢化率増減率）を（$r^{C^{65+}}(t)$）とすれば，

$$\begin{aligned}
r^{C^{65+}}(t) &= \ln\left[\frac{N^{65+}(t+n)}{N(t+n)}\bigg/\frac{N^{65+}(t)}{N(t)}\right] = \ln\left[\frac{N^{65+}(t+n)}{N(t+n)}\cdot\frac{N(t)}{N^{65+}(t)}\right] \\
&= \ln\left[\frac{N^{65+}(t+n)}{N^{65+}(t)}\cdot\frac{N(t)}{N(t+n)}\right] = \ln\frac{N^{65+}(t+n)}{N^{65+}(t)} - \ln\frac{N(t+n)}{N(t)} \\
&= r^{65+}(t) - r(t)
\end{aligned}$$

である．したがって，高齢化率の増減率は，高齢者人口増減率と総人口増減率との差と等しいことが明らかである．それゆえ，高齢化率の上昇は高齢者人口の絶対数の増減に依存せず総人口の増減と高齢者人口の増減の相対的関係によってのみ規定されていることが理解できる．

これらの人口学的指標である総人口増減率（$r(t)$），高齢者人口増減率（$r^{65+}(t)$），ならびに高齢化率増減率（$r^{C^{65+}}(t)$）を図4に示した．これら人口指標の推移が意味することは，第一に1970年以降，一貫して高齢者増減率が総人口増減率を上回っており，とくに1980年代半ば以降2015年頃まで高齢化率は急上昇するが，3〜4％の高齢者増減率と減少する総人口増減率の低下によってもたらされている．第二に，総人口は2000年以降では減少局面に入り，総人口増減率は負の値を示すようになるが，高齢者増減率は減少するものの両者の差である高齢化率の増減率は3％台から1％前後に減少する．

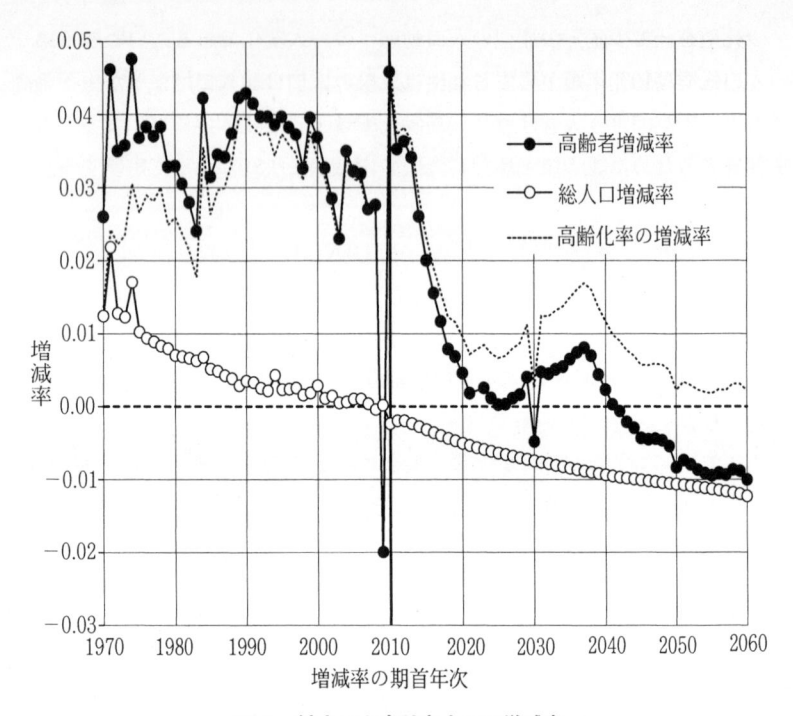

図 4. 総人口と高齢者人口の増減率

そして加えて高齢化率は上昇局面にあることを示している．第三に，2020年代に入ると高齢者増減率はゼロ近くになるが，その一方で総人口増加率は人口減少の結果として負の値が徐々に拡大するため，高齢化率の上昇をもたらす．すなわち，総人口の減少効果による高齢化の進展を意味している．そして，第四に高齢者が減少し始める2040年代に入って以降も高齢化率の上昇が続くことになる．したがって，日本の高齢化は高齢化率の上昇と高齢者の減少という「相対的増加・絶対的減少」という高齢化に二重構造があらわれる．

4．人口高齢化の二重構造と人口減少社会の課題

　人口学的にみた人口高齢化は，日本の歴史的な人口動態の変化の帰結として起きてきた．すなわち，人口転換という多産・多死型の人口動態から多産

・少死型を経て少産・少死型の人口動態への一大変化である．いわゆる第一の人口転換は1900年頃から生じた出生規模の増加と遅れて始まった生存確率の上昇（寿命の改善）を通じて1970年代以降の人口高齢化現象をもたらした．1974年に人口問題審議会によって刊行された人口白書『日本の人口動向』では，人口転換の帰結として平均的にみて2.0人程度の出生率水準のもとで，人口増加が一定水準で推移し，高齢化水準も2010年時点で17％程度の水準に推移するという見通しが示されていた（人口問題審議会 1974）．しかしながら日本社会は1970年代に入って結婚・家族形成の変化が生じ，第二の人口転換とも呼ばれる極めて低い水準への出生率低下が起きた（高橋 2004）．合計特殊出生率は2005年に1.26という人口統計史上もっとも低い水準を記録した．2012年現在，合計特殊出生率はやや上昇し1.41の水準にあるが，極めて低い出生率水準に依然としてある．仮に出生率水準が人口置き換え水準の出生率，合計特殊出生率で2.07に近い水準に回復しない限り，長期的に大規模な人口減少を生じさせてしまうことになる（京極・高橋 2008）．

　1970年代から生じた第二の人口転換という未婚率の上昇や夫婦出生率の低下による少子化現象が総人口の減少をもたらし，人口高齢化に二重構造，すなわち高齢化率の上昇と高齢者の増加の縮小と減少をもたらす．

　人口高齢化は地域間にも多重構造を生み出す．地域別にみた将来人口推計によれば，早くから人口高齢化が指摘されていた秋田県や島根県などの地方の高齢化率は2040年に40％を超える（社人研 2013）．一方，東京都や愛知県では30％台前半の水準にとどまる．たとえば，南関東の首都圏（埼玉県，千葉県，東京都，および神奈川県）の高齢化率は2040年に34.6％と見込まれている．しかしながら，2020-25年間に，秋田県，富山県，和歌山県，島根県，高知県など14の県で高齢者人口の減少がみられ，2035-40年間に高齢者人口減少県は19に増える．一方，東京都，神奈川県，大阪府や愛知県などの大都市圏の高齢者人口は増加を続けるものと見込まれている．

　このように，人口高齢化の二重構造は多重的な構造を内包している．こうした構造を持つ人口高齢化は，黒田（1971）や清水（1998）が指摘した高齢化問題を増大させることになる．ここで，人口高齢化の概念に立ち返って，

高齢化問題を考えてみたい．すなわち，高齢化を定義する概念には歴年齢によって規定された概念であり，嵯峨座が示した年齢基準を規定する根拠は，時代によって変化する可変性を持っている．したがって，高齢期を規定する概念は，その時代の寿命や健康水準，年齢に依存して変容する配偶関係構造や労働市場の形態，ならびに人々の年齢とともに所得・資産の変化を考慮する必要がある．そして，人口学的に予見される人口高齢化社会と高齢化問題を短絡的に結び付けることなく，高齢者の就労ニーズ，貧困や格差から生じる多様な福祉ニーズに対応して，医療・年金・介護・福祉などの社会保障制度が評価・再構築されなければならない．人口学的概念の人口高齢化指標が現実の社会制度や社会慣行によって高齢者を規定する逆方向の定義化は，急速な勢いで進む日本の人口高齢化にとって，日本社会のセーフネットの仕組みを根底から揺るがしかねない問題としてあることを認識しなければならない．

注

1) 高齢化率の変化に対する出生率，死亡率などの影響効果を分析する方法としては，人口推計モデルによって期間の高齢化率の寄与率を推定する方法などがある（高橋 1986, 1990; 勝野 1986; 石川 1989）．

2)「年次間の65歳以上人口の増減数」は，人口が各年時の10月1日現在の人口として計測されるために，その増減数は前年の10月1日人口との差である．「65歳に到達した人口数」は，観察年次に先立つ1年前の10月1日から観察年次の10月1日の間に65歳に到達した人口が，10月1日の65歳人口となる．したがって，「65歳に到達した人口数」は，人口動態統計の各歳死亡数を年次間で比例配分し，前年64歳人口から当年10月1日の到達人口数を導いた．なお，死亡数は，国立社会保障人口問題研究の死亡データベース（http://www.ipss.go.jp/）を用いた．「65年前の出生数」も年次単位の出生数ではなく65年前の前年の10月1日から65年前の10月1日までの出生数を推定し，分析に用いた．

「65歳以上の死亡数」は，死亡データベースと社人研の将来推計数を用いた．なお，人口動態統計の死亡数は日本における日本人の数値であるが将来推計は外国人を含んでいる．

文　献

阿藤誠，2000,『現代人口学　少子高齢化社会の基礎知識』日本評論社

石川晃，1989,「わが国における1947年以後の人口高齢化の要因分析」『人口問題研究』45(3)：56-65.

岩本康志・福井唯嗣，2009,「持続可能な医療・介護保険制度の構築」樋口美雄・津谷典子編『人口減少と日本経済』日本経済新聞社，181-210.

勝野真人，1986,「戦後わが国の出生・死亡低下と人口高齢化」『民族衛生』52(4)：196-206.

京極高宣・髙橋重郷編，2008,『日本の人口減少社会を読み解く』中央法規

黒田俊夫，1955,「高年化現象の人口学的研究(1)」『人口問題研究』61:8-62.

─────，1971,「人口構造論序説　日本人口の年齢構造変動を中心として」『人口問題研究』119：1-12.

国立社会保障・人口問題研究所（社人研），2012,『日本の将来推計人口（平成24年1月推計）』，人口問題研究資料第326号

─────，2013,『日本の地域別将来推計人口（平成25年3月推計）』，人口問題研究資料第330号

嵯峨座晴夫，1984,『高年齢人口』（昭和55年国勢調査モノグラフシリーズNo.8），総務省統計局

清水浩昭，1986,『人口と家族の社会学』犀書房

─────，1998,「人口高齢化研究の意義と高齢化の人口学」清水浩昭編『日本人口論』放送大学教育振興会，31-41.

人口問題審議会，1974,『日本人口の動向―静止人口をめざして』，大蔵省印刷局

総務省統計局，2014,『人口推計（平成25年10月1日現在）‐全国：年齢（各歳），男女別人口・都道府県：年齢（5歳階級），男女別人口‐』

髙橋重郷，1986,「死亡率の変化とその人口構造への影響」『人口問題研究』180:1-15.

─────，1990,「出生・死亡変数の変化とその人口構造への影響：年齢別人口成長率を用いた分析」『人口問題研究』46(3)：1-15.

─────，2004,「結婚・家族形成の変容と少子化」大淵寛・髙橋重郷編『少子化の人口学』原書房，133-162.

─────，2010,「超高齢化社会の扉が開く―2012年から団塊の世代が高齢期に」『健康保険』64(11)，健康保健組合連合会，16-19.

国立社会保障・人口問題研究所における家族・世帯調査の展開

鈴木　透

1. 緒言

　現在，国立社会保障・人口問題研究所では「出生動向基本調査」「人口移動調査」「生活と支え合いに関する調査」「全国家庭動向調査」「世帯動態調査」の5本の全国標本調査を，5年周期で実施している．このうち最も歴史が古いのは出生動向基本調査で，旧厚生省人口問題研究所時代の第1次出産力調査（1930年）に始まり，第2次出産力調査（1952年）からほぼ5年おきに実施されてきた．国立社会保障・人口問題研究所は旧厚生省人口問題研究所と旧社会保障研究所の統合によって1996年12月に発足したが，その後2002年の第10回からは現在の「出生動向基本調査」に改称した．2005年の第13回調査からは国勢調査年に実施することとし，2010年に最新の第14回調査が実施された．

　人口移動調査はやはり旧厚生省人口問題研究所時代の「地域人口の移動歴と移動理由に関する人口学的調査」（1976年），および「地域人口に関する調査」（1986年）を前身としている．1991年の第3回調査から現在の「人口移動調査」に改称し，2011年には最新の第7回調査が実施された．「生活と支え合いに関する調査」は最も新しく，2007年に「第1回社会保障実態調査」として出帆した．その後現在の名称に改称し，2012年に最新の第2回調査が実施された．

　本稿が記述するのは，「全国家庭動向調査」および「世帯動態調査」である．全国家庭動向調査は旧厚生省人口問題研究所時代の1993年に第1回調査が行われた．その後，国立社会保障・人口問題研究所になってからもほぼ同じ枠組で継続され，2013年に最新の第5回調査が実施された．世帯動態調査

は，旧厚生省人口問題研究所時代の「家族ライフコースと世帯構造変化に関する人口学的調査」を前身とし，1985年に第1回調査，1989年に第2回調査が実施された．1994年の第3回調査から現在の名称に改称し，その後はほぼ同じ枠組で継続されている．2014年には第7回調査が実施される予定である．

本稿ではこれら二種類の調査について，調査実施の経緯，回収状況，研究成果等について記述する．本稿で取り上げる研究成果は，旧人口問題研究所または国立社会保障・人口問題研究所から刊行されたものに限定する．

2．全国家庭動向調査の実施

少子高齢化の進行とともに家庭の再生産機能や扶養・介護機能の衰退が意識されるようになり，旧厚生省人口問題研究所は1991年，人口動向研究部に家庭動向研究室を新設した．このとき既存研究のレビュー等を通じて新規調査を準備したのが，清水浩昭・伊藤達也・西岡八郎・中野英子・池ノ上正子といった当時の人口動向研究部のメンバーだった．その成果は，家庭機能に関する研究動向の報告書にまとめられた（厚生省人口問題研究所 1992a, 1993）．

こうした準備を経て，1993年7月に第1回全国家庭動向調査が実施された．この第1回以来，全国家庭動向調査は夫婦関係・親子関係にかかわる実態と意識を把握し，少子高齢化や男女共同参画といった政策課題に寄与することを目的としている．第1回調査は，国民生活基礎調査の対象となった全国238の国勢調査区に居住する世帯を対象とし，調査票配布数11,480票に対し，回収数は10,691票（93.1％），有効回収数は9,252票（72.4％）だった．ただし主な集計対象は，有配偶女性6,083人の回答である．調査項目は，親との同別居，別居する親や子との接触頻度，妻の社会的ネットワーク，夫の家事・育児参加，出産・子育て支援者，家族規範や範囲に関する意識等で，以後の調査でも踏襲されている．第1回調査は，伊藤達也・高橋重郷・西岡八郎・池ノ上正子・才津芳昭・堀内真弓・中野洋恵らによって企画・実施され，報告書が刊行された（厚生省人口問題研究所 1995）．

1998年7月の第2回全国家庭動向調査は，国民生活基礎調査の対象となった全国300の国勢調査区に居住する世帯を対象とし，調査票配布数13,630票

に対し，回収数は12,398票（91.0%），有効回収数は11,951票（87.7%）だった．主な集計対象は，有配偶女性8,186人の回答である．第2回調査は，西岡八郎・白波瀬佐和子・山本千鶴子・小山泰代・丸山桂・磯崎修夫・才津芳昭・星敦士らによって実施された（国立社会保障・人口問題研究所 2000; 西岡・白波瀬他 2000）．

2003年7月の第3回全国家庭動向調査は，国民生活基礎調査の対象となった全国300の国勢調査区に居住する世帯を対象とし，調査票配布数14,332票に対し，回収数は12,681票（88.5%），有効回収数は11,018票（76.9%）だった．主な集計対象は，有配偶女性7,771人の回答である．第3回調査は，西岡八郎・小山泰代・白波瀬佐和子・星敦士らが担当した（国立社会保障・人口問題研究所 2007a; 西岡・小山他 2007）．

2008年7月の第4回全国家庭動向調査は，国民生活基礎調査の対象となった全国300の国勢調査区に居住する世帯を対象とし，調査票配布数13,045票に対し，回収数は11,046票（84.7%），有効回収数は10,009票（76.7%）だった．主な集計対象は，有配偶女性6,870人の回答である．第4回調査は，西岡八郎・山内昌和・小山泰代・千年よしみ・釜野さおり・菅桂太・星敦士らが担当した（国立社会保障・人口問題研究所 2011a; 西岡・山内他 2011）．

2013年7月の第5回全国家庭動向調査については，本稿執筆時点で集計作業中であり，回収数等はまだ確定していない．いずれにせよ本調査は有配偶女性6,000〜7,000人の回答が得られる大規模標本調査であり，他の家族社会学・家族経済学関連の調査に比べてより精密な検定・推定が可能である．また妻の就業と出産のように出生動向基本調査と重複する部分もあるが，本調査はジェンダー関係と世代関係を含むより包括的な家族関係・家族機能の把握を目的としている．

3．全国家庭動向調査による研究成果

1）夫婦関係と出産・育児

全国家庭動向調査は少子高齢化や男女共同参画といった政策課題の研究を目的としていることから，夫婦間の役割分担や夫の家事・育児参加といった

家庭内のジェンダー問題は中心的課題のひとつである．Nishioka (1998) は，第1回全国家庭動向調査（1993年）を用いて，夫の家事・育児参加の現状と決定因を分析した．妻の評価によるとゴミ捨て・買物・掃除・洗濯・炊事を全くしない夫が16.2%にのぼり，特に40歳以上の夫の家事参加が低調だった．重回帰分析によると，妻低学歴・専業主婦・農村部居住・親との同居は夫の家事参加を抑圧していた．また夫の帰宅時刻が遅い場合，夫の所得が妻に対し高い場合，妻が伝統的性分業を支持する場合，夫の家事参加が低いという結果も得られた．育児を全くしない夫はほとんどおらず，家事参加よりは高いスコアを示した．重回帰分析によると，専業主婦・若年での出産は夫の育児参加を抑圧し，また子どもが大きくなるにつれ夫の育児参加は低下していた．夫の帰宅時間が遅い場合，家庭外に頼れるネットワークが多い場合に夫の育児参加が低いという結果も得られた．

末盛・石原 (1998) は，夫の家事参加が妻の夫婦関係満足度に与える影響について，第1回全国家庭動向調査（1993年）と米国の National Survey of Family and Households（1992〜94年）の結果を比較した．重回帰分析によると，日米とも夫の家事参加は妻の満足度を高め，この効果は非伝統的な性役割意識を持つ妻で強かった．日本では末子年齢や妻の従業上の地位による有意差はなかった．

妻の就業と出産・子育ての両立可能性は少子化問題の中心的課題であり，全国家庭動向調査を用いた研究も盛んに行われている．丸山 (2001) は第2回全国家庭動向調査（1998年）を用い，第1子出産前後の妻の就業状態の変化を分析した．就業を継続した妻は27.3%，被雇用者に限ると23.0%だった．ロジスティック回帰分析によると，夫の収入が低い場合，妻の職種が管理職と労務職の場合，妻の勤務先が官公庁である場合，親が同居している場合，3歳児神話を支持しない場合に就業継続率が有意に高かった．

星 (2007) は第3回全国家庭動向調査（2003年）を用い，出産・育児に関するサポートネットワークの効果を分析した．重回帰分析の結果，夫および夫の親からの支援がある場合，出生児数と理想子ども数が有意に上昇することが示された．回答者が親の立場で支援した内容を見ると，息子夫婦に対して

は食事・洗濯・孫の世話・生活費・住宅資金といった多様なサポートをしているが，娘夫婦へのサポートの方が手厚いのは出産時の世話と相談に限られていた．

星（2011）は第4回全国家庭動向調査（2008年）を用い，階層的地位が育児期のサポートネットワークに与える影響を分析した．ロジスティック回帰分析の結果，妻が短大・高専卒の場合，フルタイム就業する場合，妻の所得が高い場合に公共の保育施設の利用率が高かった．また「子どもが3歳までは母親は育児に専念すべき」への支持に関するロジスティック回帰分析の結果，短大卒以下の妻，専業主婦の妻が3歳児神話を支持していることが示された．

菅（2011）は第4回全国家庭動向調査（2008年）のデータを用い，結婚・出産と妻の離職の関係を分析した．生存時間分析によると，妻が晩婚の場合，常勤の場合，専門管理職の場合，大企業や官公庁に勤務する場合，雇用保険に入っている場合に就業継続率が高かった．コーホート比較によると，かつての結婚退職から第1子出産にともなう退職へと女性のライフコースにおける離職のタイミングが変化することで，結果的に第1子出産前後の退職が増え，就業継続率は必ずしも改善されていないことが示された．

2）世代間関係

世代間関係に関しては，老親の扶養・介護と，その規定要因となる親子同居，および親子間での金銭・サービスの相互扶助といった研究が行われてきた．まず親子同居についてみると，田渕（1998）は第1回全国家庭動向調査（1993年）によって，回答者である妻の母がいずれかの既婚子と同居しているか否かを分析した．ロジスティック回帰分析の結果，母が高齢の場合，無配偶（主に死別）の場合，娘が農村部に居住している場合，低学歴の場合，「年をとった親は息子夫婦と一緒に暮らすのがよい」を支持する場合に既婚子との同居オッズが高いことがわかった．西岡（2000）は第2回全国家庭動向調査（1998年）のデータを用い，回答者である妻が夫または自分の父母と同居する条件を分析した．ロジスティック回帰分析の結果，夫が長男だと夫の父母と，妻が長女だと妻の父母との同居オッズが有意に高いことが示され

た．親が高齢，無配偶の場合に同居が多いことも確認された．階層的地位では，世帯収入は同居を抑制するが持家だと同居が多いことが示された．

妻による老親介護に関する研究としては，小山（2001; 2012a）がある．第2回全国家庭動向調査（1998年）を用いた分析（小山 2001）によると，同居する夫または自分の親が要介護の場合，50％以上の確率で妻が主介護者となっている．妻が50歳以上であれば，要介護の親が死別している可能性が高いため，80％以上で妻が主介護者となる．さらに別居している親が要介護の場合も，30％以上の妻が介護に参加しており，40代の妻の参加率は45.6％にのぼる．別居親の介護参加に関するロジスティック回帰分析によると，要介護の親が一人暮らしの場合，親の家までの距離が近い場合，妻がもう一方の親の介護をしていない場合に，夫妻いずれの親の場合も妻の介護参加率が有意に高かった．親の性別，年齢，要介護度，妻の就業状態，きょうだい構成は，夫の親の介護にのみ影響していた．また妻の介護負担は，きょうだい数の減少によって今後増大することが示唆された．第4回全国家庭動向調査（2008年）を用いた分析（小山 2012a）でも，妻の介護負担の重さが確認された．さらにロジスティック回帰分析の結果，介護のために妻が離職するのは，世帯人員が少ない場合，自営業に従事する場合，親の介護経験があるが子の介護経験はない場合に多いことが示された．

白波瀬（2001）は第2回全国家庭動向調査（1998年）を用い，親から成人子への支援を分析した．買物・食事・洗濯・出産時の世話・孫の世話・病気の世話・悩み相談といった「世話的支援」については子が息子，既婚，近所に居住している場合に支援を多くすることが，孫の経費・生活費・結婚資金・住宅資金・教育費といった「経済的支援」については親の世帯収入が高い場合，子が若く，既婚で，近所に居住している場合に支援を多くすることが，それぞれ多変量解析によって示された．また子ども優先主義規範は，支援の多さと有意に関連していた．

千年（2010）は第4回全国家庭動向調査（1998年）を用い，妻自身の母と夫の母に対する支援を比較した．多項ロジット分析の結果，妻に姉妹がいると夫の母へ世話的支援を促進し，夫に姉妹がいると双方への経済的支援を促進

することが示された．母の配偶関係や要介護度は世話的・経済的いずれの支援とも関連するが，母の家までの距離は世話的支援のみに影響していた．

山内（2011）は第4回全国家庭動向調査（1998年）を用い，別居する子夫婦への支援の規定要因を分析した．ロジスティック回帰分析の結果，息子夫婦には経済的支援，娘夫婦には世話的支援を多くすることが示された．資産継承予定は，経済的支援と強く関連していた．妻自身が親（夫の親を含む）から支援を受けた経験は，結婚資金と出産時の世話を促進することも示された．

3）その他

全国家庭動向調査を用いたその他の研究としては，未回収・無回答に関する調査法的研究，社会的ネットワークや資産形成の研究，および家族意識に関する研究がある．山内（2012）は，調査票の回収率と質問への無回答に注目したユニークな研究である．第4回全国家庭動向調査（2008年）の標本分析によると，未回収・未配布とも単独世帯と大都市で有意に多い．第2回調査（1998年）との比較で見ると，未回収率・未配布率とも上昇した．第4回調査の回答者で回答の不詳割合が有意に低いのは，大卒以上，末子12歳以上，仕事の有無が明確な回答者だった．

立山（1998）は第1回全国家庭動向調査（1993年）を用い，大都市ほど社会的ネットワークの選択性が高いという理論的予想に反する結果を見出した．星（2001）は第2回全国家庭動向調査（1998年）を用い，不動産・金融資産の有無を分析した．尤度比検定の結果，世帯収入・夫年齢・末子年齢は不動産・金融資産とも所有を促進していた．夫の親と同居している場合に不動産所有が有意に少ないが，これは生前贈与が少なく親の名義の住宅に住んでいるためと解釈された．

才津（2001）は第2回全国家庭動向調査（1998年）を用い，家族規範と家族認知の範囲に関する妻の年齢別パターンを分析し，また第1回調査（1993年）からの家族規範の変化を検討した．この時点では子ども優先主義が強化される一方，伝統的性分業や老親の扶養・介護は否定される方向に進んでいた．釜野（2011）は第4回全国家庭動向調査（2008年）のデータを用い，家族の機

能・要件・構成に関する妻の意識を分析した．家族の機能として最も重視されたのは「心の安らぎを得る」こと（46.6%），次いで「子どもを生み育てる」こと（40.2%）だった．家族の要件として最も重視されたのは「精神的な絆がある」こと（70.0%），次いで「互いにありのままでいられる」こと（62.0%）だった．別居していても家族と考えられるのは，未婚成人子（79.9%）が最も高く，自分の親（78.2%），夫の親（71.2%）がこれに続いた．詳細は省くがこうした意識の決定要因が示され，また機能・要件・構成意識間の関連性も分析された．

最後に，家族規範意識の動向について補足しておく．表1は4回の調査における妻の家族規範意識を示したもので，高い値が伝統的意識を示すよう

表1．全国家庭動向調査にみる妻の家族規範の変化

	第1回 1993年	第2回 1998年	第3回 2003年	第4回 2008年
（1）結婚後は夫は外で働き妻は主婦業に専念すべきだ	53.6	48.8	35.7	49.9
（2）子どもが3歳くらいまでは母親は仕事を持たず育児に専念したほうがよい	89.1	90.1	82.9	85.9
（3）夫婦は子供をもってはじめて社会的に認められる	41.1	39.4	31.4	32.6
（4）夫妻とも同姓である必要はなく別姓であってもよい*	64.3	60.3	53.0	56.3
（5）男の子は男らしく女の子は女らしく育てるべきだ	80.0	76.2	67.8	73.5
（6）家庭の重要なことは父親が決定すべきだ	—	81.6	74.8	86.8
（7）夫も家事や育児を平等に分担すべきだ*	25.9	23.3	17.2	17.1
（8）夫や妻は自分達のことを多少犠牲にしても子どものことを最優先すべきだ	72.8	77.2	77.8	81.5
（9）夫は会社の仕事と家庭の用事が重なった時は会社の仕事を優先すべきだ	66.9	67.9	66.9	66.6
（10）年をとった親は息子夫婦と一緒に暮らすのがよい	62.0	50.4	50.4	49.7
（11）年老いた親の介護は家族が担うべきだ	—	74.8	65.6	62.1
（12）高齢者への経済的な援助は公的機関より家族が行うべきだ	30.9	29.7	28.6	25.5

西岡・山内他（2011）
*は反対の%，それ以外は賛成の%

「賛成」「反対」を選んである．才津（2001）が1993～98年の変化を分析した際には，伝統否定の趨勢が支配的だった．しかし第3回調査（2003年）以後，多くの項目で伝統回帰の傾向が見られる．表の（1）男性稼得者規範，（2）3歳児神話，（3）社会的認定基準としての親戚，（4）夫婦別姓，（5）ジェンダーフリー教育，（6）家父長的権力構造で伝統回帰が見られ，（7）夫の家事参加でも近年は変化が停滞している．（8）子ども優先主義が強化される一方，（9）夫の会社優先についてはほとんど変化がない．他方，（10）親子同居，（11）家族による老親介護，（12）家族による老親扶養に関しては，依然として伝統からの乖離が続いている．つまりジェンダー関係に関しては2000年代以後に伝統回帰の流れが見られる一方，世代間関係については子ども優先主義・老親の自立を良しとする流れが続いていると言える．

4．世帯動態調査の実施

旧厚生省人口問題研究所では，世帯動態調査に先行する調査として，1985年と1989年に「家族ライフコースと世帯構造変化に関する人口学的調査」を実施した．1985年6月の第1回調査は，厚生行政基礎調査の対象となった180の国勢調査区に居住する8,933世帯を対象とし，回収票数7,883世帯（88.3%），有効票数7,708世帯（86.2%）を得た．この調査は河野稠果・内野澄子・渡辺吉利・小島宏・坂井博通・三田房美らによって企画され，報告書が刊行された（厚生省人口問題研究所 1986）．

1989年7月の第2回調査は，国民生活基礎調査の対象となった全国157の国政調査区に居住する7,639世帯を対象とし，回収票数6,766世帯（88.6%），有効票数6,143世帯（80.4%）を得た．この調査は清水浩昭・伊藤達也・小島宏・池ノ上正子らによって企画され，報告書が刊行された（厚生省人口問題研究所 1992b）．

第3回調査からは「世帯動態調査」に改称し，世帯主夫婦に加え18歳以上の各世帯員のライフコースと世帯内地位の変遷を調査するようになった．第2回までは世帯を分析単位とする視点が優勢だったが，第3回からは個人の属性としての世帯内地位を分析する方法論的個人主義へも対応できるように

なった．1994年10月の第3回世帯動態調査は，国民生活基礎調査の対象となった全国200の国勢調査区に居住する9,599世帯を対象とし，回収票数9,029票（94.1%），有効回収票8,578票（89.4%）を得た．また20,788人分の18歳以上世帯員に関する情報を得た．この調査は廣嶋清志・大江守之・山本千鶴子・鈴木透・三田房美・小島克久・佐々井司・坂井博通・大友由紀子らが担当した（厚生省人口問題研究所 1996; 廣嶋・大江他 1996）．

　第3回世帯動態調査からは，その集計結果が全国世帯推計の基礎データとして用いられるようになった．1998年10月の全国世帯推計（国立社会保障・人口問題研究所 2005）から，世帯推移率法を用いるようになった．これは配偶関係と世帯内地位の組合せで個人の状態を定義し，5年間の状態間の推移確率行列を設定して将来の状態分布を得る方法である．推移確率行列は，まず「未婚」「有配偶」「死離別」「死亡」の4状態について作成される．次に配偶関係間の推移ごとに，条件付確率を当てはめて最終的な推移確率行列を得る．この条件付確率を得る基礎データとして，世帯動態調査から得た男女別，5歳階級別，配偶関係間推移別，5年前の世帯内地位別，調査時の世帯内地位の集計結果が用いられた．

　1999年7月の第4回世帯動態調査は，国民生活基礎調査の対象となった全国300の国勢調査区に居住する16,267世帯を対象とし，回収数13,385世帯（82.3%），有効回収数12,434世帯（76.4%）を得た．また28,767人分の18歳以上世帯員に関する情報を得た．調査は西岡八郎・鈴木透・山本千鶴子・小山泰代・清水昌人らが担当した（国立社会保障・人口問題研究所 2001; 西岡・鈴木他 2001）．この調査による男女別，5歳階級別，配偶関係間推移別，5年前の世帯内地位別，調査時の世帯内地位の集計結果は，2003年10月の全国世帯推計（国立社会保障・人口問題研究所 2003）で推移確率行列を設定するために用いられた．

　2004年7月の第5回世帯動態調査は，国民生活基礎調査の対象となった全国300の国勢調査区に居住する15,972世帯を対象とし，回収数11,732世帯（73.5%），有効回収数10,711世帯（67.1%）を得た．また24,336人分の18歳以上世帯員に関する情報を得た．調査は西岡八郎・鈴木透・小山泰代・清水昌

人・山内昌和らが担当した（国立社会保障・人口問題研究所 2007b; 西岡・鈴木他 2006）．この調査による男女別，5歳階級別，配偶関係間推移別，5年前の世帯内地位別，調査時の世帯内地位の集計結果は，2008年3月の全国世帯推計（国立社会保障・人口問題研究所 2008）で推移確率行列を設定するために用いられた．

2009年7月の第6回世帯動態調査は，国民生活基礎調査の対象となった全国300の国勢調査区に居住する15,678世帯を対象とし，回収数12,045世帯（76.8%），有効回収数11,355世帯（72.4%）を得た．また24,936人分の18歳以上世帯員に関する情報を得た．調査は西岡八郎・鈴木透・小山昌代・清水昌人・山内昌和・菅桂太らが担当した（国立社会保障・人口問題研究所 2011b; 西岡・鈴木他 2010）．この調査による男女別，5歳階級別，配偶関係間推移別，5年前の世帯内地位別，調査時の世帯内地位の集計結果は，2013年1月の全国世帯推計（国立社会保障・人口問題研究所 2013）で推移確率行列を設定するために用いられた．

5．世帯動態調査による研究成果

世帯動態調査の主要な成果は全国世帯推計だが，それ以外の研究成果としてはまず離家の研究があげられる．これは子が初めて親元を離れるタイミング，性差，要因等に関する研究で，欧米では早くから関心が持たれており，歴史人口学でも重要なトピックである．それ以外の研究としては，推移確率行列を用いた各種の世帯動態の研究がある．

1）離家の研究

鈴木（1997）は第3回世帯動態調査（1994年）を用い，子の離家（初めて親世帯を離れ別の世帯に居住すること）行動を分析した．そして生命表分析により，欧米と異なり日本では男子の方が離家が早いこと，男女とも離家の遅れが進んでいるが，晩婚化の影響のみならず結婚前の離家にも遅れが生じていることを示した．鈴木（2003）は第4回世帯動態調査（1999年）でも，同様な結果が見られることを確認した．さらに離家後の世帯状態の変化として，

22歳未満で離家した男女のうち40％が親世帯へ戻っていることを示した．またロジスティック回帰分析の結果，母親のフルタイム就業，母親の不在（男親と子世帯），非大都市圏居住，借家暮らし，親の高学歴，および兄弟姉妹の多さが離家を促進することが示された．鈴木（2007）では引き続き第5回世帯動態調査（2004年）による分析を行い，基本的に離家の遅れは続いているが，2000年代初頭には20歳以下の女子で離家ハザードの低下に歯止めがかかり，10代での結婚・出産が一時的に増えたことが示された．ロジスティック回帰分析の結果，こうした一次的な早婚・早産ブームは，非都市的な地域の，低学歴で結婚後は専業主婦となった女子を中心に起きたことが示された．

2）その他

小島（1996）は第3回世帯動態調査（1994年）を用い，5年間の世帯規模間推移確率行列を求めた．それに基づき，1989〜94年の間に世帯規模が変化した世帯は38.9％で，単独世帯の残留率（81.3％）が最も高いこと，世帯主が45歳未満では結婚・出産による世帯の拡大が目立つが，45〜64歳では子の離家による縮小が目立ち，65歳以上では規模の変化が少ないことを見出した．

鈴木（2012）は，第5回（2004年）および第6回（2009）年の世帯動態調査を用いて，娘夫婦との同居が相対的に増え息子夫婦との同居との差が縮小している要因を分析した．そして2004〜09年の変化に対し，子ども数の減少や男子の結婚難といった人口学的要因によって説明される部分は15％未満で，大部分は規範意識の変化のような非人口学的要因によることを示した．また推移確率行列の固有値から，現在の推移パターンが続いた場合，娘方同居は息子方同居の60％に収束することが示された．

小山（2012b）は高齢世帯主の家族類型間推移確率行列を求め，その地域的パターンを分析した．その結果，全国的には夫婦と子→夫婦のみというエンプティネストへの移行が最も多いが，東北・中国では夫婦のみ→夫婦と子がそれを上回り，逆に北海道・九州では夫婦と子→単独が多いことを示した．さらに第4回〜第6回調査における通時的変化を観察し，すべての地域で単独世帯への移行が増えていることを示した．

6. 結　語

　国立社会保障・人口問題研究所の全国標本調査は，数多くの先人たちの努力により，他に類を見ない大規模標本調査として，人口・家族・社会保障政策の策定に寄与する先駆的な役割を果たしてきた．そうした実績を踏まえ，今後は内外の研究者によってさらに多くの成果を上げることが期待される．特に全国家庭動向調査は，家族の社会学的・経済学的研究関心を踏まえて設計されており，実際に研究所スタッフ以外による成果も多い．一方，世帯動態調査は人口学的パラメタの推定に特化した調査で，社会経済的分析に必要な説明変数を欠くため外部の研究者にはあまり利用されていない．それでも世帯形成・解体行動の人口学的分析に寄与する可能性は大きいと思われる．

文　献

釜野さおり，2011,「既婚女性の定義する「家族」―何があり，何がなされ，誰が含まるのか―」『人口問題研究』第67巻第1号，pp.59-87.

厚生省人口問題研究所，1993,『平成4年度　家庭機能とその変化に関する研究　厚生白書，国民生活白書にみる家庭機能のとらえ方』研究資料第279号.

―――，1986,『昭和60年度家族ライフコースと世帯構造変化に関する人口学的調査』実地調査報告資料.

―――，1992a,『平成元年度第2回全国家族・世帯調査　家族ライフコースと世帯構造変化に関する人口学的調査』実地調査報告資料.

―――，1992b,『平成3年度　家庭機能とその変化に関する研究　家庭機能に関する研究動向』調査研究報告資料第5号.

―――，1995,『1993年第1回全国家庭動向調査－現代日本の家族に関する意識と実態－』調査研究報告資料第9号.

―――，1996,『現代日本の世帯変動　第3回世帯動態調査（1994年人口問題基本調査）』調査研究報告資料第10号.

国立社会保障・人口問題研究所，2000,『現代日本の家族変動　第2回全国家庭動向調査（1998年社会保障・人口問題基本調査）』調査研究報告資料第15号.

―――，2001,『現代日本の世帯変動　第4回世帯動態調査（1999年人口問題基本調査）』調査研究報告資料第16号.

―――，2003,『日本の世帯数の将来推計（全国推計）［2003（平成15）年10月推計］』

人口問題研究資料第308号.
───，2005,『日本の世帯数の将来推計　全国推計／都道府県別推計　全国推計［1998（平成10）年10月推計］都道府県別推計［2000（平成12）年3月推計］』研究資料第298号.
───，2007a,『現代日本の家族変動　第3回全国家庭動向調査（2003年社会保障・人口問題基本調査）』調査研究報告資料第22号.
───，2007b,『現代日本の世帯変動　第5回世帯動態調査（2004年人口問題基本調査）』調査研究報告資料第21号.
───，2008,『日本の世帯数の将来推計（全国推計）［2008（平成20）年3月推計］』人口問題研究資料第318号.
───，2011a,『現代日本の家族変動　第4回全国家庭動向調査（2008年社会保障・人口問題基本調査）』調査研究報告資料第27号.
───，2011b,『現代日本の世帯変動　第6回世帯動態調査（2009年人口問題基本調査）』調査研究報告資料第28号.
国立社会保障・人口問題研究所，2013,『日本の世帯数の将来推計（全国推計）［2013（平成25）年1月推計］』人口問題研究資料第329号.
小島克久，1996,「世帯規模の変化の過程と要因－第3回世帯動態調査の結果から－」『人口問題研究』第52巻第3・4号，pp.23-31.
小山泰代，2001,「世帯内外の老親介護における妻の役割と介護負担」『人口問題研究』第57巻第2号，pp.19-35.
───，2012a,「女性から見た家族介護の実態と介護負担」『人口問題研究』第68巻第1号，pp.54-69.
───，2012b,「世帯変動の地域的傾向」『人口問題研究』第68巻第2号，pp.18-36.
才津芳昭，2001,「1990年代日本における妻の家族意識－年齢による差異と変化－」『人口問題研究』第57巻第3号，pp.16-31.
白波瀬佐和子，2001,「成人子への支援パターンからみた現代日本の親子関係」『人口問題研究』第57巻第3号，pp.1-15.
末盛慶・石原邦雄，1998,「夫の家事遂行と妻の夫婦関係満足感－NSFH（National Survey of Families and Households）を用いた比較－」『人口問題研究』第54巻第3号，pp.39-55.
菅桂太，2011,「有配偶女子のワーク・ライフ・バランスとライフコース」『人口問題研究』第67巻第1号，pp.1-23.
鈴木透，1997,「世帯形成の生命表分析」『人口問題研究』第53巻第2号，pp.18-30.
───，2003,「離家の動向・性差・決定因」『人口問題研究』第59巻第4号，pp.18-30.

―――――，2007,「世帯形成の動向」『人口問題研究』第63巻第4号，pp.1-13.
―――――，2012,「直系家族世帯の動向」第68巻第2号，pp.1-13.
立山徳子，1998,「都市度と有配偶女性のパーソナル・ネットワーク」『人口問題研究』第54巻第3号，pp.20-38.
田渕六郎，1998,「老親・成人子同居の規定要因－子どもの性別構成を中心に－」『人口問題研究』第54巻第3号，pp.3-19.
千年よしみ，2010,「母親への支援にみる世代間関係の非対称性」『人口問題研究』第66巻第4号，pp.3-22.
西岡八郎，2000,「日本における成人子と親との関係―成人子と老親の居住関係を中心に―」『人口問題研究』第56巻第3号，pp.34-55.
西岡八郎・池ノ上正子・才津芳昭・堀内真弓・高橋重郷，1995,「現代日本の家族に関する意識と実態－全国家庭動向調査の結果から－」『人口問題研究』第51巻第1号，pp.1-22.
西岡八郎・小山泰代・星敦士・白波瀬佐和子，2007,「現代日本の家族変動－第3回全国家庭動向調査（2003年）の結果より－」『人口問題研究』第62巻第1・2号，pp.35-62.
西岡八郎・白波瀬佐和子・小山泰代・山本千鶴子，2000,「現代日本の家族：継続と変化－第2回全国家庭動向調査（1998年）の結果より－」『人口問題研究』第56巻第2号，pp.49-78.
西岡八郎・鈴木透・小山泰代・清水昌人・山本千鶴子，2001,「現代日本の世帯変動－第4回世帯動態調査（1999年）の結果より－」『人口問題研究』第57巻第3号，pp.33-52.
西岡八郎・鈴木透・小山泰代・清水昌人・山内昌和，2006,「現代日本の世帯変動－第5回世帯動態調査（2004年）の結果より－」『人口問題研究』第62巻第3号，pp.51-76.
西岡八郎・鈴木透・小山泰代・清水昌人・山内昌和・菅桂太，2010,「現代日本の世帯変動－第6回世帯動態調査（2009年）の結果より―」『人口問題研究』第66巻第4号，pp.60-82.
西岡八郎・山内昌和・小山泰代・千年よしみ・釜野さおり・菅桂太・星敦士，2011,「現代日本の家族変動 －第 4 回全国家庭動向調査（2008年）の結果より－」『人口問題研究』第66巻第2号，pp.48-75.
廣嶋清志・大江守之・山本千鶴子・鈴木透・三田房美・小島克久・佐々井司・坂井博通・大友由紀子，1996,「現代日本の世帯変動－第3回世帯動態調査の結果から－」『人口問題研究』第51巻第4号，pp.1-31.

星敦士，2001，「現代家族における資産形成の規定要因」『人口問題研究』第57巻第2号，pp.36-48.

―――，2007，「サポートネットワークが出生行動と意識に与える影響」『人口問題研究』第63巻第4号，pp.14-27.

―――，2011，「育児期のサポートネットワークに対する階層的地位の影響」『人口問題研究』第67巻第1号，pp.38-58.

丸山桂，2001，「女性労働者の活用と出産時の就業継続の要因分析」『人口問題研究』第57巻第2号，pp.3-18.

山内昌和，2011，「別居する有配偶成人子に対する親からの援助の動向と規定要因」第67巻第1号，pp.24-37.

―――，2012，「第4回全国家庭動向調査の無回答に関する検討」『人口問題研究』第68巻第1号，pp.70-89.

NISHIOKA, Hachiro, 1998, "Men's Domestic Role and the Gender System: Determinants of Husband's Household Labor in Japan"『人口問題研究』第54巻第3号，pp.56-71.

第 3 部　高齢者と介護

認知症高齢者の安心・安全を支える地域社会環境についての一考察

菊池真弓

1. はじめに

　人口高齢化は，総人口に占める老年人口（65歳以上人口）割合の相対的増加のことをいう．国連は，この老年人口割合が7％水準に達した段階を高齢化社会とし，その割合が14％水準に到達した段階を高齢社会としている．

　現在のわが国の人口高齢化の現状を2012（平成24）年の総務省「人口推計」から捉えてみると，老年人口は過去最高の3,079万人（前年：2,975万人），老年人口割合も24.1％（前年：23.3％）となっている．また，2012（平成24）年1月に国立社会保障・人口問題研究所が公表した「日本の将来推計人口」によれば，わが国の総人口が減少するなかで高齢者が増加することにより高齢化率は上昇を続け，2013（平成25）年には25.1％で4人に1人，2035（平成47）年には33.4％で3人に1人，2060（平成72）年には39.9％で国民の約2.5人に1人が65歳以上の高齢者という本格的な高齢社会へと移行しつつある．

　こうした人口高齢化の進展により，①保健・福祉・医療問題では医療保険制度の充実，要介護者の介護体制の整備，医療・福祉施設の充実，福祉マンパワーの確保，②経済問題では高齢者雇用の確保，年金の給付と負担のバランス，③社会問題では家族・地域社会の世代間関係，家族の役割構造，生きがい・社会参加などの高齢化問題が生ずることが予測できるであろう（清水1998: 39）．

　さらに，厚生労働省が2012（平成24）年8月に公表した認知症高齢者数の推計をみると，2010（平成22）年9月末現在で，認知症高齢者数（日常生活自立度Ⅱ以上[1]）は280万人となっている．また，将来推計をみると，2015（平成27）年には345万人，2020（平成32）年には410万人，2025（平成37）年には

470万人となり，全高齢者の12.8%と予測されている．つまり，高齢化の進展に伴った一層の認知症高齢者の増加が予測されるなかで，その人の個性を尊重することを基本とした生活の継続性，認知症の症状や進行の状況に対応できる個別の介護サービスなどが最重要課題になると考える．また，同居世帯における家族介護者の負担軽減，見守りが不可能または困難な世帯においては，認知症高齢者の介護などを支える地域社会の連携・協力が必要不可欠となるであろう．

　以上のことから，本稿では，まず認知症高齢者を取り巻く社会の現状と課題を明らかにした上で，わが国における認知症支援対策について考えてみたい．次に，認知症高齢者が地域社会に適応し，安心・安全に暮らしていける地域社会環境とは何かについて，①認知症高齢者のライフコースと生きてきた社会的背景，②認知症高齢者を取り巻く社会資源，③安心・安全な地域社会環境づくりに視点をあてながら分析・考察を加えていきたい．

2．認知症高齢者を取り巻く地域社会の現状と課題

1）高齢者介護の現状と課題

　高齢期における加齢や病気に伴う身体的・精神的機能の低下は，高齢者にとって避けて通れない問題の一つである．ここでは，わが国における高齢者介護の現状と介護の担い手について分析を加えていきたい．

　まず，厚生労働省「介護保険事業状況報告（年報）」から65歳以上の要介護度別認定数の推移をみると，2010（平成22）年度末で490.7万人となっており，2001（平成13）年度末から203万人増加している．また，65～74歳と75歳以上の被保険者について，それぞれ要支援・要介護の認定を受けた人の割合をみると，65～74歳は「要支援認定者」(1.3%)，「要介護認定者」(3.0%)であるのに対して，75歳以上は「要支援認定者」(7.8%)，「要介護認定者」(22.1%) となっており，75歳以上になると「要介護認定者」の割合が大きく上昇している．次に，同調査によれば介護保険制度のサービスを受給した65歳以上の被保険者は，2013（平成25）年1月審査分で約446万人となっており，男女比でみると，「男性」(28.7%)，「女性」(71.3%) と高齢女性の割合が約

第3部　高齢者と介護

表1．要介護者等との続柄別にみた主な介護者の構成割合の年次推移

（単位：％）

年次	総数	同居	配偶者	子	子の配偶者	父母	その他の親族	別居の家族等	事業者	その他	不詳
2001年	100.0	71.1	25.9	19.9	22.5	0.4	2.3	7.5	9.3	2.5	9.6
2004年	100.0	66.1	24.7	18.8	20.3	0.6	1.7	8.7	13.6	6.0	5.6
2007年	100.0	60.0	25.0	17.9	14.3	0.3	2.5	10.7	12.0	0.6	16.8
2010年	100.0	64.1	25.7	20.9	15.2	0.3	2.0	9.8	13.3	0.7	12.1

出典：厚生労働省「国民生活基礎調査」（各年）に基づき作成

7割と高くなっている．

さらに，厚生労働省「国民生活基礎調査」（2010年）の要介護者等からみた主な介護者の続柄をみると，「配偶者」(25.7％)，「子」(20.9％)，「子の配偶者」(15.2％)，「その他の親族」(2.0％)，「父母」(0.3％)と64.1％が同居している人が主な介護者である【表1参照】．また，性別をみると，「男性」(30.6％)，「女性」(69.4％)と女性が約7割を占めており，要介護者等と同居している主な介護者の年齢別にみると，「男性」(64.8％)，「女性」(60.9％)が60歳以上となっている．

以上のことから，近年の高齢化の進行とともに，要支援・要介護高齢者の増加に伴う同居家族の介護問題が顕著であり，高齢者夫婦世帯の増加を背景とした老老介護，認認介護や女性介護者の問題が課題となってきている．また，前述したように，認知症高齢者の増加が予測されるなかで，介護を担う家族の負担や家族による介護が困難な世帯の場合には，介護保険のサービス利用や地域社会におけるインフォーマルな近所，友人などの支援が必要不可欠である．

2）高齢者の孤立・孤独化と地域課題

現代社会のさまざまな場面において高齢者が被害者となる割合が高まりつつあるといえる．例えば，内閣府『防災白書』(平成23年版)によると，2011年3月11日に発生した東日本大震災により亡くなった方のうち，人口構成割合の2倍以上にあたる65％が60歳以上であり，また死因の92.4％が溺死であ

ったことも報告されていることから，今回の震災によって災害時要援護者で[2)]ある多くの高齢者が被害にあったことがうかがえる（内閣府編 2011）．また，警察庁統計から65歳以上の高齢者の刑法犯被害認知件数をみると，2011（平成23）年は13万5,773件となり，2012（平成24）年の振り込め詐欺の被害者は60歳以上の割合が80.9％を超えている．その他には，認知症高齢者につけこんだ消費トラブルに巻き込まれる事例，家族や介護従事者から虐待を受けるなどの事例も少なくないといえる．これらの被害の背景には，高齢者の加齢に伴う心身機能の低下，社会的な孤独や不安，認知能力の低下などの要因があげられる．

　さらには，近所の人や友人といった地域の人びとのつきあいが少ないこと，男性の高齢者単身世帯や要支援・要介護高齢者における地域社会からの孤立・孤独化の問題が浮き彫りとなっている．例えば，無縁社会を背景とした誰にも看取られることなく息を引き取り，その後，相当期間放置されるような無縁死，孤立・孤独死といった事例も報道されている．（独）都市再生機構の調べによれば，機構が運営管理する賃貸住宅の約76万戸において，単身居住者で死亡から相当期間経過後（1週間を超えて）に発見された件数（自殺や他殺などを除く）は，2011（平成23）年度に200件に，65歳以上に限ると131件となり，2008（平成20）年度に比べ全体で約3割，65歳以上では約5倍に増加している．これらの死亡数がすべて孤立・孤独死とは言い難いといえるが，その中には少なからず地域社会から孤立していた高齢者も含まれると予測できる．

　こうした高齢者を取り巻く地域社会の現状には，高齢者やその家族の個別事情があるといえるが，現代社会における高齢化や都市化の進行，単身高齢者の増加，地域の人びととの関係の希薄化，高齢者の貧困問題など，さまざまな要因があげられる．特に，今後は，地域社会の孤立しがちな認知症高齢者の実態把握とともに，物的側面では相談や情報提供，地域の交流の場の提供，人的側面では地域社会の社会資源を活用した見守り支援などのサポート・ネットワークの構築が重要である．さらには，2011年3月11日に発生した東日本大震災の被災者支援を例に考えると，今後の災害時要援護者対策を盛

り込んだ防災計画，阪神・淡路大震災の仮設住宅で起こった高齢者の孤独死の問題を教訓としたコミュニティの再生と高齢者の孤立・孤独化を防止するための中長期的なサポート体制が課題となるであろう．

3）わが国における認知症支援対策

前述したように，高齢化の進行や高齢者人口の増加とともに，認知症高齢者の一層の増加が見込まれる今日，それらの早急な認知症支援対策が求められている．ここでは，わが国の認知症支援対策における最近の動向について整理していきたい（一般財団法人厚生労働統計協会編 2013：162-163）．

以前は，「痴呆」という用語が使われていたが，高齢者の尊厳に対する配慮を欠く表現であることなどを踏まえ，2004（平成16）年6月，厚生労働省に有識者による「痴呆」に替わる用語に関する検討会が設置されて検討が進められた．その結果，同年12月24日から「痴呆」は「認知症」に変更され，さらに，2005（平成17）年6月の介護保険法等の一部改正法において，法令上も認知症という用語が使用されることとなった．

また，わが国における認知症対策は今後の高齢者介護における中心的な課題であり，将来を見越した総合的な対策を進めている．これまでの認知症施策についてみると，2008（平成20）年7月の厚生労働省「認知症の医療と生活の質を高める緊急プロジェクト報告書」では，早期の確定診断を出発点とした適切な対応を基本方針とした実態の把握，研究開発の加速，早期診断の推進と適切な医療の提供などを課題としている．

さらに，2012（平成24）年6月，厚生労働省内の「認知症施策検討プロジェクトチーム」は，「今後の認知症施策の方向性について」の報告書をとりまとめた．この報告書は，「認知症になっても本人の意思が尊重され，できる限り住み慣れた地域のよい環境で暮らし続けることができる社会」の実現を目指しており，この実現のために，標準的な「認知症ケアパス」（状態に応じた適切な医療や介護サービス提供の流れ）を構築することを今後の認知症施策の基本目標としている．また，これらを踏まえて，厚生労働省では2012（平成24）年9月に，平成25年度からの5年間の具体的な計画（認知症施策推進5

か年計画,通称オレンジプラン)が策定され,計画の着実な実施を図るための平成25年度予算において必要経費が計上された.

このように,わが国の認知症支援対策は,高齢者のそれまでの生活や個性を尊重することを基本とし,認知症の早期発見・診断の体制づくり,その人の生活の継続性と日常の生活圏域を重視した介護サービスの体系整備,認知症の症状や進行の状況に対応できる個別の介護サービスのあり方,認知症高齢者の安心・安全な生活とともにその家族の負担軽減を図っていくことも重要な課題となっている.

3.認知症高齢者の安心・安全を支える地域社会環境とは

1)認知症高齢者のライフコースと社会的背景

イギリスの心理学者のT.キットウッド(Kitwood. T)は,「パーソンセンタードケア(person-centred care)」を提唱し,認知症の人との着実なコンタクトとコミュニケーションを重視している.また,「パーソンフッド(personhood:個人性,その人らしさ)」という概念を構築し,個人のもつ尊厳性を主眼とするケアのあり方を提示している(長谷川 2008:4-5).また,認知症高齢者のQOL(quality of life:生活の質)を支える地域社会環境を考える上では,認知能力が低下しても,今までの生活を維持できるような安心・安全な地域社会環境を整えることが重要である.そのためには,個人の尊厳に基づくその人らしい生活を支えるための地域社会における社会資源の活用が大きいといえる.

こうした課題解決の取り組みに対する研究動向をみると,認知症の基本的知識と認知症高齢者の多面性を重視した客観的なアセスメントとともに,その人自身が何を望んでいるのかを探り,さまざまなQOL向上を目指したアプローチ方法などの研究が進められている.例えば,認知症介護研究・研修センター(東京・仙台・大府)を中心に開発された「認知症高齢者ケアマネジメント センター方式シート」では,①私らしいあり方,②私の安心,快,③私の力の発揮,④私にとっての安全と健やかさ,⑤なじみの暮らしの継続(環境・関係・生活)の5つの共通の視点を重視している[3].また,菊池は,認

知症高齢者へのライフコース調査[4]を手がかりとして，その人が望む生活について検討を加えた結果，①自分が産んだ子どもとの親子関係や子育ての過程で関わってきた社会関係，②調査対象者のライフコースに影響を与えたであろう時代背景や個人を取り巻く家族の状況が職業に関連していること，③その人のライフコースとともに慣れ親しんできた地域の重要性を明らかにしている（菊池 2008: 123-134）．

こうした個人のライフコースから本人にとって大切なことを知ること，それに影響を与えた人びと（集団）や出来事からニーズを知ること，その人が生きてきた社会的背景（社会環境，教育，風習や風俗等）によって形成されている社会的価値感などから環境の意味を知ることは，認知症高齢者のQOLを支える地域社会環境づくりにつながるのではないかと考える．

2）認知症高齢者を取り巻く社会資源

高齢期になると，親族，配偶者，知人の病気や死に遭遇する機会が増え，高齢者の孤立・孤独化の問題が生じてくるといわれている．そして，こうした状況のなかでは，家族，近所の人びと，友人などの情緒的援助が重要な役割を担うことになる．以下では，認知症高齢者を支える人的側面から社会資源とソーシャル・サポート，ソーシャル・ネットワークについて分析・考察を加えたい．

(1) 認知症高齢者を支える社会資源とソーシャル・サポート

社会資源は，「その性質によって，物的資源，人的資源，文化的資源，関係的資源などに分類すること」ができる（庄司ほか 1999: 418）．また，白澤は，提供主体を基に社会資源を類型化すると，フォーマルなものかインフォーマルなものかを基準に分類できると述べている（白澤 2012: 3-7）．例えば，インフォーマルな分野の社会資源としては，家族，親戚，近隣，友人・同僚，ボランティア，地域の団体・組織などがある．フォーマルな分野としては，行政によるサービスや職員，認可や指定を受けた社会福祉施設・医療機関・民間機関・団体のサービスや職員などがあげられる．そして，フォーマルな

社会資源とインフォーマルな社会資源を利用者などに連続的に提供するには，介護支援専門員などのフォーマルな側での調整的な役割が求められている．つまり，前述したように，まず利用者の気持ちを重視した上で，その人が望む物的・人的資源を整備・活用していくことが安心・安全な地域社会環境には欠かせないといえる．

　次に，ソーシャル・サポートとは，心配事を聞いてくれたり，元気づけてくれたりする情緒的なサポートと，物やお金，あるいは介護などのサービスなどの手段的なサポートに大別される（和気 2007: 29）．これらは，同居家族や別居家族，親戚，近隣などによってその提供の度合いが異なる傾向にある．そして，それ自体が健康や幸福感を高めるなどの直接的な効果をもつといえる．また，直井は，認知症の家族介護の客観的困難にかかわる要因を介護される側の要因と介護する側の要因に分類している（直井 2012: 153-155）．介護される側の要因としては，①身体の活動性，とくに歩行の可能な程度，②夜間の介護の必要性，③意思疎通の程度，④行動・心理症状（BPSD）の程度，一方で介護する側の要因としては，年齢，健康状態，就労状態などがあげられる．特に，介護負担感には，経済的・肉体的負担や時間的な拘束などが関連すると考えられがちであるが，年齢，介護についての規範，要介護者との人間関係などの多くの要因が含まれている．

　以上のことから，認知症高齢者の安心・安全とともに，介護者のストレスや介護負担感を軽減させるような社会資源としてのソーシャル・サポートの重要性が指摘できるであろう．例えば，近隣は，家族・親族の補完的役割を担うことができ，認知症高齢者の徘徊の場合の声かけ・連絡・送り届けなど，介護家族に対しては見守り，留守番などのサポートとして欠かせない．また，友人は，要介護者の幸福感に結びつきやすく，古い友人であれば古い記憶の共有など，介護家族にとっては，介護仲間の情報・助言，相談・苦労への共感といった大切な役割を果たすものといえる．さらには，地域社会の民生委員・ボランティア，自治会や老人クラブ，趣味の会，家族の会など，要介護高齢者とともに，家族介護者をも支える地域社会の社会資源としてこれらのソーシャル・サポートが必要不可欠である．

(2) 認知症高齢者を支えるソーシャル・ネットワーク

前述したように，高齢化の進行に伴う介護問題や高齢者の孤立・孤独化が課題となっている．ここでは，高齢者を支える社会資源とネットワークに視点を置きながら，高齢期における高齢者のより良い生活とそれを支えるソーシャル・ネットワークのあり方について考えていきたい．

ソーシャル・ネットワークとは，家族や友人・近隣などによるインフォーマル・サポートと，公的な機関やサービス事業者などによるフォーマル・サポートの網の目を意味し，サポートの規模や密度，あるいは持続性などの構造的な側面に着目する概念である（和気 2007：28）．例えば，カーンとアントヌッチによって提示されたコンボイ・モデル（convoy model）から高齢者を支えるソーシャル・ネットワークの役割について考えてみると，ネットワーク上で援助をするコンボイ（護送船団），つまり家族，親族，友人，知人，同僚，先輩，隣人など，個人を焦点として放射上に広がるソーシャル・ネットワークは，現代社会における多様化する個人のライフコースやさまざまな問題を抱える家族を支える機能として必要不可欠といえるであろう（Kahn, R. L. & Antonucci, T. C. 1981：383-405）．

また，安達は，現在のような高齢期の家族生活が多様化する社会では，「個としての高齢者」の視点による家族研究が有効性であると述べており，多世代間関係やきょうだい関係などといった多様な研究対象を視野にいれ，近隣の人びとや友人などといったより広範囲の人間関係を含めたネットワーク的な考察の重要性を提示している（安達 2005：161-162）．

このように，子どもとの同別居にかかわらず，いかに個人を尊重し，その人にとってより良い生活を保障するための支援のネットワークを築いていけるのかが早急な課題の一つであると考える．特に，高齢者福祉の視点から考えると，さまざまなニーズを抱える要介護高齢者のQOLの向上を目指したより良い支援には，高齢者のライフコースと経済的・身体的・社会的な状況把握など，高齢者の個別性・多面性を重視したアセスメントに基づくケアプラン作成が求められている．また，その人の安心・安全に暮せる地域社会環

境の課題は，地域特性を生かしたサポート・ネットワークを形成・維持するとともに，地域住民の理解と協力，地域の組織化と役割分担，リーダーあるいは世話人的な人材の開拓と育成が重要となるであろう．

3）認知症高齢者が安心・安全に暮らせる地域社会環境づくり

　近年の認知症高齢者の増加に伴い，地域社会における孤立の問題の他に，認知症高齢者の行方不明者の増加が新たな問題となっている．警察庁「平成24年中における行方不明者の状況」（平成25年5月）をみると，行方不明者が81,111人となり，そのうち70歳以上の高齢者数が14,228人（17.5％）を占めている．また，同調査からそれらの原因・動機別にみると，「疾病関係」が19.0％のうち「認知症」が原因となるのは11.8％である．こうした問題が浮き彫りとなるなかで，認知症高齢者が地域で安心・安全に暮らし続けられるように，地域の多様な人びとや組織などが普段から連携・協力しながら支える見守り・SOSネットワークの取り組みなどの重要性は高まっている（永田 2011：7-14）．以下では，認知症高齢者がその人らしく，安心・安全に暮らせる物的な社会資源を活かした地域社会環境づくりについて述べていきたい（國光 2006：154-162）．

　第1に，自然環境における危険個所の点検が課題となる．山や川，沢や谷，海や森など豊かな自然は数多くの恵みをもたらす一方で，認知症高齢者が迷い込む，川に足を滑らせるなどと重大な事故につながる可能性がある．また，徘徊などの行動障害によって発見が遅れることにより，夏は熱中症，冬は凍死などの危険性もはらんでいること，判断能力の低下に伴う交通事故の防止対策，詐欺や消費トラブルといった被害に巻き込まれないための治安対策なども重要である．このようなことは，認知症高齢者に限らず，すべての住民にとって暮らしやすい地域社会環境の基本的条件である．今後は，子どもから高齢者などの多様な地域住民が主体となり，地域に暮らす住民の視点に立った生活圏域における危険個所の点検・改善，街灯を設置，スピード制限などの交通対策，防犯に対する啓発やパトロールなどの活動が必要不可欠となるであろう．

第2に，親しみやすい建物とそれらの機能の充実が重要である．私達の身近な地域社会には，駅，交番，出張所，行政の窓口，学校，保育園，幼稚園，公園，郵便局など，生活に欠かせない公共機関がある．また，地域住民が集い楽しみ，情報交換を行うような公民館や集会所，日々の暮らしを支える商店やスーパーマーケットなどは欠かせない場所である．そして，認知症の早期発見・診断やその人が望む生活を支えるためには，多種多様なニーズに対応できるような医療・保健・福祉などの専門機関の充実と質の高いケアの提供が求められる．

　第3に，違いを認め合い，助け合い，話ができる住民間のコミュニケーションの場が大切である．認知症高齢者が住み慣れた地域で生活を継続していくには，さまざまな人との出会いがあり，挨拶が交わされ，お互いに励まし合い，協力し合いながら日々の生活を支えていくための理解と協力が必要不可欠である．また，地域への帰属意識や誇り，町内会や自治会の活動，ごみの収集，お祭り，防犯・防災などの基礎的な共同の役割も地域社会の安心・安全を地域住民自らが主体的，継続的に支えることになる．そして，何よりも認知症高齢者自身にとっての生きがいや新たなる役割につながるような，若い人や子どもとの世代間交流の接点，生活文化の継承やその地域に根付く祭り・しきたり・作法・食文化など，その人の潜在能力や残存能力を活かす新たなる役割，知恵と工夫などの伝承の場は大切である．

4．認知症高齢者を支えるより良い地域関係を目指して

　本稿では，認知症高齢者が地域社会に適応し，安心・安全に暮らしていける地域社会環境とは何かについて分析・考察を加えてきた．まず，認知症高齢者を取り巻く地域社会の現状と課題では，高齢者介護や高齢者の孤立・孤独化の問題について取りあげて，わが国の認知症支援対策における地域社会環境づくりの重要性について論じてきた．また，認知症高齢者の安心・安全を支える地域社会環境では，①認知症高齢者の尊厳とQOLには，その人のライフコースと社会的背景に基づく個別支援が大切であること，②認知症高齢者やその家族の安心・安全な暮らしを支える地域社会には，社会資源の活

用,地域住民の連携・協力に基づくネットワーク化が重要であること,③認知症高齢者ができるだけ自立して生きがいをもって,住み慣れた地域でその人らしい生活を送るためには,地域住民が主体的に創意工夫しながら,地域のなかでお互いが支え合って行けるような土壌づくりが必要であることが明らかとなった.

2000(平成12)年度から認知症介護実務者研修(基礎課程・専門課程)が実施され,2005(平成17)年度からは,認知症介護の専門職員を養成し,認知症介護技術の向上を図るため,本人中心の新しい認知症ケアの考え方に対応した新カリキュラムを導入した認知症介護実践研修(実践者研修・実践リーダー研修)が進められている.そして,2005(平成17)年度からは,認知症患者の診療に習熟した医師(認知症サポート医)を養成するための研修事業などが実施されている.今後の高齢社会におけるさまざまな社会問題の解決には,専門家の養成とともに,相談援助などのサポートセンターの整備や個別ニーズに応じた質の高い介護サービスの提供などといった認知症介護に関する研修事業の強化が求められる.

さらに,2005(平成17)年度以降,認知症への用語の変更を契機に「認知症を知り地域をつくるキャンペーン」[5]が行われている.また,このキャンペーンに関連して,認知症サポーター等養成事業が行われ,認知症高齢者などがなじみの地域で安心して暮らし続けられるように,認知症に対する正しい知識と理解を持ち,地域で認知症高齢者などやその家族に対してできる範囲で手助けをする認知症サポーターを養成している.こうした地域社会の良き理解者の人材を育成するとともに,区長や民生委員などのリーダーあるいは世話人的な人材の発見・開拓・連携することこそが安心・安全な地域社会環境づくりにつながる最重要課題であると考える.

以上のことから,今後は,多様な地域住民がふれあえるような交流の場の提供,地域住民の連携・協力による見守りマップの作成や介護のネットワーク化など,フォーマルとインフォーマルの両面からの支援が課題となるのではないだろうか.また,地域から孤立している高齢者に対しても住民相互で支援活動を行うなどの地域住民のつながりを再構築し,支え合う体制を実現

していくことが課題である．そして，子どもから高齢者が主体となり，一人ひとりの知恵と工夫を地域還元するといった地道な活動の積み重ねを地域社会に広げていくことこそが，今後の認知症高齢者の安心・安全な地域社会環境の実現につながると考える．

注
1) 日常生活自立度Ⅱとは，日常生活に支障を来すような症状・行動や意志疎通の困難さが多少みられても，誰かが注意していれば自立できる状態のことである（厚生省老人保健福祉局長通知「認知症高齢者の日常生活自立度判定基準」).
2) 災害時要援護者とは，「災害時にとりわけ援護が必要な人々，ということで従来，災害弱者と呼ばれてきた人々である．一般には，子ども・高齢者・障害者・病気などの療養者・妊産婦と乳幼児・外国人のほか，旅行者など」が該当するといえる（加納光子, 2010, 「災害時要援護者」西尾祐吾・大塚保信・古川隆司編著『災害福祉とは何か　生活支援体制の構築に向けて』ミネルヴァ書房, 2010年, 10.).
3) 2000（平成12）年度から認知症高齢者の生活機能や行動などの特性，生活機能の維持改善を図るための援助技法に関する研究開発を推進し，全国の介護現場に研修を通して研究成果を還元することを目的とした認知症介護研究・研修センターが全国3カ所に設置されている．
4) エルダー（Elder, G. H., Jr.）によれば，ライフコース（life course）とは「年齢によって区分された生涯期間を通じてのいくつかの軌跡，すなわち，人生上の出来事（events）についての時機（timing），移行期間（duration），間隔（spacing），および順序（order）にみられる社会的なパターン」（石原 1991:17）とされている．
5) このキャンペーンの趣旨は，認知症の状態や心持ち，家族のかかわり方や地域住民の接し方，早期発見・早期治療の重要性など，幅広く認知症についての情報を国民に届けて理解を深めるとともに，認知症になっても住み慣れた地域の中で暮らし続けられる地域づくりなど，地方自治体や関係機関・民間団体などと協力して，効果的な広報・情報提供を行っていくこととしているものである（一般財団法人厚生労働統計協会編 2013：163).

文　献
安達正嗣, 1999, 『高齢期家族の社会学』世界思想社.

―――, 2005,「高齢期の人間関係」吉田あけみ・山根真理・杉井潤子編著『ネットワークとしての家族』ミネルヴァ書房, 161-162.
石原邦雄, 1991,「研究目的・概念枠組・研究方法」森岡清美・青井和夫編『現代日本人のライフコース』日本学術振興会, 17.
一般財団法人厚生労働統計協会編, 2013,『国民の福祉と介護の動向 2013/2014』印刷通販, 162-163.
NHK「無縁社会プロジェクト」取材班編著, 2010,『無縁社会"無縁死"三万二千人の衝撃』文藝春秋.
Kahn, R. L. & Antonucci, T.C., 1981, "Convoys of Social Support: A Life-Course Approach," in Kiesler, S.B.et al.(eds.), *Aging: Social Change*, Academic Press, 383-405.
加納光子, 2010,「災害時要援護者」西尾祐吾・大塚保信・古川隆司編著『災害福祉とは何か 生活支援体制の構築に向けて』ミネルヴァ書房, 2010年, 10.
菊池真弓, 2008,「認知症高齢者における親子関係」清水浩昭編著, 2008,『家族社会学へのいざない』岩田書院, 123-134.
―――, 2012,「高齢者と地域」松信ひろみ編著『近代家族のゆらぎと新しい家族のかたち』八千代出版, 139-155.
國光登志子, 2006,「地域社会環境を考える」認知症介護研究・研修東京センター監修『第2版 新しい認知症介護 実践者編』中央法規, 154-162.
高齢者介護研究会, 2003,「2015年の高齢者介護～高齢者の尊厳を支えるケアの確立に向けて」
高齢者痴呆介護研究・研修センターテキスト編集委員会編, 2001,『高齢者痴呆介護実践講座Ⅰ』第一法規.
社会保障入門編集委員会編, 2013,『社会保障入門2013』中央法規.
清水浩昭, 1998,「人口高齢化研究の意義と高齢化の人口学」清水浩昭編著『日本人口論―高齢化と人口問題』財団法人放送大学教育振興会, 39.
―――, 2013,『高齢化社会日本の家族と介護 地域性からの接近』時潮社.
清水浩昭・森謙二・岩上真珠・山田昌弘編, 2004,『家族革命』弘文堂.
庄司洋子・木下康仁・武川正吾・藤村正之編, 1999,『福祉社会事典』弘文堂, 418.
白澤政和, 2012,「認知症の人にとっての社会資源とは」日本認知症ケア学会編『認知症ケアにおける社会資源』(改訂4版) ワールドプランニング, 3-7.
内閣府編, 2011,『平成23年版 防災白書』佐伯印刷.
―――, 2013,『平成25年版 高齢社会白書』印刷通販.
直井道子, 2012,「認知症の人に対するインフォーマルケア」日本認知症ケア学会編

『認知症ケアにおける社会資源』（改訂4版）ワールドプランニング，153-155.
永田久美子，2011，「認知症の行方不明者の現状と見守り・SOSネットワークづくり」永田久美子・桑野康一・諏訪免典子編『認知症の人の見守り・SOSネットワーク実例集　安心・安全に暮らせるまちを目指して』中央法規，7-14.
認知症介護研究・研修東京センター・認知症介護研究・研修大府センター・認知症介護研究・研修仙台センター編，2011，『三訂　認知症の人のためのケアマネジメント　センター方式の使い方・活かし方』中央法規.
野々山久也・清水浩昭編著，2001，『家族社会学の分析視角　社会学的アプローチの応用と課題』ミネルヴァ書房.
長谷川和夫，2008，「認知症ケアの理念」日本認知症ケア学会監修・長田久雄編著『認知症ケアの基礎知識』ワールドプランニング，4-5.
森岡清美・望月嵩，1997，『新しい家族社会学』（4訂版）培風館.
和気純子，2007，「高齢者の社会的特性」福祉士養成講座編集委員会編，2007，『老人福祉論』（第5版）中央法規，24-33.

[付記]

　本稿の執筆にあたっては，認知症介護実務者研修および認知症介護実践研修の指導的役割を担う認知症介護指導者の方々，わが国の認知症ケアの先駆的な実践者として活躍されている理事長，施設長をはじめとする職員の方々に大変お世話になったことに対して深く感謝する次第である．また本稿は，福島県認知症介護実践者研修で担当した「地域社会環境を考える」「活用できる資源を考える」の講義・演習および菊池真弓，2012，「高齢者と地域」松信ひろみ編著『近代家族のゆらぎと新しい家族のかたち』八千代出版を大幅修正し，構成させたものである．

介護人材不足と外国人労働者

高尾公矢

1．はじめに

　わが国は，「少子高齢化・人口減少」社会の到来を迎え，労働力不足が深刻化している．このような状況を受け，2000年頃から高度人材をはじめとする専門的・技術的分野における外国人労働者の雇用推進が図られているが，政府の外国人労働者政策に関する基本方針では単純労働者は受入れないことを原則としてきた．ところが，現実には外国人労働者はわが国の産業構造に組み込まれ，とくに製造業や3K職（きつい，汚い，危険な仕事）といわれるような仕事では，なくてはならない存在となっている．今後どれだけの外国人を受入れるかは，わが国の労働市場の需給状態と受入れ政策によって決まる．一方，介護現場では2008年からEPA（Economic Partnership Agreement：経済連携協定）による介護福祉士候補者（以下，候補者）の受入れが始まっている．

　外国人労働者の受入れには様々な意見があるが[1]，グローバリゼーションとわが国が直面する少子高齢化・人口減少の中で介護の世界も大きな変動に見舞われ，外国人介護職の存在は無視できない状況になっている．介護職を含めた外国人労働者の受入れに対して，国民全体で考える時期が来ている．政府は，候補者受入れは国内の労働力不足を補う目的ではないと言明しているが，候補者は，将来わが国の介護職として定着するか否かの試金石になると考えられる[2]．今後わが国は，介護職の労働力不足の解決策として外国人の力を借りるか否か，政府の明確な方針と国民全体の覚悟が問われている．

　本稿は，わが国の少子高齢化・人口減少に伴って労働力不足が進行している現状と介護人材不足の実態をデータをもとに検討する．その上で候補者を

受入れた全国の施設への質問紙調査と候補者へのインタビュー調査の結果をもとにEPA制度の課題を明らかにし，外国人介護職の日本への定着可能性を検討する．

2．2030年の日本

1）生産年齢人口の減少

わが国は，少子高齢化・人口減少に伴って労働力不足の時代が到来しつつある．国立社会保障・人口問題研究所の推計によれば，2010年に約1億2,806万人だった日本の人口は，2030年の1億1,662万人を経て，2048年には1億人を割って9,913万人となり，2060年には8,674万人まで減少する（「日本の将来人口推計—出生中位推計」2012年）．

総人口が減少する中で高齢者人口（65歳以上）は，2010年は2,948万人，2030年には3,685万人に達すると見込まれている．その後2055年に3,626万人と減少に転じ，2060年には3,464万人になると推計されている．高齢者人口の増加により高齢化率は上昇を続け，2010年に23.0％，2030年に31.6％，2050年には38.8％になる．この人口推移が日本の経済・労働環境や社会生活に及ぼす影響はきわめて大きく，2030年の年金・医療・介護等を考える上で欠かせない．

人口推移のうち経済・労働環境に及ぼす影響として特に問題となるのは，「生産年齢人口（15〜64歳）」が減少することである．生産年齢人口は，2010年には8,173万人以上であったが，2030年には6,773万人に減少し，生産年齢人口比率は，63.8％（2010年）から58.5％（2030年）に低下する．つまり，人口減少だけでなく，高齢人口の増加によって生産年齢人口が大幅に減少し「労働力不足」社会が出現するのである[3]．

これに伴い，老年人口指数は36.1（2010年）から54.4（2030年）に上昇し，2010年には生産年齢人口2.8人で高齢者1人を支えていたものが，2030年では1.8人で1人を支えることになる．

今後出生率が速やかに回復したとしても，人口減少に歯止めがかかるとは考えにくい．出生率の上昇と労働力不足に対する施策を強力に推進する必要がある[4]．

2）高齢単独世帯の増加

　2030年に少子高齢・人口減少傾向が社会生活に影響を及ぼすもう一つの問題は，家族構成の変化によって「単独世帯」が急増することである．国立社会保障・人口問題研究所の推計によれば，世帯類型のうち「単独世帯」が2010年の1,570万世帯（31.2%）から2030年には1,823万世帯（37.4%）へと増加する（「日本の世帯数の将来推計と世帯数の変化」2009年12月）．世帯主が65歳以上と75歳以上の世帯類型をみると，65歳以上の単独世帯は2010年の465万世帯（31.1%）から2030年には717万世帯（37.7%），75歳以上の単独世帯は2010年の250万世帯（35.5%）から2030年には428万世帯（38.6%）に増加すると推計されている．

　単独世帯増加の要因は，晩婚化，未婚化，離婚の増加，親子の同居率の低下等もあるが，推計で示されているように65歳以上の高齢者世帯の増加が主な要因であり，単独世帯の増加には，高齢者の増加が影響している．高齢者夫婦のうちどちらかが他界すれば瞬時に単独世帯になり，さらには生涯未婚の高齢者も増加傾向にある[5]．

　高齢単独世帯の増加は，経済的・身体的・精神的に自立が困難な人々が増加することを意味し，今後高齢者の介護（care）を誰が担うのかが問題になることは間違いない．

3．誰が介護を担うのか

1）家族介護者の変化

　わが国は伝統的に，"介護"について2つの固定観念があった．1つ目は，介護は家族が担うべきであるという考え方，2つ目は，介護は女性が担うものであるという考え方である．現在，高齢者の家族介護を担っているのは誰かについて，厚生労働省「国民生活基礎調査」(2010)によると，主な介護者と要介護高齢者との続き柄は，「同居家族」が全体の64.1%で最も高く，次いで「事業者」13.3%，「別居の家族」9.8%となっている．同居家族の主な介護者は，「配偶者」25.7%，「子」20.9%，「子の配偶者」15.2%で約6割

を占める．同居家族の主な介護者を性別にみると，男性30.6%，女性69.4%となっている．

年齢別では，男女ともに50〜60歳代が全体の5〜6割を占め，仕事を持っている中高年介護者が増え，そのため介護を理由とする離職者も増加傾向にあり，その8割以上は女性であるが，男性比率も確実に高まっている．年齢別では，男性は「60〜69歳」が24.7%，女性が31.3%となっている．家族介護面での女性の役割は依然として大きいが，高齢夫婦世帯が増加している結果，家族介護者のうち夫による妻の介護が徐々に増加していることをこの数値は物語っている．しかも，かつて家族介護は「同居」が自明なことと考えられてきたが，家族形態の変化によって家族介護に「別居家族」も含まれる状況となっており，事業者による介護も増加している．その背景には，単独世帯の増加がある．

高齢者の家族形態は，三世帯同居が減少する一方で単独世帯や夫婦のみの世帯が増加し，子どもとの同居による高齢者介護は主要な形態ではなくなりつつある．したがって，今後の介護のあり方として要介護者を社会的責任において担っていく必要性が高まると同時に，介護を家族，親族でなくても，友人・知人でシェアできる仕組みづくりが必要になる．

介護保険制度は，要介護高齢者の増大，要介護期間の長期化，要介護状態の増大等に対応するため，介護問題を社会全体で支えることを目的に2000年4月に施行された．この制度によって介護職が家族に代わって介護の担い手になる時代，「介護の社会化」が始まった．ところが，急速な高齢化の進行もあって65歳以上の第1号被保険者数は，制度創設当初2000年の2,242万人から，2010年には2,910万人と増加し，要介護（要支援）認定者数も256万人から506万人となっており，介護ニーズは増大の一途をたどっている（厚生労働省「介護保険事業状況報告年報」2010）.

このような介護ニーズの増大に対応するには介護サービスの量的・質的拡大は不可欠であり，サービス提供にあたっては介護人材の確保が前提となる．

2）介護人材不足

　高齢化の進行に伴って要介護認定者が増加する中で，介護人材不足が深刻化している．2000年の介護保険創設時の介護職員数は約55万人であったが，2004年には100万人を超え，2012年には149万人に増加している（厚生労働省「介護サービス施設・事業所調査」2013）．

　厚生労働省によれば，現行の介護サービスの水準を維持しようとする場合2025年には237～249万人の介護職員（介護保険事業に従事する「介護職員」をいう）が必要と見込んでおり，現在の状態のままでは100万人規模の人手不足を招来することが予想されている（厚生労働省「介護職員をめぐる現状と人材確保等の対策について」2012）．

　将来少子化が進むことが予測される現状では，毎年約10万人程度の介護職員を確保することは国内だけでは不可能である．介護労働安定センターの調査によれば，事業所の過不足感は前年度を4.3ポイント上回り57.4％と6割近くとなっている（介護労働安定センター「2012年度介護労働実態調査結果」2013）．介護現場は，現時点ですでに人手不足に陥っており，その実態は「人材確保」ができないというよりも「人員確保」が困難な状況となっている．

　介護職員の資格には，介護福祉士（国家資格）やホームヘルパー（認定資格）等がある．これらの資格は，業務独占資格ではなく名称独占資格であり，資格と就労の関係が曖昧で，介護職員として働く場合に資格の有無が絶対的な必要条件とはならない．しかし，介護サービス提供に質の高さを求める場合，介護福祉士の資格が必要になる（厚生労働省 2011）．

　2008年，朝日新聞に「介護の人材—賃金の改善を最優先に」という社説が掲載された（朝日新聞：2008年5月30日）．この社説は，介護人材不足が深刻な事態に陥っていること，介護保険制度が人材面で崩壊しかねない危険水域に達していることを指摘している．

　介護人材不足の要因は，低賃金，労働環境，仕事のやりがい，介護現場の労働イメージなど介護現場に起因するものもある一方，増大する介護需要に人材の供給が追いついていないという2つの要因が複雑に絡み合っているのである．

介護人材不足は介護施設だけではない．介護福祉士を養成する専門学校・短期大学・大学等の養成施設は定員割れが深刻化しており，平均定員充足率は69.3％（2011年）である．養成施設によっては定員減や閉鎖の動きもある．

また，専門職としての介護福祉士の資格を持ちながらも介護等の業務に従事していない潜在介護福祉士が2009年で27.5万人存在する．介護福祉士登録をしている介護福祉士は2009年9月末時点で81万人に達しているが，全体の約34％が介護職に就いていない潜在介護福祉士である．介護福祉士登録者数は108万5,994人（2013），うち介護職員に占める割合は約3割程度であり，介護福祉士の資格を持ちながら実際には介護業務に就いていない，いわゆる潜在介護福祉士が相当数いることは介護現場の労働環境をめぐって課題が山積していることを如実に物語っている．結城（2009）は「潜在化している介護人材を呼び戻す政策が必要である」とするが，潜在介護福祉士の活用においては，介護職員の処遇改善を行い，生活が成り立つ職業として介護職を位置づけることが最優先課題であり，これが実現しない限り，潜在介護福祉士の職場復帰は難しい[6]．

4．外国人労働者の受入れ

1）補充移民の必要性

「少子高齢化・人口減少」社会の到来は，わが国だけではなくヨーロッパ諸国等先進国に共通する現象である．国連経済社会局人口部は「補充移民（replacement migration）―人口の減少・高齢化は救えるか」と題する報告書を公表した（国連経済社会局 2000，2001）．この報告書によれば，「補充移民」とは，出生率及び死亡率の低下によってもたらされる人口減少を補い，高齢化を回避するために必要とされる国際人口移動を指し，少子高齢化が進む先進国で総人口や労働力人口の減少を移民で補う場合，どれくらいの数が必要とされるかが示されている[7]．日本を含むイギリス，アメリカなど先進8ヶ国及びEU地域を対象として，総人口，生産年齢人口，扶養人口指数（65歳以上に対する生産年齢人口の比率）の3つの指標について，1995年の水準を維持するために，2050年までにどれくらいの移民が必要か，各国・地域ごとに推計

している．日本の場合，1995年の総人口を維持するには1年間に約34万人，生産年齢人口を維持するには1年間に65万人，扶養人口指数を維持するには1年間に1,000万人の移民を受入れる必要がある．この報告書の示す数値は一つのシミュレーションに過ぎないが，生産年齢人口を維持するためには少子化対策だけでは不十分であり，移民も含めた検討の必要性を，国連の試算は問題提起している．

日本経済団体連合会も，「外国人受入れ問題に関する提言」と題する報告書を2004年に公表している（日本経済団体連合会 2004）．この報告書では，専門的知識や高度な技術をもった「高度人材」だけでなく，看護や介護など特定分野を中心に「単純労働者」も含めた外国人労働者の受入れが必要だとして，そのために「外国人雇用法」の制定等による新たな外国人就労管理制度の導入，外国人子弟の教育の充実，外国人政策を総合的に調整・立案する「外国人庁」あるいは「多文化共生庁」の設置が必要と述べている．

2）外国人労働者受入れ方針

わが国は，1950年代初頭まで外国人労働者が入ってくることは想定していなかった．1950年外務省に入国管理庁が設置され，1951年に外国人を管理する「出入国管理及び難民認定法」（以下，入管法）が公布，1952年には外国人登録法（2012年7月廃止）が公布・施行され外国人登録が義務付けされたが，これは在日韓国人・在日朝鮮人らへの対応が主な目的であった．日本で外国人労働者の問題が政府レベルで議論されたのは，「第一次雇用対策基本計画」(1967) 作成時といわれている（労働省 1967）．この計画では「完全雇用の達成」が目標に掲げられる一方で，外国人の単純労働者は受入れないことが閣議で了承された（労働省 1967）．

1960年代後半から1970年代初頭にかけては好況下にあって経済界の一部からは外国人研修生を労働力として活用することを求める提案が出され，わが国の外国人労働者の受入れは，景気の動向と表裏一体となって行われてきた．

1985年にはG5のプラザ合意が結ばれ，日本経済は1980年代後半にかけてバブル景気に突入していく．バブル期には労働力が圧倒的に不足し，外国人

労働者の流入が急速に始まった．プラザ合意は日本経済に大きな影響をもたらし，日本企業は製造業を中心にアジアに生産拠点を移し始めるが，他方では外国人労働者の流入が急速に始まった．この当時は国内の「人手不足」から外国人労働者が流入し始めたのではなく，急速な円高を背景にフィリピン等から女性労働者が出稼ぎに殺到し，ホステスなど入管法で認めない活動を行った．一方，ブラジルなど南米からの日系人やアジア及び中近東中東諸国等からも出稼ぎの波が起こり，不法就労が本格化し，1980年代後半以降は外国人労働者の顔ぶれはめまぐるしく変化した[8]．

外国人労働者の増加を背景に「第六次雇用対策基本計画」(1988) では外国人労働者を「専門的・技術的労働者」と「単純労働者」に分け，専門的・技術的労働者は受入れるが，単純労働者については慎重に対応するという方針が示された（労働省 1988）．

入管法改正（1989）以降，医師，歯科医師，薬剤師，保健師，助産師，看護師等，医療業務に従事する外国人に「医療」の在留資格を認めるようになったが，介護分野は現在でも在留資格に定められた範囲で就労が認められる17種類の業務には含まれていない．介護福祉士は「高度人材」には含まれず，「単純労働者」の範疇に入る．

政府は「第九次雇用対策基本計画」(1999) でも専門的，技術的分野の外国人労働者の受入れをより積極的に推進する一方で，単純労働者は，国内の雇用・労働市場や経済社会と国民生活に及ぼす影響等を考慮して受入れないとする方針を貫いている（労働省 1999）．「単純労働者」の明確な定義はないが，鈴木（2006）は「専門的・技術的労働者」以外の労働者が「単純労働者」ということになるという．

「第二次出入国管理基本計画」(2000) では，介護労働分野に関しては，専門的，技術的分野と評価し得る人材については，積極的に受入れていく方針を示している[9]．

EPAの候補者ならびに国家資格取得後の介護福祉士の在留資格は，特例としての受入れである．法務大臣が個々の外国人に対して，特に指定する活動が認められる「特定活動」であり，国家資格取得後は無期限に働くことが

できる.「特定活動」を在留資格とすること自体,その位置づけが確立されていないことを物語っている.

「第四次出入国管理基本計画」(2010) では,わが国の国家資格を有する医療・介護分野の外国人の受入れ方針が明示され,今後はEPAルートの拡張,あるいはそれ以外の受入れシステムについても改善が検討されていくと考えられる.

河野 (2006) は,国際人口移動は地球規模で発生しているため,地球規模の視野でこの問題を捉える必要性を指摘している.

5. EPA外国人介護福祉士の受入れ

わが国は,EPAに基づき,日本とインドネシア,フィリピン及びベトナムとの間で締結された日尼経済連携協定(日尼EPA),日比経済連携協定(日比EPA)及び日越交換公文(日越EPA)に基づいてインドネシア・フィリピン・ベトナムから候補者の受入れが開始され,インドネシアは2008年度から,フィリピンは2009年度から始まっており,ベトナムは2014年度より受入れが開始される[10].

入管法は,すべての外国人をさまざまな「在留資格」に区分し,それに応じた「在留期間」を付して管理する.EPA候補者の日本での在留資格は「特定活動」であり,在留期間に上限が定められているが,国家資格取得後の在留期間に上限はなく更新が可能である.

厚生労働省は,EPA候補者の受入れ制度は「労働力不足への対応」が目的ではなく,相手国からの強い要望に基づくものであるとしている[11].

候補者は,母国と日本での日本語等研修を修了した後に受入れ施設で在留期間内に3年間の就労・研修を開始する.受入れ施設は「日本人と同等額以上の賃金」を支払い,就労・研修の支援をする.候補者は,働きながら4年以内に国家試験合格を目指す(国際厚生事業団a 2013).平成24年度第25回介護福祉士国家試験は,EPAに基づきインドネシアとフィリピンから来日した候補者のうち322人が受験し,128人(インドネシア86人,フィリピン42人)が合格した.合格率は39.8%で,前年(第24回)の37.9%よりやや向上したが,

全受験者の合格率（63.9%）に比べ大きな開きがあり，日本語の壁や施設の就労・研修の支援方法が課題となっている（国際厚生事業団b 2013，水野 2010）．

政府はこれまで介護を目的とした外国人労働者は受入れなかったが，EPA制度で来日し介護福祉士を取得した候補者には日本での定住・永住の道が開かれる．

政府はEPAの特例としてインドネシア・フイリピンから人数枠を限定する形で受入れており，あくまで特例としているが，他方で国家資格取得後は定住・永住が可能なだけに移民候補という見方もある．候補者支援は施設側に任されているため，施設ごとに就労・研修内容が大きく異なっており，それが候補者の日本語能力の向上や国家試験の合格率等に影響を及ぼしているという指摘がある（小川他 2010）．

6．外国人介護福祉士の定着は可能か

1）調査目的と方法

本調査は，候補者を受け入れた施設の就労と研修の支援態勢等が国家試験の合否にどのような影響を及ぼすかを明らかにし，その上で候補者の定着可能性を考察することを目的とした．

調査方法は，①全国の候補者受入れ施設を対象として郵送による無記名自記式質問紙調査を行った．調査期間は2012年11月～12月である．②受入れ施設及び候補者のインドネシア人とフィリピン人に対してインタビューガイドを用いて，個別に半構造化面接を行った．調査は2009年から2013年まで継続的に実施した．

2）調査結果

a）施設の属性

全国の候補者受入れ施設は281施設であり，そのうち回答を得られた施設は115（有効回収率40.2%）であった．施設の内訳は，「介護老人福祉施設」79（68.1%），「介護老人保健施設」29（25.2%），「その他」7（6.1%）であった．回答者は，「研修責任者」60（52.2%），「施設長」28（24.3%），「その他」24

(20.9%),「理事長」3 (2.6%) であり,「その他」は主に研修支援者である.施設の経営組織は「介護老人福祉施設のみ」が42 (36.5%) と1/3強を占めるが,それ以外は医療施設等を併設する施設である.候補者受入れ施設の要件に,常勤介護職員の4割以上が介護福祉士の資格を有することが定められており,人員がある程度確保されている施設でなければ,受入れは難しいと思われる.そのため現在介護職員(介護福祉士を含む)は充足しているかの問いには,「充足している(どちらかといえば充足を含む)」62 (53.9%),「不足している(どちらかといえば不足を含む)」46 (40.0%) と相対的に充足している施設の割合が高くなっている.

b) 受入れ理由

　受入れ理由(複数回答可)は,「国際貢献・国際交流のため」74 (64.3%) の割合が最も高く,次いで「将来の介護人材不足を見込んで」62 (53.9%),「職場の活性化のため」51 (44.3%),「将来の外国人受入れのテストケースとして」48 (41.7%) が上位を占めている.他方,「国,県,協会等からの要請のため」17 (14.8%),「現在介護人材不足のため」13 (11.3%) 等は決して高い割合ではなく,候補者の受入れは「先行投資」や「職場の活性化のため」等である.つまり,受入れは,試行性の強いいわば先行投資と捉えられている傾向がある.

　施設の人材状況との関連では,人材不足の施設ほど「就労重視」の傾向がみられ ($p<0.05$),国家試験対策は「自己努力」に任せる傾向がみられる ($p<0.05$).つまり現在人材不足の施設は,候補者に「戦力」としての期待を抱きながらも,国家試験の支援は自己努力に任せるという施設側の事情が明らかとなった.

c) 受入れ準備と日本語教育

　施設では候補者を受入れるためにどのような準備をしたかを聞いた(複数回答可)結果は,「職員によるチームづくり」82 (71.3%),「職員による勉強会の開催」56 (48.7%),「候補者との日本での個人面接」47 (40.9%),「利用

者への候補者についての情報発信」45（39.1％），「日本語教師の雇用（採用）」34（29.6％）が上位を占める．勿論，施設は候補者を受入れるにあたっては，住宅の確保，生活必需品の準備，インターネット環境の整備等が必要不可欠であるが，それ以外に職員とのコミュニケーションの取り方，利用者への援助方法，介護技術や専門知識の習得等が必要になる（橋本 2012）．

施設が候補者に主に学習させたい内容を聞いた（複数回答可）結果は，「日本語のコミュニケーション能力」98（85.2％），「介護技術」87（75.7％），「国家試験」85（73.9％），「日本社会の理解」72（62.6％）が上位を占める．「国家試験」を重視する施設ほど試験対策を積極的に支援する傾向がみられる（$p<0.05$），また候補者を施設の人員配置基準に算入できれば受入れ施設は大幅に増加すると考える傾向がみられる（$p<0.05$）．

d）国家試験対策

EPAで来日する候補者の在留期限は4年であり，日本で仕事を続けるためには，国家試験に合格しなければならない．試験は日本人と同様，日本語で受験する．候補者は国家試験を受験するには3年間の実務経験が必要なため，原則として受験回数は1回であるが，国家試験の合格基準に届かなくても一定の点数を獲得した候補者には1年間在留を延長することが可能で，翌年再チャレンジが認められる．しかし，それでも合格できなければ強制帰国となる．

2012年1月には，候補者95人が初めて国家試験に臨んだ．合格者は36人（37.9％）で，6割を超す日本人の合格率を大きく下回った（表1）．不合格だった59人のうち試験の成績が一定以上だった47人は滞在期間が1年延期され，次年度の再試験が認められたが，ほぼ半数が帰国を検討している．その理由は，結婚や家族の希望といった家庭の事情が大半を占めている．

国家試験について受入れ施設は，日本語と介護の知識や技術を同時に教える必要があり，しかも国家試験対策も加わるとなると，負担が大きくなることは間違いない．施設によっては，専門学校など外部機関と連携を取りながら試験対策を行っている．指導者が傍にいる候補者は，試験の傾向と対策に

表1．介護福祉士国家試験合格者数

			受験者数	合格者数	合格率（％）
平成23年度	第24回	全体	137,961	88,190	63.9
		EPA介護福祉士候補者	95	36	37.9
平成24年度	第25回	全体	136,375	87,797	64.4
		EPA介護福祉士候補者	322	128	39.8

注：厚生労働省社会援護局・福祉基盤課福祉人材確保対策室の資料をもとに加工．

関する情報が入手しやすく，模擬試験等を通じて試験に慣れることもできる．他方，施設内で自己学習を中心に学習する候補者の学習方法は効果的ではない場合がある．

　施設は候補者の国家試験対策への支援をどのようにしているかを聞いた（複数回答可）結果は，「施設職員による指導」97（84.3%）の割合が最も高く，「模擬試験の受験」89（77.4%），「外部講師による個別指導」52（45.2%），「通信教育・インターネットの活用」35（30.4%），「施設独自の教材作成」25（21.7%），「専門学校（予備校）等への通学」25（21.7%）であった．研修（座学）を重視する施設は，施設指導による指導が行われる傾向がみられ（p<0.01），国家試験対策を施設が積極的に支援している施設は外部講師による個別指導が行われる傾向がみられる（p<0.01）．受入れ施設の支援態勢が合否に大きな影響を及ぼすものと考えられる．

e）就労，研修と国家試験への支援

　候補者は，「3年間介護現場で実際に就労すること」と「国家試験の合格を目指して学習すること」を同時に進めなければならない．施設に就労と研修の兼ね合いは任せられているため，支援方針や態勢が就労重視か研修重視かは施設の裁量ということになる．

　受入れ施設は，候補者へ配慮する就労時間と国家試験学習時間の両立のジレンマを抱える．候補者の国家試験の学習が就労時間内に行われる場合，施設は候補者に対して，就労時間の賃金だけでなく，学習時間に対しても賃金

を支払うことになる．他方，「現場の経験を積むためにも仕事が前提」の方針を掲げ，国家試験は自己学習として位置付け，8時間就労を原則としている施設もある．候補者の国家試験へのモティベーションは個人差が大きいと考えられるが，施設の就労と研修に対する方針や国家試験の支援態勢も候補者のモティベーションを左右すると思われる．

施設の候補者への就労と研修に対する方針を明らかにするために，「施設では候補者の就労（実務）と研修（座学）のプログラムのうち，どちらを重視して支援しているか」を聞いた結果は，「就労重視」14（12.2%）と「どちらかといえば就労重視」43（37.4%）が約半数を占め，「研修重視」11（9.6%）と「どちらかといえば研修重視」47（40.9%）が半数であった．他方，施設の候補者に対する国家試験の支援態勢を明らかにするために，「施設の候補者の国家試験受験対策について自己努力に任せているか，それとも施設が積極的に支援しているか」を聞いた結果は，「自己努力に任せている」7（6.1%）と「どちらかといえば自己努力に任せている」41（35.7%）とが約4割を占め，「施設が積極的に支援している」27（23.5%）と「どちらかといえば施設が積極的に支援している」37（32.2%）が半数以上であった．

そこで，受入れ施設の支援態勢について，就労と研修のどちらを重視して支援するかという問に対する回答「就労重視」57（49.6%）と「研修重視」58（50.5%）の就労と研修の軸及び国家試験受験対策は自己努力に任せるか，施設が積極的に支援するかという問いに対する回答「自己努力」48（41.8%）と「施設支援」64（55.7%）の自己努力と施設支援の軸を組み合わせると受入れ施設の支援態勢の4つのタイプができあがる（図1）．

タイプⅠは，「施設の方針が就労重視のため学習時間は短時間で国家試験対策は候補者の自己努力に任せる」という「就労重視・自己努力型」である．

タイプⅡは，「施設の方針が研修重視のため学習時間は長時間で国家試験対策は候補者の自己努力に任せる」という「研修重視・自己努力型」である．

タイプⅢは，「施設の方針が研修重視のため学習時間は長時間で国家試験対策は施設が積極的に支援する」という「研修重視・施設支援型」である．

タイプⅣは，「施設の方針が就労重視のため学習時間は短時間であるが，

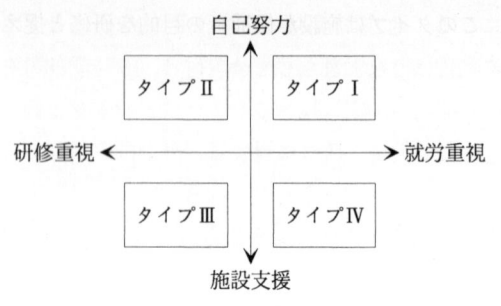

```
              自己努力
               ↑
    ┌─────┐  │  ┌─────┐
    │タイプⅡ│  │  │タイプⅠ│
    └─────┘  │  └─────┘
             │
研修重視 ←────┼────→ 就労重視
             │
    ┌─────┐  │  ┌─────┐
    │タイプⅢ│  │  │タイプⅣ│
    └─────┘  │  └─────┘
               ↓
              施設支援
```

図1．施設の支援態勢の類型

国家試験対策は施設が積極的に支援する」という「就労重視・施設支援型」である．

4タイプと各項目とのクロス集計によってタイプごとの特徴をみると，タイプⅠは「施設側の候補者受入れで苦労した点；就労及び研修のための支援づくり」(28.6%)も「利用者への候補者についての情報発信」(20.0%)も低い．このタイプは施設が候補者の目的を就労と捉え，そのため施設支援の支援態勢づくりにもそれほど苦労せず，利用者への情報発信にも関心が低い．「日本語能力試験の受験」(25.7%)は最も低く，「日本語教師による個別指導」(42.9%)も相対的に低く，「施設独自の日本語教材の作成」(2.9%)はほとんどなく，国家試験の基礎となる日本語能力向上への支援はきわめて弱い．

候補者に主に学習させたい内容のうち「国家試験」(60.0%)と「施設職員による指導」(62.9%)，「国家試験対策のための外部講師による個別指導」(20.0%)はともに4タイプのうち最も低く，施設支援は国家試験も日本語能力向上とともにきわめて弱い．「勤務時間の配慮」(45.7%)も相対的に低い．候補者への支援が弱いこともあって「研修期間中の帰国」(37.1%)は最も高い．

なお，「施設の今後のEPA候補者の受入れ予定」は38.2%と相対的に高い．このタイプは，候補者を就労が目的と捉えているため日本語や国家試験への支援には消極的であるが，今後の候補者の受入れには積極的である．

タイプⅡは，施設側の「候補者受入れで苦労した点；就労及び研修のための支援づくり」(69.2%)と「利用者への候補者についての情報発信」(61.5%)

はともに高い．このタイプは施設が候補者の目的を研修と捉え，そのため支援態勢づくりや利用者への情報発信にも関心が高い．「日本語能力試験の受験」(61.5%)は最も高く，「日本語教師による個別指導」(61.6%)も高く，日本語能力向上への支援はきわめて強い．

候補者に主に学習させたい内容のうち「国家試験」(61.5%)と「国家試験対策のための外部講師による個別指導」(23.1%)はともに相対的に低いが，「施設職員による指導」(84.6%)は高い．このタイプは日本語能力向上に重点を置き，国家試験対策は施設職員が主に担うという形態をとっている．また，「勤務時間の配慮」(53.8%)は相対的に高く，就労時間の配慮は十分に行われている．研修を重視する施設ではあるが「研修期間中の帰国者」(23.1%)は少なからずいる．

なお，「施設の今後のEPA候補者の受入れ予定」は16.7%と最も低い．このタイプは，候補者を研修が目的と捉えているため日本語や国家試験への支援は積極的に行うが，今後の候補者の受入れには4タイプのうち最も消極的である．

タイプⅢは，施設側の「候補者受入れで苦労した点；就労及び研修のための支援づくり」(55.8%)，「利用者への候補者についての情報発信」(51.1%)はともに高い．このタイプは施設が候補者の目的を研修と捉えている．そのため施設支援の支援態勢づくりには積極的で，利用者への情報発信にも関心が強い．「日本語能力試験の受験」(66.7%)と「日本語教師による個別指導」(80.0%)ともに最も高い．「施設独自の日本語教材の作成」(33.3%)も高く，施設が国家試験の基礎となる日本語能力向上への支援に積極的である．

候補者に主に学習させたい内容のうち「施設職員による指導」(95.6%)，「国家試験」(82.2%)，「国家試験対策のための外部講師による個別指導」(62.2%)はともに4タイプのうちでは最も高く，施設の支援は国家試験も日本語能力向上とともにきわめて高い．「勤務時間の配慮」(75.6%)も最も高い．候補者への支援が強いこともあってか「研修期間中の帰国」(11.1%)は最も低い．

なお，「施設の今後のEPA候補者の受入れ予定」は26.3%と相対的に低い．

このタイプは，候補者を研修と捉えているため日本語や国家試験への支援は積極的であるが，今後の候補者の受入れには相対的に消極的である．

タイプIVは，「施設側の候補者受入れで苦労した点；就労及び研修のための支援づくり」(31.9%)と「利用者への候補者についての情報発信」(41.7%)は相対的に低い．このタイプは施設が候補者の目的を就労と捉え，そのため施設支援の支援態勢づくりにもそれほど苦労せず，利用者への情報発信も関心が低いと考えられる．ところが「日本語能力試験の受験」(50.1%)と「日本語教師による個別指導」(50.0%)は相対的に高く，「施設独自の日本語教材の作成」(9.1%)は低い．このタイプは，就労を目的とするが国家試験の基礎となる日本語能力向上への支援は比較的強い．

候補者に主に学習させたい内容のうち「国家試験」(86.4%)と「施設職員による指導」(86.4%)はともに高い．「国家試験対策のための外部講師による個別指導」(63.6%)も高く，施設の支援は国家試験も日本語能力向上とともにきわめて強い．ところが就労重視のため「勤務時間の配慮」(45.7%)は最も低い．候補者への支援は強いが「研修期間中の帰国」(22.7%)も少なからずいる．

なお，「施設の今後のEPA候補者受入れ予定」は45.8%と最も高い．このタイプは，候補者を就労が目的と捉えており，勤務時間の配慮は消極的だが日本語や国家試験への支援は積極的で，今後の候補者の受入れには積極的である．

7．調査結果の考察

タイプごとに国家試験の合格状況をみた結果，回答を得た施設の候補者の国家試験受験者は31人，そのうち合格者は19人(61.2%)，施設は14施設であった．4タイプごとの合格者数は表2のとおりである．タイプIは4人(66.6%)，タイプIIは1人(20.0%)，タイプIIIは10人(66.6%)，タイプIVが4人(80.0%)であった．4タイプの特徴と合格者との関連を検討する．

タイプIは，個人的資質や候補者の学習意欲にもよるが，日本語や国家試験への準備を候補者の自己学習任せにせず外部機関に頼る等の施設の積極的

表2．施設の支援態勢の類型別国家試験合格者数

タイプ	受験者数	合格者数	合格率（%）
Ⅰ: 就労重視・自己努力	6	4	66.6
Ⅱ: 研修重視・自己努力	5	1	20.0
Ⅲ: 研修重視・施設支援	15	10	66.6
Ⅳ: 就労重視・施設支援	5	4	80.0

（平均　61.2%）

注：本調査の合格率の平均は61.2%で全国平均と比較してかなり高い．

な支援があれば合格率はさらに向上すると思われる．

　タイプⅡは，研修（座学）に力を入れるため就労を通した介護の知識や技術が身につかないままで，国家試験の準備も候補者の自己努力に任せきりになる．しかも国家試験対策は施設職員による指導に頼っており，外部講師の導入や外部機関に頼るといった形態をとっていない．国家試験の壁は，単に言葉の壁だけではなく，現場での就労をもとにした介護の知識や技術を身につけた上で国家試験に臨むことが必要である．

　タイプⅢは，研修（座学）を重視しているため介護の知識や技術が就労を通して身についていないままで国家試験の準備に臨むことになる．介護現場での就労をもとにした介護の知識や技術を身につけた上で国家試験に臨む必要がある．

　タイプⅣは，現場での就労をもとにした介護知識や技術を身につけた上で，しかも施設の日本語や国家試験の積極的支援を受けながら国家試験に臨んでいる．

　以上，4タイプと国家試験との関連で得られた知見を整理しておく．①施設の支援方針や形態にはそれぞれ特徴があり，施設のタイプごとに合格率に相違がみられ3年間就労（実務）を行ったうえで日本語や国家試験を積極的に支援する施設は合格率が高い．ただし，積極的な支援を行っても国家試験は外部講師や予備校等の専門機関に委ねることも必要である．②施設が勤務時間の配慮をして自己学習に委ねるよりも，施設が日本語や国家試験の支援

を積極的に行うことの方が国家試験合格の可能性が高い．③候補者への支援に積極的な施設が経済的負担だけではなく，人的負担など過重な負担を負うことになる．そのため，タイプⅢとタイプⅣの施設では今後の受入れを躊躇する傾向がある．

8．おわりに

わが国の少子高齢化・人口減少傾向は，経済的及び社会的側面において様々な影響を与えているが，高齢者を支える介護人材不足も憂慮される問題の一つである．現に，介護現場の職場環境等によって，介護人材不足は深刻な状態に陥っている．介護人材の労働力不足への対策として，国内の介護職の労働条件の改善や潜在介護福祉士の活用を優先し，人材確保に努めることも大切であるが，増大する介護ニーズに対応するためには外国人介護福祉士の受入れを検討する時期に来ている．先進国では国内の労働力不足を補うために，外国人労働者を受入れてきた経緯があるが，わが国も先進国のように外国人労働者の受入れをするか否かが問われている．

わが国では，EPAに基づいて2008年に外国人介護労働者の受入れを本格化することになった．質問紙調査の結果，就労（実務）を重視する施設の方が研修（座学）を重視する施設よりも国家試験の合否の鍵を握ることが明らかとなった．

就労経験は，介護職として働く上できわめて重要であり，これを疎かにしては3年間で国家試験には合格しても介護現場で介護記録が書けない，利用者とのコミュニケーションが十分とれない等の介護福祉士を生み出しかねない．候補者の就労経験を重視することは，国家試験の合格だけではなく，日本語の能力向上や職場環境に慣れていくことにつながり，日本社会への適応や定着にも影響を与える（塚田 2010）．現行のEPA制度は，受入れ施設の経済的・人的負担が膨大なため今後の受入れを躊躇する施設も出始めている（朝日新聞 2009）．

現状の介護人材不足を国内だけで満たすことは不可能である．介護人材確保という観点からもEPAを含めた外国人介護職の受入れの見直しが求めら

れる(安里 2009).

　阿藤(2003)は,「少子高齢化・人口減少社会が続けば,おそらく多民族社会の方向へ変わっていかざるを得ないと思うが,一体そういうことが可能なのかどうか」と否定的な問いかけをしている.一方,河内(2013)は,インド,タイからの受入れの検討等,海外人材への依存は不可避の方向性であると指摘し,送り出し国・受け入れ国の多様化,広域化,当該労働者数の量的規模拡大によって,近年,その動静はグローバルな進展を見せているという.介護人材として外国人労働者を本格的に受入れる場合には,同じ社会を構成する一員として迎え入れる覚悟が必要になる.

[付記]

　本研究は,文部科学省科学研究費補助(基盤研究(C)24530726)を受けた赤羽克子(代表:聖徳大学教授),高尾公矢(聖徳大学教授),佐藤可奈(聖徳大学助教)との共同研究成果の一部である.調査結果は,「EPA介護福祉士候補者の受入れ態勢の現状と課題―受入れ施設への質問紙調査を中心として―」(赤羽他,2014,聖徳大学研究紀要第24号)に掲載しており,内容は一部重複する.

注
1) 外国人労働者問題は,論じる人の立場・認識・目標等によって多種多様な主張がなされ,統一的な見解に収斂されるほど議論は煮詰まっていない.
2) EPAによる看護・介護人材受入れの目的は「日本の国家資格取得」とされ,日本での研修・就労を経て国家資格取得に至り,定住が可能になる.開国論ありきで始まる積極論者の中には,資格取得のハードルを下げることを求める主張がある
3) 人口減少は,雇用問題を惹起することなく構造改革を推し進めるチャンスであり,構造改革を推し進めることが,人口減少のもたらすマイナス面のインパクトを打ち消すという主張もある(原田 2001).
4) 日本は人口が減少する分,1人の人間がいままで以上に付加価値を生み出さなければ経済が成長しない.仮に人口が半減すれば,日本人は現在の2倍以上働かないと経済は維持できないことになる.
5) 施設等入所者の年齢別の人口が総人口に占める割合が2010年も2035年と同じ

だと仮定すると、2035年には65歳以上の場合は単独世帯が763万世帯、施設等入所者が320万人となり、約1080万人が家族と暮らしていないことになる（三浦 2013）.

6）潜在介護福祉士が職場復帰を果すかどうかは、彼らが提示する復帰の条件次第であり、特に子育てを理由に介護職を離職した者は復帰意志が強いことが明らかにされている（佐藤他 2014）.

7）国連経済社会局人口部の「補充移民」提案による日本の大量移民の必要性の影響も加わり、「新開国論」の内容も含んでいる（桑原 2002）.

8）井口泰（2001），依光正哲編（2010）参照.

9）厚生労働省の外国人労働者問題に関するプロジェクトチームは「外国人労働者の受入れを巡る考え方の取りまとめ（概要）」(2006)を示し，「専門的・技術的分野」以外の分野として、介護福祉士等資格者の受入れはさらに検討されることになり、新たな「高度技能者」というカテゴリーの創設が検討されている．

10）国際厚生事業団「平成26年度版EPAに基づく外国人看護師・介護福祉士受入れパンフレット」（2014）参照.

11）候補者の受入れ経緯については、出井（2009）参照.

文　献

安里和晃，2009，「ケアの確保をめぐって引き起こされる人の国際移動」『現代思想』青土社，pp.91-105

朝日新聞，2008年5月30日朝刊

朝日新聞，2009年5月9日朝刊

小川玲子・平野裕子他，2010，「来日第1陣のインドネシア人看護師・介護福祉士候補者を受け入れた全国の病院・介護施設に対する追跡調査（第1報）――受け入れの現状と課題を中心に」『九州大学アジア総合政策センター紀要』第5号，pp.93-98

井口泰，2001，『外国人労働者新時代』筑摩書房

出井康博，2009，『長寿大国の虚構――外国人介護士の現場を追う』新潮社

河内優子，2013，「日本EPAのアジア展開と看護・介護労働の国際化（2）」『共立国際研究』共立女子大学国際学部紀要第30号，p.87

桑原靖夫，2002，「国際化・外国人労働者の観点から」『日本労務学会誌』第4巻第1号，pp.11-12

経済財政諮問会議報告書，2008，「グローバル戦略（中間とりまとめ）」

厚生労働省，2012，『介護職員をめぐる現状と人材確保等の対策について』p.5

厚生労働省社会・援護局，2011，『今後の介護人材の在り方について（報告書）』
河野稠果，2006，「世界の動向と国際人口移動」『国際人口移動の新時代』原書房，pp.1-24
国際厚生事業団（JICWELS），2013a，『受入れ支援等の取り組み・受入れ状況などについて』
―――――，2013b，『平成26年度版 EPAに基づく外国人看護師・介護福祉士受入れパンフレット』
国連経済社会局，2000，「Department of Economic and Social Affairs, Population Division, United Nations」国連経済社会局人口部ホームページ（2013年1月15日取得，http://www.un.org/en/development/desa/population/）
―――――，2001，「Department of Economic and Social Affairs, Population Division, United Nations」国連経済社会局人口部ホームページ（2013年1月15日取得，http://www.un.org/en/development/desa/population/）
佐藤可奈，高尾公矢，赤羽克子，2014，「潜在介護福祉士の職場復帰への要因に関する研究――介護福祉士養成施設卒業生への調査を手がかりとして」『聖徳大学研究紀要』第24号，pp.33-40
鈴木江里子，2006，「日本の外国人労働者受け入れ政策」『国際人口移動の新時代』原書房，pp.187-210
塚田紀子，2010，「外国人労働者への期待と不安」『介護現場の外国人労働者』明石書店，p.78
日本経済団体連合会，2004，日本経済団体連合会ホームページ（2013年1月15日取得，https://www.keidanren.or.jp/）
橋本由紀子，2012，「EPA介護福祉士候補者の学習支援」『日本語教育』協同出版，pp.60-71
原田泰，2001，『人口減少の経済学』PHP研究所
三浦展，2013，『データでわかる2030年の日本』洋泉社
水野かほる，2010，「ベトナム人看護師候補者・介護福祉士候補者に対する日本語教育の課題」『国際関係・比較文化研究』第9巻第1号，pp.97-110
結城康博，2009，「社会保険制度における介護保険制度の意義――社会保険と福祉制度からの考察」『現代思想』青土社，pp.78-90
依光正哲編，2010，『日本の移民政策を考える――人口減少社会の課題』明石書店
労働省，1967a，『雇用対策基本計画 第1次』大蔵省印刷局
―――――，1988b，『雇用対策基本計画 第6次』大蔵省印刷局
―――――，1999c，『雇用対策基本計画 第9次』大蔵省印刷局

中国における高齢者扶養

― 「社区」からの接近 ―

張　燕妹

1. はじめに

　21世紀は，地球規模で，人類がかつて経験したことがない超高齢社会に突入する時代になると，予測させている．

　高齢化は，少子化の進展，死亡率の低下と平均寿命の伸長によって生じるとされているが，これを日本についてみると，その影響は医療・福祉，年金等の社会保障のみならず，経済成長の鈍化や家族形態の変化など，社会・経済構造の変化にまで及ぼうとしており，そのインパクトの大きさは計り知れないものがある．

　中国の高齢化も，1978年からの改革・開放政策による急激な経済成長で，生活環境，医療条件などが大きく改善され，平均寿命が延びたことと，79年からの「計画生育政策」(いわゆる「一人っ子政策」[1])がその大きな要因である．

　日本と同様，高齢化は人口問題に止まらず，経済や社会発展の重要な課題となることは避けられず，中国においても近年高齢化問題が注目され，高齢者の権益や福祉などについて法整備等が進められている．

　中国の高齢化問題を理解しようとするとき，忘れてはならない事がいくつかある．その一つは社会制度が日本と大きく異なっていることである．中国では国民年金，国民健康保険，といった公的社会保障・福祉制度の発達がなお不十分であり，したがって高齢者に対するケアも当然異なった形を取らざるを得ない．近年，中国では国家レベルの制度を補完するものとして，「社区(しゃく)」と呼ばれる半官民自治組織が高齢者のケアに大きく期待されている．

　高齢化問題やお年寄りのケアと関連して，伝統的な価値観が崩れつつある中で，お年寄りの面倒をだれが見るか，家庭なのか，社会(「社区」)なのか，

国なのかがいま中国で大きな問題となっている中，社会扶養の拡大における「社区」（コミュニティ）の果たす役割について考えてみたい．

1．中国の人口高齢化の現状

　高齢者や高齢化社会の定義について，日本等の諸外国は高齢者を65歳以上としているが，中国では「60花甲」（還暦）という伝統的な考え方や定年退職年齢（男性は60歳，女性は55歳，また職種により定年退職年齢が異なる）などの実情に基づき，政府は統計や文書の中で60歳以上を基準としている．

　また，中国ではWHOや国連（The Vienna International Plan of Action on Ageing 1982）の定義を参照して，60歳以上の人口が全体の10%，65歳以上の人口が全体の7%を超えた場合を高齢化社会と考えている．

　中国国家統計局が2013年1月に発表した最新人口統計データによると，2012年末時点，中国大陸部（香港・マカオ・台湾など含まず）の人口は13億5,404万人に達した．60歳以上の高齢者人口は，全体の14.3%に当る1億9,390万人，そのうち，男性が49%，女性が51%となっている．

　65歳以上の人口は1億2,714万人，全体の9.4%を占める．また，そのうち，60～69歳は56.2%，70～79歳は32%，80歳以上は11.8%を占める．

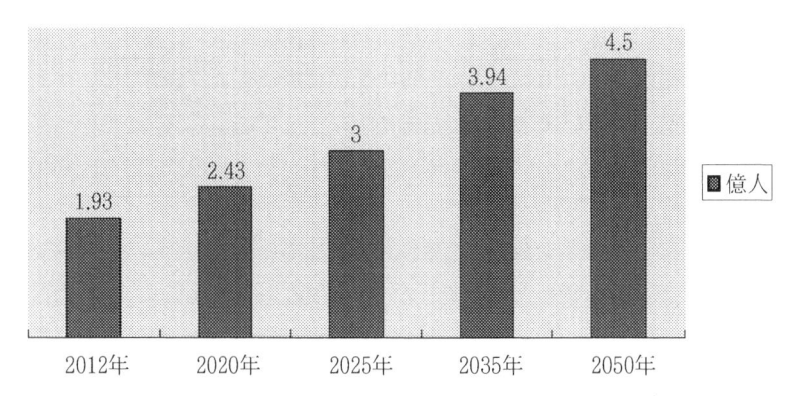

資料：全国老齢工作委員会弁公室，「老齢統計（2013年8月発表データ）」より作成

図1．中国高齢者人口数予測

現在，中国では高齢者人口が毎年860万ずつ増加しており，中国政府関係者の予測では2050年までに高齢者が総人口の3分の1を占める4億5,000万人に達するという．また，80歳以上の高齢者と要介護高齢者が年間100万人ずつのペースで増加，2050年には80歳以上の人口が1億人を超える見込みで，超高齢化社会へ突入すると予測されている（図1）．

中国高齢者人口増加のピークは2050年，それ以後，高齢者人口が減少するとみられる．

3．中国の人口高齢化の特徴

全国高齢者事業委員会弁公室（中国語：全国老齢工作委員会办公室）は2006年2月に『中国人口高齢化の発展趨勢に関する予測研究報告』（中国語：「中国人口老齢化発展趨勢預測研究报告」）を公表した．

この研究報告によれば，中国における人口高齢化の主な特徴は，次の六点に要約できるとしている．

第一は，高齢者人口の規模が大きいこと．2004年末の60歳以上人口は1.43億人，2014年には2億人，2026年には3億人，2037年には4億人を超え，2051年には4.37億人でピークを迎え，その後3〜4億人の間を推移すると予測されている．国連予測によると21世紀前半期において中国は常に世界最多の高齢者を持つ国家であり続け，世界における高齢者総人口の5分の1を占める．21世紀後半期においても中国はインドに次ぐ第二の高齢者大国であり続ける．第6回人口センサス（国勢調査）のデータによると，2010年11月1日現在，60歳以上の人口は1億7,800万人に達し，総人口の13.26％を占めた．うち，65歳以上の人口は1億1,900万人で，総人口の8.87％を占めた．中国は1億人以上の高齢者人口を抱える世界唯一の国となった．

第二は，高齢化の進展が急速であること．中国の65歳以上の高齢者人口比が7％から14％に達するまでの所要年数は25年と予想され，日本に近いスピードで高齢化が進行している．国連の予測では，1990〜2020年の世界の高齢化速度は平均2.5％だが，同時期の中国での高齢化速度は3.3％である．世界の高齢者人口が総人口に占める割合は1995年の6.6％から2020年には9.3％に

上昇し,同時期の中国では6.1%から11.5%に上昇すると予測している(表1).

急速な経済成長に伴って生活環境や医療などが改善された結果,平均寿命が延びたことに加え,都市化の進行,「一人っ子政策」による出生率の低下などが中国の急速な高齢化の背景として挙げられている.

第三の特徴としては,地域間の高齢化の差が大きいこと.上海の高齢者数は1979年に10%を上回ったが,青海,寧夏等の西部地域の省,自治区では,2012年に10%となり,高齢化の速い地域と遅い地域の間に33年の差がある.これは経済の地域的不均衡とも密接につながった現象である.

第四は,都市部と農村部の格差であることが取り上げられる.中国での都市化の進展により,農村の若年労働者が大量に都市に流入し,その結果,農村の高齢化のスピードは都市よりも速く,農村は深刻な高齢化問題に直面している.2000年の都市の高齢化率は6.4%,農村は7.5%,その差は1.1ポイントであったが,2010年には都市が7.8%,農村が10.1%に上昇し,差は2.3ポイントに拡大した.経済の発展状況により高齢化に差が出ている.全体をみると,北京市,重慶市など直轄市,江蘇省,四川省,山東省など経済的発展地域の高齢化率が高く,青海省,チベット自治区など経済基盤が弱い地域は

表1.主要国の65歳以上人口割合別到達年次とその倍加年数

国	65歳以上人口割合(到達年次)								倍加年数(年間)	
	7%	10%	14%	15%	20%	21%	25%	30%	7%→14%	10%→20%
韓国	1999	2007	2017	2019	2026	2027	2033	2041	18	19
シンガポール	1999	2013	2019	2020	2026	2027	2033	2043	20	13
日本	1970	1985	1994	1996	2005	2007	2013	2024	24	20
中国	2000	2017	2025	2028	2035	2037	2049	2063	25	18
ドイツ	1932	1952	1972	1976	2009	2013	2025	2034	40	57
イギリス	1929	1946	1975	1982	2027	2030	2060	―	46	81
アメリカ	1942	1972	2014	2017	2031	2048	2093	―	72	59
フランス	1864	1943	1990	1995	2020	2023	2053	―	126	77

資料:国立社会保障・人口問題研究所,2.14,『人口統計資料集(2013)』

相対的に高齢化率が低い．また，医療，生活環境の影響もあるが，出稼ぎなど経済発展が遅れている地域から経済発展している地域への若い労働人口の移動などの要因により，広東省の高齢化率は低い．

　第五は，女性高齢者の数が男性高齢者より多いことである．高齢者人口のうち女性は男性よりも464万人多い．その差は2049年にピークを迎え，2,645万人になる．21世紀後半期，女性高齢者は基本的に1,700〜1,900万人，常に男性高齢者より多くなる．さらに，女性高齢者のうち50〜70％は80歳以上の後期高齢者である．

　第六は，経済成長の途上状態の中で高齢化社会を迎え，いわゆる「未富先老（豊かになる前に高齢化が進む）」であること．先進諸国と状況が大きく異なる点でもある．「一人っ子政策」による人口調整を続ける中国では，加速する高齢化によって「未富先老」といった現象が日ごとに顕著になっている．

　先進国では一人当たりGDPが1万ドルを越えてから高齢化社会に入ったが，中国の場合5,416米ドル（2011年，名目）に過ぎない．先進国入りする前に高齢化社会に突入することで，経済力の低い若者に高齢者の世話をする負担を負わせることとなり，また，政府は高齢者に対する予算を捻出しなければならず，高齢化問題は中国の経済や社会に大きな負担と圧力をもたらしている．

　以上のような特徴から，大規模かつ急速な人口高齢化には政府だけでは対応が難しいことが予想される．

4．「空巣家庭（からのす）」および一人暮らし高齢者の増加

　中国国家衛生計画生育委員会の責任者王培安によれば，1970年代から人口および社会経済の変化により，今日の中国の家庭（世帯）は，次のように変化したとしている．その変化として，第一は，世帯の小規模化―第6回人口センサスのデータによれば，現在中国の平均世帯人員は3.15人となる．第二は，核家族化―夫婦二人と未婚の子どもから構成される「核家族」世帯が全世帯の7割を超える．第三は，家族類型の多様化―非伝統的な家族類型が多く，DINKS家庭，ひとり親家庭及び一人暮らし世帯の数が著しく増加．そ

の内，一人暮らし高齢者世帯は一貫して増加を続けている．第四は，家族関係の弱体化―世帯の小規模化により，家族関係が単純になり，親族人員間の相互支援が弱まる．第五は，家族の機能が弱体化―結婚・出産・高齢者扶養など伝統的な家族における様々な機能が明らかに弱化を挙げている．

表2．「空巣家庭」比率の変化

地域別	2000年	2006年	2010年
都市部	42.0%	49.7%	54.0%
農村部	37.9%	38.3%	45.6%

資料：中国网（2007），全国老齢工作委員会办公室（2012）により筆者作成．

　近年、経済改革が進展するにつれて，人々の住宅条件が次第に改善され、さらに生活様式と価値観の急激な変化によって，世代間の乖離が生じ、中国の親子の居住形態に大きな変化が生まれている。1979年から実施されている「一人っ子政策」や，近年実施されている「戸籍緩和政策」の影響により，とくに，中国の都市部において，核家族化が進み，高齢者だけの「空巣家庭（子どもが巣立ち老夫婦だけが残った世帯）」が急速に増えつつある．このように，これまで世代同居が大半を占めていた中国では、親子が別居するという住様式の新しい動向がみられる．また，都市部のみならず，出稼ぎ率の高い農村部でも高齢者夫婦のみの世帯が増加し続けている（表2）．

　また，高齢者がいるすべての世帯のうち，老夫婦のみ，または高齢者一人で暮らしている世帯の比率は，2000年には22％だったが，2010年には31％まで9ポイント跳ね上がった．このうち独居老人の比率は11％から16％に上昇した．中国社会科学院（政府系シンクタンク）が発表した2013年版「社会青書」によれば，「独居老人の増加は特に注視しなければならない」と指摘するとともに，独り暮らしの高齢者は，子どもまたは配偶者と暮らす高齢者より平均的に健康状態，栄養状態が悪く，孤独を感じている人も多く，「長く続いた計画経済と分配により，私有財産は少なく，生活も苦しい」[3]と分析している．

5．家族扶養の限界

　中国では，長い歴史を通して，家族が責任をもって老親を扶養する伝統があり，人々の中に根差している．「養児防老」（子どもを育て，老後の不安を防

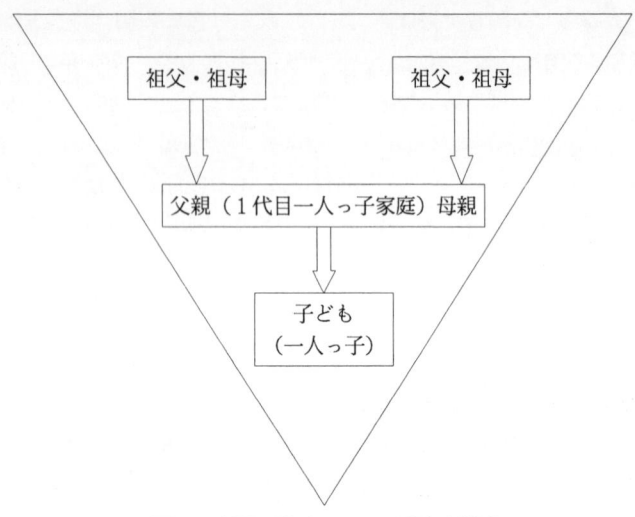

```
        ┌─────────┐        ┌─────────┐
        │ 祖父・祖母 │        │ 祖父・祖母 │
        └────┬────┘        └────┬────┘
             │                  │
             ▼                  ▼
        ┌──────────────────────────────┐
        │ 父親（1代目一人っ子家庭）母親 │
        └──────────────┬───────────────┘
                       │
                       ▼
                  ┌─────────┐
                  │  子ども  │
                  │ (一人っ子) │
                  └─────────┘
```

図2. 中国の逆ピラミッド型家庭構造

ぐ），「三・四世代同堂」(三・四世代大家族のこと) が伝統的な家族観であり，子どもより高齢者を大事にすることが一種の美徳であった．

しかし，高度な経済成長とともに生活スタイルや家庭観の変化が大きく，「核家族」，「三人家族」が増え，家族構成も変わりつつある．三世代の伝統家族が少なくなり，一人っ子同士の夫婦が老父母4人と子どもを養う「421」[4]という逆ピラミット型の扶養パターンに直面，伝統的な家族扶養機能が弱まり，夫婦2人が働きながら家庭で「孝行」するのは「力不足」で，くじけてしまうケースが続出，深刻な社会問題になっている（図2）．

このような状況の中で，中国都市部では，要介護高齢者の急増に伴う高齢者扶養機能の低下などにより，高齢者の扶養は，家族を中心とする方式がやがて崩壊すると言われており，高齢者介護の社会化が新しい社会問題として顕在化している．

6．高齢者の社会扶養

従来，中国政府の高齢者政策は主に都市部では「三無（法定扶養義務者がい

ない，労働能力がない，収入がない）」高齢者，農村部では「五保（食事，衣服，医療，住宅，葬儀への保障）」を要する高齢者といった特定対象者に対する救済措置として生活保障の取組みがなされた．しかし，市場経済への移行期（1978年～1992年）及び社会主義市場経済期（1992年以降）には，計画経済から市場経済への過渡期において「少子化」と「高齢化」が地域の共通課題となるなかで，国有企業は改革・リストラされ，地域型福祉として新たに「社区服務（地域コミュニティ福祉サービス）」が開始され，高齢者福祉施設への自費入所等を含めて，社会主義市場経済の発展と両立させた年金制度，医療制度，高齢者福祉やサービス整備が広く模索されるようになった．

　全国高齢者事業委員会弁公室は2013年2月に，高齢者事業の発展状況に関する全面的な総括と評価を行った「2013年中国高齢者事業発展報告」を発表した．報告によれば，中国の高齢化事業が現在直面している主要問題は，①高齢化に対する戦略的政策立案と計画の立ち遅れ．②政府・市場・社会など複数の主体が共同で打ち立てる高齢化対策が未完成．③老後保障と医療保証の低水準．④農村における高齢者事業の発展の滞りであるとしている．

　中国全国高齢者事業委員会は2008年に，9つの関連省庁とともに，全国に散在しているモデル事業の経験をまとめ，「高齢者向け在宅サービスの推進に関する意見」を発表した．「意見」は高齢者向け在宅サービスにおける基本的な任務を示し，実行への保障措置を提案し，今後の一定期間内における政策的な指針とするものであった．全国高齢者事業委員会弁公室の責任者によると，今後中国政府の主要任務としては，高齢者の在宅扶養，「社区」（コミュニティ）による扶養，施設扶養の3つのカテゴリーで構成される中国の高齢者社会扶養サービス体系の構築を主軸に，「90―7―3方式」という目標を実現するという．

　「90―7―3方式」とは，各「社区」（コミュニティ）に高齢者サービスセンターを設置し，介護従業員の技能訓練などを進めるなど，2015年には，「高齢者の90％が在宅で，7％がコミュニティ施設で，3％が扶養施設で老後生活を送る」という目標の実現を目指す．

　扶養施設などの高齢者施設の未整備は高齢者事業の発展に向けた主要課題

となっている.中国政府は公営高齢者扶養施設の建設に注力すると同時に,民間資本の当該分野への参入も奨励している.「中国高齢者事業発展第12次五カ年計画」や地方政府の実施策など中国政府の一連の政策では,その意向が表れており,今後,民営高齢者施設の一層の発展が期待される(表3,表4).

表3.近年政府による施行された主な高齢化対策

政府部門	施行日	施策・方針
国務院	2011年9月17日	中国高齢者事業発展第12次五カ年計画 (中国語:中国老齢事業発展"十二五"規劃)
国務院弁公庁	2011年12月16日	高齢者の社会扶養サービスシステム構築計画(2011—2015年) (中国語:社会養老服務体系建設規劃(2011—2015年))
国務院	2013年9月6日	介護産業発展加速に関する若干の意見 (中国語:国務院関于加快発展養老服務業的若干意見)
全国老齢工作委員会弁公室,国家発展・改革委員会,教育部,民政部,労働保障部,財政部,建設部,衛生部,国家人口計画委員会,税務総局	2008年1月29日	高齢者向け在宅サービスの推進に関する意見 (中国語:関于全面推進居家養老服務工作的意見)
民政部	2012年7月24日	民政部の民間資本の介護サービス分野への参入を奨励,誘導に関する実施意見[5] (中国語:民政部関于鼓励和引導民間資本進入養老服務領域的実施意見)

第3部　高齢者と介護

表4．各施策の主な内容

施 策・方 針	主 た る 内 容
中国高齢者事業発展第12次五カ年計画（中国語：中国老齢事業発展"十二五"規劃）	・在宅介護型，施設介護型，医療介護型の3種類の高齢者扶養施設の建設を推進し，介護用ベッド数を千人当たり30床，合計342万床新規増床． ・高齢者福祉施設や高齢者用の活動スペース，バリアフリー施設の建設を加速し，文化・教育・スポーツ・フィットネス施設を増設し，高齢者のメンタルケア・文化活動を充実させる． ・都市部の全域，80％の郷鎮，50％の村においてコミュニティ総合サービス施設・ステーションを設立し，高齢者在宅扶養サービス事業を実施する． ・高齢者の在宅扶養サービス情報システムの構築を加速し，在宅扶養サービス情報プラットホーム試行事業を実施，試行範囲を徐々に拡大していく． ・高齢者事業関連の法律法規を整備． ・高齢者産業（シルバー産業）の管理と支援を強化． ・管轄地域内の65歳以上の高齢者に定期的な健康診断を行い，記録を保存する．精神面の配慮も重視する． ・高齢者の医療保障体制を健全化する． ・高齢者向けの医療・衛生・保健事業を推進し，高齢者の在宅リハビリ看護サービスを充実させる． ・専門スタッフの育成に力を入れ，高齢者向け衛生サービス能力の向上に努める．
高齢者の社会扶養サービスシステム構築計画（2011—2015年）（中国語：社会養老服務体系建設規劃（2011—2015年））	・主要事業 ①高齢者の在宅扶養 主に訪問サービスの形式となる．基本的な生活では，自立できる高齢者に，家事サービス，高齢者食堂，法律相談などのサービスを提供する．自立できない高齢者，ひとり暮らし，寝たきり高齢者に対して，家事労働，訪問看護，補助器具の配置，食事宅配サービス，バリアフリー改造工事，緊急呼び出しベルの設置等のサービスを提供する． ②高齢者の「社区」（コミュニティ）扶養 デイサービスと在宅扶養サポートの2つの機能を有する．都市部において，「社区」サービス施設を増設し，高齢者扶養施設ネットワークを充実させ，在宅扶養サービスのプラットホームを創設していく．農村部においては，老人ホームをベースに，デイサービスや短期介護サービスを提供，段階的に「社区」サービスセンターへ移行．高齢者のみの家庭に対し，食事配送，短期介護サービスなどを行う．また，助け合い精神の提唱，共同参加を促す． ③高齢者の施設扶養

	サービスは施設の建設に重点を置き，施設の建設を通じて基本的なサービス機能を実現する．高齢者介護施設は主に寝たきり・準寝たきり高齢者向けにサービスを提供するが，主な機能としては，(1) 生活ケア．施設はバリアフリー基準を満たす必要があり，必要な付属機能付きの部屋を配置し，高齢者の衣，食，排泄，入浴，室内外活動等日常生活の需要を満たす．(2) 介護リハビリ．関連機材や作業環境を整備する．(3) 緊急救援．高齢者の疾病など突発的な状況への対処，施設内に医療機構の設立をも奨励する． ・事業目標 2015年末までに，1,000人の高齢者に30床，計340万床を新設，既存の30％を改造，基本的なサービス体制を構築完了．
介護産業発展加速に関する若干の意見 （中国語：国务院关于加快发展养老服务业的若干意见）	2020年まで生活介護，医療保健，メンタルケアなどの面から都市・農村部の高齢者扶養サービス施設を整備し，介護用ベッド数を高齢者千人当たり35床〜40床以上設けるとの目標を立てた．また，高齢者向けの医療機器・保健用品，介護サービス，観光旅行，金融サービスなどの分野を発展させ，産業の多様化を促進，社会資本を利用して関連企業を育成すると定めた．
高齢者向け在宅サービスの推進に関する意見 （中国語：关于全面推进居家养老服务工作的意见）	・基本任務 ① 政府主導と社会参加を融和 ② 在宅サービスへの取り組みを強化 ③ 「社区」サービスの普及を推進 　　農村地域へのサービス拡大など
民政部の民間資本の介護サービス分野への参入を奨励，誘導に関する実施意見 （中国語：民政部关于鼓励和引导民间资本进入养老服务领域的实施意见）	民間資本の在宅・地域社会の介護サービス，介護施設またはサービス施設の開設，基本介護サービスの提供，介護産業への関与を奨励し，民間資本の介護サービスへの参入に対する優遇政策を確かなものとし，民間資本の介護サービス分野への参入に対する資金面での支援を拡大する．

資料：日本貿易振興機構（北京事務所）（2013）20〜24頁，および，国務院（2013）により筆者作成．

7．「社区」サービスによる高齢者扶養の可能性

1990年代，都市の社会保障体系が注目され始める中で，「社区」[6]＝地域コミュニティ（community）の語が急浮上し，その活用が重視されるようにな

ってきた．従来は「単位（職場組織のこと．英語では，work unit あるいは workplace と訳される．）」が生活保障機能の末端を担ってきたのが崩れ，他方で地域住民の生活共同体の重視により，「社区」でこの高齢者活動，衛生，住民サービス，障がい者福祉など整備されつつある．

「介護の社会化」という政策課題の一環として，中国政府は「社区」（コミュニティ）を基盤とした高齢者介護サービスのネットワークの整備に力を入れている．1993年以後，都市部の当該区域を管轄する行政の末端組織である「街道弁事処」が「社区サービスセンター（中国語：社区服務中心）」を設立，「社区」内の住民に福祉サービスを提供している．2011年末時点，その数は7万547カ所に達した[7]．

現時点では，「社区」サービスは基本的に都市部を中心に展開され，そのうち，約37.4％の「社区」では訪問介護サービスを提供している．農村部では半数近くの高齢者は「社区」が提供する訪問介護サービスを必要としているが，サービスを提供している地域の割合は9.9％と環境整備が遅れている．また，「社区」サービスセンターの数がまだ少ないため，全体の訪問介護サービス利用率は3％程度にとどまっている．

前述したように，中国政府は2015年には，「90―7―3方式」の「7％がコミュニティ施設で老後生活を送る」という目標を挙げ，各地域に家政サービス，訪問介護サービス，食事配送サービスを提供する「社区サービスセンター」を設置，サービス従事者の技能訓練などを進めている．中国老齢科学研究センターによる試算では，高齢者扶養の「社区」サービスの対象人数は2015年には310万人に増え，売上高は238億元に達するという．これに伴って関連施設のベッド数が93万床，従事者は62万人に達する見通しである[8]．

1）高齢者に提供する「社区」サービスの種類

現在，各地の「社区」サービスは，基本的に家庭訪問サービスと施設通所サービスを組み合わせたものとなっている．介護が必要な高齢者を中心に訪問サービスを提供，外出困難な高齢者を対象に配食サービスを提供，また「社区托老所」，「日間照料中心（ディケアセンター）」というデイサービスを提

供している.

・在宅介護／訪問介護サービス

　地方政府が出資・補助する在宅介護，訪問介護サービスは，介助が必要な高齢者を対象に，「社区サービスセンター」は登録されたホームヘルパーや介護従業員を各家庭に派遣し，排泄，食事，掃除や洗濯など日常生活上の世話，通院の付き添い等の介護サービスを提供する．利用者は，自立で生活できない高齢者，「空巣老人」や障がいを持つ高齢者が多く，低所得者が大半を占める．

・施設通所サービス／デイサービス

　政府が出資・運営する「社区日間照料中心」(「社区」デイケアセンター）は都市部を中心に展開され，主に自立で生活できる高齢者，外出できる高齢者を対象に，食事サービス，高齢者イベント開催や交流，娯楽スペースなどを提供している．一部の施設は健康管理，リハビリなどのサービスも行う．

・食事サービス

　「社区サービスセンター」は主に健康高齢者を対象に昼食を提供する食堂サービス，外出困難な高齢者に対し，高齢者の自宅に食事を届ける食事配送サービスなど「高齢者の食卓」サービスを提供する．

2）高齢者に提供する「社区」サービスの概況

　様々な「社区」サービスの中で，高齢者の地域生活を保障するために，在宅生活支援の一環として，「社区」サービスがより重視されてきた．全国の「社区」サービス状況から見ると，サービスの内容や項目等については，訪問サービス，指定場所でのサービス，巡回サービス等の方式により，高齢者に対し，生活介護，家事サービス，緊急救援及びその他の無料又は低単価でのサービス項目を提供しており，高齢者の在宅支援を推進する環境の整備に努めている．他に，高齢者に対する文化娯楽サービスや高齢者同士の結婚相手を紹介するサービス等も行っている．例えば，「老年保護組」（身内がいない老人に家事援助，身体介護などサービスの提供），一部の「社区」が設立された「老年公寓」（高齢者マンション）や「敬老院」（老人ホーム），「老年人

保護組」（援助者が要援護高齢者と組んで，生活状況を常にチェックし援助を与える），「老年人文化娯楽・医療康復診療総合中心」（医療リハビリテーション），などシリーズとして飛躍的に発展してきた．

都市部を中心に，「社区」サービス事業は最も顕著に展開してきた．各「街道弁事処」や「単位」に「社区老人服務中心」（地域高齢者サービスセンター）や「社区敬老院」（地域老人ホーム）等高齢者扶養施設が設置された．高齢者の身心を共にした健康づくり事業の一つとして，「大衆浴場」，「食堂」，「老人病院」，「健康回復センター」など地域の高齢者に向けた施設を作り出した．また，生きがい事業としては，高齢者を対象に生活，学習，スポーツ活動，老年大学（生涯学習）の開催活動が活発に行なわれ，住民参加の助け合い活動の展開や企業団体との交流なども行われている．さらに，在宅で介護を受けられない高齢者を支援するために，民間や個人による高齢者サービス施設の設置もできた．例えば，民間事業として，日本ではホームヘルパーとデイサービス事業と呼ばれる「家政サービス」と「托老所」，そして，地域高齢者在宅援助サービスネットワーク事業も展開されている．

「社区」の高齢者扶養サービス事業は，従来の企業福祉サービスから社会福祉サービスへの転換を推し進めてきた．これらの新しい社会サービスの展開により，高齢化社会を取り巻く経済，社会の諸問題や，国，企業，そして家庭の高齢者への介護負担が軽減されてきている．

しかし，以上のような全国に展開されている動きは，中国においては，政治・経済社会の変化によって，「社区」サービスの提供体系に違いがあり，地域差も大きいのは現状である．高齢者が在宅の自立生活を支援しながら，その家族の介護負担を軽減するためには，「社区」における対人援助サービスシステムの構築が不可欠となる．

3）高齢者向け「社区」サービスの課題

前述のように，中国では，高齢者扶養を従来の家族的扶養だけで担っていくことはすでに限界が見えてきた．そこで，社会的扶養への道を模索しなければならない．社会的扶養への道を切り拓く方途として，「社区」のもつ意

味が大きいであろう．家族による「孝行」の実践の社会化への転換において，「社区」の高齢者福祉サービスの形態はますます重要な役割を果たしていくことになろう．

しかし，現段階において，「社区」には，次のような課題が浮上してきている．

第一は，関連制度の未整備，行政システムが不十分であること．近年，中国政府は，都市部で基本養老保険と基本医療保険，農村部で新型農村社会養老保険と新型農村合作医療保険の拡大に取り組んでいるが，農村の養老保険加入率はまだ低い．高齢者の在宅扶養，施設での集中的な介護と「社区」でのコミュニティーケアが互いに補完し合う介護システムが徐々に構築されているが，日本や韓国，ドイツのような介護保険制度がないことも重要な課題となっている．また，地域によって経済基盤の差が大きく，中央政府と地方政府の高齢者福祉サービス産業発展に関する政策の統一が図られておらず，法制度の確立や行政サービスシステムの整備はなお不十分である．

第二は，サービス提供する側の現場の人手不足である．現在，「社区」における高齢者向けサービスはほとんどすべて「社区居民委員会」が担っている．「社区居民委員会」は高齢者向けサービスに取り組む他，「社区」の住民に向けた様々なサービスを提供する担い手である．具体的には，「社区」は各レベルの政府の政策的な業務を代行している組織として，「社区」全住民向けのサービスの調達・提供，社区治安の維持，社会保障手続きの取り扱いなどの業務も担当している．限られている「社区」スタッフは各レベルの政府の様々な業務を代行していると同時に，高齢者向けサービスの調達・提供を携わっていることにより，精神的にも体力的にも限界になっている．専門的な福祉事業体の育成が必要とされている．

第三は，専門スタッフが足りないことである．高齢者サービスは人へのサービス労働であり，そのサービスの量と質はサービスを提供する人材の量と専門的な技能と深く関わっている．特に，高齢者の看護・介護など医療サービスのような直接的なサービスニーズを満たすために家族やボランティア，近隣住民同士等の非専門職による対応は限界がある．ケアマネージャー，ソ

ーシャル・ワーカー，ホームヘルパーなどの専門人材の育成は，「社区」における高齢者サービスシステムの充実に取り組むべきであろう．

　第四は，住民の参加率が低いことである．前述したように，中国の定年退職年齢は60歳である．都市部の定年退職高齢者は優遇された社会保障制度を享受しているので，再就職率が低い．『2006年中国城郷老年人口状況追跡調査データ分析』によると，都市部における60歳以上の高齢者の再就職率はわずか5.19%にとどまっており，そのうち，60～64歳高齢者は全高齢者の30.3%を占めていて，65～69歳高齢者は全高齢者の25.5%を占めているが，それぞれの再就職率も11.06%と6.43%にすぎない．彼らは親としての役割と職業生活はほぼ終了し，「社区」を拠点として，社会的な活動を続ける活躍期に入る．これまで蓄積された人生経験やエネルギーをいかに生かし「社区」における要支援高齢者とつながり，様々なサービスを提供するかに関して，大きな潜在力を秘めている．元気な前期高齢者のために他の年齢階層の高齢者向けのサービスを提供できるような環境づくりは今後の「社区」における高齢者サービスシステムの充実の一つの大きな課題として残されている．

　第五は，農村部と都市部の格差である．2011年末現在，中国の高齢者は約6割近くが農村に住んでおり，農村の高齢化率は16.3%で，都市よりも5%高いとされる．若年層の出稼ぎが農村部の高齢化を加速させている．都市部では，民間企業による様々な介護サービスが展開される一方，農村部では社会的インフラが劣り，民間企業の参入も少ない．家庭介護力の低下も深刻な状況になりつつある．前述した『高齢者の社会扶養サービスシステム構築計画（2011-2015年）』の主要事業として，農村部における「社区」サービスの目標は，敬老院（老人ホーム）をベースにデイサービスや短期介護サービスを提供，段階的にコミュニティサービスセンターへ移行．高齢者のみの家庭に対し，食事配送，短期介護サービスなどを提供すると計画している．また，『高齢者向け在宅サービスの推進に関する意見』には，「農村地域へのサービス拡大など」を基本任務としている．

8．おわりに

　近年，少子化・高齢化の進展による家族形態の変化は，家族による老親扶養の能力の低下を引き起こし，高齢者に対する家族の生活保障は危機的な状態に陥っていることがわかった．さらに，現代化・都市化の急進，核家族の激増により，ひとり暮らしの高齢者や高齢者夫婦のみの家庭が急速に増え，加齢に伴う要介護問題も顕在化し，高齢者が在宅で安心した老後生活を送ること（家族扶養）は困難となってきた．

　日本ではお年寄りのケアについて国が面倒を見るのは当然という考えが浸透してきているように思われる．しかし中国では，国に高齢者の面倒を見る義務があるという考えは一般的ではなく，そうした考えに立った法律も保障もない．逆に，高齢者の面倒を見るのは子どもたち若い世代だという法律はある．婚姻法と高齢者権益保護法は，高齢者については，その配偶者，子ども，兄弟そして孫が扶養する義務があることが明文化されており，扶養の内容としても，経済だけではなく，生活の面と精神的な面の面倒も見ないといけないことになっている．伝統的に儒教的な思想で子どもは親孝行をしなければならないということがあるが，ただ，実際には，都市部のみならず，農村地域では，経済的な理由などで子どもが高齢者の面倒を見ることが困難である．

　一方，中国には，高齢者に対する社会扶養サービスはまだ初期段階にあり，新たな状況・任務・ニーズに適応していない課題が存在する．具体的には，(1) 全体的な計画の欠如，システムの整合性と継続性の欠如，(2)「社区」扶養サービスと高齢者扶養機構のベッド不足の深刻化，需要と供給の明らかなギャップ，(3) 粗末な施設と機能の単一性により，十分な介護，医療リハビリ，心理・精神的ケア，などのサービスを提供することができない，(4) 都市部と農村部，地域間の格差による発展のアンバランス，(5) 政府の資金投下不足と民間投資の限界，(6) 提供するサービスの専門性が低い，業界の進展が遅れる，(7) 国の優遇政策の未実行，(8) サービス基準，業界の自主規制と市場管理の未成熟等様々な問題に直面している，と中国政府が前述し

た『高齢者の社会扶養サービスシステム構築計画（2011—2015年）』で問題提起している．

こうなると，現段階の中国では，「社区」が高齢者にとって，最も直接的で，重要な福祉サービスの供給者となってくるのではなかろうか．

「社区」サービスによる介護は基本的在宅介護であるが，在宅介護は施設介護に比べてコストが低いだけではなく，高齢者は自宅で残りの人生を送ることができるというメリットと，自分自身の好みに応じて生活をすることができるなどの利点もある．

21世紀初頭の中国においては，高齢者の介護の主な拠り所はなお家族であるが，公的介護も「社区」サービスを中心に整備を進めることが潮流になってくるものと思われる．

2013年9月に国務院より発表された『介護産業発展加速に関する若干の意見』は，2020年までに在宅介護を基本とし，「社区」や施設での高齢者向けサービスを整備していく方針となっている．

現在の中国は，これまで見たように，「社区」という半公的特殊組織が，高齢者ケアについて家族と国が果たすべき役割のかなりの部分を担っているとみることもできる．しかし，急速に進む高齢化に対し，「社区」が十分対応できるかどうかは未知数である．日本のように，豊かな経済力をバックに，高齢者のケアを国や民間が全面的に支援するシステムが確立できればいいが，中国はまだその段階には達していない．しかし高齢化は急速に進んでいる．中国では，高齢者に対するケアは子どもの義務であるという伝統的な考えもなお根強いが，早晩，高齢化問題について政府と社会と個々人がどういう責任を持つかということがそれぞれに厳しく問われることになるのではなかろうか．

注

1) 30年以上にわたって続けられてきた人口抑制のための「一人っ子政策」が修正されだした．2013年11月12日に閉幕した中国共産党第18回中央委員会第3回全体会議で，1979年に導入した「一人っ子政策」の緩和を明確に打ち出し，夫婦のどちらか一方が一人っ子なら第2子まで出産を認めることを決めた．

2）中国国家衛生計画生育委員会,「中国家庭呈現五大変化」, http://news.xinhuanet.com/world/2013-12/04/c_118413274.htm
3)「中国,独居の高齢者急増 10年で比率11％から16％に」,『日本経済新聞』（Web刊）（2012年12月13日）, http://www.nikkei.com/article/DGXNASGM1907D_Z11C12A2FF2000/
4）近年中国では,一人っ子同士が結婚してつくる家庭を「421家庭」という．すなわち4人の双方の父母,一人っ子同士の夫婦,そして彼らの子ども1人という7人から構成される家族関係,これが一般的な家庭の姿になりつつある．
5）民間資本,政府が保有する資本外の資本を指す．
6）「一定の地域範囲内に人々が集まり,組織された社会生活の共同体」と政府が定義している．
7）日本貿易振興機構編（北京事務所）, 2013年, 40頁
8）日本貿易振興機構編（北京事務所）, 2013年, 41頁

文　献

（日本語）

華鐘コンサルタントグループ, 2013,『日刊［華鐘通信］』,第3172号
国立社会保障・人口問題研究所,『人口統計資料集（2013年版）』, Ⅱ.年齢別人口,表
　　2－18　主要国の65歳以上人口割合別到達年次とその倍加年数
　　http://www.ipss.go.jp/syoushika/tohkei/Popular/Popular2013.asp?chap=0
佐藤康行・清水浩昭・木佐木哲朗編, 2004,『変貌する東アジアの家族』,早稲田大学出版会
張燕妹, 2003,「中国における『社区』の発展と現状――高齢者扶養を中心として」
　　『社会学論叢』第147号,日本大学社会学会
―――, 2005,「中国の高齢者扶養における『社区服務』の役割に関する研究――北京市の事例を中心に」『社会学論叢』第152号,日本大学社会学会
日本貿易振興機構（北京事務所）, 2013,『中国高齢者産業調査報告書』
　　http://www.jetro.go.jp/jfile/report/07001397/ChinaKoreisyaRev.pdf

（中国語）

北京市民政局, 2011,「居家養老服務体系建設研究」
　　http://www.bjmzj.gov.cn/news/root/llyj/2012-03/103639.shtml?NODE ID=root
国務院, 2011,「中国老齢事業発展"十二五"規劃」
　　http://www.gov.cn/zwgk/2011-09/23/content_1954782.htm

国务院, 2013,「国务院关于加快发展养老服务业的若干意见」
　　http://www.gov.cn/zwgk/2013-09/13/content_2487704.htm
国务院办公厅, 2011,「社会养老服务体系建设规划（2011-2015年）」
　　http://www.gov.cn/zwgk/2011-12/27/content_2030503.htm
民政部, 2012,「民政部关于鼓励和引导民间资本进入养老服务领域的实施意见」
　　http://fss.mca.gov.cn/article/zcwj/201207/20120700336902.shtml
全国老龄工作委员会办公室, 2006,「中国人口老龄化发展趋势预测研究报告」
　　http://www.cncaprc.gov.cn/yanjiu/33.jhtml
全国老龄工作委员会办公室, 2012,「2011年度中国老龄事业发展统计公报」
　　http://www.cncaprc.gov.cn/res/w/2012_3/file/v21ah7it00m9.pdf
全国老龄工作委员会办公室, 2012,「2010年中国城乡老年人口状况追踪调查情况」
　　http://wenku.baidu.com/view/657cb01ac281e53a5802ff30.html
吴玉韶编, 2013,『中国老龄事业发展报告（2013）』, 社会科学文献出版社
中国网, 2007,『『中国乡老年人口状况追踪调查』研究报告」
　　http://www.china.com.cn/news/txt/2007-12/17/content_9392818.htm

タイ国における伝統的家族介護と高齢者福祉

酒井　出

1. はじめに

　日本においては，老人問題が顕在化するにつれて，伝統的家族福祉（「含み資産」と言われたこともあったが）の機能が衰退し，社会福祉政策確立の要請が強まり，多くの高齢者福祉施策等が整備・拡充されてきた．

　タイ国の場合にも，おそらく同様の経過がみられたものと思われるが，日本における「嫁が老親介護の規範」に相当する規範や，家族・親族および近隣等の相互に困窮した際の助け合い等，伝統的家族介護や地域相互扶助が充分に機能していた状況から，経済開発に伴う産業化，都市化の進展等に伴って，家族や地域社会の福祉機能が衰退し，新しい社会福祉ネットワークの形成等の事実がみられたものと推定される．

　ここでは，（1）タイ国における家族の特徴と家族介護，（2）タイ国における高齢者福祉政策の現状，（3）タイ国東北部ルーイ県における高齢者の生活と介護に関する意識調査結果の分析等の課題を中心に検討しつつ，日本の家族や地域社会の特質を活かした高齢者福祉サービス構築の可能性との対比において比較考察する．

2. タイ国における家族の特徴と家族介護

　タイ国の農村家族は，（1）妻方居住制，（2）老親の扶養は，末娘が担当する場合が多い，（3）双系制で夫方，妻方両方の家族間の相互扶助が強く期待される等の特徴がある．

　南タイを除き，北タイでも，東北タイでも，家族の居住形態は，家族周期によって異なる．北タイの3つの村を調査したアブハ・シリボンクスは，

「3つの周期段階」を見い出している.

第1段階は，父，母，未婚の子からなる家族.
第2段階は，これに結婚した長女の夫婦と子どもが加わる.
第3段階は，次女が結婚すると，長女とその夫と子どもたちが，同じ屋敷内に住居を建て移り住み，次女とその夫とそして子どもが老親と住む段階.

こうして，娘の数だけ，屋敷内への移住が行われ，最終的に結婚した娘（ふつうは末娘）が親と残り住む.

両親が亡くなった段階で，第1の段階へ戻る．この様式は，かつて水野浩一が「屋敷地共住集団」と呼んだものであった（水野 1981：102）.

上記のタイ国農村家族の家族周期について，口羽益生はコンケーン県ドンデーン村を事例として，次のように詳細に説明を行っている．「ドンデーン村における家族周期を一般化すると次のようになる．娘が結婚すると家に残り，婿を迎える．その妹が結婚するのと前後して，姉は屋敷地内に小さな家を建て，別世帯を作る．このような過程を経て，老親を扶養するために末娘夫婦が家に残り，家と屋敷地を相続する．田畑は娘に相続されるが，実際には老親の一方が亡くなったときになされる．息子は金銭や家畜を親からもらって婚出するので，田畑を相続しないケースが多い．姉が別世帯を作ってから相続が行われるまでの一時期に，妹および両親の世帯と姉の世帯との間で共同耕作と共同消費が行なわれることが多い．これを村人は，"ヘットナムカン・キンナムカン"（共に働き，共に食べの意）と呼んでいる．その言葉は共同感情を示すシンボルともなっている．もう一つ，このような親族関係で重要なことは，父と母の双方の系譜の上で等しく重視する双系制である．双系制は単系制に比べて親族が一方の出自を中心に集団的に凝集しにくい構造を持つが，ドンデーン村では，世帯間の相互扶助は，強調され，強く期待されている（口羽 1990 p.91）という機能的側面をもっている.

また，このような土地の相続と老親の扶養の関係については，タイ国農民の仏教的世界観との関連がある．このことについて，口羽は，前記事例村における調査を通して以下のように説明している.

「親は農地を4～5等分し，子には各々1をあたえ，残りの1～2を親または両親のために保持するという．親の分は，いわば老後の生活補償のためにのものであるが，これにはまた別の意味もある．したがって，日本の封建時代のように一子による永続的な相続の慣行もなかった．

　すなわち，この親の分は，古い言い方で父母の為の「供養料」と表現される．水田のみならず，親が最後まで保持する家・屋敷その他の財を含むこの「供養料」は，親の老後を世話する子によって相続される．したがって，その子（多くの場合末娘）は，他の子よりはるかに多くの資産を相続することになるが，親の死後，親の来世での転生のためのタンブン（功徳を積むの意）儀礼を主催する義務がある．このように，「供養料」にはいくつかの含意がある．一方では，それは親の老後を世話した子への代償である．キョウダイの間で，親の老後の世話をした者には敬意が払われ，その者が代償を得ることは当然であると考えられている．他方，親にとっては，「供養料」は老後の世話をしてくれる子を引きつけるための素材でもあるが，同時に親のより良き後生のタンブンのために必要な財でもある．

　一般には，末娘が同居によって親の老後の世話をし，「供養料」を相続する場合が多いので，末娘は他のキョウダイよりは多くの財を相続することになり，近親の間で頼りにされる者となりやすい．キョウダイの世帯で飯米が足りない場合，この親元の末娘の世帯から飯米をもらうことは，当然であると考えられている」（口羽 1990：340）．

　さらに，東北タイの事例農村を調査した口羽は，タイ国農民の老後の生活ついて「人は病に出会い，体力も衰えて老いるに従って自らの後生が不安になる．男性は老いてからも僧になり，ブンを積むことができる．しかし，女性にはその道は閉ざされている．したがって，寺の仕事や平素のタンブンに女性が熱心であるのは不思議ではない．60歳を過ぎ，よい娘婿をもち，農業を任せられるようになると，仏日に寺へ参詣する親は非常に多い．しかし，いくら功徳を積んでも，これで十分だと思わない高齢の村人は少なくない」と，仏日に寺へ参詣に行く老人の姿を記述している（口羽 1990：478）．

　加えて，このような老人をタイ国の農民達がどのように見ているかについ

て,「体力が衰え,病気がちになる老人は,そうした社会関係を望ましいものとして具現する存在である．非常に尊敬され,大切にされる．同時に,老人の判断には多大な信頼が寄せられる．それは,肉体的に社会の周縁に退きながら,宗教的世界との関わりにおいて求心化することができる立場にあるからである」(口羽 1990：478)と老人に対する関係者の思いやりも窺うことができる．

　また,一般的な相互扶助については,「近親関係の規範として重要なものの一つは,長幼の序に基づくもので,世代を異にする近親の間ではもちろん,同世代の年長者と年少者の間でも,相互に尊敬と庇護が期待される．もう一つの規範は,近親間では,「持てる者」が「持たざる者」を助けるという原則である．一般的には,両者は年長者・年少者の間柄にあるが,必ずしも長幼の序と常に合致するものではない．弟妹やオイ・メイが,兄弟やオジ・オバを援助する場合もある．このように,長幼の序とは逆の関係において援助が行われる場合は,一般的には相続のあり方が関連している」(口羽 1990：335)つまり老人の介護には,同居している末娘の役割が一番大きいが,近親の血縁者の協力もあるのである．しかし,これらの親子間および,兄弟姉妹間の関係は,関係者の死亡によって,その多くが消滅する．いわゆる先祖供養も,関係者の生存が条件となる場合が多い．タイ国におけるこのような親族関係の永続性が日本の場合に比べて乏しいのは,日本のような封建制の経験がなく,家族や家業の一子相伝や,祖先の永代供養の慣行がない事実に由来するものであろう．

　高齢者保護は,タイ国では基本的に家族の役割である．ほとんどの高齢者は家族と同居している．また,タイ国の生活文化では,末娘が両親と同居してそのケアをすることになっているので,末娘は結婚後も配偶者とともに両親と同居する．近年子どもの数が少なくなり娘のいない家族も増えていることや,出稼ぎ等で子どもが実家を離れることが多い等,農村部では老親と孫が残される場合も出てきている．タイ国北部等ではエイズのため両親を亡くした子どもが祖父母と暮らすという例も見られる．したがって高齢者の地域内での援助ニーズも高まっている．

3．タイ国における高齢者福祉政策の現状

　1986年に，社会福祉開発局は「第一次全国高齢者長期計画」(1986-2001年)を策定した．この計画がタイ国の高齢者福祉政策の基本となっている．この計画では，①年齢の変化に伴う一般的知識や健康を含む環境への適応の必要性，②家族やコミュニティによる保護と扶養に重点がおかれていた．

　この高齢者長期計画の一環として，①在宅高齢者への経済的支援，②仏教寺院内への高齢者センターの設置等が計画された（Sutthichai, J. et al 2002：10）．

　しかし，そのための家族を支える公的な支援の準備はされなかった．家族やコミュニティへのサービスは限られたものしか行われなかった．

　公的社会福祉は，2002年，政府の機構改革により，社会開発・人間の安全保障省社会開発福祉局が行うようになった．タイ国の公的福祉制度にかかわる業務は，首都圏は，社会開発福祉局首都圏事務所が直接担当し，地方は，県単位に社会福祉事務所が全国に設置されている．郡・市の福祉業務は，人的情報の提供等は行っていても，実質的な業務は国（県）が行なっている（自治体国際化協会　2003：39）．

　さらに，2002年には，「第二次全国高齢者長期計画」が策定された．ここでは，①高齢者の生活の質の確保，②高齢者の健康の保持，③高齢者に対する経済保障等がうたわれている．この政策課題を実現するために，「高齢者法」が2004年に施行された．この法律は60歳以上の国民の権利を保障するものである（萩原　2005：294）．

　ここでは，さらにタイ国の社会開発福祉局による主な高齢者福祉サービスの流れを，1．施設サービス，2．高齢者サービスセンターでのサービス，3．在宅高齢者への経済的支援，4．仏教寺院内にある高齢者センターのサービスの順に概観する．

1）施設サービス

　タイ国政府の社会開発福祉局で行われた最初の制度的サービスは，1953年

から経済的に恵まれず，身寄りのない高齢者のために無料老人施設を全国に設置したことであった．そこでは，①生活必須条件の整備，②疾病の治療，③ソーシャルワーク，④レクリエーション・宗教活動，⑤葬祭扶助等のサービスが供給されている．この無料老人ホームは，当初，経済的に恵まれない，身寄りのない高齢者を対象につくられた．したがって，ここで行われているサービスも日常生活を行う上で，身体，精神ともに健康な高齢者のためのサービスが多く含まれている．しかし，①の生活必須条件の整備のなかには，寝たきり，痴呆高齢者のための食事，入浴，排便の介護も当然行われている．

運営資金は，公費負担と一般からの寄付からなっているが，寄付金の割合が大変高い．

これらの老人ホームは，日本のように全国のほとんどの市町村に設置されている段階に至っているのではなく，2004年，全国の主要都市（たとえば，首都バンコク，北部チェンマイ，東北部ナコンラチャシマー，南部ヤラー，プーケット等）に，合計20カ所設置されているだけである．タイ国東北部の場合，高齢者のための無料老人ホームは，ナコンラチャシマー県に2施設（それぞれ153人，145人が入所），ブリラム県に1施設（100人入所），マハーサラカム県に1施設（105人入所）がある．これら社会開発福祉局が運営する無料老人ホームの入所者数は，総数2,860人となっている（Department of Social Development and Welfare 2003：55）．

2）高齢者サービスセンターでのサービス

社会開発福祉局では，施設サービスの数量的限界を踏まえて，家族や地域社会が高齢者を支えることを基本として在宅福祉を中心に施策を展開している．その一環として1979年より高齢者サービスセンターを設立した．運営資金は，特別なサービスには利用者負担が導入されているが，一般的なサービスについては公費負担と寄付からなっている．これらのサービスセンターでは，①センター内でのサービス，②緊急一時保護，③移動サービスの3種のサービスが行われている．利用者総数は，年間237,534人，巡回数は22,660回であった．

しかし，これらのサービスセンターも2004年，主要都市を中心に合計17カ所に設置されているのみである．これらサービスセンターの内9カ所が国立の無料老人ホームに併設されている（Department of Social Development and Welfare 2003：56）．なお，日本の在宅サービスのようにホームヘルパーの派遣，配食サービス等は，行われていない．

3）在宅高齢者への経済的支援

タイ国においては，生活困窮者に対して最低生活を保障する日本の生活保護のような制度は確立されていない．生計維持者の疾病，死亡等により所得の低い世帯に対しては，年間3回まで2,000バーツの家族福祉助成金が給付される．この他に，社会開発福祉局では，収入がなく自活している貧困な独居高齢者に対して，1993年より月200バーツの援助金の支給が行われるようになった．この制度は社会保険方式によらない福祉老齢年金制度で，租税を財源とする社会福祉制度である（国際協力銀行 2002：58）．1999年の経済危機対策として，宮沢喜一構想の援助資金を利用して月300バーツに増額された（厚生省：331）．その総支給額は，1999年において11億160万バーツであった．

ここでとくに注目すべきことは，東北部においてその支給額が4億8,616万5,000バーツと他の地域より群を抜いて多いことであった（萩原 2001：423）．

4）仏教寺院内にある高齢者センターのサービス

寺院は，人々が集まりやすい場所に建てられているので，村の寄り合い場所として使用され，コミュニティ・センターとしての機能を果たしている場合が多い．また寺院の太鼓は，早朝，托鉢時，正午および午後6時に打ち鳴らされるので，事実上時報の機能も果たしている（赤木 1987：23）．

タイ国の社会福祉は仏教によって始められた．社会福祉のみならず，教育，医療等，多くの民生分野の活動が僧によって始められたのであった．アユタヤ時代の僧侶たちは，仏教修行の実践を通じて慈善活動を行っていた．寺院は地域の福祉センターの役割を果たしていた（萩原 1998：74）．

全国の仏教寺院には，60歳以上の僧侶，尼僧が3％生活している．そのう

ち98％が男性の僧侶である．1994年から1995年に社会開発福祉局が行った調査では，全国362の仏教寺院に1,115人の高齢者が生活していることが報告されている（Knodel, J. et al 1999：8）．

このような報告をもとに社会開発福祉局（2002年から社会開発福祉局に変わる）では，1995年に国連人口基金を利用して4つのモデル地域を選定し，高齢者センターの組織化と運営を行った．1999年から寺院内に高齢者センターを設置し，老人クラブを組織し高齢者の福祉活動（健康増進活動，レクリエーション活動等）を実施している．このような高齢者センターを設置している寺院は，2003年，全国に200カ所ある．したがってこれらの寺院は，全国（76県）の各県に平均して2カ所ないし3カ所設置されていることになる．

運営資金として総額年間4,300万バーツ，設立時に健康増進活動のための器具購入費として1カ所あたり1万5,000バーツの経費補助が行われた．これらの経費は，宮沢喜一構想による援助資金から支給されている（厚生省2000：331）．

しかし，仏教寺院内に設立された高齢者センターで成功したのは，わずか10％しかなかったといわれている．その理由は，固定したサービスメニューがコミュニティの要望にあっていない，連続的な財政サポートの欠如等である（Sutthichai, J. et al 2002：40）．

また，仏教寺院内の高齢者センターに老人クラブを組織した理由は，1980年代に，保健省と社会開発福祉局によりすべての地域に老人クラブを形成するよう奨励したからである．そして1989年に老人クラブの代表者で組織される高齢者会議が設立し，1995年には全国14％の村に老人クラブが設立された．現在，300の老人クラブが高齢者会議のメンバーとして登録されている．このことは，多くの老人クラブが仏教寺院や病院の敷地内につくられたこととも関連があると思われる（Knodel, J. et al 1999：8）．

4. タイ国東北部ルーイ県の家族および地域社会における高齢者介護の現状分析

1）事例地区の概況

　ルーイ県の面積は，11,425K㎡で，タイ国東北部に位置する17県の内の1つの県である．タイ国の首都バンコクから558kmのところにある．ルーイ県の北側は，ラオス人民民主主義共和国と境界を接し，東側は，ウドンタニ県およびノーン・カイ県と，南部はコーン・ケン県およびペチャブーン県と，そして西側は，ピサヌロークの各県と境界を接している．ルーイ県は，9つの郡（アンプー）と3つの副郡（ギンアンプー），85の行政村（タンボン）と746の行政区（ムーバーン）と1都市地域（テサービバーン）に区分されていた．ルーイ県の総人口は，62万4,087人であった．60歳以上高齢者の数は，4万1,414人でタイ国東北部19県のなかで13位であった．

　次に，事例村（行政区）ノーン・スーア・クラン区における人口についてみると，429人（男子222人，女子207人）である．65歳以上は，24人5.6％（男子12人5.4％，女子12人5.8％）となっている．

　1996年，日本における老年人口比率の平均20.0％，および世帯主65歳以上農家の割合21.3％に比べると，ノーン・スーア・クラン区の65歳以上人口（5.2％，5.6％）は，約4分の1に近いポイントである．

　次に，事例村ノーン・スーア・クラン区の「世帯の人数規模別構成」を比較してみると，4人世帯が30.0％と最も多くなっている．1世帯平均の人数は，4.82人であった．

　ノーン・スーア・クラン区における核家族世帯比率をみると，73.3％であった．このような核家族世帯の比率が高いという家族構成の特徴は，やはり，この地方の妻方居住制と少なからず関連があるように思われる．すなわち，この地方では，新婚夫婦はその当初数年間は，妻方の親と同居するが，その後は，独立し，親の屋敷に隣接もしくは，比較的近くに屋敷を持つ核家族形態をとる傾向が強い．

　ノーン・スーア・クラン区の主な産業である農業では，もち米，トウモロ

コシの生産が行われている．地区内村民の全てが自作農業であって，小作農従事者はいない．

2) 事例地区における高齢者福祉の現状

現在，地区内の福祉活動は，主に地区組織内部の福祉社会部によって行われており，そのうち郡庁から指示された活動の主な目的は，①地区内の貧困者のリストアップ，②そうした人々の援助と行政との協力，③体の不自由な人々の援助，④地区内に福祉施設をつくること，⑤公園をつくること等である．しかし，現在，実質的に行われているのは，貧困者のリストづくりだけである．貧困者のリストは，地区組織の委員会の承認を受けたのち，郡庁と病院に送付される．病院では，これらの人々に特別の保険証をつくり，無料で診察を受けられるようにしている．さらに1年に1,000バーツを郡庁より受け取っている．この地区では，2人がリストに入っているが，いずれも老人か土地を持たない人達であった．

次に衛生・栄養や家族計画等保健所の活動についてみると，活動の主なものは，第1に飲料水の指導（貯水池，タンクの設置），第2にトイレの指導（トイレの設置と使い方の指導）であり，かつては，地面の穴等を利用していたが，地面便所がほとんど100％普及している．その他，不足する栄養について，消化器・呼吸器等の病気や寄生虫の問題がある．1985年から3種類の保険証を発行しており，病気の際に家族が使用するもの，妊娠した母親がもつ母子保険と個人用の3種類の保険証を発行している．これらの保険は，1年に300バーツ支払うことで加入できる．保険証の普及率は，100％であった．なお，60歳以上の高齢者の医療費は無料になっている．また，1994年より，地区内にコミュニティ公衆衛生センターが設立され，そこでは，地区内11人の有志が毎日交代で薬を販売している．

3) 高齢者の扶養

タイ国では一般に，特に東北部では，結婚後，夫が妻の両親と同居する妻方居住制が広範に見うけられ，最終的には，末娘夫婦が老後の両親と同居し，

世話をする傾向が強い．
　事例のノーン・スーア・クラン区においても老後の両親と末娘夫婦が同居しているケースが多い．
　老後の生活における病気等の場合に援助を期待する人について60歳以上の高齢者4名（内女性1名）に聞き取り調査を試みたところ以下のような回答が得られた．
　1）「病気で1カ月ぐらい寝込むようになった時の世話」については，「配偶者，同居している子どもおよび別居している子ども」，と回答した者が1名，「同居している子どもおよび別居している子ども」と回答したものが2名，「同居している子ども」と回答したものが1名であった．
　2）「体が不自由になった場合の介護」については，「家族・親族」と全員が回答している．
　3）「悩み事の相談相手」は，「配偶者，同居している子どもおよび別居している子ども」と回答したものが1名，「配偶者および同居している子ども」と回答したものが1名，「同居している子どもと別居している子ども」と回答したものが1名，「同居している子ども，親しい友人・知人」と回答したもの1名であった．
　4）「経済的に困った時の援助」は，「同居している子どもおよび別居している子ども」と回答したものが3名，「同居している子ども，親しい友人・知人」と回答したもの1名であった．
　日本における「病気で1カ月以上寝込んだ時の世話をしてくれる人」や「心配事・悩み事の相談相手」や「経済的に困った時に援助してくれる人」は，全国レベルの統計結果では，配偶者の比率が最も高く，次いで「同居している子ども（嫁を含む）」，「別居している子供」の順となっている．またタイ国における全国レベルの統計結果では，同居している子どもが最も高い[1]．
　以上の調査結果からこの地区に特徴的なことは，「老後の病気等における世話」は，同居している子ども（主に末娘）のみでなく，別居している子どもにも強く望まれている．これは，区長への聞き取り調査からも地区内全体の一般的特徴のように思われる．

4）高齢者福祉に関する住民意識

次に高齢期の生活について，1997年8月，筆者がノーン・スーア・クラン区を訪問し，20歳以上60歳以下のノーン・スーア・クラン区全住民（標本数240人，有効回収数174人，有効回収率72.5%）を対象に，長寿社会に関するアンケート調査を試みた結果以下のような回答が得られている．[2]

（1）「高齢期に大切なもの」については，「健康」82.8%，「家族」68.4%，「所得・財産」38.5%の順となっており，日本の老人対策室の調査（1996年）結果ともほぼ同様の比率の回答が得られた．「仕事」については，ノーン・スーア・クラン区では33.9%，日本では，28.1%とノーン・スーア・クラン区のほうがやや高く，「趣味」，「友人」については，ノーン・スーア・クラン区では，12.6%，5.2%と低いのに対して日本では，44.3%，20.2%と高くなっており，老後の余暇生活を楽しむという感覚が日本のほうが高いようである．

（2）「高齢者の就労」については，タイ国では，「60歳くらいまで」44.2%，「65歳くらいまで」32.1%と60歳から65歳までで76.3%を占めるのに対して，日本では，「65歳くらいまで」38.4%，「70歳くらいまで」22.4%と，65歳から70歳までで60.8%を占めている．「元気ならいつまでも働く方がよい」もノーン・スーア・クラン区の18.1%に対して日本では，24.7%と日本の方が高くなっている．日本人の場合「働けるうちは，できるだけ働く」とする高齢者の伝統的労働観を反映している事実は興味深い．

（3）「高齢者が，子どもや子ども夫婦と暮らすこと」については，ノーン・スーア・クラン区では，「一緒に暮らす方がよい」が83.6%と一番高く，日本では，「できれば一緒に暮らす方がよい」とする願望が42.9%で一番高くなっている．日本では，老親の子ども達との同居願望が産業化の進展等によって，充足されていない事実が明らかである．

（4）「自分が高齢期に病気等で介護が必要となった場合，主として誰の役割を期待するか」については，日本では，「配偶者」47.3％，「子ども」29.1％，「国，地方公共団体のサービス」11.3％の順となっており，タイ国では，「それ以外の家族」が66.1％と6割を越えている．これは，おそらく屋敷地内の別の住居に住む同居していない子ども夫婦を表していると考えられる．一方，日本の回答の場合，子どもの配偶者がわずか2.8％にすぎないという事実は，大きな意識変化として充分注目されるところであろう．また，タイ国では，「国，地方公共団体のサービス」は0.6％とまだ極めて少ない．

（5）「高齢者を在宅で介護する場合の介護の担い手」については，ノーン・スーア・クラン区では，「家族だけで介護する方がよい」が77.0％と7割を越えており，日本では，「主として家族によって介護し，介護疲れのとき等には市町村のホームヘルパー等家族以外のサービスを利用する方がよい」が46.3％，「家族による介護がなくても，市町村のホームヘルパー等のサービスの利用だけで，在宅での生活が続けられるようにする方がよい」が28.7％の順となっており，「家族介護から社会（公的）福祉」への転換の意識的推移が明らかである．

（6）「相続に際して，高齢者の介護や身の回りの世話を担ったことについて，配慮すべきか」では，ノーン・スーア・クラン区では，「実際に老後の世話をしたかどうかによって差をつけて相続させるべきである．」が84.4％と8割を越えている．日本の場合も，同じ回答が71.6％と高率であり，相続の日・タイ国間の経済的意識差は少ない．

（7）「近所のお年寄りに家事等の世話が必要となった場合にあなたは協力したいと思いますか」では，ノーン・スーア・クラン区では「できる限り協力したい」78.6％，「ぜひ協力したい」20.1％の順で多く，きわめて協力的である．ノーン・スーア・クラン区では「あまり協力したくない」が皆無で

あるが，日本では8.8%である．

（8）「現在どのような活動に参加していますか」では，ノーン・スーア・クラン区では「宗教活動」51.1%，「町内会，自治会活動」37.9%，「文化・教養活動」28.7%の順となっている．日本では「参加していない」が50.9%と半数を越え伝統的地域社会解体後の新しい地域社会活動の未成熟が明らかである．

（9）また，「高齢期になったらどのような活動に参加したいか」では，ノーン・スーア・クラン区では，「宗教活動」が85.1%，「文化・教養活動」61.5%，「町内会，自治会活動」16.1%の順となっている．日本では，「スポーツ，レクリエーション活動」42.2%，「文化・教養活動」36.8%，「ボランティア活動」21.2%の順となっている．

タイ国では，依然として，現在も高齢者たちにおける地区範囲の宗教活動の比率が高いが，日本では，「現在活動に参加していない」という回答が多く，宗教に対する関心は低く，また高齢期になると老後の余暇生活の個人化が著しいといえよう．

この地区における親族関係の特徴は，1989年の親族関係調査結果では，事例地区内68世帯のほとんどが，草分けの2家（ストンサー家とカーウオン家）と血縁または姻戚関係の形成がみられた．すなわち，当地の最初の来住家族であるストンサー家とこれらに関係のある世帯数は38（55.9%），2番目の来住家族であるカーウオン家とのそれは11世帯（16.2%），両家ともに関係のあるもの16世帯（23.5%），その他不明3世帯（4.4%）といった状況で，不明の3世帯を除く65世帯，即ち地区内の95.6%の世帯が両家と血縁または姻戚関係にあったわけである．このような血縁および姻戚関係での世帯相互間には，葬式，結婚式，および新築等，多くの共同労働が必要な場合や，親の10周期の際には参集する日常生活における共同の慣習がある．このような親族ネットワークの稠密さと，伝統的慣習の存続とのかかわりにおいて，依然としてタイ国の事例農村では，老後の親の世話も，配偶者や同居している子どもだ

けでなく，別居している子どもにも期待されているものと思われる．

5．むすび

1）タイ国の家族の特徴と家族介護

　タイ国においては，息子は金銭や家畜を親からもらい婚出し，娘が家に残り婿を迎える妻方居住制がとられていた．その妹が結婚すると姉は屋敷地内に小さな家を建て別世帯をつくる．最後に残った末娘が親と同居し，扶養・介護を行う．

　事例のルーイ県の調査における60歳以上の高齢者へのインタビュー調査から，「病気で1カ月ぐらい寝込むようになった時の介護」，「体が不自由になった場合の介護」，「経済的に困った時の援助」について「誰に期待するか」という質問に対し，「同居している子どもおよび別居している子ども」，「家族・親族」と回答したものが多かった．

　また，20歳以上60歳以下の全地区住民に対して実施したアンケート調査で，「自分が高齢期に病気等で介護が必要になった場合，主として誰の役割を期待するか」の質問に対して「それ以外の家族親族」の回答が多かった．このことは，末娘が中心になって老親介護を行うが，屋敷地内に居している他の娘達にも親の介護の協力を期待していることがわかる．

　さらに「高齢者が子どもや子ども夫婦と暮らすこと」について「一緒に暮らす方がよい」という意見は合計8割を超えていた．これは，日本のように長男夫婦との同居が慣習となっておらず，娘夫婦と同居することにより，親子間の葛藤が少なく，嫁姑問題がないことのあらわれと考えられる．

2）タイ国における高齢者福祉政策の現状

　タイ国における国レベルの本格的な福祉計画が策定されたのは，1986年とその歴史は浅く，日本のよう充実したサービスは実施されていない．

　公的老人福祉施設は，日本のように全国市町村にあるわけではなく，主要都市に20か所設置されているだけであり，在宅サービスを実施する高齢者サービスセンターも主要都市に17か所あるだけである．経済的支援も日本の生

活保護のような制度もまだ確立されていない．これらサービス不足を補うことを目的として，伝統的地域社会における福祉センターとしての役割を果たしてきた仏教寺院に高齢者センターを設置したのである．

ルーイ県の事例においても，公的高齢者福祉施設も高齢者サービスセンターもなく，貧困者に1年に1,000バーツを支給しているだけであった．

20歳以上60歳以下の全区住民アンケート調査より，「自分が高齢期に病気等で介護が必要になった場合，主として誰に役割を期待するか」，「高齢者を在宅で介護する場合の担い手」については，「家族だけで介護する方がよい」という意見が多く，「国・地方公共団体のサービス」の割合は少なかった．このことは，公的な高齢者福祉サービスがまだ十分に行われておらず，地区住民も政府が実施しているサービスを十分知らないということを表していると考えられる．

また，「現在どのような活動に参加しているか」や「高齢期にどのような活動に参加したいか」についても，「宗教活動」への参加と回答したものが最も多かった．このような事実から仏教寺院内に高齢者センターを設立し高齢者のための活動を行うことは，タイ国高齢者ニーズにかなったものとなっていると考えられる．

3）日本における家族や地域社会の特質を活かした高齢者福祉サービス構築の可能性

（1）タイ国においては，姉妹夫婦の間で近接居住が行われている．そして老親と同居している末娘が介護の中心とはなっているが，近接居住している姉たちも老親介護に協力をしている．日本においても老親と同居している家族の介護負担が問題となっており，タイ国における姉妹の近接居住による老親介護のための協力体制は参考になると考えられる．

（2）タイ国においては，娘夫婦と老親の同居率が高い．娘夫婦との同居は，親子間の葛藤が少なく，嫁姑問題もない．日本においては，「長男のところには，嫁にいくな」といわれるように，嫁姑の葛藤があるために親との同居

が避けられている．娘夫婦との同居は，参考になることと思われる．

（3）タイ国における仏教寺院内への高齢者センターの設立は，タイ国国民の生活習慣に即したもので，日本においても日本人の生活習慣に適した福祉サービスを計画することが重要と考えられる．

注
1) 日本，タイ国に関する全国レベル統計については，総務庁長官官房老人対策室「高齢者の生活と意識に関する国際比較調査結果の概要」（平成8年9月，p.9）による．
2) アンケート調査票作成に際しては，筆者がこれら長寿社会に関するアンケート調査項目を作成し，タイ国語に翻訳，さらに茨城大学教育学部岩佐純一教授の作成した「マスコミュニケーションに関する調査項目」と一緒に一つの調査票として作成した．なお調査票の配布と回収は，ノーン・スーア・クラン区区長（プー・ヤイ・バーン）に依頼した．また，直接に岩佐淳一教授とともに，対象者の家を訪問して直接アンケート調査票に記入してもらった分も20票ほどあった．タイ国語訳に関しては，岩佐教授にタイ国語ワープロ打ちをお願いし，チュラロンコーン大学政治学部のチンスイモン・ブンヨン准教授にチェックをお願いした．このアンケート調査の質問項目は，総務庁長官官房老人対策室「高齢者の一人暮らし・夫婦世帯に関する調査結果」（平成7年7月）と内閣総理大臣官房広報室「長寿社会に関する世論調査」（平成3年9月）を参考とした．

文　献
赤木攻，1987,「調査村の概況」北原淳編『タイ農村の構造と変動』，頸草書房
口羽益生編，1990,『ドンデーン村の伝統構造とその変容』，創文社
厚生省，2000,『厚生白書』平成12年
国際協力銀行，2002,『タイにおける社会保障制度に関する調査報告書』，国際協力銀行
自治体国際化協会，2003,「行政事務からみたタイの地方自治」『CLAIR REPORT 2003』財団法人自治体国際化協会
萩原康生，1998,「タイの社会福祉」中村優一・一番ケ瀬康子編『世界の社会福祉3　アジア』旬報社

―――, 2001, 「タイ」中村優一・阿部志郎・一番ケ瀬康子編『世界の社会福祉年鑑』旬報社

―――, 2005, 「タイ」中村優一, 阿部志郎, 一番ケ瀬康子編『世界の社会福祉年鑑』, 旬報社

水野浩一, 1981, 『タイ農村の社会組織』, 創文社

Department of Social Development and Welfare, *Ministry of Social Development and Human Security*, 2003, Annual Report 2003

Knodel, J.et al, 1999, "Aging in Thailand: An Overview of Formal and Informal Support," *Comparative Study of The Elderly in Asia Research Reports* No.99-53, Population Studies Center University of Michigan.

Sutthichai,J.,et al., 2002, *National Policies on Aging and Long-term Care Provision for Older Persons in Thailand*, The International Development Research Center 2002

Website:www.idrc.ca/en/ev-28479-201-1-DO-TOPIC.html

法令にみる介護概念と社会保障の史的研究

上之園佳子

1. はじめに

　人の営みとしての介護という行為は，人が人とのかかわりや人との共同生活のなかで，自然発生的に生活を支えることとして行われていたと考えられる．老いた人や障がいをもつ人の生活を支える，これらの行為を「介護」という用語で表すようになったのは，介護への社会的関心や高齢化などの社会状況のみならず社会保障としての介護政策と関連している．例えば，『広辞苑』に初めて「介護」が掲載されたのは，1983（昭和58）年発行の第三版改訂版からであり，「病人などを介抱し看護すること」と記載されていた[1]．その後，高齢化の進展とともに介護が国民の関心事となり，第四版（1991）では「高齢者・病人などを介抱し，日常生活を助けること」となった．さらに第五版（1998）では，高齢期の介護政策の展開とともに，「介護保険法」，「介護支援専門員」についても追記されている．このように，現在では，介護保険制度や認知症をもつ人の介護など主に高齢者における「介護」として社会的にも広く認知されている用語となっている．

　一方，介護福祉学の分野での「介護」の用語の誕生については，諸説が存在している[2]．これらの「介護」の誕生時期に関する先行研究を法令での分類を試みると，3分類（①陸軍通達，②生活保護法令，③老人福祉法）することができる．陸軍通達の説は，1892（明治25）年「陸軍軍人傷痍疾病恩給等差例」の条文を始めとするものである（中島 1992:24, 2003:24；佐藤 1996:28：上之園 2004:27, 2005:150, 2009:93）．また生活保護法令の説は，1958（昭和33）年生活保護行政での登場を始まりとするものである（亀山 1991:83, 小島ほか 1996:194）．さらに，1963（昭和38）年の「老人福祉法」における使用を始まりとする説がある

（金井 1998：175；鎌田 2000：62；石井 2012：77；瀧波 2012：183）．これらは「介護」という語義が，介護をとりまく社会保障制度が変遷するなかで，どのような介護概念に焦点をあてるかにより異なっているものであると考えられる．

そこで本稿では，これらの諸説について法令を検証するとともに制度当時の背景となる社会保障のあり方と介護政策が企図したことを探ることを目的とする．そのためには，なぜ「介護」の用語がその法令に明記されたのか，またどのような介護概念を付与されて用いられてきたのかについて分析していく．これらの介護概念が変容する法令の史的研究から，社会保障としての介護政策のあり方と変遷を明らかにしていきたい．それは，「介護」が内包する家族介護（インフォーマルケア）と介護政策での介護サービス（フォーマルケア）の関係を再認することであり，社会保障としての「介護」の課題に示唆を与えうると考えたからである．

ここで，本稿においての「介護概念」の史的変遷については，主に法令条文および施策に関連する資料の解釈に拠るところとなり，資料上の制約は覆うべくもないことを申し述べておきたい．また，法令の用語に関しては，「障害に関する用語の整理に関する法律（昭和57年7月16日法律第66号）」の改正で，現在使用されない用語も当時の条文をそのまま記載している[3]．

2．陸軍通達での介護

1）改正により介護を用いた条文

1892（明治25）年，陸軍大臣から通達された「陸軍軍人傷痍疾病恩給等差例（明治25年12月24日陸達第96号）」の第1条に「介護」が登場する（内閣官報局 1979：229）．第1項において，「介護ヲ要スル」状態により区分を例示している．この法令は，「軍人恩給法（明治23年6月21日法律第45号）」第9条における増加恩給額を傷痍疾病の程度で区分することを通達したものである．

陸達第九十六號
明治二十三年七月陸達第百四十二號陸軍軍人傷痍疾病恩給等差例左ノ通改ム
　　明治二十五年十二月二十四日　　　　　陸軍大臣伯爵大　山　巖

陸軍軍人傷痍疾病恩給等差例
第一條　軍人恩給法第九條各項ニ基ク傷痍疾病等差ノ概例ハ左ノ如シ

一　不具若クハ癈疾トナリ常ニ介護ヲ要スルモノハ第一項若クハ第二項トシ
其常ニ介護ヲ要セサルモノハ第三項若クハ第四項トシ
其介護ヲ要セサルモノハ第五項若クハ第六項トス

　本法令は，1890（明治23）年に通達したものを改正したものであった．しかし，明治23年の陸軍大臣通達には「介護」の用語を含む条文はなく，「介護」に該当する内容を含む条文は，「起臥飲食意ノ如クナラス常ニ看護ヲ必要トスルモノ」とされていた（内閣官報 1979：403）．

陸達第百四十二號　陸軍々人傷痍疾病恩給等差例別冊ノ通定ム
　　明治二十三年七月九日　　　　　　　　　　陸軍大臣伯爵大　山　巌

陸軍々人傷痍疾病恩給等差例
第一條　軍人恩給法第九條各項ニ当該スヘキ傷痍疾病ハ概ネ左ノ如シ
一　不具若クハ癈疾ニシテ起臥飲食意ノ如クナラス常ニ看護ヲ必要トスルモノハ軽重ヲ酌量シテ第一項若クハ第二項トス
二　不具若クハ癈疾ニシテ起臥飲食意ノ如クナラサルモ常ニ看護ヲ要セサルモノハ軽重ヲ酌量シテ第三項若クハ第四項トス

　資料によると，明治25年改正に向けて陸軍省医務局長から「恩給等差例改正案印刷之義ニ件　申進（明治25年11月14日[4]）」が発出されている（陸軍省1892：4）．改正案である「陸軍軍人傷痍疾病恩給等差例改正按」では，上述の下線部分（下線筆者）は取り消し線となり，さらに手書きで「介」に修正されたことを確認することができる．それは，ここで介護という用語に置き換えられて，条文に誕生することとなったことを示している．したがって，歴史上，法令において「介護」という用語が初めて使用されたのは，明治25年「陸軍軍人傷痍疾病恩給等差例」であると考える．
　また，これらの経緯から"日常の生活動作や食事が自分で行えない者を看護すること"を「介護」としたと解釈できる．

2）明治期の「介護」の語義

このように明治期に用いられた「介護」の語義は，起居動作や食事などの日常生活動作の支援が必要な者に対して生活の世話をすることを意味していたと考えられる．また介護が必要となった要因である「不具若クハ癈疾トナリ」とは，身体的，知的・精神的障害やそれを発症する疾病のことをさしている[5]．

介護をする者については，明治期の救済施策の法的枠組みが「隣保扶助，無告の窮民」であったこと，「民法（明治29年法律第89号）」における「扶養義務」の規定に関する議論から，家長制度のもと家族・親族による私的扶養が法的にも社会規範としても原則であったと考える．

そのような状態にある者が生活する場としては，当時の病院数が全国で合わせても576（明治25年衛生局年報）にとどまっていたことを考えると，多くが家族等の身近な者がいる居宅であった．これらより，居宅において家族等の身近な者によって行われていた行為であり，身体介護を含む生活全般にわたる世話を家族の機能として行っていた「家族介護」であったと解することができる．

このようにして，法令にみられる最初の「介護」の語義としては，傷病や心身の障害のため身の回りの事（日常生活活動）を自分で行うことができない者（退役軍人）への家族等による世話のなかでも起居動作，食事摂取の援助をさしていた．

3）明治期の介護に関する社会的背景

ここでは，明治中期の通達で「介護」が用いられた要因を，関連する社会保障や社会的背景から確認してみることにする．

(1) 救貧政策と軍人援護

明治期の軍人以外の公的支援政策としては，救済制度である「恤救規則（明治7年12月8日太政官達第162号）」があげられる．「恤救規則」は最初の公的扶助の法令とされ，前文と対象要件を定めた全5条で構成されている[6]．

その前文で「済貧恤救」は「人民相互ノ情誼」に因ると示されているように，原則的には家制度による私的扶養，村落共同体による相互扶助を公的扶助より優先させる制度であった．そのため，対象規定を「無告ノ窮民」[7]とし，家族・近隣者の支援が期待できない生活困窮者を適用範囲に限定し，例外的に国家の救済を行う枠組となっていた．

　前文以下の5条では，さらに救済対象要件を「極貧ノ者獨身（第1～4条）」であって，かつ「癈疾ニ罹リ（第1条）」，「七十年以上ノ者重病或ハ老衰シテ（第2条）」，「疾病ニ罹リ（第3条）」のため「産業ヲ営ム能ハサル者（第1～3条）」，それと「十三年以下ノ者（第4条）」と限定している．

　このように救済の対象要件を，本人の属性要件（所得状況，世帯形態等），心身障害の状態（障害者，高齢の虚弱や病気のある者，病人等），働けず自活能力がない場合に限定する法的枠組みとなっている．これらの法的枠組みは，律令制度の救済制度の法的枠組みを継受したものであり（吉田 1994：79，桑原 1999：10），また当時明治新政府が王政復古の主旨により，古代の律令を重んじた体制づくりをしていた影響が及んでいた（井上 1976：742）と言われている．

　しかし，明治中期の救済政策は，近代化産業化や軍事態勢が進められるなかで社会経済事情の変化，困窮者の増加に対するものとしては不十分なものであった．そのため，1890（明治23）年窮民救助法案が帝国議会に提出されたが成立に至らず，1897（明治30）年恤救法案，救貧税法案等も廃案となっている．これらの帝国議会における議論では，家制度に依拠した施策や隣保扶助を基調とし，また惰民観などが根底にあったと思われる．

　一方，軍人援護は富国強兵政策の下に積極的に推進され，軍務に服して傷病あるいは死亡した場合については，国家の責務として特別の援護体系が整備された．法的にその根幹をなすのが，障害や疾病により退役した軍人の援護について定めた「軍人恩給法（明治23年6月21日法律第45号）」であった．本法は，こうした明治期政策の一環として制定された法律であるため，一般国民の救済政策より先んじて傷痍軍人の遺族や家族を援護する制度であった．明治25年の「陸軍軍人傷痍疾病恩給等差例」は，第一義的にこのような背景において理解する必要があるだろう．

(2) 近代看護事業と教育の展開

さらに明治期中期は，日本においても欧米の近代看護教育が導入されてきた時期であった（亀山 1983：17）．1885（明治18）年有志共立東京病院看護婦教育所（現慈恵会医科大学），1886（明治19）年京都看病婦学校，同年桜井女学校看護婦養成所，1887（明治20）年医科大学第一病院看護婦養成所（翌年，帝国大学附属看病法講習科として開設）などがある．とりわけ介護誕生の法令に影響したと思われるのは，戦時救護に対する看護婦養成をおこなった日本赤十字社である．1889（明治22）年6月14日「日本赤十字社看護婦養成規則」[8]が定められ，看護婦教育が開始されたのが明治23年であり，1・2期生が卒業したのが明治25年4月である．この間，看護学生の震災救護での活躍があり[9]，社会的にも認知されてきていた．また，この通知を発令した陸軍大臣大山巌は明治17年に西欧諸国の陸軍衛生制度を視察しており，国際赤十字社の活動，近代看護教育を受けた看護婦に対する知見があるとともに，日本での看護教育推進の支援者でもあった．

このように明治中期は，軍事的要請のもと戦時傷病者を救護する専門職種（看護婦）である看護教育の展開により専門職としての「看護」が徐々に充実してくる時代である（菅谷章 1976：160）[10]．

当時「看護」は，一般的な「看病」「介抱」と同様に「けが人や病人などの手当てや世話をすること」という程度に用いられていたが，上述のように専門職としての「看護」が登場すると，「看護」は，家族等が家庭で行なう"家庭看護"とは別の意味合いを持つようになってきていたと推察される．つまり，こうした社会状況において，専門職の業としての「看護」と，家族等が家庭で行なう家事機能の一環としての"家庭看護"を区別するため，法令上に「介護」という用語が登場したと考えられる．

(3) 恩給法改正での介護概念

ここでは，明治期以降の恩給法及びその改正等の法令での介護の語義や介護概念の史的変遷を概観していく．

1923（大正12）年「恩給法（大正12年4月14日法律48号）」は，それまでの軍人恩給と文官恩給とを統一した恩給制度とする改正であった．この恩給法の具体的実施を示した「恩給施行令（大正12年8月17日勅令第367号）」では，「恩給法49条第2項ノ規定ニ依リ不具癈疾ノ程度ヲ分チテ左ノ八項トス（第24条）」としている．その分類表（特別項症）では，「常ニ就床ヲ要シ且複雑ナル介護ヲ要スルモノ」，「重大ナル精神障碍ノ為常ニ監視又ハ複雑ナル介護ヲ要スルモノ」と介護を用いている．

　さらにその後の「恩給法等の一部を改正する法律（昭和44年12月16日法律第九十一号）」では，「別表第一号表ノ二」「不具癈疾ノ状態」で前記の内容を「心身障害ノ為自己身辺ノ日常生活活動ガ全ク不能ニシテ常時複雑ナル介護ヲ要スルモノ」「心身障害ノ為自己身辺ノ日常生活活動ガ著シク妨ゲラレ常時介護ヲ要ス」と表現の改正を行っている．

　これらのことから「介護を要する」対象は，心身の障害がある者であり，その状態は，「就床ヲ要シ」，または「重大ナル精神障碍」のため，「自己身辺ノ日常生活活動ガ全ク不能，著シク妨ゲラレ」となっている．従って，寝たきりの状態や重度の精神障害等で日常生活活動が自分で行えない状態の者である．それまでの，疾病や障害による身体的機能低下による生活動作への身体介護だけでなく，精神的障害により日常生活活動ができない者も介護の対象と明確にしている．このように介護は，心身の障害による生活支援であると解することができる．ここでは高齢者等の年齢で区別はしていない．また，介護が必要な人や家族介護への公的な所得保障をする法令のため，介護の内容や介護のめざすものについては明らかになされていない．

3．生活保護法令での登場

1）救護法施行令での介護

　生活保護行政関係で「介護」が記述されたのは，「救護法施行令（昭和6年8月10日勅令第211号）」においてである（内閣 1931：4）．本施行令は「救護法（昭和4年4月2日法律第39号）」の被救護者の「事由の範囲及程度（第2条）」を定めたものであり，その条文で用いられている（上之園 2004：29）．

> 救護法施行令（昭和6年8月10日勅令第211号）
> 第2條　救護法第一条第一項第四号ニ掲グル事由ノ範囲及程度左ノ如シ
> 　一　不具癈疾ニシテ常ニ介護ヲ要スルモノ又ハ自用ヲ弁ズルニ過ギザルモノ
> 　二　疾病又ハ傷痍ニシテ就床ヲ要シ又ハ長キニ亙リ安静ヲ要スルモノ
> 　三　精神耗弱又ハ身體虚弱ノ著シキモノ

　救護法では，被救護者を「貧困ノ為生活スルコト能ハザルトキ」とし，65歳以上の高齢者，13歳以下の幼者，妊産婦，さらに第4項では「不具廃疾，疾病，傷病其ノ他精神又ハ身体ノ障碍ニ依リ労務ヲ行フニ故障アル者」としている．その第4項の「事由ノ範囲及程度」の具体的内容が，上記となっている．ここでの対象は，生活が困窮した人であり，心身の障害をもつことで介護を必要としている状態を被救護の範囲としている．

2）救護施設としての養老院

　また救護法は，居宅救護ができない場合の救護施設（第6条）のうち，貧困により生活困窮した高齢者の入所施設として養老院の設置を規定していた[12]．

　その前身としての養育院は，明治6（1873）年に「東京府下無告ノ窮民養育院ニ入ラシム（明治6年3月19日規則・東京府達坤第41号）」などにより家族・近隣者での保護が無く，生活に困窮している人（行路病人，保護者のいない児童・障害者・類焼者・高齢者等）の保護収容として始まっている[13]．高齢者も一般窮民とともに保護していた．また，明治初期から民間の慈善団体や宗教的背景のある団体による高齢者を対象とした養老院等の施設が建てられていたとされている（岡本 2011：77）．その後，大正末期から昭和初期において経済恐慌が広がりをみせ，高齢者の貧困問題も深刻になり，救護法（1929年）に基づく救護施設として，養老院は法律上明文化された（鳥羽美香 2008：138）．

　このように，国の政策となっていないため法令での記載は無いが，実際には高齢者に対する生活支援は実践されていたことも忘れてはならない．

　さらに戦後，1950（昭和25）年「生活保護法（昭和25年5月4日法律第144号）」が制定され，救護法下の養老院は，養老施設に名称変更され，「養老施設は，老衰のため独立して日常生活を営むことのできない要保護者を収容して，生

活扶助を行うことを目的とする施設とする(第38条2)」となる．しかし，当時の養老施設は施設数(昭和25年：172，昭和30年：460)，定員(昭和25年：9,183，昭和30年：26,706)(厚生省社会局 1957：23)と極めて少なく，その保護を受けられる高齢者は限られていた．

そのため，全国組織である全国養老事業協会がつくられ，高齢者を対象にした法の制定の動きとして「老人福祉に関する法律制定の請願の件」[14]などで老人福祉法の要望が示されている(中央社会事業協会1975：40)．この試案には現場の養老施設での老人処遇問題として，生活保護法での保護施設の生活扶助費用は少なく高齢者の生活を保障できるものではないこと，その収容者の多くが心身の不自由な状態で寮母など直接収容者の処遇にあたる者の業務が困難を極めていることが挙げられている．これらの生活保護行政での養老施設では，十分な支援ができないと，福祉実践の場から高齢者単独の福祉制度の要望と，病弱やねたきり，認知症高齢者に対する「老人ホームでの医療機能が不可欠だ，と考えられていた」と述べている(小笠原 1995：20)．このように，生活困窮している高齢者の生活保障と医療保障の要求が，老人福祉法制定の動きへとつながっていった．

3）生活保護行政での登場

これまで明らかにしたように，生活保護法令で「介護」が条文に記述されたのは，1931(昭和6)年「救護法施行令」を定めたときと見るのが適切であろう．そうすると亀山(1991：83)が言及した，"生活保護行政で「介護加算」という形で，1958(昭和33)年登場したのが最初のようである"とする以前に使われていたことは確かである．しかし，社会福祉分野における救貧政策のなかで養老事業が展開し，生活困窮者で家族介護が得られないときに高齢者の生活保障としての介護を源流としていることも介護概念を考えるときに重要な側面だと考える．

4．老人福祉法での介護職の誕生

1）老人福祉法での介護

　法令での介護の誕生に関して諸説あるなかで，1963（昭和38）年「老人福祉法」における使用を始まりとするものは多い．それは，特別養護老人ホームでの寮母や老人家庭奉仕員が行う介護行為を，それまでの家族介護としてではなく，介護を主な業務とする職種が法的に規定されたということを重視しての見解であろう．ただし，「老人福祉法（昭和38年7月11日法律第133号）」の制定時「介護」が用いられている条文は，特別養護老人ホームの対象要件（第11条第1項第3号）を"介護を要する程度"として示している部分だけである．つまり制定時の法令での使用は，それ以前の法令と同様に，日常生活の支障の程度により対象を限定する条文でのみ用いられている．

2）特別養護老人ホーム

　この老人福祉法の特別養護老人ホームの制定過程をみると，1962（昭和37）年「養老施設調査（厚生省社会局施設課）」で養老施設の収容者41,353人のうち「健康」26,492人（64.1％），「病弱」14,861人（35.9％）で，さらに病弱のうち「臥伏中」3,811人（9.2％），「慢性疾患」2,377人（5.8％）身体障害596人（1.4％）と報告している．これは，養老施設収容者のうち三分の一以上が何らかの医療を必要としている者であり，病弱やねたきりの高齢者に対する医療機能をもつ施設の必要性を行政自体も認識することとなる．この調査結果を踏まえ，厚生省は病弱な高齢者への医学的管理をする施設「看護老人ホーム」の新設を初めて取り上げ，「老人専門の看護婦」の必要性について議論している［昭和37年11月9日衆議院-予算委員会］．この時点で発表された厚生省「老人福祉法大綱（昭和37年11月24日）」でも新しく「看護老人ホーム」の設置が示され，老人福祉法の老人ホーム体系のなかに位置づけていた．小笠原（小笠原 1995：19）が言及しているように，養老施設の実態から病弱な高齢者に対しての医療保障が求められ，その施設施策として想定された「看護老人ホーム」であった．ところが，1963年「老人福祉法案要綱（昭和38年

1月29日厚生省発企第4号)」では,「老人ホーム」は「特別養護老人ホーム」という名称で「医学的管理のもとに養護する施設」と変更されている.さらに,制定された老人福祉法第14条第3項の特別養護老人ホームは「養護することを目的とする施設」と「医学的管理のもと」も削除されて規定された.

このように,老人福祉法制定までの審議過程でみえてくるのは,高齢者の特性から病弱になったとき,あるいは寝たきりになった場合に必要とされる医療ケアをあわせもつ生活支援の場の構想であった.

つまり,老人福祉法の理念である高齢者の人権尊重の視点から生活保障とともに,医療機能の必要性を要望したにもかかわらず,十分な医療保障がなされない体制での特別養護老人ホームの設置となった.このことも,介護老人福祉法で介護職が誕生した背景として確認しておく必要がある.

3) 介護を担う職種の誕生

特別養護老人ホームで介護を要する高齢者の生活支援を担う人材について,国会審議過程の議論で確認すると,職種には適切な専門的知識,技術が必要であると認識していた.しかし,それまでの養護施設での寮母と同じ職種として非専門職の規定となった.その背景には,家族介護の代替・補完的役割としての介護業務ととらえていたと考える.「介護」は,家族のおこなっている行為であり,つまり特別な教育や資格が必要のない生活の営みの範囲と同列の業務とみなしたのではないか.それは,当時においても「介護」は家族介護が前提であり,その家族介護を受けられない場合の介護施策の枠組のなかでの帰結であった.そして,家族介護の内容である身体介護を含む日常生活を援助する職種として誕生することとなった.

一方で,老人福祉法の制定過程で介護に関する意見が示されている「老人福祉施設の推進に関する意見(昭和37年12月5日中央社会福祉審議会)」をみると,「精神上又は身体上著しい欠陥があるため常時の介護を要する老人については,これに適した処遇を効率的に行なうため,その他の老人と区分して収容するための対策を講じるべきであり,このための特別の老人ホームの制度化についても検討すべきである」としている(厚生省 1987:11-15).さら

に，家庭奉仕員の派遣についても「施設収容は要しないが，老衰，傷病等により日常生活に支障をきたす老人であって充分な介護を受けられない状態にあるものに対しては，家庭奉仕員を派遣しその家事，介護を行なう措置をとるべきである」としている．このように，「常時の介護を要する老人」，「介護を受けられない状態」，「家事，介護を行う措置」と，老人福祉法制定の動きのなかに介護を要する高齢者へ生活支援施策を強く求めていたことを反映して介護が用いられていた．

そして，老人福祉法以後，特別養護老人ホームや家庭奉仕員派遣事業での多様な実践や介護職の教育体系など，生活主体者の生活継続のための生活支援に重点をおく《介護の特性》を育み，介護の専門性へと発展する基盤となったと考える．

5．社会保障としての「介護」の法令研究と今後の展望

本論文で検証した法令における介護の誕生についての諸説に通底しているのは，国家による生活保障の制度体系のなかで用いられたものであること，専門資格化する看護と区別するなかで用いられたものであること，医療行為を核とした医療と福祉の分化政策のなかで位置づけを変えてきていることである．現在の「介護」は，これらの語義を包含して成立していることから，「社会保障としての介護」を考えるうえでも，多様な視角から捉えることが必要と考える．

明治期陸軍通達での「介護」は，介護を必要とする退役軍人やその家族への所得保障としての援護施策で用いられた．それは，限定的であるとしても家族介護というインフォーマルケアに対して介護政策のはじまりでもあった．また，その政策過程で疾病や障害をもつ人の介護は家族介護を前提に，医療専門職のおこなう「看護」との分化のなかで登場した．そのため以後，「介護」は家族機能としての「家族介護」を基調として社会に定着し，介護を必要とする状況に対しての社会保障政策は，家族機能を補完するものとしての位置づけが続くことになる．

昭和初期の救護法令での「介護」は，救貧政策として対象を貧困，孤立と

限定するも生活保障（生活扶助）のなかに，介護を必要とする人への家族介護・隣保相扶のインフォーマルケアの代替・補完施策としてフォーマルケアがおこなわれたとして捉えることができる．また，養老施設等の実践から高齢者の生活保障や医療保障への要望へとつながる基盤となった．

老人福祉法での「介護」は，経済的状況ではなく介護が必要な状況に対しての介護政策のなかで用いられた．それは，介護が家族等によって担われるインフォーマルケアとしてだけでなく，フォーマルケアを担う介護職の成立となり，介護の社会化へ向けての萌芽とも言える．しかし，医療と福祉の分化政策が影響したことにより，医療保障が不十分な体制での支援であった．そして，医療分野での看護と区別された福祉分野での生活支援であること，家族介護として非専門性を前提に介護職が実質的に誕生することになる．

これらの社会保障としての介護概念は，時代とともに，介護を取り巻く社会状況，とくに高齢社会への移行にともない高齢者の介護政策が進展したことで，高齢者支援のなかで「介護」は発展していく．そして，介護の社会化への流れのなかで介護は特別な人を対象とした制度枠組みから拡大，普遍化してきている．また，それを担う介護専門職の専門性をもつ「介護」へと多様な概念を包含して変遷してきている．また，その「介護」は，社会保障や社会福祉制度の動向とは不可分であり，常に医療と福祉のあり方も用語に反映されてきた．

現行の介護政策としての介護保険法では，「介護」の用語を保健医療サービスと福祉サービスなどを包含する広義で捉えている．しかし，狭義の介護である家族介護に依拠した制度として継承されていることも明らかである．それゆえ，「介護」の用語がもつ家族介護をも視野におき，家族介護への介護福祉専門職が担う役割や支援について探究していくことも求められている．今後はさらに地域包括ケアの推進により，家族介護支援や地域資源との協働，さらに医療や看護との連携強化が展開するなか，「介護」の定義や概念，介護専門職の役割を明確にしていく必要性はさらに高まる．そのような状況で用語としての「介護」だけでなく，介護の現象や専門的実践からの史的変遷を科学的根拠の基にに研究していくことも課題であろう．

第 3 部　高齢者と介護

注

1) 『広辞苑』（岩波書店）は，昭和30（1955）年5月25日に第一版が出版され，第二版：昭和44（1969）年5月16日，第二版補訂版：昭和51（1976）年12月1日となるが，これらには「介護」の項の記載は無い．

2) 諸説が唱えられたのは，主に介護福祉士の資格が誕生し，介護福祉士養成教育が開始されたころ（1990年代）である．社会福祉学，社会学，法学，看護学，家政学など学際的に介護福祉学についての研究がおこなわれていた．しかしその後は，介護の歴史などの学問的基盤研究については詳細な検証研究は深まっていないように思われる．そのため，当時の諸説をそのまま論文に引用している傾向が見受けられる．

3) 「障害に関する用語の整理に関する法律（昭和57年7月16日法律第六十六号）」において，「不具廃疾（律令制で規定された身体障害・疾病者を表す用語として用いられている）」を「重度障害ノ状態」に改正している．

4) 国立公文書館アジア歴史資料センター：恩給等差例改正案印刷の件
　　陸軍省-貳大日記-M25-11-24（所蔵館：防衛省防衛研究所）

5) 「令戸令第八」『養老令：律令日本思想大系3』岩波書店，1976年，227頁．

6) 恤救規則（明治7年12月8日　太政官達第162号）は帝国議会発足前に，現在の内閣に相当する太政官が通達したものである．

　　「済貧恤救ハ人民相互ノ情誼ニ因テ其方法ヲ設クヘキ筈ニ候得共目下難差置無告ノ窮民ハ自今各地ノ遠近ニヨリ五十日以内ノ分左ノ規則ニ照シ取計置委曲内務省ヘ可伺出此旨相達候事　」

7) 無告の民とは，虐待されたり災難にあったりしても，自分の苦しみを告げる当てが無い人々，具体的には身寄りや縁故の無い年寄りや婦女子を指す．『新明解国語辞典』

8) 亀山美知子，1983，『近代看護史Ⅰ.日本赤十字社と看護婦』ドメス出版．31頁「第一条　本社看護婦養成所ヲ設ケ生徒ヲ置キ卒業後戦時ニ於テ患者ヲ看護セシム用ニ供ス」と定められ，日本赤十字病院が戦時救護の看護教育が目的で設立された．

9) 亀山・前掲7）34頁．この間，明治24年10月28日濃尾大地震（岐阜県下　死者4134人，負傷者6122人，愛知県下　死者2347人，負傷者3668人）が発生して，日赤救護員派遣のうち看護婦第1期生全員（25名）が参加，慈恵医院，京都看病婦学校，同志社病院などの先進的看護教育施設はじめ，近隣の病院などから大量の看護婦が医師と共に救療活動を行なう．

10) 菅谷章，1976，『日本医療制度史』原書房，160頁．その後の明治27年の日清

戦争では，救護に従事した実員1396名（うち日赤看護婦658名）であった．
11) 明治 8 年に海軍退隠令，同 9 年陸軍恩給令，同17年に官吏恩給令が公布され，これが明治23年，軍人恩給法，管理恩給法に集成され，さらに大正12年恩給法に統一された．厚生労働省「公的年金制度の沿革（注）」『年金制度のポイント 平成26年度』
12) 第六条　本法ニ於テ救護施設ト称スルハ養老院，孤児院其ノ他ノ本法ニ依ル救護ヲ目的トスル施設ヲ言フ
13) 「東京府下無告ノ窮民養育院ニ入ラシム」国立公文書館．
14) 1949（昭和24）年第 2 回全国養老事業大会の協議題

文　献

上之園佳子，2004,「介護概念の起源に関する一考察——明治期の陸軍省通達を中心として」『社会学論叢』151：27-39．
―――，2005,「介護の歴史」井上千津子・尾台安子・高垣節子・上之園佳子編著『介護福祉総論』第一法規出版，197-110．
―――，2009,「介護の歴史と専門職」井上千津子・澤田信子・白澤政和監修『介護の基本』株式会社ミネルヴァ書房，92-131．
石井(岡)久美子，2012,「「介護の社会化論」の研究」『名古屋市立大学大学院人間文化研究科人間文化研究』18：71-84．
井上光貞，1976,「日本律令の成立とその注釈書」『律令日本思想大系 3 』岩波書店．
岡本多喜子，2011,「明治期に設立されたキリスト教主義養老院の研究」『研究所年報（明治学院大学社会学部付属研究所)』41：77-91．
小笠原祐次，1998［1995］,『介護の基本と考え方——老人ホームのしくみと生活援助』中央法規出版．
金井一薫，1998,『ケアの原型論——看護と福祉の接点とその本質』，現代社．
鎌田ケイ子，2000,「介護福祉と他領域とのかかわり」一番ケ瀬康子監修『新・介護福祉学』とは何か』ミネルヴァ書房．
亀山幸吉，1991,「介護における実践と理論の史的展開と課題」『社会福祉研究』51：81-86．
亀山美知子，1983,『近代看護史Ⅰ.日本赤十字社と看護婦』ドメス出版．
桑原洋子，1999,『社会福祉法制要説』有斐閣．
厚生省社会局，1957,「第17表保護施設の数および定員（昭和25年および30年)」『厚生白書（昭和31年度版)』．
厚生省社会局老人福祉課，1987［1984］,『改訂老人福祉法の解説』中央法規出版．

国会会議録検索システム http://kokkai.ndl.go.jp/
小島洋子・佐藤芳恵，1996，「看護と介護その基本的考え方」『静岡県立大学短期大学部研究紀要』10: 93-204.
佐藤豊道，1996，「介護福祉の概念と枠組み」古川孝順監修『介護福祉』有斐閣．
菅谷章，1976，『日本医療制度史』原書房．
瀧波順子，2012，「「介護福祉学」の構築に向けて――先駆者が紡いだ介護福祉学の歴史を顧みる」『介護福祉学』19（2）：180-186.
全国社会福祉協議会，1986，『社会福祉関係施策資料集1』全国社会福祉協議会．
中央社会事業協会，1975，「日本社会事業概要」『日本社会事業年鑑』文生書院．40頁
鳥羽美香，2008，「養護老人ホームの今日的意義と課題」『文京学院大学人間学部研究紀要』Vol.10, No.1：137-152.
内閣官報局編，1979，『明治25年陸達第96號．明治年間法令全書，第25巻2』原書房．
内閣官報局編，1979，『明治23年陸達第142號．明治年間法令全書，第23巻5』原書房．
内閣，「救護法施行令ヲ定ム」国立国会図書館デジタルアーカイブ，（2014年1月4日取得，http://www.digital.archives,go.jp/）
中島紀恵子，1992，「我が国の介護の起源」社会福祉士養成講座委員会編集『介護概論』中央法規出版．
吉田久一，1994，『日本社会事業の歴史』勁草書房．
陸軍省，1892，「恩給等差例改正案印刷の件」『貳大日記』 国立公文書館アジア歴史資料センター，（2012年1月17日取得，http://www.jacar.go.jp/）

年　譜

清水　浩昭

【学歴等】

1943（昭和18）年　東京都目黒区生まれ（父が目黒区油面小学校に勤務していた関係で目黒で出生した）
1944（昭和19）年　東京都西多摩郡瑞穂町に転居（戦争が激しくなった為，父の郷里瑞穂町に）
1950（昭和25）年　東京都西多摩郡瑞穂町立瑞穂第一小学校入学
1956（昭和31）年　瑞穂町立瑞穂第一小学校卒業
　　　　　　　　　瑞穂町立瑞穂中学校入学
1959（昭和34）年　瑞穂町立瑞穂中学校卒業
　　　　　　　　　東京都立多摩高等学校入学
1962（昭和37）年　東京都立多摩高等学校卒業
　　　　　　　　　明治大学政治経済学部政治学科入学
1966（昭和41）年　明治大学政治経済学部政治学科卒業
　　　　　　　　　東洋大学大学院社会学研究科社会学専攻修士課程入学
1969（昭和44）年　東洋大学大学院社会学研究科社会学専攻修士課程修了［修士論文『親族組織と近隣関係－秋田県仙北郡太田村惣行の事例－』］（主査：小山隆，副査：喜多野清一）
　　　　　　　　　東洋大学大学院社会学研究科社会学専攻博士課程入学
1972（昭和47）年　東洋大学大学院社会学研究科社会学専攻博士課程満期退学
1991（平成3）年　社会学博士（東洋大学）授与［学位論文『高齢化社会と家族構造の地域性－人口変動と文化伝統をめぐって－』］（主査：高橋統一，副査：藤木三千人・広瀬英彦・湯沢雍彦）

【職歴】

1969（昭和44）年　厚生省人口問題研究所入所（厚生技官）
1979（昭和54）年　厚生省人口問題研究所主任研究官
1981（昭和56）年　厚生省人口問題研究所人口移動部分布科長

1983（昭和58）年　厚生省人口問題研究所人口移動部移動科長
1985（昭和60）年　厚生省人口問題研究所人口構造研究部世帯構造室長
1988（昭和63）年　厚生省人口問題研究所人口動向研究部長
1991（平成3）年　厚生省人口問題研究所所長事務代理（河野稠果所長海外出張不在期間中）
1992（平成4）年　厚生省人口問題研究所退職・流通経済大学社会学部教授
1994（平成6）年　流通経済大学退職・日本大学文理学部教授
2013（平成25）年　日本大学退職

【非常勤講師歴】
〈学部〉
1975（昭和50）年　早稲田大学理工学部［1980（昭和55）年まで］
　　　　　　　　　東洋大学社会学部［1989（平成元年)まで］
1984（昭和59）年　立正大学文学部［1985（昭和60）年まで］
1985（昭和60）年　明治学院大学社会学部［1986（昭和61）年まで］
1988（昭和63）年　北里大学看護学部［1991（平成3）年まで］
1991（平成3）年　放送大学集中面接授業（山梨学習センター）［1991（平成3）年まで］
　　　　　　　　　専修大学文学部［1992（平成4）年まで］
　　　　　　　　　日本大学文理学部［1992（平成4）年まで］
　　　　　　　　　放送大学集中面接授業（大宮学習センター）［1991（平成3）年まで］
1994（平成6）年　放送大学客員教授［2003（平成15）年まで］
　　　　　　　　　流通経済大学社会学部・経済学部［1996（平成8）年まで］
1995（平成7）年　日本大学理工学部［1997（平成9）年まで］
1996（平成8）年　聖心女子大学文学部［1998（平成10）年まで］
1997（平成9）年　跡見学園女子大学文学部［2000（平成12）年まで］
1998（平成10）年　専修大学文学部［1999（平成11）年まで］
　　　　　　　　　お茶ノ水女子大学生活科学部［2008（平成20）年まで］
　　　　　　　　　福島県立医科大学看護学部［1999（平成11）年まで］
1999（平成11）年　淑徳大学社会学部［2001（平成13）年まで］
2013（平成25）年　日本大学文理学部［現在に至る］

〈大学院〉
1988（昭和63）年　東洋大学大学院社会学研究科［1995（平成7）年まで］
1998（平成10）年　専修大学大学院文学研究科［1999（平成11）年まで］
1999（平成11）年　立正大学大学院文学研究科［2001（平成13）年まで］
2001（平成13）年　専修大学大学院文学研究科［2003（平成15）年まで］
2003（平成15）年　明治大学大学院政治経済学研究科［2009（平成21）年まで］

【学会および社会における活動等】
1981（昭和56）年　国立民族学博物館研究協力者［1996（平成8）年まで］
　　　　　　　　　社団法人中央調査社研究委員［1982（昭和57）年まで」
1985（昭和60）年　比較家族史学会理事［2011（平成23）年まで］
1986（昭和61）年　財団法人人口研究会評議員［1989（平成元）年まで］
1987（昭和62）年　人口問題審議会（厚生省）専門委員［1993（平成5）年まで］
1989（平成元）年　農林水産省農林水産研修所係長研修Ⅱ講師［2004（平成16）年まで］
1991（平成3）年　社団法人農村生活総合研究センター研究委員［1992（平成4）まで］
1994（平成6）年　日本老年社会科学会評議員［現在に至る］
1995（平成7）年　日本家族社会学会理事［2004（平成16）年まで］
1997（平成9）年　日本学術会議社会学研究連絡委員会委員［2000（平成12）年まで］
1998（平成10）年　財団法人長寿社会開発センター研究情報部長（非常勤）［2000（平成12）年まで］
　　　　　　　　　国際日本文化研究センター共同研究員［2003（平成15）年まで］
2001（平成13）年　財団法人長寿社会開発センター助成事業委員会委員［2010（平成22）年まで］
2003（平成15）年　平成14年度本府省上級係員研修（人事院）講師［2003（平成15）年まで］
　　　　　　　　　関東社会学会理事［2005（平成17）年まで］
2004（平成16）年　社団法人新情報センター理事［2012（平成24）年まで］
2005（平成17）年　財団法人長寿社会開発センター理事［2011（平成23）年まで］
　　　　　　　　　国立社会保障・人口問題研究所研究評価委員（2011～2013年まで研究評価委員長）［2013（平成25）年まで］
2006（平成18）年　家族問題研究会会長［2008（平成20）年まで］
　　　　　　　　　財団法人長寿社会開発センター『生きがい研究』編集委員長［現在に至る］

2007（平成19）年　東京都国分寺市旧国分寺市立第四小学校跡地売却業者選定審査会委員［2008（平成20）年まで］
　　　　　　　　　東京都西多摩郡瑞穂町環境審議会会長［現在に至る］
2008（平成20）年　家族問題研究学会顧問［現在に至る］
2009（平成21）年　東京都西多摩郡瑞穂町長期総合計画審議会会長［2010（平成22）年まで］
2010（平成22）年　東京都西多摩郡瑞穂町教育委員［現在に至る］
2011（平成23）年　一般財団法人長寿社会開発センター評議員［現在に至る］
2013（平成25）年　一般社団法人新情報センター理事［現在に至る］
　　　　　　　　　東京都国分寺市補助金等審査会会長［現在に至る］
　　　　　　　　　白山社会学会運営委員［現在に至る］

【日本大学での役職】

1998（平成10）年　文理学部研究委員会副委員長［2001（平成13）年まで］
2003（平成15）年　文理学部就職委員会副委員長［2004（平成16）)年まで］
2010（平成22）年　文理学部人文科学研究所次長［2013（平成25）年まで］
　その他、社会学科主任，社会学科学務委員，大学院社会学専攻主任，大学院社会学専攻学務委員を務めた．

【資格】

1969（昭和44）年　中学校教諭一級免許状（社会）取得　東京都教育委員会　昭44中一普第52号
　　　　　　　　　高等学校二級普通免許状（社会）取得　東京都教育委員会　昭44高二第44号
1971（昭和46）年　高等学校一級普通免許状（社会）取得　東京都教育委員会　昭46高一第1907号
2005（平成17）年　専門社会調査士認定資格取得　第000152号　社会調査士資格認定機構
2007（平成19）年　ACCピアカウンセラー資格認定取得　認定番号第4042号　朝日カルチャーセンター

【講演・研修会】

1979（昭和54）年
〇名古屋市職場研修推進講座で「高齢化社会の進行と将来展望」と題して講演（名古

屋市総務局人事課).

1980(昭和55)年
○日本開発銀行一般職中間研修で「今后の人口推計と問題点」と題して講演(日本開発銀行人事部).

1981(昭和56)年
○静岡県高齢化社会総合対策研修会で「人口高齢化の展望」と題して講演(静岡県労働部).
○杉並区特別講座(高齢化社会に向けて)で「『人口高齢化』問題をめぐって」と題して講演(杉並区職員課).

1982(昭和57)年
○茨城県高齢化社会講座で「高齢化社会とは何か」と題して講演(茨城県).

1983(昭和58)年
○家族計画国際協力財団中国人口学専門家研修で「日本の家族構成」と題して講演(家族計画国際協力財団).

1984(昭和59)年
○昭和58年度全国研究栄養士研修会(調査設計と評価の方法Ⅱ―各種栄養調査法の診断―)で「実地調査の心得と手順をめぐって」と題して講演(社団法人日本栄養士会).
○板橋区老人問題懇談会で「高齢化する日本の将来人口と人口の高齢化による社会的影響」と題して講演(板橋区厚生部老人福祉課).
○調布市市民講座「現代社会と家族問題」で「日本の家族(1)－家族の見方」「日本の家族(2)－統計から見た家族－」と題して講演(調布市公民館).

1985(昭和60)年
○糸魚川青年会議所シンポジウム(どう生きぬくか高齢化社会)で「人口・世帯からみた『高齢化社会』」と題して講演(糸魚川青年会議所).
○UNFPA中国高齢化プロジェクト研修団研修で「高齢化と家族」と題して講演(家族計画国際協力財団).
○総務庁統計研修所・昭和60年度特別講座(人口統計の利用と分析研修)で「世帯構造の分析方法」と題して講演(総務庁統計研修所).

1986(昭和61)年
○UNFPA中国高齢化プロジェクト研修団研修で「わが国の家族構造とその変動をめぐって」と題して講演(家族計画国際協力財団).
○総務庁統計研修所・昭和61年度専科上級課程研修で「世帯の構造」と題して講演(総務庁統計研修所).

1987（昭和62）年
○中央区老人大学で「老後の自立と家族の協力」と題して講演（中央区教育委員会社会教育課）．

1989（平成元）年
○研究講座・地域社会高齢化対策で「高齢化社会の地域特性―家族や生活実態の地域的相違」と題して講演（社団法人エイジング総合研究センター）．
○総務庁統計研修所・昭和63年度特別講座（地域統計と地域分析研修）で「地域社会分析」と題して講演（総務庁統計研修所）．
○農林水産省係長行政研修Ⅱで「現代社会の課題（高齢化社会）」と題して講演（農林水産省農林水産研修所・2004年まで」）．
○第25回社会保障研究所基礎講座で「人口と家族」と題して講演（社会保障研究所）．
○府中市老人大学で「高齢化社会の世帯構造」と題して講演（府中市教育委員会社会教育課）．
○福島県地方統計職員研修（専門）及び地方統計講習会で「長寿社会における人口と家族―問題提起を中心にして―」と題して講演（福島県企画調整部統計課・福島県統計協会）．

1990（平成2）年
○総務庁統計研修所・平成2年度専科専門課程研修で「地域人口の社会的構造」と題して講演（総務庁統計研修所）．
○国際シンポジウム「現代日本文化と家族―国際比較の視点から―」で *Japanese Perceptions of Family and Living Arrangements:The Trend toward Nuclearization of Family* と題して講演（日本大学主催，毎日新聞，米国・東西センター人口研究所共催）．

1991（平成3）年
○統計の日記念講演で「人口問題と未来社会」と題して講演（静岡県企画調整部統計課・静岡県統計協会）．
○近畿都市統計協議会・平成3年度第2回統計講習会で「わが国の世帯構造をめぐって」と題して講演（彦根市役所内近畿都市統計協議会）．

1993（平成5）年
○練馬女性センター主催講座で「夫の本音・妻の本音―今，家族を問いなおす―」と題して講演（練馬区立練馬女性センター）．

1994（平成6）年
○府中市自遊学セミナー「いま，新しい家族時代を問う」で「変貌する家族・その現実と未来」と題して講演（府中市生涯学習セミナー）．

○東京都特別区職員研修「平成6年度第7回係長研修（Ⅱ部）」で「これからの行政－人口高齢化，少子化にむけて」と題して講演（特別区職員研修所）．

1995（平成7）年
○佐倉市民カレッジで「高齢化社会を生きる－高齢者の役割－」と題して講演（佐倉市立公民館）．

1996（平成8）年
○平成8年度日本大学文理学部公開講座「"未来"に向けて」で「人口と家族から見た高齢化社会」と題して2回講演（日本大学文理学部）．

1998（平成10）年
○大宮市市民大学で「少子・高齢化の日本と世界の人口」と題して講演（大宮市・大宮市教育委員会・大宮市民大学運営委員会）．
○財団法人人口問題研究会・第2回人口問題基礎講座で「世帯・家族の動向」と題して講演（財団法人人口問題研究会）．
○京都学園大学経済学部第3回研究会で「人口変動と家族構造の地域差」と題して講演（京都学園大学経済学部学会）．

2000（平成12）年
○竹下先生と語る会で「長寿社会と家族の在り方」と題して講演（東京都議会議員竹下ともやす事務所）．

2002（平成14）年
○神奈川県職業能力開発委託事業「NPO福祉系企業・ホームヘルパー養成科」ナルクセミナーで「人口高齢化をめぐる諸問題」と題して講演（ナルク）．

2003（平成15）年
○人事院・平成14年度本府省上級係員研修で「少子・高齢社会に対応する行政について」と題して講演と演習（人事院人材局研修指導課）．
○さいたま市民大学で「平均寿命から見る世界」と題して講演（さいたま市・さいたま市教育委員会・さいたま市民大学運営委員会）．

2004（平成16）年
○平成16年度日本大学国際関係学部市民公開講座で「高齢者と家族―介護問題を中心にして―」と題して講演（日本大学国際関係学部・日本大学短期大学部）．

2007（平成19）年
○NPO日本カウンセリング協会主催の家族問題研究会で「現代の若者の非婚化・晩婚化について」と題して講演（NPO日本カウンセリング協会）．

2009（平成21）年
○四街道市地域福祉計画策定市民講座で「データで発見！ 四街道市とわたくしたち

の暮らし」と題して講演（千葉県四街道市社会福祉課）．
2013（平成25）年
○厚生労働省政策形成支援研究会で「少子高齢化社会における人の絆・つながりの地域差―家族構造からの接近―」と題して講演（厚生労働省）．

研究業績

1．著書
（1）『人口と家族の社会学』犀書房，1986年．
（2）『高齢化社会と家族構造の地域性―人口変動と文化伝統―』時潮社，1992年．
（3）『高齢化社会日本の家族と介護―地域性からの接近―』時潮社，2013年．

2．編著
（1）『高齢化と人口問題』財団法人放送大学教育振興会，1994年．
（2）『日本人口論＝高齢化と人口問題＝』財団法人放送大学教育振興会，1998年．
（3）『日本人と国際化―日本社会を解読するⅡ―』人間の科学社，1999年．
（4）『日本人と少子化―日本社会を解読するⅣ―』人間の科学社，2004年．
（5）『家族社会学へのいざない』岩田書院，2008年．

3．共編著
（1）『老いの比較家族史』（共編者：利谷信義・大藤修）三省堂，1990年．
（2）『社会変動の諸相』（共編者：坂田義教・鈴木泰）ミネルヴァ書房，1994年．
（3）『性と年齢の人類学―高橋統一先生古稀記念論文集―』（共編者：芳賀正明・松本誠一）岩田書院，1998年．
（4）『家族社会学の分析視角―社会学的アプローチの応用と課題―』（共編者：野々山久也）ミネルヴァ書房，2001年．
（5）『変貌する東アジアの家族』（共編者：佐藤康行・木佐木哲朗）早稲田大学出版部，2004年．
（6）『家族革命』（共編者：森謙二・岩上真珠・山田昌弘）弘文堂，2004年．

3．共著（共訳書）
（1）『社会福祉の基礎知識』有斐閣，1973年．
（2）『増補　人類学』犀書房，1974年．
（3）『人口流動の地域構造』大明堂，1979年．
（4）『文化人類学の視角―伝統と現代―』犀書房，1980年．
（5）『高齢化社会への道』中央法規出版，1982年．

（6）『図説老人白書（1982年版）』碩文社，1982年．
（7）『図説老人白書（1983年版）』碩文社，1983年．
（8）『日本の人口転換と農村開発』財団法人アジア人口・開発協会，1985年．
（9）『高齢化社会年鑑 '85』新時代社，1985年．
（10）『日本の人口都市化と開発』財団法人アジア人口・開発協会，1986年．
（11）『高齢化社会年鑑 '86～'87』新時代社，1987年．
（12）『地域別高齢化社会統計要覧』社団法人エイジング総合研究センター，1987年．
（13）『高齢化社会・選択と挑戦』（共訳）文眞堂，1987年．
（14）『高齢化社会年鑑 '88～'89』新時代社，1988年．
（15）『講座 家族心理学 第1巻 変貌する家族－その現実と未来－』金子書房，1989年．
（16）『日本の人口と家族』財団法人アジア・人口開発協会，1989年．
（17）『綜合研究－奄美伝統文化の変容過程－文化人類学的調査』国書刊行会，1989年．
（18）『人口分析入門』古今書院，1989年．
（19）『日本の人口構造変動と開発－高齢化のアジア的視点－』財団法人アジア人口・開発協会，1990年．
（20）『日本の人口・開発・環境』財団法人アジア人口・開発協会，1991年．
（21）『新しい家族の誕生と創造』（日本家族心理学会・家族心理学年報9）金子書房，1991年．
（22）『現代社会学の視座』人間の科学社，1992年．
（23）『社会変動と人間』法律文化社，1992年．
（24）『いえとむらの農政学』農文協，1993年．
（25）『日本文化論への接近』日本大学精神文化研究所，1994年．
（26）『アジアからの挑戦－人口と開発－』財団法人アジア・人口開発協会，1994年．
（27） *Tradition and Change in Asian Family*, EAST-WEST CENTER, 1994年．
（28）『地方自治21世紀への提言』公職研，1994年．
（29）『日本人と社会変動－日本社会を解読するⅠ－』人間の科学社，1995年．
（30）『日本社会論の再検討 到達点と課題』未來社，1995年．
（31）『地域性からみた日本－多元的理解のために－』新曜社，1996年．
（32）『アジアにおける女性のエンパワーメント』財団法人アジア人口・開発協会，1996年．
（33）『地域人口分析の基礎』古今書院，1997年．
（34）『日本の家族と地域性［上］－東日本の家族を中心にして－』ミネルヴァ書房，

1997年.
- (35)『女性学の源流―欧米における女性解放思想と現代的課題―』ライフ・ロング・サークル,1997年.
- (36)『地方自治職員研究 地方自治21世紀構想 第2弾』第57号(臨時増刊号),公職研,1998年.
- (37)『家族社会学入門―家族研究の理論と技法―』文化書房博文社,1999年.
- (38)『歴史と民族における結婚と家族―江守五夫先生古稀記念論文集―』第一書房,2000年.
- (39)『老いと家族―変貌する高齢者と家族―』ミネルヴァ書房,2000年.
- (40)『老熟の力―豊かな〈老い〉を求めて―』早稲田大学出版部,2000年.
- (41)『日本人と高齢化―日本社会を解読するⅢ―』人間の科学社,2001年.
- (42)『家族―世紀を超えて―』日本経済評論社,2002年.
- (43)『人類史のなかの人口と家族』晃洋書房,2003年.
- (44)『扶養と相続』早稲田大学出版部,2004年.
- (45)『日本人と持続可能な社会―日本社会を解読するⅤ―』人間の科学社,2008年.
- (46)『よくわかる現代家族』ミネルヴァ書房,2009年.
- (47)『幸福列車―しあわせを問いなおす旅―』人間の科学社,2012年.

4.編・解説書,文献解題
- (1)『岡崎文規著作選集 人口と家族 全8巻』クレス出版,1995年.
- (2)『黒田俊夫著作選集 人口と社会 全6巻』クレス出版,2009年.
- (3)「岡崎文規『結婚と人口』」『「家族・婚姻」研究文献選集 戦前篇 別冊「家族・婚姻」研究ノート 戦前篇』クレス出版,1990年.
- (4)「蒲生正男『日本人の生活構造序説』」『「家族・婚姻」研究文献選集 戦後篇 別冊「家族・婚姻」研究ノート 戦後篇』クレス出版,1991年.

5.論文
- (1)「親族組織と近隣関係―秋田県仙北郡太田村惣行の事例―」『東洋大学大学院紀要』第6集,東洋大学,1970年.
- (2)「親族組織覚書」『人口問題研究所年報』第16号,厚生省人口問題研究所,1971年.
- (3)「人口移動と教育―広島都市圏地域報告―」『統計の泉』第267号,広島県統計協会,1972年.
- (4)「『転入形態』の分析―昭和45年広島県調査―」『人口問題研究所年報』第17号,

厚生省人口問題研究所，1972年．
（5）「『高年齢核家族世帯』と人口移動―鹿児島県J部落調査報告―」『人口問題研究』第126号，厚生省人口問題研究所，1973年．
（6）「『高齢者世帯』の構造と人口流出についての予備的考察―島根県一農村の事例分析」『人口問題研究所年報』第18号，厚生省人口問題研究所，1973年．
（7）「『高齢者世帯』の家族構成と人口移動―鹿児島県S部落調査報告―」『人口問題研究』第131号，厚生省人口問題研究所，1974年．
（8）「世帯と家族」『統計の泉』第296号，広島県統計協会，1975年．
（9）「『高齢者世帯』の構造についての予備的考察―山形県一農村の事例分析―」『人口問題研究所年報』第19号，厚生省人口問題研究所，1975年．
（10）「『高齢者世帯』の家族構成と人口移動―島根県K部落の事例分析―」『人口問題研究』第137号，厚生省人口問題研究所，1976年．
（11）「日本家族論ノート（1）―大間知理論を中心にして―」『人口問題研究所年報』第20号，厚生省人口問題研究所，1976年．
（12）「日本家族論ノート（2）―蒲生理論を中心にして―」『人口問題研究所年報』第21号，厚生省人口問題研究所，1977年．
（13）「『高齢者世帯』の家族構成と人口移動―島根県I部落調査報告―」『人口問題研究』第144号，厚生省人口問題研究所，1977年．
（14）（共著）「宮座の社会人類学的調査Ⅳ―滋賀県蒲生町下麻生の事例―」『東洋大学アジア・アフリカ研究所研究年報』1976年度，東洋大学アジア・アフリカ文化研究所，1977年．
（15）「日本家族論ノート（3）―有賀『家』研究の形成過程を中心にして―」『人口問題研究所年報』第22号，厚生省人口問題研究所，1978年．
（16）「高齢化社会の進行と将来展望」『行政管理』第29巻5号，東京都職員研修所，1978年．
（17）（共著）「契約講の社会人類学的研究―山形県西置賜郡小国町市野々・大石沢の事例―」『社会人類学年報』第4号，東京都立大学社会人類学研究会，1978年．
（18）「『高齢化社会』における家族研究をめぐって―調査研究のための素描―」『東洋大学アジア・アフリカ文化研究所研究年報』第13号，東洋大学アジア・アフリカ文化研究所，1979年．
（19）「『人口高齢化』時代への対応」『地域開発ニュース』第138号，東京電力，1979年．
（20）「高齢化社会と家族の変動」『教育資料―くらしと保険―』第9号，生命保険文化センター，1979年．

(21)「非農林自営労働力人口の動向」『人口問題研究』第153号，厚生省人口問題研究所，1980年．
(22)「人口資質論－人口資質研究と社会人類学との接点をめぐって－」『人口問題研究』第154号，厚生省人口問題研究所，1980年．
(23)「農村老人の居住形態―宮城県志波姫町と鹿児島県大浦町の比較研究―」『人口問題研究』第156号，厚生省人口問題研究所，1980年．
(24)「『人口高齢化』の地域性をめぐって」『老年学研究』第5巻第1号，特別養護老人ホームわらび園老人問題研究会，1980年．
(25)「農村老人の居住形態―宮城県登米郡米山町調査報告―」『人口問題研究』第161号，厚生省人口問題研究所，1981年．
(26)「日本家族論ノート（4）―中根理論への批判―」『人口問題研究』第161号，厚生省人口問題研究所，1982年．
(27)「人口変動と家族構成―『人口流出地域』の統計分析―」『政経論叢』（蒲生正男教授追悼論文集）第50巻第5・6号，明治大学政治経済研究所，1982年．
(28)「農村老人の居住形態―宮城県桃生町調査報告―」『人口問題研究』第165号，厚生省人口問題研究所，1983年．
(29)「日本人の死別を考える」『統計』第34巻第4号，財団法人日本統計協会，1983年．
(30)「人口移動における『家族的理由』研究序説」『人口問題研究』第169号，厚生省人口問題研究所，1984年．
(31)「家族・世帯構成の地域差」『老年社会科学』（家族の老年学）第6巻1号，日本老年社会科学会，1984年．
(32)「人口・世帯からみた『高齢化社会』」『地方自治職員研修』第210号，公職研，1984年．
(33)「『高齢化社会』における家族形態の地域性」『人口学研究』第7号，日本人口学会，1984年．
(34)「人口からみた『高齢化社会』」『都道府県展望』第308号，全国知事会，1984年．
(35)「『人口高齢化』と世帯変動の地域差―老親扶養問題との関連で―」『地方自治職員研修』第221号，公職研，1984年．
(36)「三世代世帯の形成過程に関する研究―総務庁老人対策室調査結果の分析―」『人口問題研究』第173号，厚生省人口問題研究所，1985年．
(37)「日本家族論ノート」『東洋大学アジア・アフリカ文化研究所研究年報』第19号，東洋大学アジア・アフリカ文化研究所，1985年．
(38)「家族構成の実証的研究」『家族研究年報』第10号，家族問題研究会，1985年．

(39)「寿命とライフサイクル」『統計』第36巻第5号，財団法人日本統計協会，1985年．
(40)「『高齢化社会』の諸問題とその対応―人口変動分析を中心にして―」『教育じほう』第452号，東京都新教育研究会，1985年．
(41)「家族形態の地域性」『人口問題研究』第176号，厚生省人口問題研究所，1985年．
(42)「三世代世帯の形成過程に関する研究（2）―総務庁老人対策室調査結果の分析―」『人口問題研究』第177号，厚生省人口問題研究所，1986年．
(43)「家族」『月刊高齢化問題』第3号，高齢化問題研究所，1986年．
(44)「社会学者森岡教授の学説」『比較家族史研究』創刊号，比較家族史学会，1986年．
(45)「家族形態の変貌―核家族化の動向をめぐって―」『統計』第37巻第11号，財団法人日本統計協会，1986年．
(46)「三世代世帯の形成過程と世代間関係に関する一考察」『白山社会学研究』第1号，白山社会学会，1986年．
(47)「大都市下町地区の高齢者居住」『東京経済大学会誌』第150号，東京経済大学，1987年．
(48)「人口高齢化と家族構成の地域性」『総合社会保障』第25巻第5号，社会保険新報社，1987年．
(49)「家族・世帯構造の変化とライフサイクル」『家政学会誌』第38巻第5号，日本家政学会，1987年．
(50)「『世帯の高齢化』と居住形態の多様性」『真理と創造』第27・28号，中央学術研究所，1987年．
(51)「人口変動と世帯構成の変化―山形県一農村の事例分析―」『人口問題研究』第185号，厚生省人口問題研究所，1988年．
(52)「日本の人口」『社会保険庁だより』第303号，社会保険庁，1988年．
(53)「出産」『社会保険庁だより』第304号，社会保険庁，1988年．
(54)「死亡と寿命」『社会保険庁だより』第305号，社会保険庁，1988年．
(55)「人口移動」『社会保険庁だより』第306号，社会保険庁，1988年．
(56)「老年人口」『社会保険庁だより』第307号，社会保険庁，1988年．
(57)「世帯」『社会保険庁だより』第308号，社会保険庁，1988年．
(58)「世界の人口」『社会保険庁だより』第309号，社会保険庁，1988年．
(59)「歴史的にみた東京の高齢者問題」『季刊行政管理』第353号，東京都職員研修所，1988年．

(60)「地域人口変動と社会構造―開発政策との関連で―」『地方自治職員研修』第278号,公職研,1988年.
(61)「人口高齢化と地域社会―世帯・家族からみた現状と課題」『季刊AGING』第63号,社団法人エイジング総合研究センター,1989年.
(62)「人口変動と世帯構成および世帯構造の変化―島根県一農村の事例を中心にして―」『人口問題研究』第190号,厚生省人口問題研究所,1989年.
(63)「家族の現況と動向―国際比較」『青年心理』第80号,金子書房,1990年.
(64)(共著)「人口変動と世帯構成および世帯構造の変化―山形県藤島町の事例分析―」『人口問題研究』194号,厚生省人口問題研究所,1990年.
(65)「人口と世帯の日韓比較」『東洋大学アジア・アフリカ文化研究所研究年報』第24号,東洋大学アジア・アフリカ文化研究所,1990年.
(66)「戸田貞三と小山隆―家族人口学的研究を中心として―」『比較家族史研究』第5号,比較家族史学会,1990年.
(67)「日本の伝統的家族とその変容」『NEXTAGE』第13号,住友商事株式会社,1991年.
(68)(共著)「世帯構成と世帯構造の変化―鹿児島県大崎町の事例分析―」『人口問題研究』第198号,厚生省人口問題研究所,1991年.
(69)「長寿社会の到来と家族構成の変化」『国民健康保険』第42巻第4号,国民健康保険協会,1991年.
(70)「世帯構成から見た日本の家族」『統計』第42巻5号,財団法人日本統計協会,1991年.
(71)(共著)「志摩の文化伝統とその変容－鳥羽市今浦の社会人類学的調査」『東洋大学大学院紀要』第28集,東洋大学,1992年.
(72)(共著)「世帯構成と世帯構造の変化―島根県農村の比較分析―」『人口問題研究』第202号,厚生省人口問題研究所,1992年.
(73)「家族構造の地域性」『家庭科学』第58巻第5号,財団法人日本女子教育会・家庭科学研究所,1992年.
(74)「成熟社会－『老人問題』をどうとらえるか－」『れゆーな』第6号,財団法人ぼけ予防協会,1992年.
(75)「高齢化社会におけるムラの人口・家族誌－日本のムラの地域性－」『人口と開発』第43号,財団法人アジア人口・開発協会,1993年.
(76)「高齢化社会におけるムラの人口・家族誌－東北日本のムラ－」『人口と開発』第45号,財団法人アジア人口・開発協会,1993年.
(77)「農村家族の変化」『統計』第45巻第3号,財団法人日本統計協会,1994年.

(78)「家族構造は変わったのか」『住宅金融月報』第510号,住宅金融普及協会,1994年.
(79)「人口高齢化と家族」『統計』第45巻第11号,財団法人日本統計協会,1994年.
(80)「新しい夫婦関係」『桜門春秋』第61号,日本大学広報部,1994年.
(81)「現代日本の家族変動」『社会学論叢』第122号,日本大学社会学会,1995年.
(82)「家族変動論再考」『研究紀要』第50号,日本大学文理学部人文科学研究所,1995年.
(83)「アジアにおける高齢者家族の構成と構造」『季刊 年金と雇用』第14巻第4号,財団法人年金総合研究センター,1996年.
(84)「家族構造の地域性－都市家族を中心として－」『社会学論叢』第127号,日本大学社会学会,1996年.
(85)「高齢者と家族－高齢者扶養問題との関連で－」『TRI－VIEW』第10巻第4号,東急総合研究所,1996年.
(86)(共著)「神話・天領・近代化－山陰・東石見の漁村と山村－」『東洋大学アジア・アフリカ文化研究所研究年報』第30号,東洋大学アジア・アフリカ文化研究所,1996年.
(87)「高齢化と家族構造」『季刊 年金と雇用』第17巻第2号,財団法人年金総合研究センター,1998年.
(88)「『東北型家族』に関する一考察―人口変動との関連で―」『社会学論叢』第133号,日本大学社会学会,1998年.
(89)「戸田貞三論」東洋大学社会学部40周年記念論集編纂委員会編『東洋大学社会学部40周年記念論集』東洋大学社会学部,1999年.
(90)「大都市圏と地方圏における過疎問題」『人口と開発』第69号,財団法人アジア人口・開発協会,1999年.
(91)「長寿社会の現状と将来」『生活の設計』第205号,貯蓄広報中央委員会,1999年.
(92)「社会構造の変化と少子化―家族・地域共同体・仲間集団の構造的変化と子どもの変化との関連を中心にして―」『桜門春秋』第83号,日本大学広報部,2000年.
(93)「高齢者家族の構成と構造―日本・韓国・アメリカ・ドイツとの比較研究―」『社会学論叢』第138号,日本大学社会学会,2000年.
(94)「高齢社会をいかに生きるか」『生活の設計』第210号,貯蓄広報中央委員会,2001年.
(95)「国勢調査からみた『小家族化』の動向」『統計』第52巻第4号,財団法人日本

統計協会, 2001年.
(96)「少子高齢化時代の家族と地域社会」『都市問題研究』第53巻第6号, 都市問題研究会, 2001年.
(97)「世帯概念と世帯分類の変遷」『統計』第53巻第3号, 財団法人日本統計協会, 2002年.
(98)「『愛他主義的』人間の育成を―人間を尊重・優先する社会システムの構築へ」『ウェルフェア』第48号, 財団法人全国労働者福祉・共済協会, 2003年.
(99)「家族構造と介護形態の地域差」『社会学論叢』第149号, 日本大学社会学会, 2004年.
(100)「女性をめぐる世代間関係」『家族関係学』第23号, 日本家政学会家族関係部会, 2004年.
(101)「黒田俊夫論―人口移動研究を中心にして―」『社会学論叢』第152号, 日本大学社会学会, 2005年.
(102)「家族・世帯構造の地域差の視点から」『統計』第56巻第7号, 財団法人日本統計協会, 2005年.
(103)「一元的政策を転換すれば少子化は防げる」『月刊テーミス』第158号, 株式会社テーミス, 2005年.
(104)「少子化の現状と課題」教育と医学の会編『教育と医学』第634号, 慶應義塾大学出版会, 2006年.
(105)「晩婚化と非婚化に関する一考察」『社会学論叢』第158号, 日本大学社会学会, 2007年.
(106)「居住形態と介護形態の地域差」『統計』第60巻第10号, 財団法人日本統計協会, 2009年.
(107)「高齢者の居住環境」『統計』第61巻第1号, 財団法人日本統計協会, 2010年.
(108)「男女共同参画社会（1）」『統計』第61巻第3号, 財団法人日本統計協会, 2010年.
(109)「男女共同参画社会（2）」『統計』第61巻第5号, 財団法人日本統計協会, 2010年.
(110)「特別寄稿：黒田人口学の回顧と展望」『人口問題研究』第66巻第2号, 国立社会保障・人口問題研究所, 2010年.
(111)「日本の人口移動」『統計』第61巻第7号, 財団法人日本統計協会, 2010年.
(112)「少子高齢化社会における家族扶養－『互酬性』に着目して－」『統計』第61巻第9号, 財団法人日本統計協会, 2010年.
(113)「『無縁化社会』日本の現状と課題」『統計』第61巻第11号, 財団法人日本統計

協会,2010年.
(114)「居住形態からみた家族構造の地域差」『統計』第62巻第1号,財団法人日本統計協会,2011年.
(115)「孤独死への不安」『統計』第62巻第3号,財団法人日本統計協会,2011年.
(116)「家族のつながり」『統計』第62巻第5号,財団法人日本統計協会,2011年.
(117)「日本家族論再考」『社会学論叢』第171号,日本大学社会学会,2011年.
(118)「地域のつながり」『統計』第62巻第7号,財団法人日本統計協会,2011年.
(119)「職場のつながり」『統計』第62巻第9号,財団法人日本統計協会,2011年.
(120)「家族構造と家族構成の地域性-国勢調査と理論構築-」『統計』第62巻第11号,財団法人日本統計協会,2011年.
(121)「高齢化社会における居住形態と介護の地域性」『家族関係学』第30号,日本家政学会家族関係部会,2011年.
(122)「家族の範囲」『統計』第63巻第1号,財団法人日本統計協会,2012年.
(123)「幸福度について考える」『統計』第63巻第4号,財団法人日本統計協会,2012年.
(124)「『幸福実感』都市の実現に向けて-荒川区の試み-」『統計』第63巻第5号,財団法人日本統計協会,2012年.
(125)「都市社会における幸福-荒川区の事例分析-」『統計』第63巻第7号,財団法人日本統計協会,2012年.
(126)「地域性からみた高齢者家族のゆくえ」『統計』第63巻第9号,財団法人日本統計協会,2012年.
(127)「高齢者家族と介護のゆくえ-別居制社会の事例分析-」『統計』第63巻第11号,財団法人日本統計協会,2012年.
(128)「『生きがい研究』の成果と課題-文化・社会・福祉の視点から-」『生きがい研究』第19号,一般財団法人長寿社会開発センター,2013年.
(129)「日本人は晩年だれと暮らしているのか?」『統計』第65巻第2号,財団法人日本統計協会,2014年.

6.書評・新刊紹介
(1)「戸田貞三著『家族構成』」『人口問題研究』第119号,厚生省人口問題研究所,1971年.
(2)「森岡清美著『家族周期論』」『人口問題研究』第129号,厚生省人口問題研究所,1974年.
(3)「喜多野清一著『家と同族の基礎理論』」『人口問題研究』第139号,厚生省人口

問題研究所, 1976年.
（4）「合田栄作著『通婚圏』」『人口問題研究』第141号, 厚生省人口問題研究所, 1976年.
（5）「森岡清美編『現代家族のライフサイクル』」第147号, 厚生省人口問題研究所, 1978年.
（6）「岡正雄著『異人その他―日本民族＝文化の源流と日本国家の形成』」『人口問題研究』第158号, 厚生省人口問題研究所, 1981年.
（7）「大友篤著『地域分析入門』」『人口問題研究』第164号, 厚生省人口問題研究所, 1981年.
（8）「坪内良博著『東南アジア人口民族誌』」『人口問題研究』第179号, 厚生省人口問題研究所, 1986年.
（9）「森岡清美・青井和夫編『現代日本人のライフコース』」『人口問題研究』第179号, 厚生省人口問題研究所, 1987年.
（10）「光吉利之ほか編『リーディングス日本の社会学3 伝統家族』, 望月嵩ほか編『リーディングス日本の社会学4 現代家族』」『家族研究年報』第14号, 家族問題研究会, 1988年.
（11）「阿藤誠・兼清弘之編『家族と人口変動』」『人口学研究』第21号, 日本人口学会, 1997年.
（12）「川合隆男監修『戸田貞三著作集』」『家族社会学研究』第9号, 日本家族社会学会, 1997年.
（13）「嵯峨座晴夫著『高齢者のライフスタイル』」『人口学研究』第24号, 日本人口学会, 1999年.
（14）「藤井勝著『家と同族の歴史社会学』」『家族社会学研究』第11号, 日本家族社会学会, 1999年.
（15）「速水融編『近代移行期の家族と歴史』」『人口学研究』第31号、日本人口学会, 2002年.
（16）「宮川満著『家・家族の歴史と婚姻習俗』」『家族社会学研究』第14巻第2号, 日本家族社会学会, 2003年.
（17）「佐藤宏子著『家族の変遷・女性の変化』」『家族関係学』第26号, 日本家政学会家族関係部会, 2007.
（18）「野々山久也著『現代家族のパラダイム革新－直系制家族・夫婦制家族から合意制家族へ－』」『家族社会学研究』第20巻第1号, 日本家族社会学会, 2008年.
（19）「平井晶子『日本の家族とライフコース－「家」生成の歴史社会学』『ソシオロジ』第54巻1号, 京都大学社会学研究会, 2009年.

(20)「若林敬子著『日本の人口問題と社会的現実（第1巻理論篇，第2巻モノグラフ篇）』」『人口学研究』第46号，日本人口学会，2010年．
(21)「湯沢雍彦著『大正期の家族問題－自由と抑圧に生きた人びと－』」『家族研究年報』第36号，家族問題研究学会，2011年．
(22)「若林敬子著『日本のむらむら，昔と今－人口からみた九篇－』」『家族社会学研究』第24巻第1号，日本家族社会学会，2012年．
(23)「若林敬子著『増補版　学校統廃合の社会学的研究』」『人口学研究』第49号，日本人口学会，2013年．
(24)「湯沢雍彦著『昭和後期の家族問題―1945～88年，混乱・新生・動揺のなかで―』」『家族関係学』第32号，日本家政学会家族関係部会，2013年．

7．事典（辞典）執筆

（1）國分康孝編『カウンセリング辞典』誠信書房，1990年．
（2）森岡清美・塩原勉・本間康平編『新社会学辞典』有斐閣，1993年．
（3）比較家族史学会編『事典家族』弘文堂，1996年．
（4）横山長之・市川惇信共編『環境用語事典』オーム社出版局，1997年．
（5）日本人口学会編『人口大事典』培風館，2002年．
（6）日本家政学会編『新版家政学事典』朝倉書店，2004年．
（7）日本精神保健福祉士協会・日本精神保健福祉学会監修『精神保健福祉用語辞典』中央法規出版，2004年．
（8）見田宗介編集顧問：大澤真幸・吉見俊哉・鷲田清一編『現代社会学事典』弘文堂，2012年．

8．報告書

（1）『明治大学政経学部社会学関係ゼミナール報告書　第1集』明治大学政治経済学部岡正雄研究室，1966年．
（2）『昭和45年度実地報告　人口の分布変動と地域経済との関係に関する調査報告』厚生省人口問題研究所，1972年．
（3）『昭和46年度実地調査　人口の分布変動と地域経済との関係に関する調査報告〔青森県編〕』厚生省人口問題研究所，1972年．
（4）『昭和46年度実地調査　人口の分布変動と地域経済との関係に関する調査報告〔福岡県編〕』厚生省人口問題研究所，1972年．
（5）『昭和46年度実地調査　人口の分布変動と地域経済との関係に関する調査報告〔宮城県編〕』厚生省人口問題研究所，1972年．

（6）『昭和46年度実地調査　人口の分布変動と地域経済との関係に関する調査報告〔鹿児島県編〕』厚生省人口問題研究所，1972年．
（7）『昭和46年度実地調査　人口の分布変動と地域経済との関係に関する調査報告〔長崎県編〕』厚生省人口問題研究所，1972年．
（8）『昭和46年度実地調査　人口の分布変動と地域経済との関係に関する調査報告〔首都圏編〕』厚生省人口問題研究所，1972年．
（9）『昭和46年度実地調査　人口の分布変動と地域経済との関係に関する調査報告〔埼玉県編〕』厚生省人口問題研究所，1972年．
（10）『地域社会と地場産業―青梅織物を事例として―』東洋大学大学院社会学研究科共同調査研究会，1972年．
（11）『昭和48年度　若狭湾自然環境保全計画報告書』プレック研究所，1974年．
（12）『昭和48年度「生活実態からみた地域人口変動の要因に関する総合的調査」結果概要報告書　農村の部』厚生省人口問題研究所，1975年．
（13）『生命保険文化センター委託調査報告書　老齢化社会の統計的基礎研究』財団法人統計研究会，1979年．
（14）『特別研究「日本における最近の出産力水準の地域差とその要因に関する総合的研究」の調査結果―概報および主要結果表』厚生省人口問題研究所，1980年．
（15）『昭和56年度　人口移動と定住に関する調査報告書』厚生省人口問題研究所，1982年．
（16）『「生き生きあいち」建設のために－愛知県高齢化社会対策研究会議報告書－』愛知県高齢化社会対策研究会議，1982年．
（17）『農村血族の継承と拡散の動態』（財団法人農村開発企画員会）総合研究開発機構，1982年．
（18）『昭和60年度　農村定住条件整備の推進方策に関する調査報告書』地域社会計画センター，1986年．
（19）『「山形市高齢化社会構想」調査報告書』山形市，社団法人エイジング総合研究センター，1987年．
（20）『昭和61－63年度特別研究　高齢化社会における世帯形成の地域差に関する人口学的研究　第Ⅰ報告書　世帯統計資料集』厚生省人口問題研究所，1987年．
（21）『農村家族の構造と機能の変貌』（財団法人農村開発企画員会）総合研究開発機構，1987年．
（22）『昭和61－63年度特別研究　高齢化社会における世帯形成の地域差に関する人口学的研究　第Ⅱ報告書　世帯統計資料集〔続〕』厚生省人口問題研究所，1988年．

(23)『高齢化社会に於ける世帯構造と家族の動向—世帯構造の地域差に関する調査研究報告書—』社団法人エイジング総合研究センター，1988年.
(24)『中国・上海市の高齢化に伴なう社会調査報告—東京都社会福祉基礎報告との比較研究—』社団法人エイジング総合研究センター，1988年.
(25)『高齢化社会における世帯構造の地域差に関する調査報告書』社団法人エイジング総合研究センター，1989年.
(26)『「現代家族の生活変動に関する全国調査」報告書（日本大学総長指定の総合研究「現代日本文化の特質に関する研究」）』日本大学総合科学研究所，1989年.
(27)『3圏別マクロ分析による21世紀の高齢者と地域福祉システム　経済企画庁総合計画局「地域高齢者福祉システム研究会報告」』ぎょうせい，1989年.
(28)『高齢者をとりまく家族構造とその変動過程に関する総合的研究調査』住友生命健康財団，1991年.
(29)『大宮市高齢者保健福祉事業基礎報告書』大宮市，1991年.
(30)『1990年「中国高齢化社会調査」研究協力報告書—中国都市部の高齢化状況と大連市実態調査』社団法人エイジング総合研究センター，1991年.
(31)『「大都市における高齢者の移動に関する調査研究」報告書—仙台市・北九州市の高齢者人口移動実態調査の比較分析—』社団法人エイジング総合研究センター，1991年.
(32)『「大都市における高齢者の移動に関する調査研究」報告書—横浜市・名古屋市の高齢者人口移動実態調査の比較分析—』社団法人エイジング総合研究センター，1992年.
(33)『中国大都市の高齢化社会調査「天津市・杭州市・無錫市の高齢者生活実態調査」研究報告書』財団法人エイジング総合研究センター，1992年.
(34)『大都市高齢者の移動実態と理由に関する研究—仙台市・北九州市・横浜市・福岡市の比較分析—』社団法人エイジング総合研究センター，1994年.
(35)『「現代家族に関する全国調査」報告書』日本大学総合科学研究所，1994年.
(36)『高齢化社会の世代間交流—世代間交流における高齢者の社会参加促進に関する基礎研究—』財団法人長寿社会開発センター，1994年.
(37)『「東京都における高齢者の居住移動実態と移動理由に関する調査研究」研究分析報告書—世田谷区・板橋区・江戸川区・八王子市・多摩市—』社団法人エイジング総合研究センター，1995年.
(38)『世代間交流の理論と実践—世代間交流における高齢者の社会参加促進に関する基礎研究—』財団法人長寿社会開発センター，1996年.
(39)『高齢者の保健福祉に関する総合的調査研究報告書〈財団法人長寿社会開発セ

ンター委託事業〉』高齢者保健福祉研究会，1998年．
(40) 『長寿社会調査要覧－長寿社会に関する調査についての総合的文献調査研究事業報告書－』財団法人長寿社会開発センター，2000年．
(41) 『統計にみる農村地域の人口特性―少子化の視点から―「農村における女性の快適な定住条件の解明とその条件整備に関する研究」中間報告』社団法人農村生活総合研究センター，2000年．
(42) 『平成12年度厚生統計協会委託研究事業「世帯調査の回収率低下への対応策及び情報通信機器を利用した調査方法の改善等に関する研究報告」』厚生省，2001年．
(43) 『農村生活総合研究センター　生活研究レポート・55　農村における女性の快適な定住条件』社団法人農村生活総合研究センター，2002年．

9．学会報告

（1）「秋田県惣行部落の親族組織と近隣関係」日本民族学会第8回研究大会，1969年．
（2）「高齢者世帯の家族構成と人口移動」家族問題研究会第216回研究例会，1975年．
（3）「人口移動と家族構成―『地域』研究の一視点―」日本人口学会第34回大会，1981年．
（4）「社会学の立場から」（シンポジウム「高齢化社会と家族」）日本人口学会第35回大会，1982年．
（5）「わが国家族研究の諸潮流とその展開をめぐって」第16回家族社会学セミナー，1982年．
（6）「『晩年型同居』をめぐって―高齢者の人口移動との関連で―」日本老年社会科学会第25回大会，1982年．
（7）「家族構成の実証的研究」（シンポジウム「家族問題と家族社会学」）家族問題研究会第312回研究例会，1984年．
（8）「家族」（シンポジウム「鈴木栄太郎の社会学と現代社会」）白山社会学会第1回研究例会，1984年．
（9）「日本の家族構成とその変動をめぐって」第274回人口学研究会例会，1985年．
（10）「三世代世帯の形成過程をめぐって―総務庁老人対策室調査報告―」日本老年社会科学会第27回大会，1985年．
（11）日本人口学会共通論題〔B〕「女性の地位と人口行動」で坪内良博報告「結婚，離婚，再婚と女性の意識」に対する討論者，日本人口学会第39回大会，1987年．
（12）「高齢者問題の日中比較―東京と上海の比較研究（1）―」日本老年社会科学会

第30回大会，1988年．
(13)「家族構造の地域差」（シンポジウム「21世紀の日本の家族」）日本人口学会第41回大会，1989年．
(14)「世帯形成の地域差―山形県農村と鹿児島県農村の比較研究―」日本老年社会科学会第31回大会，1989年．
(15)「家族構造とその変化―厚生省人口問題研究所調査の分析を中心にして―」第23回家族社会学セミナー．
(16)「農民社会における人口と家族の変動―調査技法を中心にして―」人口学研究会第335回研究報告，1991年．
(17)「第44回早稲田社会学会大会シンポジウム」（統一テーマ「日本社会を問い直す」）で討論者，1992年．
(18)「人口高齢化と家族構造の地域性」日本民族学会第32回研究大会，1998年．
(19) 家族問題研究会シンポジウム「少子化をめぐって」で討論者，2005年．
(20)「教育講演　長寿社会における家族構造の地域差」日本老年学社会科学会第51回大会，2009年．
(21)「高齢化社会における家族構造の地域差―研究の意義をめぐって―」比較家族史学会研究大会2010年秋季大会，2010年．
(22)「ことわざと家族の関係をめぐって」（シンポジウム「家族とことわざ」）日本ことわざ文化学会第2回大会，2011年．
(23) 家族問題研究学会で施利平報告「戦後日本には核家族化と双系化が起きたのか？」に対する討論者，2012年度第2回家族問題研究学会例会，2012年．
(24)「日本家族論再考」（学会30周年記念シンポジウム）平成25年度白山社会学会，2013年．
(25) 日本人口学会（テーマセッション2：東アジアにおける地域研究としての人口学）で討論者，日本人口学会第65回大会，2013年．
(26) 島嶼コミュニテイ学会で野村豊子特別講演「回想法とは何か？」に対する討論者，島嶼コミュニテイ学会第3回年会，2013年．
(27) 比較家族史学会で加賀谷真梨報告「沖縄島嶼部の子どもの民族誌―身体観・医療観に着目して―」に対する討論者，比較家族史学会2013年秋季大会，2013年．

10．インタビュー記事・随想・座談会・その他
【インタビュー記事】
（1）「卒業生紹介　母校への期待―近況報告もかねて―」『多摩高ニュース』第5・6号合併号，1986年10月1日．

研究業績

（２）「家族−共生のきずなを求めて−④　親交別居」『茨城新聞』1994年6月25日．
（３）「研究前線　長寿社会の世帯形成を地域的に解析−厚生省人口問題研究所」『時の動き−政府の窓−』（1988年8月15日号）総理府編，1988年．
（４）「対策を誤れば暗黒社会となる？（特集　21世紀の日本を支える人たちへ高齢化社会はこわくない）」『THE21』第8巻第12号，PHP研究所，1991年．
（５）「2025年老人は1億9400万人に（海外特集・急速に進む中国の高齢化）」『ONION』第6巻第10号，日経事業出版社，1992年．
（６）「今年は『国際家族年』21世紀の在り方を考えよう」『大阪日日新聞』1994年1月5日．
（７）「80年代からお年寄りの転居増加」『中日新聞』1994年9月15日．
（８）「豊かさの中で少子家族22　老いて住まう④　仲間で住む人この指止まれ」『朝日新聞』，1995年3月30日．
（９）「特集　ザ・ヒューマン・リポート二世帯住宅の明るい関係」『二重奏〈二世帯住宅研究所所報』第64号，旭化成・二世帯住宅研究所，1998年．
（10）「注目大学紹介—ゼミ・研究室をのぞいてみよう！　日本大学文理学部　実社会に出た時，ほんとうに良かったと実感できる『分析・考察，企画・立案』能力を身につける」『2003年栄冠をめざしてSPECIAL人文科学系学部特集号』河合塾　全国進学情報センター，2003年．
（11）「社会保障　安心　出生率『想定外』の回復」『讀賣新聞』2011年7月5日．
（12）「ニッポンの女性社長，不思議な勢力分布」『日本経済新聞　電子版』2011年7月8日．

【随想・談話】
（１）「巻頭エッセイ　家族研究の意義をめぐって」『家族社会学研究』第17巻第1号，日本家族社会学会，2005年．
（２）「教育委員談話　第4回：みらいに　ずっと　ほこれる瑞穂の『共育』」『みずほの教育』第14号，瑞穂町教育委員会，2013年．

【座談会】
（１）「座談会　平成2年国勢調査の準備に際して−利用者の立場から−」『統計』第40巻第10号，財団法人日本統計協会，1989年．
（２）「座談　私にとって『家庭科学』とは」『家庭科学』第62巻第4号，財団法人日本女子教育会・家庭科学研究所，1996年．
（３）「SPECIAL TALK　第7回家族機能の変化とアレルギーの診療」『アレルギー

441

ネットワーク』第2巻第3号，東京田辺製薬株式会社，1997年．

【その他】
（1）「学会報告記事　秋田県・惣行部落の親族組織と近隣関係」『民族学研究』第34巻第2号，日本民族学会，1969年．
（2）「総務庁老人対策室の『三世代老人』調査をめぐって」『エイジングセンターニュース』第2巻第1号，社団法人エイジング総合研究センター，1985年．
（3）「祖父江孝男教授還暦記念シンポジウム『日本人はどう変わったのか』に共同討論者として参加」祖父江孝男編『日本人はどう変わったのか―戦後から現代へ―』（NHKブックス）日本放送出版協会，1987年．
（4）「講演・人口変動と家族構造の地域性」『明治大学社会・人類学会年報』第1号，明治大学社会・人類学会，1987年．
（5）「追悼文　伊藤達也氏を悼む」『家族研究年報』第19号，家族問題研究会，1994年．
（6）「シンポジウム報告　わが国家族の地域性」中久郎編『現代家族の変貌［国際比較による総合的研究］』（龍谷大学地域総合研究所叢書3）行路社，1997年．
（7）「推薦します『戦後家族社会学文献選集』刊行の現代的意義（【監修】渡辺秀樹・池岡義孝『戦後家族社会学文献選集』全Ⅱ期・全20巻・別冊1）」日本図書センター，2008年．
（8）「老川寛先生の逝去を悼む」『家族問題研究』第35号，家族問題研究学会，2010年．
（9）「Column　調査の達人　戸田貞三」『社会と調査』第7号，一般社団法人社会調査協会，2011年．
（10）「巻頭言『生きがい研究』創刊20周年記念号発刊にあたって」『生きがい研究』第20号，一般財団法人長寿社会開発センター，2014年．

あとがき

松本誠一

　清水浩昭先生の『高齢化社会日本の家族と介護——地域性からの接近』(時潮社)は昨年刊行されて1年経たないうちに第二刷が準備されている．本が売れなくなったと言われて久しい今日でも，介護を必要とする高齢者のことを真剣に考えている人々が相当多いから，需要があるのであろう．

　日本の高齢者はどういう世帯類型にどれくらい存在しているのか．それを都道府県別にみると地域差があるということを，清水先生は全国規模の統計を使ってマクロに，また典型的な地域で丹念なフィールドワークを実施してミクロに分析し，日本人の家族形成の文化を論証して来られた．家族社会学者，小山隆先生から東洋大学での授業で「気象の変化を観測し続けることと同様に，社会の変化を社会調査で観察し続けることが大事だ」と伺ったことが印象深く残っている．清水先生はその通り，日本の家族，世帯の形態・類型の変化を持続的に明らかにしていくというタスキをつないで来られたのである．その走路にあって，上書で一つの到達点を示された．それは注目を受け，近着の日本家族社会学会編『家族社会学研究』Vol.26, No.1 に書評が載せられている．

　そして，清水先生はこういう客観的な研究ばかりでなく，先生ご夫妻それぞれのご両親の老後を長年にわたって見守り，介護・介助も主体的に実践して来られた．その体験談は高齢者福祉サービスの利用者側の視点から繰り出されるもので，福祉専門家は安心して聞いておれない警句もちりばめられている．体験から入り，学術的に裏付けされるから，じっと聞いて学ぶ人もいる一方で，針のむしろに座る思いで聞いていた人もいるかもしれない．

　年金支給は75歳からという話の聞こえる昨今，70歳という古稀年齢では高齢者扱いから外される雰囲気になってきているが，清水先生に古稀記念論文集を作って贈ろうという話は2012年秋頃に持ち上がった．知友に問いかけて

みると，同じ思いを抱いている人たちがいた．そこで，先ずは清水先生のご承諾を得て，後輩に当たる面々が連絡を取り合って発起人となることを申し合わせ，次いで日本大学での門下生である菊池真弓さんにも加わっていただいて発起人会を発足させる運びとなった．発起人会では2013年3月から協議が重ねられ，清水先生からも情報をいただいて関係者に呼びかけ，6月から8月にかけて投稿希望者を募った．発起人会で候補に絞られた複数の出版社に8月中に打診して，最初の金額面での条件が良かったことと，清水先生から推薦もいただいたことから，12月に時潮社に頼むようになった．

「祝い事が年を越すのは良くない」と茨木竹二さんの呼びかけで12月中に，少人数ではあったが，ご夫妻と時潮社の相良社長父子を迎えて「古稀を祝う会」の宴が催された．

寄せられた論文は清水先生の研究分野を越える広がりを示しているが，分野にこだわらず後進を励まして来られたことが反映されている．編集者として最初に悩んだのは，書名と掲載順であるが，これは全員をよく知っておられる先生に相談して案を作っていただいた．本の主題は『社会・人口・介護からみた世界と日本』と定まった．中国・韓国出身の執筆者も加わり，両国の状況の一端が紹介されている．中国は「一人っ子政策」が徹底され，韓国も少子化が急で，いずれの社会もすぐに「超」高齢化していき，介護需要の量的拡大は不可避である．国境を跨いで，研究者・専門家間の協力・連携の深化・拡大への努力が東アジア社会の安定のために必須であろう．

個々の原稿を校正の繰り返しを通じて読んでいくと，力作が揃っていることの実感が深まり，編集者冥利に恵まれた．いくつかの原稿には清水先生に対する個人的な関係の思い出と謝辞が記された一節が設けられている場合もあったが，これは市販する本として出すという方針に沿って外していただいた．

最後になったが，「古稀記念論文集」と書名に入れたら一般書店が置いてくれないと言いながらも，本書の出版を引き受けて，清水先生の「古稀プラス1歳」の誕生日に間に合うように作業を進めてくれた時潮社の相良社長に感謝の意を表する．

執筆者紹介（掲載順）

高橋　重郷（たかはし　しげさと）明治大学客員教授
堀　崇樹（ほり　たかき）社会福祉法人足立区社会福祉協議会主事
村山　陽（むらやま　よう）東京都健康長寿医療センター研究所非常勤研究員
田中　豊治（たなか　とよじ）西九州大学教授
牛　黎濤（ぎゅう　れいとう）大正大学非常勤講師
穴田　義孝（あなだ　よしゆき）明治大学教授
坪井　健（つぼい　つよし）駒澤大学教授
新田　功（にった　いさお）明治大学教授
泉田　渡（いずみた　わたる）帝京平成大学準教授
工藤　豪（くどう　たけし）埼玉学園大学非常勤講師
佐藤　宏子（さとう　ひろこ）兵庫県立大学教授
中尾　暢見（なかお　のぶみ）日本大学非常勤講師
杉本　貴代栄（すぎもと　きよえ）金城学院大学教授
安　勝煕（あん　すんひ）韓国老人問題研究所研究員
石丸　純一（いしまる　じゅんいち）いわき明星大学教授
鈴木　透（すずき　とおる）国立社会保障・人口問題研究所人口構造研究部長
菊池　真弓（きくち　まゆみ）いわき明星大学教授
高尾　公矢（たかお　きみや）聖徳大学教授
張　燕妹（ちょう　えんめい）北京科学学研究センター客員研究員
酒井　出（さかい　いずる）西九州大学教授
上之園　佳子（あげのその　よしこ）日本大学教授
清水　浩昭（しみず　ひろあき）日本大学非常勤講師
松本　誠一（まつもと　せいいち）東洋大学教授

社会・人口・介護からみた世界と日本
──清水浩昭先生古稀記念論文集──

2014年6月29日　第1版第1刷　　定　価＝4,500円＋税

編　者　松本誠一・高橋重郷　Ⓒ
発行人　相　良　景　行
発行所　㈲　時　潮　社
　　　　〒174-0063　東京都板橋区前野町4-62-15
　　　　電　話　03-5915-9046
　　　　ＦＡＸ　03-5970-4030
　　　　郵便振替　00190-7-741179　時潮社
　　　　ＵＲＬ　http://www.jichosha.jp
印刷・相良整版印刷　製本・仲佐製本

乱丁本・落丁本はお取り替えします。
ISBN978－4-7888-0695-5

時潮社の本

高齢化社会日本の家族と介護
―――地域性からの接近―――
清水浩昭　著
Ａ５判・上製・232頁・定価3200円（税別）

世界に類を見ない高齢化社会の淵に立つ日本にとって、介護など社会福祉の理論と実務はもはや介護者・家族ばかりでなく、被介護者にとっても「生きるための知恵」となりつつある。現在を網羅する制度と組織を理解するための格好の一冊。

現代福祉学概論
杉山博昭　編著
Ａ５判・並製・240頁・定価2800円（税別）

高齢化や階層化が急速に進む日本社会でいま、注目される社会福祉の現在に焦点をあて、そのアウトラインから先端までを平易に解説。現代社会福祉の先端に深くアプローチする。

国際環境政策
長谷敏夫　著
Ａ５判・上製・200頁・定価2900円（税別）

農薬や温暖化といった身近な環境問題から原子力災害まで、環境政策が世界にどのように認知され、どのように社会がこれを追認、規制してきたのかを平易に解き明かす。人類の存続をめぐる問題は日々新たに対応を迫られている問題そのものでもある。

進化する中国の改革開放と日本
張　兵　著
Ａ５判・並製・216頁・定価3000円（税別）

「一衣帯水」……日中両国はもはや、ある種の共同体的様相をさえ呈している。新時代を示す幾つかの鍵を通じて中国経済の現状並びに日中関係の今後を展望する。